1964: GOLPE OU CONTRAGOLPE?

———I———

HÉLIO SILVA

1964: GOLPE OU CONTRAGOLPE?

Com a colaboração de
Maria Cecília Ribas Carneiro

Texto de acordo com a nova ortografia.
1ª edição: Editora Civilização Brasileira, 1975
2ª edição: L&PM Editores, 1978
3ª edição: L&PM Editores, 1980
4ª edição: L&PM Editores, 2014
Esta reimpressão: fevereiro de 2025

Capa: Marco Cena
Revisão: Larissa Roso, Renato Deitos e Simone Diefenbach

CIP-Brasil. Catalogação na fonte
Sindicato Nacional dos Editores de Livros, RJ

S58m
4.ed.

Silva, Hélio, 1904-1995
    1964: Golpe ou contragolpe? / Hélio Silva; colaboração de Maria Cecília Ribas Carneiro. – Porto Alegre, RS: L&PM, 2025.
    368p.: Anexos

    ISBN 978-85-254-1837-1

    1. Goulart, João, 1918-1976. 2. Brasil - Política e governo - 1961-1964. 3. Brasil - História - Revolução, 1964-. I. Carneiro, Maria Cecília Ribas, 1932-. II. Título.

08-4081.   CDD: 981.08
                     CDU: 94(81)"1964"

© Maria Cecília Ribas Carneiro, 2004

Todos os direitos desta edição reservados a L&PM Editores
Rua Comendador Coruja, 314, loja 9 – Floresta – 90220-180
Porto Alegre – RS – Brasil / Fone: 51.3225.5777

Pedidos & Depto. comercial: vendas@lpm.com.br
Fale conosco: info@lpm.com.br
www.lpm.com.br

Impresso no Brasil
Verão de 2025

Apresentação

A memória do golpe pelo grande historiador do período republicano brasileiro

Este livro é um dos mais importantes documentos históricos sobre a ditadura que se implantou no Brasil em 1964 e durou 21 anos. Aqui, Hélio Silva (1904-1995), um dos mais importantes historiadores brasileiros, na condição de testemunha e contemporâneo de todas as ações políticas e militares que antecederam, causaram e consolidaram o golpe, presta um serviço inestimável à memória de nosso país.

Médico de formação, jornalista de profissão e historiador de vocação, Hélio Silva, estimulado pelo grande editor Ênio Silveira – então proprietário da Editora Civilização Brasileira –, abandonou a medicina e passou a ser um dos mais conceituados historiadores deste país. Sua consagração foi justamente a publicação – em colaboração com a historiadora Maria Cecília Ribas Carneiro – da monumental série "O Ciclo de Vargas", em dezesseis volumes, com uma média de quatrocentas páginas cada um. Ou seja, tudo o que se precise saber sobre a história republicana, da proclamação até o suicídio de Vargas, está nessa série. Os personagens, os fatos, os registros oficiais, os depoimentos, os documentos (muitos deles descobertos e trazidos à luz por Hélio Silva), tudo está lá, narrado de forma impecável e atraente.

A partir desta reedição, a L&PM Editores começa a recolocar nas livrarias "O Ciclo de Vargas", restabelecendo esse canal de consulta e informação absolutamente fundamental para quem quer conhecer o Brasil republicano. *1964: golpe ou contragolpe?* é um complemento a "O Ciclo de Vargas". O livro apresenta fatos que se interpenetram com os volumes da série, personagens comuns, novos e antigos protagonistas, herdeiros de velhas tradições, sempre tendo como foco o golpe de 1964. Nele, o autor recupera as minúcias da preparação, eclosão e os primeiros movimentos de uma ditadura que mergulharia o país em um longo período de obscurantismo, perseguições, desprezo às liberdades individuais e aos direitos dos cidadãos. Hélio Silva foi narrador, personagem e testemunha dessa história, com a autoridade de um intelectual que, no dizer de Antônio Houaiss, foi "dos mais destacados entre os estudiosos brasileiros (do que quer que seja) e merece a consagração de todos os seus compatriotas".

Os Editores,
2025

Sumário

Introdução à segunda edição: De Mourão Filho aos papéis da Biblioteca Lyndon Johnson 9

1964: GOLPE OU CONTRAGOLPE?
Cronologia 23
Introdução 27

Primeira parte – A batalha da posse
A renúncia 43
Matéria de natureza urgente 50
O veto militar 57
A "Cadeia da Legalidade" 67
Manifesto à nação 77
A emenda parlamentarista 81
A presidência Ranieri 85
Garantias para a posse de Jango 88

Segunda parte – As reformas e as crises
O verdadeiro negócio da China 105
Rota do Pacífico 107
Hóspede da embaixada 109
No Rio Grande do Sul 111
Operação Mosquito 119
Sete de setembro de 1961 122
As reformas de base 127
Parlamentarismo instável 129
As crises e as reformas 131
O Plano Trienal 131
Obstáculos políticos 139
Supra e o decreto de março 142
A base das reformas e outras medidas 144
CPI – Comissão Parlamentar de Inquérito 151

Terceira parte – A conspiração
Depoimento do marechal Odílio Denys 157
A verdade de um revolucionário 160
O diário de Mourão 166
Conspiração em São Paulo 176
O governador dos mineiros 187

O papel do empresariado 191
Participação do IPES... 195
Atuação do GAP 198
Ação dos militares... 199
Entendimentos com Ademar de Barros... 202
Natal.. 205
Problemática do Nordeste... 209
Grave denúncia 225
Emergência prevista.. 233

QUARTA PARTE – O MÊS DE MARÇO
Atraso dos relógios 239
Sexta-feira, 13... 242
A última mensagem.. 246
Derradeiros contatos 250
32 + 32 = 64 252
Pronunciamentos dos chefes militares 256
A semana era santa... 260
Crise na área militar.. 264
A interrogação Kruel.. 268

QUINTA PARTE – VEM DE MINAS A REVOLUÇÃO
Depõe o governador... 273
Com a palavra, o marechal Denys 277
O dia D.. 278
"Quais são as ordens?".. 280
No 2º Exército... 282
No Palácio das Laranjeiras.. 291
A prisão de Arraes 301
O ataque que não houve 305
1º de abril em Brasília... 308
A Revolução no Rio Grande do Sul.. 317

ANEXOS
Manifesto dos intelectuais... 331
Emenda Parlamentarista.. 332
Discurso do general Muricy.. 336
Discurso do dia 13 de março... 338
Documento Leex... 347
Proclamação do governador Magalhães Pinto 352
Ordem do dia do general Ladário Pereira Teles................................ 353

Sobre o autor... 355
Página de gratidão... 357
Índice remissivo 361

Introdução à segunda edição

De Mourão Filho aos papéis da Biblioteca Lyndon Johnson

A REEDIÇÃO DESTE livro impunha-se desde que se esgotou a primeira edição, porque as revelações que trouxe não foram desmentidas, antes confirmadas em outras publicações de pesquisadores diversos, nacionais e estrangeiros. O título escolhido causou escândalo no primeiro momento, quando ninguém ousava classificar o movimento de março e abril de 1964 de um contragolpe, desfechado sob a motivação de que o presidente João Goulart pretendia dar um golpe, implantando uma república sindicalista, perpetuando-se no poder.

Depois da publicação de nosso livro, vulgarizou-se a denominação adequada. Estudiosos e homens de governo, revolucionários e contrarrevolucionários admitem, se não proclamam, que o movimento de 1964 é uma contrarrevolução.

Foi longa e trabalhosa a elaboração deste livro. A observação e a pesquisa com que viemos acompanhando o processo político brasileiro até o desfecho da madrugada de 31 de março prosseguiu, enquanto a tropa comandada pelo general Olympio Mourão Filho descia de Juiz de Fora sobre o Rio de Janeiro. Continuou, naqueles dias tumultuados, em que João Goulart deslocava-se do Palácio das Laranjeiras, no Rio de Janeiro, para Brasília e, depois, Porto Alegre. Registrou a decisão do Congresso, considerando vaga a Presidência da República para empossar o presidente da Câmara, deputado Ranieri Mazzilli. Anotou as conversas telefônicas, os entendimentos políticos entre o Palácio do Planalto e o Ministério da Guerra, quando o general Artur da Costa e Silva falava em nome da posição militar dominante.

Por isso, os depoimentos, escritos ou gravados, transcritos neste livro, o documentário reunido, não foram protestados, nem quando da publicação do livro nem durante o período que mediou entre a primeira edição e esta que é apresentada. Foram dez anos de trabalho honesto, de 1964 a 1974, empregados na tarefa diuturna de registrar, para a História, as causas e o desempenho daquele acontecimento.

Mais quatro anos se passaram e as revelações que surgiram, os novos depoimentos, não invalidaram o livro que primeiro imprimiu, expôs e analisou, em bloco, o movimento de 1964.

Muitas e diversas foram as publicações versando o tema. Destacaram-se, na bibliografia, a contribuição de Moniz Bandeira, trazendo peças do arquivo do presidente João Goulart para o esclarecimento das relações Brasil-Estados Unidos naquela gestão[1]; a pesquisadora Phyllis R. Parker, quem primeiro descerrou os arquivos da Biblioteca Lyndon Johnson, na Universidade do Texas[2], confirmando a participação do governo americano, através da CIA, na queda de Jango; o jornalista Marcos Sá Corrêa, em sensacional reportagem publicada no *Jornal do Brasil*, antes mesmo que aquela cientista americana tivesse divulgado o seu trabalho, revelou os detalhes da operação *Brother Sam*, os entendimentos do então coronel Vernon Walters e do embaixador Lincoln Gordon; as providências para a vinda de uma frota de petroleiros capaz de abastecer as tropas revolucionárias na hipótese de uma guerra civil prolongada; a vinda do porta-aviões pesado *Forrestal* com suas belonaves e seus fuzileiros e destróieres de apoio, inclusive um destróier equipado com mísseis teleguiados, para a eventualidade de uma intervenção, como aconteceu, mais tarde, em São Domingos, em que tomou parte uma tropa brasileira, sob o comando do general Meira Mattos.

Marcos Sá Corrêa reuniu o material político de sua pesquisa em um livro a que o jornalista deu o título que o escritor não saberia encontrar: *1964 – Visto e comentado pela Casa Branca. Segundo os documentos liberados pela Biblioteca Lyndon Johnson* (Universidade do Texas) (L&PM Editores – 1977).

Na introdução da primeira edição deste livro, mantida neste volume, há todo um capítulo – Os americanos e a queda de Jango – ligando fatos políticos brasileiros à influência dos Estados Unidos:

> No trabalho pessoal de pesquisa, obtive a informação, de fonte reservada, de que elementos destacados do movimento haviam sido procurados por um estranho personagem, que se dizia grego e representante de um organismo internacional de combate ao comunismo, logo identificado como a CIA. Oferecia armas e tudo o que fosse necessário. Em prosseguimento, teria havido novos contatos, já com o adido militar norte-americano, o então coronel Vernon Walters, e, finalmente, com o próprio embaixador Lincoln Gordon. Às vésperas da revolução, uma esquadra americana estava em condições de alcançar a costa brasileira para eventual auxílio aos revolucionários, sob a motivação de prestar assistência aos súditos norte-americanos e aos interesses americanos, como foi feito, mais tarde, em São Domingos. Tais entendimentos foram feitos sob a declaração de que não se tratava de intromissão em nossa política interna, mas de apoio ao combate ao comunismo.
>
> Uma negociação dessa natureza, se existente, é difícil de comprovar cabalmente. Tendo de fato ocorrido, só será revelada muitos anos depois, em remoto volume do *Foreign Relations* (anais que ainda agora estão publicando matéria referente a 1947), ou em alguma revelação dos *papers* secretos da CIA. Mas vamos seguir a pesquisa. A informação de que houvera entendimentos com esses elementos norte-americanos foi-nos confirmada

---

1. Bandeira, Moniz. *O governo João Goulart – As lutas sociais no Brasil – 1961-1964*. Rio de Janeiro: Civilização Brasileira, 1977.

2. Parker, Phillys R. *1964 – O papel dos Estados Unidos no golpe de 31 de março*. Rio de Janeiro: Civilização Brasileira, 1977.

pelo general Olympio Mourão Filho, que sabia da possibilidade de aproximação de uma esquadra, se necessário. Disse-me ele, contudo, que nenhum auxílio militar chegou a ser efetivamente prestado.

O general Carlos Luís Guedes menciona o plano estabelecido para o abastecimento e a ajuda em armas e munições, adquiridas no exterior, 'eventualidade sobre a qual mantivera conversas com o adido militar da embaixada norte-americana, coronel Walters, e com o agente consular dos Estados Unidos, mr. Lawrence'.

Quando ainda não se comentava essa participação norte-americana no movimento de 1964, Skidmore publicou extenso trabalho no *Jornal do Brasil*, mais tarde reproduzido em apêndice no seu livro já mencionado. Negando, embora, a participação oficial do governo americano ou de seu embaixador, Lincoln Gordon, Skidmore afirma que a embaixada estava *bem-informada* sobre a conspiração e se refere a pelo menos três contatos entre os conspiradores e a embaixada antes de 31 de março de 1964, tendo esta lhes oferecido materiais de guerra em caso de necessidade. A resposta foi que, no momento, não precisavam de material de guerra, que tinham em abundância, mas talvez precisassem de combustível se a luta se prolongasse.

Depondo perante o Comitê de Relações Exteriores do Senado norte-americano, o embaixador Lincoln Gordon negou a participação oficial da embaixada. Reconheceu que seu adido militar, coronel Vernon Walters, estava bem informado sobre a marcha da conspiração. Posteriormente, já não mais como embaixador, mas como professor universitário, Lincoln Gordon falou claramente ao jornalista brasileiro Elio Gaspari.[3] No dia 30 de março de 1964, quando estava assistindo em casa, pela televisão, ao discurso de Jango no Automóvel Clube, recebeu um telefonema de Washington, do subsecretário de Estado Dean Rusk, com quem mantinha frequentes contatos naqueles dias. Sua informação foi precisa; a situação estava piorando. No dia seguinte, ao chegar à embaixada, Walters comunicou-lhe que havia um levante em Minas, tendo informação segura de que a tropa estava sob o comando do general Mourão Filho. Quanto à presença da esquadra americana, Lincoln Gordon respondeu: 'É possível que tenha ocorrido algum movimento da frota, mas isso se deveria ao fato de que, na época, existiam quarenta mil americanos no Brasil, e toda embaixada tem sempre um plano de retirada de emergência para nacionais. Esse plano é atualizado de seis em seis meses. No caso do Brasil, pelo tamanho do país, tínhamos um plano bastante complexo. E ele tinha sua razão de ser. As ameaças de Leonel Brizola contra os *Peace Corps* me preocupavam. Eu pensei na hipótese de uma guerra civil, e nesse caso os cidadãos americanos tinham de ser retirados. Portanto, é possível que a nossa Marinha tenha pensado em ajudar nossa operação'. Gordon confirma que foi procurado por militares e civis que pediam o auxílio americano. Acrescenta que 'em 1963, houve um contato entre um funcionário da embaixada e um civil bastante respeitável que lhe contou uma longa história de uma conspiração. Ele pedia apoio só para o caso de uma guerra civil. Eu respondi que esse era um problema exclusivamente brasileiro e que o movimento não poderia depender de uma resposta nossa'.

O então coronel Vernon Walters, depois promovido a general, é hoje a segunda pessoa da CIA. Se houvesse interferência americana no processo revolucionário brasileiro, não seria oficialmente, por intermédio da representação credenciada do embaixador

---

3. *Veja* número 167, de 17-11-1971.

Lincoln Gordon. Só poderia ser feita pela CIA. Estaria ela preparada para essa tarefa? Caberia essa missão dentro de seus planos?

É outro embaixador, John Tuthill, que sucedeu a Lincoln Gordon, quem revela o quadro excessivo de pessoal na representação americana. Ficou famosa a operação *Topsy*, que deixou vazios andares inteiros do prédio da USAID. Também tendo deixado o serviço diplomático, para lecionar economia em Bolonha, na Itália, publicou na *Foreign Policy* um artigo onde conta como reduziu de 920 para 527 as pessoas dessa representação. A missão militar, com 54 oficiais e praças, baixou para um terço.[4]

Os papéis secretos a que aludia deixaram de ser secretos quando foram revelados ao mundo e, particularmente, aos Estados Unidos e ao Brasil, pela americana Phillys R. Parker e pelo brasileiro Marcos Sá Corrêa.

No livro de Moniz Bandeira, o capítulo dez descreve os preparativos para a contrarrevolução, o papel de Vernon Walters e dos agentes da CIA – boinas-verdes – no Brasil, a tentativa de decretar estado de sítio.

Publicado nesse ano de 1977, já teve cinco reedições. É a outra face da medalha desvendada na Biblioteca Lyndon Johnson.

João Goulart foi entrevistado por mim durante toda uma semana de permanência em Buenos Aires, em 1975. Havíamos combinado um novo encontro, dessa vez em uma de suas estâncias, no Uruguai, onde guardava o seu arquivo. Então, faríamos longas gravações e examinaríamos, juntos, a documentação.

O segundo encontro não se realizou. Mas Moniz Bandeira teve acesso aos arquivos do presidente falecido, a ele franqueados por seu filho João Vicente. Foi assim que escreveu o livro que constitui um subsídio valioso para conhecimento e análise do governo Goulart.

Quando reunimos material para este livro, o general Olympio Mourão Filho, que colaborava para nosso trabalho desde 1959, quando escrevíamos o golpe de 10 de novembro e a farsa armada com o Plano Cohen para a implantação do Estado Novo, entregou-me as suas memórias com a dupla finalidade de aproveitar seu depoimento em meu livro e conseguir um editor para elas.

Por isso este livro publicou, em primeira mão, *A verdade de um revolucionário*, informando sobre o diário e as cinco pastas que o general Mourão me confiara.

Era a maneira para anunciar o livro que Mourão queria e não conseguia publicar, ao mesmo tempo em que marcava a sua atuação decisiva no deflagrar do movimento revolucionário.

Passaram-se mais quatro anos. As memórias de Mourão ainda assustam muita gente.* O seu objetivo, escrevendo o livro "para restabelecer a verdade.

---

4. Silva, Hélio, *1964 – Golpe ou contragolpe?* Ed. Civ. Brasileira, 1975, 1ª edição, p. 27 a 29.

* Os manuscritos de *A verdade de um revolucionário*, espécie de memórias póstumas do General Mourão, foram doados a Hélio Silva com a incumbência de publicá-los. O historiador deu o acabamento final e entregou os originais à L&PM Editores. O livro foi impresso e imediatamente apreendido na boca da gráfica, em março de 1978. Depois de uma batalha judicial, o livro foi liberado e colocado à venda em novembro de 1978. (N.E.)

Para destruir os falsos e numerosos heróis [...]. Para fazer aluir a pretensão de falsos chefes da revolução", é objeto de uma demanda judicial. Quando falaram todos os que quiseram falar, como quiseram falar, daquele que deflagrou a ação revolucionária, querem frustrar a sua última vontade; o ponto de honra de um general, a defesa de um revolucionário; a reabilitação de sua memória; a fixação de um homem nas dimensões exatas, na História de sua pátria. Inacreditável, mas real. Lastimável, mas atuante. Pelo menos em seu objetivo imediato, o que falta sobre março de 1964, até o pleito de 15 de novembro.

Enquanto a manobra protelatória retarda o conhecimento da verdade de um revolucionário, vamos prosseguir revelando o que, em numerosas entrevistas, demorados encontros, documentos apresentados, o general Mourão Filho depôs para o historiador. Ele, inicialmente, "não pretendia nem escrever, nem muito menos publicar um livro, porque aqueles que, quase sempre voluntariamente, fazem história não a devem escrever. Correm o risco de, faltando-lhes panorama e absorvidos ou enganados pelos aspectos muito próximos, conduzir a narrativa fazendo ressaltar minúcias sem importância, com prejuízo do geral, objeto da História; ou ainda, dominados pela paixão despertada ao sabor dos acontecimentos, falseá-los, o que ainda é pior; além disso, como a História não é um relato puro e simples, é necessário o tempo para o exame das reações e consequências, que não podem ser adivinhadas.

Minha intenção era deixar apontamentos relativos aos fatos, a fim de permitir a historiadores futuros, não envolvidos diretamente neles, a tarefa de relatar imparcialmente os eventos, desprezando as minúcias, fazendo luz sobre o fato geral e tirando as consequências que só o futuro pode mostrar.

Infelizmente, porém, começaram a surgir narrativas eivadas de inverdades ou de meias verdades, sob a forma de entrevistas a jornais e revistas e de livros, armazenando seus autores um farto material impróprio para o pesquisador do futuro.

Senti, pois, que era meu dever escrever este livro. Para restabelecer a verdade. Para destruir os falsos e numerosos heróis, a começar por mim próprio, que não pratiquei nenhum heroísmo. Para fazer aluir a pretensão de falsos chefes da revolução.

Meu verdadeiro e principal papel consistiu em ter articulado o movimento em todo o país e depois ter começado a revolução em Minas. Se nós não o tivéssemos feito, ela não teria sido jamais começada.

Pois que a revolução não teve outros chefes, nem articuladores eficientes no plano nacional, capazes de contribuir para seu desencadeamento e vitória, além de minha longa conspiração no Rio Grande, no Paraná, em Santa Catarina, em São Paulo e em Minas Gerais".

Definia a situação: "Porque a verdade é que alguns demônios andaram soltos neste país, enquanto a maioria desta nação estava entocada, apavorada, os chefes militares prontos a se deixarem dominar, contanto que continuassem a viver, viver de qualquer maneira, sem coragem de arriscar as carreiras. Os pobres continuando pobres. A classe média e os ricos podendo morar e comer três vezes ou mais por dia. Os políticos em condições de aderir, permanecendo em sua profissão, maldita profissão.

Os chefes militares, tolhidos por um falso legalismo, esperando que o chefe do Executivo lhes desse maiores motivos para a reação, imobilizados, atônitos e impermeáveis à compreensão dos fatos iniciados com o plebiscito e completados com o comício do dia 13 de março, surdos ao verdadeiro clamor de medo vindo de toda a nação. Ainda mesmo depois dos deploráveis incidentes na Marinha, que estava ameaçada de destruição, havia chefe militar com a esperançava de que o chefe do Executivo recuasse, quando ele já não podia fazê-lo.

Todos queriam viver, eis o problema. Eis o segredo do aparente sucesso dos demônios soltos no país. Minoria audaciosa que sabia usar os meios de que dispunha e que eram os máximos, oriundos desta maldita forma de governo que é o presidencialismo".

Para ele, "o que articulou esta revolução foi, simplesmente, a repulsa nacional, incontestável, que se foi tornando sempre mais forte à medida que os torvos agitadores cresciam em audácia, nas doutrinas da subversão, do comunismo".

"Havia no consenso nacional a necessidade inadiável de pôr um termo às loucuras que se estavam praticando.

Somente não estavam em sintonia com a consciência brasileira os chefes militares, enredados no falso legalismo, de braços cruzados e de ouvidos fechados ao verdadeiro grito de medo, do pavor que se ouvia indiscutivelmente em todos os setores, partido de todos os lugares, das cidades e dos campos.

Os chefes militares, em sua maioria, recusavam-se a tomar conhecimento da revolta que lavrava no seio da oficialidade das três Forças Armadas, de postos menores.

Postulavam, quase unânimes, que era necessário suportar o governo até 1966, como se o governo pretendesse sucessão.

Ora, apareceram, então, os verdadeiros e primeiros heróis desta revolução: foram as heroínas mulheres que, em Pernambuco, São Paulo, Minas Gerais e outras cidades, ganharam a rua e apanharam a luva que os pregadores da baderna haviam atirado à face desta nação, enquanto os homens fardados continuavam timidamente entocados em casa. É esta a dolorosa verdade: homens apavorados e mulheres nas ruas, capazes de dar a vida pela liberdade!

Mulheres heroicas e benditas, elas que, sim, começaram a revolução que nós, homens, levamos a feito depois."

Recordava-me que Carlos Lacerda costumava dizer-lhe que fora o general apressado, porque partira antes da data marcada. E Mourão esclarecia: "A verdade é que havíamos partido com seis meses e três dias de atraso, como se verá neste livro. Nunca houve data marcada, antes do dia 28 de março, sábado da Aleluia, quando da reunião no aeroporto de Juiz de Fora".

Introdução à segunda edição

Lembro-me de uma observação que fez quanto aos governadores de Jango: "Os governadores não podiam – e ainda significa isto – governar sem o chapéu estendido, pedindo auxílio ao governo federal. E é óbvio que somente aqueles submissos atendiam ao chefe do Executivo. Explica-se, em parte, pois, a adesão dos governadores, quase sem exceção, à baderna do governo federal".

O general Mourão deflagrou a ação revolucionária, mas discordou muito cedo do rumo que tomavam os acontecimentos. No prefácio que me mostrou, para que o utilizasse como subsídio para o meu livro, teve a coragem de escrever: "o ato institucional foi um crime contra a democracia, e as cassações sem qualquer processo contraditório, sumário ou não, foram um atentado contra o direito e a moral. E, pior do que isso, eles não conduzem a nenhum resultado prático.

O primeiro ato de limpeza da área foi a deposição do governo. O segundo foi tornar possível os processos dos subversivos e corruptos.

Agora, que os mesmos sigam os trâmites judiciários competentes e a Justiça, militar ou civil, cumpra sua missão, não se permitindo sejam arquivados os referidos instrumentos legais destinados a servir de base dos processos que ou absolverão os inocentes, ou condenarão os culpados. Que cada um pague pelo que fez. Do contrário, a revolução terá sido frustrada num dos seus grandes objetivos: a sanção contra os que cometeram crimes".

São igualmente corajosas e nobres as palavras com que encerra o prefácio de suas memórias, que me ofereceu para publicar:

"Deixei para o fim deste prefácio a citação dos verdadeiros heróis na hora da luta: foram os oficiais subtenentes, sargentos, cabos e soldados das Forças Armadas que partiram para vencer ou morrer. Entre eles, de alta justiça destacar os militares da 4ª RM e 4ª DI e os bravos integrantes da valorosa Polícia Militar do estado de Minas Gerais, esta minha querida Polícia Militar, de cujo contato com o seu 3º Batalhão de Diamantina, em minha infância, veio-me a irresistível vocação para a carreira das armas.

Do mesmo modo é de meu dever honrar aqui o glorioso Regimento Sampaio, que aderiu à causa quando tudo ainda era obscuro. Esta unidade saiu do Rio para nos combater e sua adesão à causa não foi num bom momento; eles passaram-se quando tudo parecia indicar nossa derrota.

Aí estão os heróis de 31 de março de 1964:

As mulheres, o Congresso Nacional e os bravos militares que, obedecendo às ordens das Minas Gerais, tomaram a iniciativa.

O comandante da 4ª RM e 4ª DI não praticou heroísmo algum.

Desprezo as glórias e honrarias merecidas e odeio as falsas, as imerecidas."

O depoimento do general Mourão Filho é indispensável para o conhecimento da verdade histórica. Omiti-lo seria covardia. Sonegá-lo, impedir a sua publicação, é um crime, de lesa-pátria, que tem o direito de conhecer o depoimento do chefe militar que deu a ordem de partida para a tropa revolucionária.

15

Forcejar para amordaçar o cadáver do general Mourão Filho, quaisquer que sejam os meios empregados ou os pretextos evocados, é uma ignomínia. Porque ele quis cumprir o dever, prestar contas de seus atos ao Exército e à nação. E ninguém pode impedir alguém de cumprir o seu dever. Que a justiça se pronuncie.

Mourão conseguira, a duras penas, o conselho de justificação que o absolveu, reabilitando-o no Exército. Atingira o primeiro grau do generalato. Mais tarde sairia general de divisão. No final de sua carreira, lhe seria assegurado por uma resolução do Congresso, reconhecendo-lhe o mérito de soldado e revolucionário. Desempenhara cargos de confiança e de relevo no governo Kubitschek. Apoiara a eleição do presidente Jânio Quadros: foi surpreendido com a renúncia de 25 de agosto de 1961. Imediatamente, procurou o general Lott e outros chefes militares: "Nessa ocasião, [Lott] informou-me que Denys estava querendo fazer um triunvirato com os outros ministros, o que seria uma desgraça, porque, além de confiar numa Constituição, ele, Denys, iria empalmar o poder sozinho, e ele não estava, positivamente, em condições de governar o país. Copiar uma Constituição a fim de evitar a posse do senhor João Goulart, que estava na China lendo discurso que ele mesmo não entendia, era um desvario".

Achava que, se houvesse necessidade de justificar o golpe pretendido, ele deveria ter sido dado quando Goulart fora eleito vice-presidente. Ou declarar vago o cargo, desde que o regime parlamentarista, aprovado às pressas, não tinha vice-presidente, eleger um substituto do senhor Jânio Quadros. "Mas pretender levar o golpe até à extensão a menos aceitável de todas as soluções e ocupar o poder pela força seria um verdadeiro desastre nacional.

Quando, em um país, fere-se uma Constituição – a menor mossa é sempre mortal –, o arbítrio pessoal de um homem substitui o diploma rasgado, e os direitos individuais sofrem imediato colapso. E uma noite trevosa desce sobre a nação. E as Forças Armadas aprendem o golpe e se viciam nele. Nenhuma outra Constituição sobreviverá. Embora reconhecendo que talvez o senhor João Goulart mais tarde devesse ser afastado do poder pela tentativa sua de desrespeito à Constituição, naquela oportunidade somente haveria uma atitude defensável: defender a Constituição e empossar o indesejável vice-presidente."

É nessa disposição que assume o comando da 3ª RI, em Santa Maria, e trata de colocar aquela unidade em condições operacionais "não somente do ponto de vista material mas, precisamente, da disciplina gravemente comprometida com os sucessos de 25 de agosto até a posse do novo presidente".

Governava o Rio Grande do Sul Leonel Brizola. Contudo, ele registra em seu diário: "De minha chegada a Santa Maria até os primeiros dias de janeiro de 1962, eu não estava acompanhando a situação política. Tão ocupado achava-me com a tarefa de tornar minhas unidades operacionais que nem sequer ouvia rádio".

Foi quando se realizou uma convenção da Farsul (Federação da Agricultura do Estado do Rio Grande do Sul) de protesto contra a ameaça de invasão de estâncias. Mourão começou a participar de movimentos políticos. Conversou com o presidente da Farsul, doutor Saint Pastous, e com o general Penha Brasil. Seguiu para São Paulo, onde teve encontros com Edmundo Monteiro, de *O Globo*, e com homens importantes da indústria, convidado pelo doutor Otto Barcellos, presidente da Fábrica Nacional de Vagões. De São Paulo, foi até o Rio de Janeiro, onde falou com o então ministro da Guerra no primeiro gabinete parlamentarista, o general João de Segadas Viana, regressando a Porto Alegre. Auxiliado pelo jornalista Tadeu Onar, tomou contatos com o presidente da Federação das Associações Comerciais, com o doutor Ildo Meneghetti, candidato ao governo do Rio Grande, com o coronel Peracchi Barcelos e outros numerosos personagens de importância no Rio Grande do Sul.

Ainda em companhia de Tadeu Onar, "procurei interessar a Igreja Católica no problema e tive uma audiência com o arcebispo D. Vicente Scherer. Infelizmente não consegui nenhum apoio do arcebispo".

Em suas memórias, que me confiava, Mourão vai mencionando os nomes dos personagens que alicia para conspiração, ao mesmo tempo em que registra, em seu diário, o dia a dia do seu trabalho, em um documento singular na história das conspirações. Quando os heróis ou falsos heróis preferem depor *a posteriori*, ajustando as suas atividades aos resultados já conquistados.

Na página 62 de seu manuscrito, mostrou-me este desabafo: "Vou meter a cara no trabalho e na conspiração a fundo. Se o pessoal do João Goulart pusesse a vista neste caderno, eu estava perdido. Mas ninguém sabe dele. Nem mesmo contei a Maria sobre ele. Guardo-o com todo o cuidado no armário do quarto que dá janela para a lateral, escondido atrás de uma coleção do Tesouro da Juventude!!! Todos os dias, antes de dormir, vou verificar se ele está lá quietinho".

Surpreendido com a renúncia de Jânio, analisa: "A crise político-militar de 1961 foi subitânea, surpreendeu o Exército, bem como as demais Forças, em qualquer preparação filosófica para a defesa da democracia. A maior parte, se não a totalidade dos oficiais e sargentos, ignora filosoficamente o que seja democracia. Entretanto, a defesa da democracia é tão vital quanto a da pátria contra inimigos externos. De fato, o homem livre não se submete a viver, mesmo no âmbito de sua pátria, em regime totalitário que não lhe assegure as condições para o exercício da pessoa humana".

E prossegue: "A soberania – uma das bases da pátria – somente é válida se completada pela possibilidade do exercício dos direitos democráticos no plano interno.

A autodeterminação de um povo não existirá jamais se cada cidadão e o povo em geral não tiverem também sua autodeterminação, que é concretizada no exercício dos direitos democráticos. Esta liberdade, esta autodeterminação, poderia ser denominada de soberania individual.

Quando um ditador toma o poder, apoiado por Forças Armadas que se transmudam em guarda pretoriana, *ipso facto* restringiu a autoderminação de cada cidadão e de todo o povo, os quais passam à condição de verdadeira escravidão".

O que ensinava como comandante em chefe ele escreveu em suas memórias que me oferecia. Para ele, havia a nação e a família nacional; o país, a casa da família nacional; a soberania, que é a liberdade nacional, que ele a mantenha à custa de qualquer sacrifício no plano internacional. Assim, a congregação dos três elementos básicos, isto é, na ação país – soberania, forma a pátria.

Define a democracia "pela garantia, para todos os cidadãos, dos direitos básicos inalienáveis, com os quais nascem os homens". E mostrava-me o seu pensamento: "A característica dos regimes totalitários mansos, isto é, quando não há fuzilamentos e torturas em massa, prisões indiscriminadas e outras atitudes ditatoriais que chamam a atenção, é que o cidadão vive como se estivesse em regime de garantias. Até mesmo (como acontece no Brasil de nossos dias) ele poderá criticar em conversas os erros do ditador, quando ele é do tipo gaúcho manso, mas não menos governo autoritário, medieval, êmulo do homem velho neolítico.

Mas de repente o cidadão ou um seu filho ou irmão é envolvido em um IPM e então é sequestrado.

Altas horas da noite, batem-lhe à porta, que ele abre porque nunca sofreu nada, e um grupo tão bem armado quanto mal-encarado exige seu filho, que é levado sem que o pai saiba quem o leva, para onde e por quê.

E enlouquecido pode gastar meses para descobrir que foram agentes da trevosa organização ditatorial ou outra pervertida pelo regime; e que o preso está recolhido à Ilha das Flores, 'que está muito bem tratado', mas 'ainda incomunicável'. 'O pai pode estar tranquilo. Nós não maltratamos.'

A dinâmica das ditaduras, sejam de direita ou de esquerda, é extremamente perigosa.

E quanto mais manso, repito, é o ditador, tanto pior, porque o povo vai-se acostumando e dificilmente compreende que o *regime* é inaceitável, porque é um temporal armado sobre a cabeça de todos, e a coletividade dificilmente percebe quando um raio desce sobre uma casa e aniquila a 'vida que a família levava, despreocupada com as formas políticas que para ela não passavam de murmúrios e boatos'.

Efetivamente, daquele momento em diante a arbitrariedade que a família de nosso exemplo sofreu, para a coletividade, não passará de boato. À medida que o círculo de comunicação vai aumentando de raio, diminui o impacto causado pelo acontecimento, até que perde a ressonância e se transforma em murmúrio que não deixa traço algum na memória do povo. O conjunto de ocorrências transforma-se em boatos.

Quanto mais suave a ditadura, tanto pior ela é, porque acostuma o sentido. Adormece a reação.

E as punições à base de atos institucionais são extremamente perigosas por dois motivos. Em primeiro lugar, porque os atos punitivos pingam de quando em vez no recipiente político-social. É uma gota. Hoje o ditador pune um taifeiro da Aeronáutica, alguns dias após um escriturário do ministério da Agricultura e assim por diante.

O povo nem se dá conta. Somente os jornais – que o povo não lê – noticiam, sem manchetes. Virou rotina policial.

Já o fizemos notas atrás. Somente o atingido e seu restrito círculo sofrem impacto.

Atualmente, por exemplo, em nosso país, organizado jurídica e administrativamente em federação, o ditador pune soldados e oficiais das polícias estaduais e nomeia e demite interventores municipais.

Nem se dão conta, os homens do governo, de que estão desrespeitando tremenda e... anticonstitucionalmente as leis do país.

O segundo perigo é que tudo isto é feito de plano, sem processo contraditório de qualquer espécie. Um órgão de informações, incompatível com a democracia, anota numa ficha de um cidadão um simples informe de que ele é comunista.

Com o tempo o informe evolui, e a ficha toma verdadeiro caráter de promotor e dali surge uma denúncia secreta ao Conselho de Segurança Nacional, feita pelo famigerado Serviço Nacional de Informação, e esse conselho composto de duas dúzias de ministros vota pela punição 'em quinze minutos', como já foi oficialmente comunicado quando se tratou da cassação de uns dez ou doze políticos e outros.

Não há prisões. Há sequestros. O cidadão é sequestrado por um grupo em trajes civis, armado de metralhadoras, durante a noite, em sua residência e é levado para onde ninguém sabe, ninguém sabe por quem e ninguém sabe por qual motivo e por quanto tempo vai o infeliz ficar.

Isto é um crime. Deve cessar. Vai cessar um dia, e seus autores, se estiverem vivos, vão pagar penalmente".

***

Quem assim me falava, entregando-me os seus escritos para que os publicasse, não era um cidadão comum. Era um brasileiro que defendeu suas ideias à custa de sua reputação, de sua carreira, com a própria vida. Que se tornou integralista quando lhe pareceu que a Ação Integralista Brasileira visava, realmente, àqueles ideais que o animavam. Conspirou, armou uma revolução, deflagrou a ação militar e não partilhou a vitória. Foi juiz e juiz militar. Ministro e presidente do Supremo Tribunal Militar. Era ele, com essa autoridade que ninguém mais avalizou com tantos títulos, que me confiava suas queixas e suas reivindicações. Porque achava um dever essa prestação de contas à nação. Eis por que me esforço de trazer presente sua palavra ao povo brasileiro.

Hélio Silva,
Outubro de 1978

General Antônio Carlos da Silva Muricy, Deputado José Maria Alkmin, General Olympio Mourão Filho e Governador Magalhães Pinto – arquivo General Muricy.

*Faz pouco tempo que os homens se
convenceram de que o presente
é também História.*

PHILIP TOYNBEE

Cronologia

1961

AGOSTO

25 – Renúncia de Jânio Quadros.
– Ranieri Mazzilli assume a Presidência da República.
– Chegada de João Goulart a Singapura, onde recebe a notícia da renúncia de Jânio Quadros.
26 – Manifesto do marechal Henrique Lott às Forças Armadas.
– Prisão do marechal Henrique Lott.
– General Peri Bevilácqua declara hipotecar solidariedade ao general Machado Lopes e à Constituição em relação à posse de João Goulart.
27 – Governador Leonel Brizola declara que resistirá à bala, se for preciso, para garantir a posse de João Goulart.
– Comando da 5ª Zona Aérea recebe ordem do ministro da Aeronáutica para fazer voos rasantes sobre o Palácio Piratini, em Porto Alegre.
28 – Mensagem de Ranieri Mazzilli ao Congresso comunicando a opinião dos ministros militares sobre a inconveniência da posse de João Goulart.
– O general Machado Lopes, comandante do 3º Exército, adere ao governador Leonel Brizola na defesa dos princípios constitucionais que garantem a posse de João Goulart.
– Ordem do ministro da Guerra ao general Machado Lopes para demover o governador Leonel Brizola usando o bombardeio de Porto Alegre, se necessário.
– General Machado Lopes se nega a cumprir as ordens do ministro da Guerra, por julgá-las inconstitucionais.
– Parte para o Rio de Janeiro o general Muricy, chefe do Estado-Maior do 3º Exército, para entendimentos com o ministro da Guerra.
29 – Regressa a Porto Alegre o general Muricy, sendo desligado de suas funções.
30 – Manifesto dos ministros militares contra a posse do vice-presidente João Goulart.
– Chegada de João Goulart a Nova York.
31 – Chegada de João Goulart a Buenos Aires.
– Chegada de João Goulart a Montevidéu, onde é recebido pelo ministro das Relações Exteriores do Uruguai.

SETEMBRO

1 – João Goulart recebe, em Montevidéu, a comissão de congressistas que lhe transmite as condições dos ministros militares para aceitarem a sua posse.
– Desembarque de João Goulart em Porto Alegre.

2 – Aprovada a emenda constitucional que institui o regime parlamentarista no Brasil.
– É tornado público o Manifesto dos Governadores.
4 – Ofício de Ranieri Mazzilli ao Congresso Nacional, comunicando a posição dos chefes militares.
5 – Reunião de Ranieri Mazzilli com os chefes militares em Brasília.
6 – Sessão do Congresso Nacional, quando é marcada a posse do vice-presidente João Goulart na Presidência da República.
7 – Posse do presidente João Goulart.
27 – Assinatura do Decreto nº 1.422, criando o cargo de ministro extraordinário para o Planejamento.

1962

MAIO

30 – Decreto nº 1.106 do presidente do Conselho de Ministros, criando a Comissão de Nacionalização das Empresas Concessionárias de Serviços Públicos.

SETEMBRO

3 – Aprovado o projeto sobre a remessa de lucros.
15 – É instalado em Brasília o Conselho Nacional de Reforma Agrária.

DEZEMBRO

31 – É anunciado, oficialmente, o Plano Trienal de Desenvolvimento Econômico e Social.

1963

JANEIRO

6 – Revogação do Ato Adicional número 4. Volta ao presidencialismo.
24 – Posse do primeiro ministério presidencialista.

ABRIL

2 – Assassinato do líder camponês da Liga de Sapé, na Paraíba, João Pedro Teixeira.

MAIO

5 – Deputado Leonel Brizola discursa em Natal, fazendo acusações ao comandante da guarnição militar local, general Muricy.
6 – General Muricy recebe manifestação de desagravo por parte da oficialidade das três armas, sediadas em Natal.
– Deputado Leonel Brizola discursa em Pernambuco, confirmando suas palavras em Natal.
– General Muricy vai a Recife conferenciar com o comandante do 4º Exército, general Castelo Branco.

7 – Comandante do 4º Exército envia relatório ao ministro da Guerra sobre incidente em Natal.
8 – Deputado Leonel Brizola e Adauto Lúcio Cardoso trocam acusações mútuas na Câmara dos Deputados.
9 – Deputado Hércules Correia declara que o CGT apoia as afirmações do deputado Leonel Brizola contra o general Muricy.

JULHO

11 – Bancada do PTB, aliada aos "agressivos" do PSD, impede a votação do projeto de reforma agrária Milton Campos.

AGOSTO

4 – Rejeitado pela Câmara dos Deputados o Estatuto da Terra.

SETEMBRO

4 – Chegada a Pernambuco do general Justino Alves Bastos, designado para o comando do 4º Exército.

OUTUBRO

6 – O 4º Exército ocupa as pontes e cerca o palácio do governo em Recife, reprimindo manifestação de trinta mil camponeses.
23 – General Justino Alves Bastos vai a Brasília receber a comenda da Ordem Nacional do Mérito Aeronáutico e é cumprimentado pelo ministro da Guerra por sua ação em Recife, durante as ocorrências do dia 6.

1964

JANEIRO

23 – Presidente João Goulart regulamenta a Lei 1.131, sobre capital estrangeiro.

MARÇO

4 – Reunião secreta de generais favoráveis ao presidente, por temerem atentado contra sua pessoa.
6 – Ministro da Justiça, Abelardo Jurema, examina a possibilidade de intervenção federal no Estado da Guanabara.
13 – Comício das Reformas, na praça da República, Rio de Janeiro, com a presença do presidente João Goulart.
15 – Presidente João Goulart envia mensagem ao Congresso Nacional conclamando-o a apoiar as reformas.
16 – Reunião de líderes do CGT de vinte estados para traçar programa de ação imediata.

17 – Manifestação da Federação das Indústrias, da Federação das Associações Comerciais, do Sindicato dos bancos e da Farsul contra o clima de agitação dominante no país.
19 – Marcha da Família com Deus pela Liberdade em São Paulo.
   – Pronunciamento do marechal Eurico Gaspar Dutra contra a inquietação causada pelo governo Goulart.
20 – Governador Magalhães Pinto faz declaração, em nome do povo de Minas Gerais, pela manutenção da ordem no país.
   – General Castelo Branco, chefe do Estado-Maior do Exército, faz pronunciamento aos militares sobre a conduta das Forças Armadas quanto à manutenção do clima de legalidade no país.
28 – Reunião no aeroporto de Juiz de Fora, Minas Gerais, quando é marcado o dia do levante. Presentes, entre outros, marechal Odílio Denys, general Mourão Filho e governador Magalhães Pinto.
   – Oficialidade do 2º Exército apresenta sua solidariedade ao general Amauri Kruel.
29 – Reunião na casa do general Mourão Filho, em Juiz de Fora, estando presentes general Carlos Luís Guedes, coronel José Geraldo, coronel Antônio Carlos Serpa, tenente-coronel Uri, tenente-coronel Falcão, major Matos e Antônio Neder.
30 – Festa dos Sargentos, no Automóvel Clube do Brasil, no Rio de Janeiro, com a presença do presidente João Goulart.
31 – Eclode o movimento revolucionário em Minas Gerais, com a saída das tropas comandadas pelo general Mourão Filho.
   – Reunião do presidente João Goulart com os ministros da Marinha e Aeronáutica, os comandantes do 1º Exército e da Vila Militar e o chefe do gabinete militar da Presidência da República no Palácio das Laranjeiras.

ABRIL

1 – General Amauri Kruel faz proclamação em nome do 2º Exército.
   – General Morais Âncora, acompanhado por dois outros generais, comparece ao Palácio das Laranjeiras para sugerir que o presidente Goulart deixe a Guanabara, por falta de segurança.
2 – Presidente João Goulart parte de Brasília, de madrugada, para Porto Alegre.
   – João Goulart deixa Porto Alegre rumo ao Uruguai.

Introdução

Estávamos em plena crise. Bastaria atentar no fato de que, para um mesmo período presidencial, fixado entre 1961 e 1965, tivemos três presidentes; o primeiro, eleito (Jânio Quadros), foi levado à renúncia; o segundo, depois de enfrentar a árdua batalha da posse (João Goulart), foi deposto; o terceiro (Humberto Castelo Branco), levado à presidência por um movimento revolucionário. Essa sequência de substituições irregulares evidencia a crise política, o fato político dentro do qual se desenvolveram a crise militar e a crise socioeconômica.

A crise militar se inicia em 1922, quando o presidente do Clube Militar, antigo ministro da Guerra e ex-presidente da República, o marechal Hermes da Fonseca, dirige-se, diretamente, ao comandante da guarnição federal de Pernambuco advertindo-o sobre a missão do Exército. É a negação da obediência ao chefe constitucional das Forças Armadas, o presidente da República. Por isso é advertido e preso. Porque é preso, a mocidade militar se insurge no Forte de Copacabana e na Escola do Realengo. É o primeiro 5 de julho, que se reproduzirá, dois anos depois, em São Paulo.

Os militares revolucionários de 1964 reivindicam essa linhagem direta. É o exercício daquela função participante que o tenentismo cumpriu, naqueles dois levantes e depois na pregação revolucionária da Coluna Prestes, na participação no movimento de outubro de 1930, no Clube Três de Outubro, nas interventorias militares, na ocupação de São Paulo, na Guerra Paulista de 1932, na Constituinte de 1934.

Reconstituídos os quadros políticos, restaurado o regime constitucional, recolheram-se os militares aos quartéis. Mas não se desinteressaram da política. A revolta vermelha de 1935 vai motivar o golpe de Estado de 10 de novembro de 1937, que foi feito pelos militares, embora Vargas apareça como seu principal personagem e beneficiário. Porque são os militares que assumem, de fato, a função de árbitro e estabilizador que farão sentir sempre que julgarem ameaçado o sistema existente.

Os mais ativos participantes das conspirações que levaram a março de 1964 assinalam a *novembrada* de 1955 como o ponto de partida para aquele movimento. A intervenção dos militares, primeiro contra Vargas e depois nos impedimentos dos presidentes João Café Filho e Carlos Coimbra da Luz, deveria, na opinião desses revolucionários, ter se feito de maneira definitiva. Não atuando dessa forma, sua intervenção foi cerceada nos governos subsequentes, como ocorreu no impedimento da posse do presidente João Goulart, em setembro de 1961. Consequentemente, tiveram de deflagrar o levante militar de 31 de março de 1964.

Na verdade, o movimento de março não se restringiu a um levante militar. Este se motivou na agitação das massas em torno de um programa de reformas socializantes que infundia o temor da comunização. Porque as reformas eram a solução para a crise. Apenas a maneira de as conduzir e o sentido que teriam provocaram a reação.

Se a crise militar pode ser assinalada em seu início e acompanhada em seu desenvolvimento, nem por isso deixa de ser, também, um sintoma denunciando causas mais profundas. Se nas economias capitalistas dos países onde existem sociedades que hajam tomado plena consciência de seus problemas é possível conceber uma política de desenvolvimento nos moldes clássicos, os países que não reúnem tais condições têm de buscar outras formas de progresso material. É inevitável, neles, que a política econômica sofra a pressão dos grupos diretamente interessados na defesa de vantagens particulares.

Até 1929, a economia brasileira dependia quase exclusivamente do café. O estímulo dos preços altos desenvolveu a maior cultura agrícola em extensão no mundo inteiro. Mas as grandes plantações de café feitas no período de 1927/1929, ao bafejo dessa política, entraram em produção a partir de 1931, exatamente quando os preços do produto foram reduzidos de dois terços no mercado mundial. Diante de uma superprodução que não encontrava compradores, o Brasil, obrigado a reduzir suas exportações, teve de enfrentar uma crise interna com a estocagem e o financiamento de sua principal mercadoria.

Comprando café em proporção que chegou a ser superior a 10% do produto nacional bruto, o governo inflacionou a renda monetária e depreciou nossa moeda no exterior. A política de favores ao setor beneficiou os cafeicultores e fez crescer os preços relativos das mercadorias importadas. Criaram-se condições extremamente favoráveis à produção interna. Enquanto declinavam os lucros no setor cafeeiro, desenvolvia-se uma industrialização à base da substituição de importações. Os recursos financeiros e a capacidade empresarial foram se transferindo do tradicional setor exportador, principalmente de café, para a indústria, que tinha o mercado interno assegurado pelo protecionismo alfandegário.

Tomando em conta o período entre 1929 e 1937, encontramos um declínio de 23% nas importações, enquanto cresceu a produção industrial em 50%.

No após-guerra, assoberbado com vultosos estoques de café armazenados, o governo procurou manter a paridade do cruzeiro, que havia prevalecido durante o conflito, apesar do desnível que se apresentava com os preços mais elevados no Brasil do que nos Estados Unidos. Em consequência, subiram as importações, consumindo as reservas de divisas, acumuladas durante a guerra. A dívida comercial começou a se elevar.

Foi introduzido um sistema de controle, com a proibição da importação de similares aos produtos fabricados no país, dando-se prioridade às importações de matérias-primas e equipamentos. Os investimentos industriais apresentaram alta taxa de rentabilidade.

Essa industrialização de tipo substitutivo, apoiando-se em um mercado previamente criado pela economia de exportação, cresceu rapidamente, preenchendo o vazio criado por uma suspensão de importações, enquanto se manteve o nível da demanda. As dificuldades à importação de artigos não essenciais fizeram com que a produção, nesses setores, se tornasse a mais atrativa. As facilidades para a importação de equipamentos sobrecapitalizaram e sobremecanizaram as indústrias.

As repercussões na estrutura social do país e nas instituições em que se apoiava o sistema tradicional do poder iam logo se fazer sentir.

"A emergência de uma sociedade de massas, abrindo o caminho ao populismo, quando ainda não se haviam formado novos grupos dirigentes capacitados para definir um projeto de desenvolvimento nacional, em contraposição à ideologia tradicional, constitui a característica básica do processo histórico brasileiro, na fase da industrialização."[1]

O processo de industrialização se fez sem antagonismo com os grupos ligados à agricultura. Em muitas regiões, os industriais e os fazendeiros tinham interesses comuns. Isso contribuiu para que não se estabelecessem, desde logo, lideranças industriais com projeção política. Consequentemente, as constituições de 1934 e 1946 mantiveram a formação do Senado, com igualdade de representação para todos os estados. A representação proporcional, na Câmara dos Deputados, assegurava uma representação majoritária às velhas oligarquias dominantes em vastas regiões. Assim, o sistema federativo contribuía para manter uma influência decisiva das pequenas unidades e das regiões mais atrasadas.

As modificações na estrutura social, com a industrialização e a urbanização, estabeleciam um predomínio do eleitorado urbano nos centros mais desenvolvidos. Essa situação criava importância, no plano nacional, na escolha do presidente e do vice-presidente da República. Estabelecia uma das razões de atrito entre o poder Executivo, representando essa nova influência, e o poder Legislativo, onde as velhas oligarquias dominavam o Congresso.

---

1. Celso Furtado, "Obstáculos políticos ao crescimento econômico no Brasil". Trabalho apresentado à conferência "Obstacles to Change in Latin America", promovida pelo Royal Institute of International Affairs (Chatham House), fevereiro de 1965, Londres, *in Revista Civilização Brasileira*, Rio de Janeiro, nº 1.

A crise institucional

A origem política do 31 de março decorre da crise institucional já delineada desde os primeiros anos de vigência da Constituição de 1946. Essa crise tem como traço fundamental a separação cada vez maior entre a nação e sua representação, gerando os episódios dramáticos que assinalam os últimos anos, sobretudo a partir de 1954. As crises de poder sucedem-se, nos vinte anos decorridos entre 29 de outubro de 1945 (deposição de Vargas) e 31 de março de 1964 (deposição de Jango). Nesse interregno, registraram-se os impedimentos de Café Filho e Carlos Luz, em 1955; a renúncia de Jânio, em 1961; a batalha da posse de Jango; a adoção do parlamentarismo; o plebiscito presidencialista. Os últimos acontecimentos do governo Jango confirmaram a permanência da crise.

Nesse espaço de tempo, apenas dois presidentes concluíram seus mandatos: Eurico Gaspar Dutra e Juscelino Kubitschek de Oliveira. Ambos, porém, encerraram seus governos com espetaculares derrotas políticas e eleitorais.

O situacionismo passou a perder as eleições quase sistematicamente, tanto no cenário federal quanto no estadual. A máquina político-administrativa mostrava-se incapaz de governar com eficiência, desgastando quaisquer dirigentes.

Em uma análise sobre a crise institucional dos últimos trinta anos, Newton Rodrigues demonstrou que o processo de industrialização e urbanização, o ingresso acelerado e não ordenado de grandes massas no processo político e a rigidez do sistema foram, ao longo do tempo, acentuando as fissuras institucionais. O regime, com a falta de representatividade, perdera a capacidade de autocorrigir-se, essencial nos regimes realmente democráticos. As eleições passaram a ser antes um elemento de protesto do que afirmações políticas de natureza positiva, desde que se mostravam insuficientes para a organização do poder.

A eleição de Jânio

A vitória de Jânio significou menos a afirmação de tendências partidárias e de uma organização política do que o diagnóstico irrecusável de que estavam ultrapassadas as agremiações existentes. Enquanto as forças que apoiavam a candidatura do general Henrique Duffles Teixeira Lott somavam cerca de 80% do eleitorado, o partido que lançara o nome de Jânio Quadros obtivera, em 1958, apenas 20% de legendas. O resultado do pleito, em que Jânio recebeu quase seis milhões de votos, rompeu o controle das cúpulas partidárias.

O sistema eleitoral reduzira-se a uma expressividade cada vez menor, faltando à sua finalidade de formar governos estáveis e operantes. Proliferaram as alianças de legendas. Essas alianças esvaziavam os partidos, ou *surgiam desse próprio esvaziamento*: "Os deputados eleitos em alianças foram 135, em 1958 (para um total de 326), e a composição federal atingira distorções de espantar. Basta ver que, embora somados, o PSD, a UDN e o PTB só houvessem alcançado, no pleito, 45,52% dos sufrágios, suas bancadas somariam mais de 77% no plenário, fenômeno que seria agravado depois".

A eleição de Jânio deu-se dois anos mais tarde. A *dobradinha* Jan-Jan permitiu-lhe arrebatar a massa eleitoral de seu antagonista. O Congresso, em funcionamento, já não correspondia às necessidades e aspirações do eleitorado. A eleição de Jânio tinha todas as características de um protesto das urnas, pois vencera, precisamente, contra o sistema imperante desde 1945 – a aliança das cúpulas PSD-PTB, enfraquecidas agora em suas antigas bases. O Executivo e o Legislativo não se entendiam.

Outra consequência dessa distorção fora a escolha do vice-presidente. Configurava-se o caráter agudo da crise: os partidos anulados eleitoralmente continuavam dominando os postos-chave do Congresso; o presidente, vencedor por esmagadora maioria, era prisioneiro desses mesmos partidos, que controlavam o Congresso. E tinha como vice-presidente o chefe da oposição.

A renúncia de Jânio

A renúncia de Jânio evidencia a falência do sistema: "Ao velho Congresso, mais esvaziado ainda quanto à representatividade em face dos resultados iniludíveis do pleito presidencial de 1960, devolvia-se a decisão da política: ao chefe da oposição, derrotada na véspera, caberia, *de jure,* o comando do Estado, que ele nem sequer ousara pleitear, pela clara inviabilidade de obtê-lo por via direta. Estávamos diante de situação inteiramente *sui generis*: a de uma designação indireta do chefe de Estado, pela via oblíqua da renúncia. Mas estávamos, também, diante de uma clara determinação legal, e nunca, em tal medida, revelara-se tão absurda a legislação nem tão grandes os impasses".

A incontestável liderança popular de Jânio Quadros reforçara-se em seus poucos meses de governo, e eis que agora ruía por vontade própria. O Congresso oposicionista aceitou de pronto a formalização da renúncia, e o país se viu diante de um grande sentimento de frustração. A mesma afirmação de voto, que exigira mudanças, reclamava agora o respeito às urnas, embora elas houvessem exigido precisamente uma política diversa de que sempre executara e que continuava a representar o vice João Goulart.

Encontramo-nos, precisamente, naquele momento, em fase de carência de lideranças políticas, suscetíveis de conduzirem a uma saída institucional. E, na ausência delas, tenderia, naturalmente, a preponderar o formalismo jurídico, que se expressava na posse ao eleito. Embora isso, na realidade, significasse posse ao não propriamente escolhido, pois, enquanto Jânio Quadros arrecadara 5.600.000 votos, João Goulart ficara-lhe distanciado de mais de um milhão de votos, em circunstâncias bem menos expressivas da vontade popular, em vista dos expedientes eleitorais de que falamos antes (chapa Jan-Jan).

A crise chegava ao ponto crítico. O sistema político deteriorara-se. O processo eleitoral não fora submetido às necessárias reformas que lhe restabelecessem a suficiente representatividade. Deixara de haver o diálogo entre os dois poderes porque o interlocutor válido se tornara ausente. O Congresso quedara-se perplexo diante da renúncia inopinada, mas que resultara lógica pelo agravamento do impasse. Tendo de deliberar sobre um fato que transcendia a pessoa do renunciante, porque alcançava o seu substituto – vice-presidente do candidato derrotado, presidente de um partido que não apoiara Jânio, contudo seu companheiro em uma aliança eleitoralista, na mais estranha das consequências de uma legislação eleitoral absurda e perigosa –, esse parlamento jogava, também, a sua própria sorte ante a iminência de uma ditadura militar. Ultrapassado pelos fatos, faltava-lhe condições para romper o impasse. Suas correntes majoritárias, interessadas em preservar as instituições, recebiam, de fato, o presente de uma presidência que não haviam alcançado nas eleições, em que haviam sido derrotadas com seu candidato Lott.

A posse de Jango era vetada por destacados chefes militares. Um grupo de líderes políticos, reunidos na casa do antigo ministro da Justiça do presidente Café Filho, José Eduardo do Prado Kelly, no próprio dia da renúncia, considerava a investidura do vice-presidente uma temeridade para as instituições. Mas contestá-la pelas armas seria assumir os riscos de uma guerra civil, porque o Sul se levantava, com o governador do Rio Grande, Leonel Brizola, cunhado de Jango, já apoiado pela população, pelo cardeal-arcebispo dom Vicente Scherer, pelo comando do 3º Exército, general Machado Lopes. E o movimento legalista se alastrava nas Forças Armadas e nos grandes centros.

Ainda foram tentados esforços dessa liderança política, dirigindo-se os próceres à base militar de Cumbica, onde o ex-presidente se manteve dois dias, primeiro dentro do avião presidencial, depois em instalações da base, dando ordens e tendo, consigo, a faixa presidencial que reclamavam de Brasília. Os governadores de Minas Gerais e de São Paulo apelaram para que Jânio voltasse atrás, mesmo depois que o Congresso deliberara, de imediato, a aceitação da renúncia e empossara o presidente da Câmara, deputado Pascoal Ranieri Mazzilli, na Presidência interina da República. Houve mais. Quando o navio em que Jânio embarcara se avizinhava da Bahia, os chefes militares cogitaram enviar um vaso de guerra para interceptá-lo, a fim de que desembarcasse o ex-presidente em Salvador. Na capital baiana, um avião da FAB o recolheria, trazendo-o de volta a Brasília para reassumir.

Introdução

Jango e as reformas de base

Jango herdara uma pesada herança dos governos anteriores. Dele se exigia uma série de reformas que, para serem implementadas, reclamavam poderes absolutos. Ao mesmo tempo, porém, tinha de ater-se a preceitos constitucionais que foram, forçosamente, suprimidos ou alterados por força das circunstâncias depois de 1964. A crise favorecia a agitação, e a muitos pareceu que nessa agitação se resumia a própria crise. Na turbulência característica desse processo, as correntes exaltadas e as influências intrínsecas ou extrínsecas, interessadas em impedir as reformas anunciadas, atuaram desassombradamente. O estudo daquele período revela, com surpresa, que os fatos desencadeantes do desfecho fugiram totalmente do controle daquele que detinha o poder. Jango foi arrastado pelos acontecimentos. A base política que o acolheu, pressurosa em afastar Jânio, não se manteve coesa ao seu lado no episódio final, quando ele tenta, primeiro no Rio, depois em Brasília, manter-se no poder e refugia-se no Rio Grande, onde lhe resta a última esperança de governar. Ainda em Brasília, confiante na palavra do comandante da guarnição militar, o Congresso cogita seu impedimento. E quando deixa a capital federal, os congressistas decretam a vacância de cargo do presidente que ainda se achava em território nacional e comunicava ao Congresso, pela voz de um dos seus líderes, que permanecia no exercício da Presidência da República.

Esse acontecimento final ainda obedece a uma sequência. A crise parlamentar já havia anulado as legendas partidárias. Os grandes partidos achavam-se divididos em uma série de subtítulos. Novas aglomerações de forças ocupavam o lugar das lideranças inoperantes. A *Frente Parlamentar Nacionalista*, os *Autênticos*, toda uma gama de rótulos definia o novo panorama político. Na verdade, havia um bloco coeso, conservador, contrário às reformas. Enquanto o outro bloco apoiava a renovação. Isso independentemente das legendas. Sem obediência às lideranças, porque o Legislativo e o Executivo não eram mais dois poderes harmônicos, e sim duas forças conflitantes.

Quando Jânio renunciou, houve pressão para que Jango também renunciasse, abrindo a possibilidade de convocação de novas eleições. Mas essa fórmula, aparentemente conciliatória, não teria sido possível aplicar porque a marcha dos acontecimentos, as dissidências profundas que logo se estabeleceram entre os políticos e nas próprias Forças Armadas radicalizaram, de pronto, as posições.

Foi quando surgiu a fórmula parlamentarista como terapêutica sintomática. Não curava o mal. Contornava uma situação, até mesmo pela inoperância que trazia no seu seio. Se, porém, expressava um esforço de solução pacífica, aceita pela nação, demonstrando a possibilidade de uma grande união em defesa da Constituição, as dúvidas, as dissidências continuavam a existir.

Por outro lado, o presidente Goulart, já no ato da posse, fizera clara restrição à alteração de seus poderes. E a linha de atuação que desenvolveria iria

33

demonstrar que não estava decidido a aceitar o Ato Adicional. Contudo, Jango dispunha de maioria mais que tranquila para qualquer votação. Numa Câmara com 326 deputados, o PSD e o PTB, que o apoiavam, somavam 262 deputados.

Em 1962, vieram as eleições. O pleito, convocado para 7 de outubro, destinava-se a eleger dez governadores estaduais, entre os quais os de São Paulo, Rio Grande, Pernambuco, Bahia e Rio de Janeiro. Renovava dois terços do Senado e a totalidade da Câmara Federal e das assembleias estaduais. Implicava ainda eleições municipais para as Câmaras de Vereadores e as prefeituras.

Na Câmara Federal, o PSD, o PTB e a UDN aumentaram suas bancadas em termos absolutos, e os dois últimos em termos relativos, sendo bem mais acentuado o aumento dos petebistas, que se colocaram como segunda bancada. A análise minuciosa das eleições de 7 de outubro demonstra, porém, a derrocada acelerada dos partidos como instituições. Enquanto as três grandes legendas caíram em relação aos pleitos anteriores, as alianças de legendas, transformadas em processo invencível, concentraram 39% dos votos, os quais, em brancos e nulos, ultrapassaram os 18%. Cento e noventa e três deputados, alguns totalmente desconhecidos, elegeram-se por esse processo, num total de 409.

Para os governos estaduais, a análise ainda se mostraria mais surpreendente, não sendo raros os casos em que UDN e PTB marcharam juntos para a vitória. Um destaque a fazer: a derrota de Jânio Quadros, em São Paulo, para Ademar de Barros, por estreita margem de votos (3,7% do total), em consequência do apoio do PTB, da UDN e do PSD a José Bonifácio Nogueira. Isso demonstrava a profunda confusão imperante nos círculos políticos, o predomínio dos interesses locais sobre os nacionais. Ao mesmo tempo, anulava as possibilidades de reafirmação de uma liderança, ainda forte, no meio popular, como vinham revelar as urnas.

A agitação manifestada nas greves, nas reivindicações de direitos, de salários, que tumultuaram a gestão Jango Goulart, denunciava o conflito profundo que existia entre as massas urbanas, sem estruturação definida e com lideranças populistas, e a estrutura de poder que ainda controlava o Estado. Enquanto os líderes populistas reivindicavam rápida modernização do país, as *modificações estruturais*, as reformas de base, a classe dominante tradicional usou a pressão populista como espantalho para submeter ao seu controle os novos grupos patrimoniais, surgidos com a industrialização. É esse conflito de poder que ocupa o centro da luta política e torna impraticável a execução de qualquer programa por parte dos dirigentes. A existência desse conflito fundamental ameaça, por fim, o próprio funcionamento das instituições básicas em que se apoia o poder. Assim, a intervenção militar teria de ocorrer, mais cedo ou mais tarde, dependendo de condições mais ou menos favoráveis ao golpe.

Introdução

Os americanos e a queda de Jango

Não foi a primeira vez que se ligou um fato político brasileiro à influência dos Estados Unidos. Quando Vargas se suicidou, a mesma acusação foi feita. E, aludindo às forças ocultas que teriam forçado sua renúncia, Jânio deixou-a no ar. Ela teria de se repetir na queda de Jango. O problema, de resto, não diz respeito apenas ao Brasil. Há toda uma vasta bibliografia americana tratando da questão. É ler Alfred Stepan (*The Military in Politics – Changing Patterns in Brazil*); John J. Johnson (*The Military and Society in Latin America*); Claudio Veliz (*The Politics of Conformity in Latin America*); Ronald M. Schneider (*The Political System of Brasil*); Samuel P. Huntington (*Political Order in Changing Societies*); G. Lowell Field (*Comparative Political Development, The Precedent of the West*); além do livro de Thomas Skidmore, que já foi publicado pela Editora Saga, sob o título mais comercial de *Brasil – De Getúlio a Castelo*. No apêndice desse livro, a participação americana é considerada. Sob o enfoque americano, naturalmente.

No trabalho pessoal de pesquisa, obtive a informação, de fonte reservada, de que elementos destacados do movimento haviam sido procurados por um estranho personagem, que se dizia grego e representante de um organismo internacional de combate ao comunismo, logo identificado como a CIA. Oferecia armas e tudo o que fosse necessário. Em prosseguimento, teria havido novos contatos, já com o adido militar norte-americano, o então coronel Vernon Walters, e, finalmente, com o próprio embaixador Lincoln Gordon. Às vésperas da revolução, uma esquadra americana estava em condições de alcançar a costa brasileira para eventual auxílio aos revolucionários, sob a motivação de prestar assistência aos súditos norte-americanos e aos interesses americanos, como foi feito, mais tarde, em São Domingos. Tais entendimentos foram feitos sob a declaração de que não se tratava de intromissão em nossa política interna, mas de apoio ao combate ao comunismo.

Uma negociação dessa natureza, se existente, é difícil de comprovar cabalmente. Tendo de fato ocorrido, só será revelada muitos anos depois, em remoto volume do *Foreign Relations* (anais que ainda agora estão publicando matéria referente a 1947), ou em alguma revelação dos *papers* secretos da CIA. Mas vamos seguir a pesquisa. A informação de que houvera entendimentos com esses elementos norte-americanos foi-nos confirmada pelo general Olympio Mourão Filho, que sabia da possibilidade de aproximação de uma esquadra, se necessário. Disse-me ele, contudo, que nenhum auxílio militar chegou a ser efetivamente prestado.

O general Carlos Luís Guedes menciona o plano estabelecido para o abastecimento e a ajuda em armas e munições, adquiridas no exterior, "eventualidade sobre a qual mantivera conversas com o adido militar da embaixada norte-americana, coronel Walters, e com o agente consular dos Estados Unidos, mr. Lawrence".

35

Quando ainda não se comentava essa participação norte-americana no movimento de 1964, Skidmore publicou extenso trabalho no *Jornal do Brasil*, mais tarde reproduzido em apêndice no seu livro já mencionado. Negando, embora, a participação oficial do governo americano ou de seu embaixador, Lincoln Gordon, Skidmore afirma que a embaixada estava *bem informada* sobre a conspiração e se refere a pelo menos três contatos entre os conspiradores e a embaixada antes de 31 de março de 1964, tendo esta lhes oferecido materiais de guerra em caso de necessidade. A resposta foi que, no momento, não precisavam de material de guerra, que tinham em abundância, mas talvez precisassem de combustível, se a luta se prolongasse.

Depondo perante o Comitê de Relações Exteriores do Senado norte-americano, o embaixador Lincoln Gordon negou a participação oficial da embaixada. Reconheceu que seu adido militar, coronel Vernon Walters, estava bem informado sobre a marcha da conspiração. Posteriormente, já não mais como embaixador, mas como professor universitário, Lincoln Gordon falou claramente ao jornalista brasileiro Elio Gaspari.[2] No dia 30 de março de 1964, quando estava assistindo em casa, pela televisão, ao discurso de Jango no Automóvel Clube, recebeu um telefonema de Washington, do subsecretário de Estado Dean Rusk, com quem mantinha frequentes contatos naqueles dias. Sua informação foi precisa: a situação estava piorando. No dia seguinte, ao chegar à embaixada, Walters comunicou-lhe que havia um levante em Minas, tendo informação segura de que a tropa estava sob o comando do general Mourão Filho. Quanto à presença da esquadra americana, Lincoln Gordon respondeu: "É possível que tenha ocorrido algum movimento da frota, mas isso se deveria ao fato de que, na época, existiam quarenta mil americanos no Brasil, e toda embaixada tem sempre um plano de retirada de emergência para nacionais. Esse plano é atualizado de seis em seis meses. No caso do Brasil, pelo tamanho do país, tínhamos um plano bastante complexo. E ele tinha sua razão de ser. As ameaças de Leonel Brizola contra os *Peace Corps* me preocupavam. Eu pensei na hipótese de uma guerra civil, e nesse caso os cidadãos americanos tinham de ser retirados. Portanto, é possível que a nossa Marinha tenha pensado em ajudar nossa operação". Gordon confirma que foi procurado por militares e civis que pediam o auxílio americano. Acrescenta que "em 1963, houve um contato entre um funcionário da embaixada e um civil bastante respeitável que lhe contou uma longa história de uma conspiração. Ele pedia apoio só para o caso de uma guerra civil. Eu respondi que esse era um problema exclusivamente brasileiro e que o movimento não poderia depender de uma resposta nossa".

O então coronel Vernon Walters, depois promovido a general, é hoje a segunda pessoa da CIA. Se houvesse interferência americana no processo revolucionário brasileiro, não seria oficialmente, por intermédio da representação

---

2. *Veja* número 167, de 17-11-1971.

credenciada do embaixador Lincoln Gordon. Só poderia ser feita pela CIA. Estaria ela preparada para essa tarefa? Caberia essa missão dentro de seus planos?

É outro embaixador, John Tuthill, que sucedeu Lincoln Gordon, quem revela o quadro excessivo de pessoal na representação americana. Ficou famosa a operação *Topsy*, que deixou vazios andares inteiros do prédio da USAID. Também tendo deixado o serviço diplomático, para lecionar economia em Bolonha, na Itália, publicou na *Foreign Policy* um artigo onde conta como reduziu de 920 para 527 as pessoas dessa representação. A missão militar, com 54 oficiais e praças, baixou para um terço.

Os militares no poder

A conduta dos militares nos países sul-americanos e, particularmente, no Brasil é objeto de estudo nos Estados Unidos. Recentemente, foi publicada em Washington, encomendada pelo Departamento de Estado à Rand Corporation, uma análise de caráter científico da ação dos militares na revolução brasileira. O movimento de 1964 marca o fim do papel tradicional dos militares na política e o aparecimento de novos padrões. Até então, os militares atuavam como o *poder moderador*. Derrubavam um presidente, mas não ocupavam o poder. Esse conceito tradicional de seu papel na política brasileira resultava de uma confiança relativamente alta na habilidade dos civis para governar e, paralelamente, na pouca confiança em sua própria aptidão política. Esse ponto de vista foi defendido, ainda em 19 de setembro de 1955, num discurso na Escola Superior de Guerra, pelo general Castelo Branco: "Há aqueles que recomendam, como o melhor caminho para a participação dos militares na recuperação do país, intervir e assumir o controle do governo. Os mais sinceros dizem que isso é necessário devido à incapacidade das instituições políticas para resolver os problemas da nação [...]. As Forças Armadas não podem, se são fiéis à sua tradição, fazer do Brasil uma outra 'republiqueta' sul-americana. Se nós adotarmos esse regime, entraremos nele pela força, haveremos de mantê-lo apenas pela força e sairemos dele pela força".

Essa tradição teria terminado em 1964. À medida que a sociedade muda, também muda o papel dos militares. Outro autor americano (José Nun – *A Latin American Phenomenon*) mostra que, na sociedade oligárquica (tradicional ou agrária), o soldado é um radical; numa sociedade de classe média, ele é participante (na política) e um árbitro; mas, quando a sociedade de massas desponta no horizonte, ele se torna o conservador guardião do *status quo*. Assim, quanto mais atrasada é a sociedade, mais progressista é o papel dos militares; quanto mais adiantada a sociedade se torna, tanto mais conservador e reacionário o papel de seus militares.

O problema da segurança nacional

A Segunda Guerra Mundial mudou o conceito de segurança nacional de muitos países, a começar pelos Estados Unidos. O primitivo conceito de isolacionismo, baseado na doutrina de Monroe, perdeu sua razão de ser. Na Segunda Guerra Mundial, a segurança dos Estados Unidos tornou-se a segurança do hemisfério.

No mundo de após-guerra, a bipolarização do poder e a divergência fundamental entre as duas superpotências – Estados Unidos e Rússia – alargaram a todas as nações americanas a faixa de segurança dos Estados Unidos. Essa é a teoria atual de segurança do Pentágono.

Os oficiais brasileiros que formaram a FEB, cursaram a Escola Superior de Guerra e estagiaram nos Estados Unidos identificaram-se com essa teoria. É óbvio que esse conceito abrange participação militar e objetivos econômicos, porque "segurança e desenvolvimento constituem temas inseparáveis".

Nos países subdesenvolvidos ou em desenvolvimento, o problema político tende a assumir destaque. E, refletindo e resultando de condições peculiares a esse subdesenvolvimento, sua evolução não é, necessariamente, idêntica à dos países desenvolvidos, onde o acontecimento político tem menor relevo.

Uma preocupação constante dos escritores americanos é a instabilidade dos governos sul-americanos. Para G. Lowell Field, há três tipos de regimes políticos. Dois deles estáveis e o terceiro instável. *A grande maioria dos países do mundo moderno enquadra-se entre os regimes classificados como instáveis*, chamados pelo autor de "regimes de linhagem principal". Nesses países, os arranjos institucionais para *representação política e tomada de decisões* não são vistos como inquestionavelmente *legítimos* por *todos os segmentos da elite*. A consequência desse fato é a possibilidade de mudança de governo (sucessão ou transmissão do poder) através de *golpe militar.*

Os regimes políticos estáveis compreendem dois grupos: a) *regimes representativos consensuais*, encontrados geralmente entre as nações mais avançadas economicamente, cujas populações economicamente ativas encontram trabalho sobretudo nos setores terciários da economia (o contingente empregado na agricultura é mínimo). Exemplos: Estados Unidos, Inglaterra, Suécia. Nesses países, a transmissão de poder está institucionalizada, não havendo possibilidades reais de golpe; b) *regimes totalitários ou utópicos*: caracterizam-se pela profissão de uma ideologia compulsória pela elite do poder. Exemplos: países comunistas, a Itália fascista, a Alemanha nazista. Nesses casos, jamais houve transmissão de poder através de golpes. Houve mudança de regime por causa de intervenção armada de forças estrangeiras.

Entre os países com regimes representativos consensuais, encontram-se alguns exemplos de países relativamente subdesenvolvidos: o México, a Índia, a

Tunísia e a Tanzânia. Neles o governo parece também estar institucionalizado, os partidos políticos são reconhecidos como legítimos e têm logrado representar os segmentos importantes da elite (no México, o PRI; na Índia, o Partido do Congresso; na Tunísia, o Neo-Destour; e na Tanzânia, o Tanu). São poucos, porém, os países cujo sistema político se institucionalizou em fase de atraso econômico.

Samuel P. Huntington considera a mais importante distinção entre os diversos países *não a sua forma de governo, mas o grau desse governo*. As diferenças entre democracia e ditadura são menos importantes que as diferenças entre os países cujos governos ou regimes políticos se caracterizam por *consenso, legitimidade, eficiência, estabilidade* e aqueles que carecem dessas qualidades. Os Estados Unidos, a Grã-Bretanha e a União Soviética têm formas diferentes de governo, mas em todos os três sistemas o *governo governa*. Cada um é uma comunidade política marcada por impressionante *consenso popular*, no que tange à *legitimidade do sistema político*. Todos os três têm instituições políticas fortes, adaptáveis e coerentes, inclusive *partidos políticos bem organizados e sistemas efetivos de controle civil sobre as Forças Armadas, além de processos razoavelmente eficientes para regular a sucessão* (transmissão de poder) *e para controlar conflitos políticos.*

Nos países subdesenvolvidos da África, Ásia e América Latina, *onde a elite da comunidade política se acha dividida contra si própria*, e as instituições políticas têm pouco poder e menos majestade, os governos simplesmente não governam. Na América Latina, nas duas décadas depois da Segunda Guerra Mundial, somente México, Chile e Uruguai é que mantiveram intactos os processos constitucionais; nos demais países ocorreram golpes. Atualizando essa análise, apenas ao México se aplica a exceção, pois o Chile e o Uruguai passaram a confirmar a regra.

Quando os grupos urbanos da classe média se tornam os elementos dominantes na política, os militares assumem uma função de árbitro e de estabilizador (poder moderador). Se a sociedade é capaz de caminhar na direção de uma política de massa, com instituições políticas razoavelmente desenvolvidas (como no México), os militares assumem um papel não político e profissional. Porém, quando isso ocorre em sociedades desprovidas de instituições políticas eficazes, os militares envolvem-se em um esforço conservador para proteger o sistema existente contra as incursões das classes baixas, particularmente das classes urbanas baixas. Nesse sentido, o seu papel histórico consiste em abrir a porta para a classe média e fechá-la para a classe baixa.

A implicação básica é a seguinte: se os militares acreditam na habilidade do segmento civil da elite de poder, na sua capacidade de manter o *status quo* e de neutralizar os grupos urbanos da classe baixa (proletariado e *lupenproletariat*), as Forças Armadas *não intervêm* no processo político. Se os civis falham como mantenedores da ordem social existente e põem em jogo a segurança dos grupos de classe média, a intervenção militar ocorrerá mais cedo ou mais tarde, dependendo de condições mais ou menos favoráveis ao golpe. Para Alfred Stepan, "o golpe é obviamente precipitado quando a sobrevivência das instituições militares é posta em dúvida".

O problema da segurança em escala mundial

Depois da Segunda Guerra Mundial e da bipolarização do poder, marcada pela divergência fundamental entre duas potências, não era mais admissível, no mundo capitalista, um sistema de segurança que não tivesse como último elemento de apoio o poder militar dos Estados Unidos. A expansão externa das grandes empresas norte-americanas repercutiu de maneira diversa nos países de sistemas econômicos já estruturados – países industrializados da Europa e o Japão – e na América Latina e no Brasil, onde ensejou a criação de amplas facilidades com o objetivo de interiorização de atividades produtivas, notadamente no setor manufatureiro. A hegemonia de uma superpotência exige *esferas de influência,* que são também sistemas de dominação econômica, porque *segurança e desenvolvimento constituem teses inseparáveis.*

Dentro dessa doutrina, os Estados Unidos, oficialmente por seu governo, através da representação diplomática, ou por intermédio da CIA, têm que considerar de relevância os problemas da política interna da América.

Março de 1964 é um episódio da *Guerra Fria.* Já é possível analisá-lo no confronto das correntes históricas antagônicas, nas marchas e contramarchas do processo renovatório. Esse choque se reflete nas Forças Armadas, mais nitidamente a partir da Segunda Guerra Mundial. A FEB traz, em seus heróis, os líderes dos grupos que se defrontarão em 1945, 1950, 1955, 1961 e 1964.

Março de 1964 não se esgota na ação militar. Há toda a mobilização de uma sociedade, de suas forças progressistas e conservadoras, na conquista de novos horizontes ou na defesa de seus direitos e privilégios. Antes do levante de 31 de março, há estruturação de forças econômicas e sociais, nas campanhas do IBAD, do IBES e do GAP, para a constituição de um Congresso que votasse as suas leis, e a formação de uma mentalidade conformada em suas doutrinas. A essa preparação, que custou trabalho, inteligência e dinheiro, seguiu-se larga preparação da opinião pública, através da utilização dos meios de comunicação de massas, imprensa, rádio, televisão, culminando nas maciças demonstrações das Marchas da Família.

O movimento de 1964 se inicia seguindo a tradição de *influência moderadora* que caracterizou a atuação dos militares na política brasileira desde a implantação da República: intervindo sempre que considerassem em risco as instituições do regime que haviam fundado. Filia-se, mais recentemente, aos movimentos de 1922, 1924, 1935, 1937, 1945, 1954, 1955 e 1961. Por isso mesmo, em 1964 e nos dias que se seguem, vamos encontrar os *tenentes* Odílio Denys, Osvaldo Cordeiro de Farias, Nélson de Melo, Artur da Costa e Silva, Emílio Garrastazu Médici, Eduardo Gomes, Juarez Távora.

Pela sua origem e evolução, deveriam ter cabido ao grupo inicial a direção e o poder. Contudo, foi outro grupo, cujas características diferenciam-se, que empolgou o poder, o grupo conhecido como o da *Sorbonne*, aquele que mais exatamente representava a tendência evoluída. Esse fato serviu de base para a teoria exposta por Alfred Stepan, caracterizando o *castilismo* pelos seus homens, sua formação, sua tendência, concretizadas na aspiração *de que a missão dos militares incluísse um papel mais ativo nos campos político e econômico.*

PRIMEIRA PARTE

A batalha da posse

A renúncia

ERA UMA SEXTA-FEIRA, fim de semana parlamentar. A agenda oficial começava com a cerimônia comemorativa do Dia do Soldado. Muitos parlamentares preparavam-se para se ausentar da capital federal, aproveitando o meio-feriado para uma visita a seus estados. Tudo fazia crer que o dia 25 de agosto de 1961 teria pouca atividade nas duas Casas do Congresso.

Entretanto, houve uma convocação extraordinária diante de uma denúncia grave, oferecida ao país com todo o aparato teatral pelo governador Carlos Lacerda, da Guanabara. Alertara ele a nação para um golpe de Estado, a ser desferido contra as instituições pelo presidente da República, e para o qual havia sido convidado pelo ministro da Justiça, Pedroso Horta.

A crise vinha se agravando. Havia se estabelecido um choque entre os senhores Jânio Quadros e Carlos Lacerda, choque esse apresentado como sendo uma divergência em relação à política externa do país. O governador da Guanabara, na noite de 24, utilizando uma cadeia de emissoras de televisão, formulara a denúncia. Àquele tempo não havia transmissão de televisão em Brasília. O pronunciamento foi captado, de modo imperfeito, nos aparelhos de rádio. O resumo publicado nos matutinos também não era satisfatório.

Por isso, reuniram-se os deputados na madrugada de 25, alertados pelos senhores Ernâni do Amaral Peixoto e José Maria Alkmin, presidente e líder do PSD na Câmara, respectivamente. Mas nenhuma deliberação foi então tomada. Às 9h, novamente reunidos os deputados, foram apresentados à mesa dois requerimentos: um, formulado pelos líderes José Maria Alkmin e Paulo Lauro, pedindo a convocação do ministro da Justiça; outro, do deputado Miguel Bahury, em aditamento, para que a Câmara se constituísse em comissão geral, com a convocação do governador Carlos Lacerda, para o exame da denúncia que o mesmo formulara. Nos debates que se travaram, foi versada a questão de ter o ministro de Estado convocado um prazo de até vinte dias para atender à convocação.

Entendeu-se que, dada a relevância da matéria, a designação de hora, por parte da Câmara, significava a urgência que se tinha de ser ouvido o ministro, o qual, porém, poderia – e tinha o direito de fazê-lo – indicar outra hora e outra sessão para prestar as informações devidas.

A sessão foi suspensa e anunciada a ordem do dia da sessão ordinária, às 14 horas.

O presidente da Câmara dos Deputados, na manhã do dia 25, teve uma conversa com o líder da maioria, deputado José Maria Alkmin. Tinham sido informados pelo senhor Ernâni do Amaral Peixoto, presidente do PSD, no momento no Rio de Janeiro, de que estariam se processando fatos anormais na política e seria de toda conveniência permanecerem atentos. Aquela troca de impressões entre os dois deputados deveria se prolongar durante a sessão matutina da Câmara, que ia discutir o requerimento de convocação do ministro da Justiça. E só foi interrompida porque Ranieri Mazzilli desejava comparecer à solenidade que o presidente da República presidiria, em comemoração ao Dia do Soldado. Por isso, dirigiu-se para a área dos ministérios. Lá encontrou alguns deputados comentando os acontecimentos da véspera. Estavam apreensivos. Não eram muitos, pois a maioria se encontrava concentrada na Câmara para o andamento dos trabalhos quanto à convocação do ministro da Justiça para depor. Mazzilli, na solenidade, encontrou-se com o ministro Pedroso Horta e conversou com ele. Sentiu-o bastante inquieto. O ministro da Justiça falou-lhe sobre a sessão que estava se realizando na Câmara e disse que os fatos seriam logo esclarecidos de modo definitivo.

De volta à Câmara, Ranieri Mazzilli assumiu a presidência dos trabalhos e conversou com o deputado Alkmin, que se encontrava no plenário, dizendo-lhe que havia observado aquela inquietação e que deveriam acompanhar os acontecimentos com a preocupação de identificar as origens, as causas do mal-estar. Ao que Alkmin lhe respondeu: "Nós vamos ter que enfrentar mar grosso".

Pouco depois, Mazzilli foi avisado, por um funcionário do gabinete da Presidência da Câmara, que havia um coronel que desejava conversar com ele naquele momento. Eram 11 horas, 11h30. O oficial pedia licença para chegar até a mesa, evitando assim que o presidente se deslocasse, não lhe causando com isso qualquer desconfiança. Autorizado, o coronel disse a Mazzilli que os ministros militares o convidavam a comparecer a uma reunião que se estava processando no gabinete do ministro da Guerra. O motivo era uma comunicação muito grave. E os ministros esperavam dele essa gentileza, pois era indispensável a presença do presidente da Câmara. Eles, no momento, não poderiam se ausentar do ministério sem causar desconfiança, por isso solicitavam a presença de Mazzilli. Este respondeu ao oficial que iria: "Pode avisar que irei". Ao que o coronel retrucou que o ficaria aguardando, à saída, pois seguiria à sua frente, a fim de facilitar-lhe o caminho.

Mazzilli conseguiu livrar-se do oficial por uns instantes, tempo suficiente para entender-se com o deputado Alkmin. Era preciso que ele soubesse que a situação estava mudando bruscamente, já na área militar, pois estava sendo convocado pelos ministros militares. Naquele momento, Mazzilli tinha em mente a ausência do vice-presidente da República, o que o deixava ainda mais preocupado. Na conversa que teve com Alkmin, na mesa da Presidência da Câmara, disse-lhe o seguinte: "Eu preciso que você me siga. Vá noutro carro, atrás do meu, pois quero verificar, realmente, para onde estou sendo levado. Depois você segue para a minha residência, onde deverá aguardar a minha chegada. Se o tempo de espera lhe parecer desarrazoado, de modo que julgue necessário tomar qualquer providência, fique sabendo que fui convocado para ir ao gabinete do ministro da Guerra, e estarei lá conferenciando com ele".

Quando Ranieri Mazzilli chegou ao gabinete do marechal Denys, lá encontrou os três ministros militares. Receberam-no com muita cortesia, e logo o ministro da Guerra tomou a palavra. O presidente da Câmara fora chamado para uma conversa de homens com responsabilidade cada vez mais grave naquele momento. Os ministros haviam sido informados, pelo presidente Jânio Quadros, de que este entregaria um documento de renúncia ao Congresso por intermédio do ministro da Justiça. E mais – que esse documento já havia sido encaminhado. Desse modo, mais tarde, deveria ocorrer a substituição, a sucessão do presidente da República. A surpresa de Ranieri Mazzilli foi ainda maior quando os ministros lhe declararam que o fato de o vice-presidente estar ausente do país era realmente muito favorável para que não houvesse as dificuldades que, com a presença dele, estariam fatalmente criadas para o dispositivo da sucessão.

Quando o presidente da Câmara perguntou-lhes qual o motivo da renúncia, os três se entreolharam, houve uma pequena pausa, um pouco embaraçosa, e o marechal Denys respondeu com firmeza: "Temperamento".

Mazzilli declarou, então, que cumpriria o dever constitucional de substituir, eventualmente, o presidente da República. Mencionou o fato de haver grandes apreensões nas áreas políticas desde a véspera e perguntou se os ministros poderiam dar-lhe alguma informação sobre a situação política geral e quanto à segurança nacional. Mazzilli teria, necessariamente, de conversar com as lideranças partidárias – governo e oposição – e precisava levar-lhes uma informação segura sobre a situação no país. Precisava estar bem informado, inclusive quanto à ordem pública, pois era provável que a nação recebesse com grande emoção a notícia da renúncia do presidente Jânio Quadros.

O marechal Denys tranquilizou-o, afirmando que tinham informações de que estava tudo absolutamente calmo em todo o território nacional. Já tinham acionado os dispositivos de segurança para a perfeita manutenção da ordem.

A conversa se ampliou, e já então falava o ministro Sílvio Heck. Este informou que os ministros militares haviam insistido com o presidente Jânio Quadros para que não renunciasse. Que haviam mesmo perguntado ao presidente o que seria necessário para evitar aquele gesto, pois teria todo o apoio dos militares para não deixar o governo naquele momento. Heck informou que o presidente da República, obstinadamente, declarara tratar-se de uma decisão irrevogável, irretratável. Assim, deixava o governo nas mãos deles, militares. Foi só então que Ranieri Mazzilli ficou sabendo que havia um documento de renúncia do presidente Jânio Quadros e que esse documento já estava sendo encaminhado ao Congresso pelo ministro da Justiça.

O presidente Mazzilli voltou à sua casa, onde o aguardava José Maria Alkmin. Fez-lhe o relato do encontro, frisando que a ausência do vice-presidente da República presumivelmente facilitaria a sucessão presidencial. Precisava conversar com os líderes e para isso solicitava que Alkmin os convocasse para um encontro imediato. O líder da maioria saiu prontamente para desincumbir-se de sua missão.

Mazzilli notou, com estranheza, que passara a ser procurado por pessoas que, não sabia como, desconfiavam de que ele já estava sendo solicitado para intervir na crise.

Voltou à Câmara e lá teve entendimento com várias lideranças. Foi avisado pelo deputado José Bonifácio que deveria dirigir-se ao gabinete do senador Moura Andrade, pois este já estaria de posse do documento de renúncia. O presidente do Senado informou-lhe que a renúncia seria prontamente submetida ao conhecimento da Casa, pois já estava convocando o Congresso para esse fim.

O presidente da Câmara permaneceu em seu gabinete. As sessões conjuntas se realizaram no plenário da Câmara dos Deputados, dando-lhe ensejo de ouvir, pelos alto-falantes, o presidente do Senado, senador Moura Andrade, declarar a vacância do cargo de presidente da República, tendo em vista o documento que acabara de ser lido. E encerrou a sessão, convocando os Congressistas para a posse do novo presidente.[1]

O senador Auro Moura Andrade, no dia 25, não foi assistir às cerimônias do Dia do Soldado. Aproveitou para ir cedo para seu gabinete no Senado despachar alguns papéis, pois planejava deixar Brasília em seu avião particular, rumo a São Paulo, logo depois do almoço. Por isso fez uma refeição ali mesmo, no Senado.

Estava em seu gabinete quando entrou o ministro Pedroso Horta, seguido por várias pessoas. Moura Andrade, que desconhecia o que se passara, pensou que o ministro da Justiça ali estivesse para fazer hora, a fim de depor na Câmara dos Deputados sobre as acusações de Carlos Lacerda. Foi com grande surpresa que ouviu de Pedroso Horta que ele era portador de uma mensagem da maior importância, mensagem que viria a mudar o curso da História do Brasil. Precisava falar com ele a sós. Ante essa informação, o presidente do Senado não evacuou o recinto, como queria o ministro da Justiça. Achou mais avisado manter a presença de testemunhas. Foi então que tomou conhecimento da renúncia do presidente Jânio Quadros.

---

1. Entrevista com Pascoal Ranieri Mazzilli, São Paulo, 2-5-1974.

Pedroso Horta mostrava-se muito apressado e nervoso. Pediu mesmo ao presidente do Senado que o dispensasse logo que possível, pois pretendia tomar, dentro de minutos, um avião para São Paulo.

Seguiu-se um diálogo entre os dois.

Moura Andrade perguntou a Pedroso Horta se o presidente tinha plena consciência da sua resolução; se pesara bem a sua responsabilidade, dado que a renúncia, por certo, abriria uma crise sem precedentes no país; e outras perguntas, mais ou menos no mesmo gênero. Todas foram respondidas afirmativamente pelo ministro, sem tergiversação. Na última, porém, a firmeza com que Pedroso Horta vinha se portando sofreu ligeiro colapso. Moura Andrade indagou se o presidente sabia que o seu ato era irreversível. Embora bastante tenso, o ministro respondeu: "Vossa excelência, como o doutor Jânio Quadros e eu, é advogado".

Auro de Moura Andrade disse que, em seguida, iria levar a carta ao conhecimento do Congresso, em sessão conjunta das duas Casas. E notou que o ministro da Justiça demonstrava certa surpresa em sua fisionomia. Mas nada revelou. "Este é o meu último ato como ministro", e retirou-se, acompanhado por várias pessoas que haviam assistido àquela cena.

O presidente Moura Andrade observou que os presentes tinham à mão um papel mimeografado. Era a cópia da renúncia, que Pedroso Horta vinha distribuindo entre congressistas e repórteres desde que chegara ao Senado.

Moura Andrade informa que, então, telefonou para o aeroporto de Brasília, para que fosse anunciado, pelos alto-falantes, que era solicitada a presença de todos os congressistas que ali se encontrassem para uma reunião de caráter urgentíssimo no Congresso Nacional. Isso porque, sendo uma sexta-feira, meio-feriado, cerca de dois terços do Congresso normalmente deixavam Brasília, rumo a seus estados. Logo em seguida, Moura Andrade assume a Presidência do Senado e interrompe o orador na tribuna, senador Nogueira da Gama, para fazer a comunicação:

"Peço licença ao nobre orador para interrompê-lo em suas considerações por motivo de uma grave comunicação que devo fazer ao Senado da República:

Acabo de receber das mãos do senhor ministro da Justiça, doutor Oscar Pedroso Horta, ofício da renúncia ao mandato de presidente da República do senhor Jânio Quadros.

Sua excelência pede-me que transmita ao Congresso Nacional que o senhor Jânio Quadros já não se acha em Brasília.

Devo, assim, suspender a sessão para convocar uma reunião adjunta, em meu gabinete, dos senhores líderes da maioria, da minoria, de bancadas, do Senado Federal e dos líderes da Câmara dos Deputados, a fim de adotar o Congresso Nacional as medidas que a grave circunstância impõe.

Só desejo, neste instante, que Deus nos inspire a todos e faça com que possamos decidir, em hora de tão extrema importância para a vida nacional, com perfeito equilíbrio e com todas as energias da nossa vocação pública.

Não posso deixar de transmitir as profundas apreensões que ocupam o meu espírito e também o dos senhores congressistas e o de toda a nação brasileira.

Creio que é da nossa responsabilidade ocuparmos as angustiosas horas desta tarde para, numa profunda meditação patriótica, darmos a definição deste Congresso, que é colocado frente a uma dura prova para a sua autoridade institucional.

Pela mesma razão comuniquei o fato, mas não li o ofício de renúncia do senhor presidente da República, e também não li o manifesto que sua excelência dirigiu à nação e que me mandou entregar. Só na reunião do Congresso Nacional, só depois da deliberação dos líderes, praticaremos, oficialmente, os atos pela conjuntura que está vivendo o país.

Tenho confiança nas Forças Armadas do Brasil, tenho confiança no espírito patriótico do nosso povo, tenho confiança no Congresso Nacional, e espero em Deus que esta confiança se realize e se concretize numa solução que convenha, realmente, aos interesses da democracia, que nos salvaguarde, que oriente e defenda a pátria brasileira.

Vou declarar suspensa a sessão."[2]

Suspensa a sessão, as ocorrências se transferem para o gabinete do presidente, onde se concentrou um número inusitado de senadores e deputados. Em meio a essa reunião, sigilosa, chegou mensagem do ministro Afonso Arinos, trazida por dois diplomatas, vazada nos seguintes termos:

"Os ministros militares não podem tomar conhecimento do documento de renúncia antes do Congresso Nacional, e o Congresso Nacional, por sua grande maioria, é concitado a recusar a renúncia, sem o que será o caos, a guerra civil.

Afonso Arinos."

***

A sessão conjunta extraordinária foi convocada para as 16h45.

À hora aprazada, o senhor Auro de Moura Andrade abriu a sessão que contava com a presença de 46 senadores e 230 deputados. Foram necessários, apenas, vinte minutos para sua realização.

"Senhores congressistas, está aberta a presente sessão do Congresso Nacional, convocada em caráter absolutamente extraordinário e por força de circunstâncias já do conhecimento dos senhores congressistas. Cabe a esta presidência dar ciência, ao Congresso Nacional e à nação, do ato de renúncia praticado, no dia de hoje, pelo senhor presidente Jânio da Silva Quadros ao mandato de presidente da República. Enviou-me sua excelência, por intermédio do senhor ministro da Justiça, doutor Oscar Pedroso Horta, o ofício que passo a ler:

Ao Congresso Nacional.

Nesta data, e por este instrumento, deixando com o ministro da Justiça as razões de meu ato, renuncio ao mandato de presidente da República.

J. Quadros
Brasília, 25-8-1961."

---

2. *Diário do Congresso Nacional*, ano XVI, nº 140, seção II, 26-8-1961.

As razões do ato do senhor Jânio Quadros, consubstanciadas nas palavras do documento-*renúncia*, foram, a seguir, lidas pelo senador Moura Andrade, para conhecimento de todos os congressistas. E depois, falando a seus colegas, disse:

"Conforme sabem os senhores congressistas, a renúncia é ato de vontade, do qual deve tomar conhecimento o Congresso Nacional. Nos termos da Constituição Federal, artigo 79, § 1ª, caberá ao presidente da Câmara assumir a Presidência da República.

Desejo, antes de encerrar estas palavras, dizer a vossas excelências com a mais absoluta sinceridade de alma, das minhas, e sei serem também de todos os senhores congressistas e da nação, preocupações quanto aos graves instantes que estamos vivendo. Mas desejo – e sei que o faço interpretando o sentimento do Congresso Nacional e interpretando a suprema aspiração do povo brasileiro – declarar que nós temos a mais absoluta e irrestrita confiança nas Forças Armadas do Brasil. Sabemos que elas, como guarda, sustentáculo e defesa que são do regime, da integridade territorial da soberania nacional, realizarão mais uma vez a missão histórica, de que nunca se afastam, de defender as instituições, ao generoso serviço dos ideais brasileiros.

Senhores deputados, senhores senadores, só posso encerrar estas palavras formulando um ardente voto para que Deus nos inspire a todos e particularmente guie, enquanto durar a substituição que se vai fazer, o presidente da Câmara dos Deputados, no exercício da Presidência da República. De nossa parte, tudo faremos no sentido de auxiliar o país a sair da crise em que se engolfou.

Claro, teríamos todos desejado que esta renúncia não se tivesse dado com os fundamentos que li para os senhores.

Neste instante exato, o Congresso Nacional, por sua acentuada maioria, vinha prestigiando a ação do senhor presidente Jânio Quadros, particularmente no campo das relações internacionais. A nação saberá, e a História escreverá, aquilo que tocar a cada um de nós, daqui por diante, como aquilo que tocou a cada qual das instituições, até aqui. E neste confronto, nesta análise, tenho a certeza de que, no que diz respeito à defesa do regime, à defesa da ordem, o Congresso brasileiro se manteve à altura das suas responsabilidades constitucionais.

Nada mais existe a tratar, e, como nenhum dos senhores congressistas deseja fazer uso da palavra, vou declarar encerrada esta sessão do Congresso Nacional em que, nos termos da Constituição, dei conhecimento do ato de renúncia praticado por sua excelência o senhor presidente Jânio Quadros, ao mandato de presidente da República, que vinha exercendo por investidura recebida nas urnas democráticas do nosso país.

Declaro encerrada a presente sessão, pedindo aos senhores parlamentares que se deem a oportunidade de assistir à cerimônia de posse que se vai realizar, às 17h15, no Palácio do Planalto, do senhor presidente da Câmara dos Deputados, Ranieri Mazzilli, na Presidência da República.

Está encerrada a presente sessão".[3]

---

3. *Diário do Congresso Nacional*, ano XVI, nº 21, 26-8-1961.

Matéria de natureza urgente

Às 10h30 do sábado 26 de agosto, foi iniciada a sessão do Senado. Vários pareceres sobre diferentes projetos foram apresentados. Era uma sessão rotineira. Às 13h, o presidente suspende os trabalhos: "Dada a necessidade de ter o Senado, eventualmente, de deliberar sobre matéria de natureza urgente, tendo em vista os últimos sucessos políticos, suspendo a sessão por uma hora". Na realidade, ela só foi reaberta às 16h.

Logo no reinício das atividades, o senador Sérgio Marinho pede a palavra para informar à Casa ter tido notícia, por meio de um telefonema de um deputado para a sua residência, de que constava ter o senhor ministro da Guerra declarado aos deputados Mário Gomes e Rui Ramos que o vice-presidente da República, então em viagem ao exterior, não assumiria a Presidência da República. Sérgio Marinho diz que traz aquela informação à Casa para que seus pares ajudem-no a apurar a veracidade dos fatos e fiquem em melhores condições de deliberar à altura da magnitude da hora que estavam atravessando. Ele acha que o Senado, como órgão de governo, não pode ficar surdo ou fechar os ouvidos aos rumores denunciadores de graves acontecimentos. O Senado precisa apurar, pelos meios adequados, os propósitos que animam as autoridades que detêm o controle da situação no país.

Entretanto, a fala de Sérgio Marinho é, seguidamente, interrompida por outros senadores que são contrários a que o Senado delegue à mesa autorização para iniciar *démarches* naquele sentido. Assim, a sugestão de Sérgio Marinho não foi aceita pelos demais senadores.

O presidente encerrou a sessão convocando uma extraordinária para o dia seguinte, às 11 horas.[4]

No dia 26 de agosto, a Câmara dos Deputados iniciou seus trabalhos com uma sessão extraordinária, matutina. A reunião começou às 9 horas, com o comparecimento de apenas 38 deputados, tendo aberto a sessão o deputado Wilson Calmon, suplente de secretário. Momentos depois, foi substituído pelo deputado Sérgio Magalhães, presidente em exercício.

O primeiro orador foi o deputado Bezerra Leite:

"Senhor presidente, com a renúncia, ontem, do senhor presidente da República, deverá assumir o governo do país o vice-presidente João Goulart. As Forças Armadas deverão cumprir, fielmente, os seus deveres constitucionais, assegurando a ordem pública, garantindo as instituições e preservando, em toda a sua pureza, em toda a sua essência, o regime democrático.

---
4. *Diário do Congresso Nacional*, ano XVI, seção II, 27-8-1961.

As reiteradas declarações dos chefes militares de que serão os fiadores da legalidade e da ordem tranquilizam a nação brasileira.

....
Podemos confiar tranquilamente em João Goulart.

....
João Goulart vai se conduzir no governo, como o poder moderador, que vai disciplinar, sem os excessos do absolutismo, que vai governar com a razão e o direito e que terá nos dispositivos da Constituição brasileira, o rumo para a sua atuação".

Também o deputado Elói Dutra tece comentários semelhantes:

"Passadas as primeiras emoções naturais da renúncia do senhor presidente da República, devemos reconhecer estar este Congresso de parabéns pela maneira altiva, sóbria, ponderada e democrática com que a recebem, concorrendo, destarte, para que o regime democrático, no Brasil, não sofresse solução de continuidade. Resta agora se cumpra a Constituição, com o apoio de todos os partidos, com o apoio das Forças Armadas e com a compreensão do povo.

....
A posse do presidente João Goulart, que se deverá processar mansa e pacificamente, de acordo com os dispositivos constitucionais, será a primeira prova, nesta emergência, do nosso amadurecimento político e do vigor desta Casa."

Interrompe-o o deputado Último de Carvalho:

"Sobre a posse do eminente presidente João Goulart, não devemos fazer apreciações. É da essência do regime a sucessão, é natural a posse de sua excelência. Acho que devemos, simplesmente, fazer votos para que o eminente presidente João Goulart, ao assumir o governo, constitua seu governo em base nacional, com um ministério de coalizão, de forma que todas as forças vivas da nação sejam convocadas e participem do novo governo. Acho que nossa preocupação deve ser no sentido destes votos ao presidente João Goulart, não quanto à sua posse, que implica a sobrevivência do regime democrático. Sem posse não funcionaria o regime e, sem funcionar o regime, não funcionaria esta Casa; teríamos ditadura, que está longe das nossas preocupações."

Todas as discussões entre os componentes da Câmara dos Deputados, naquela sessão matutina, mantiveram o mesmo assunto e o mesmo tom pacífico.

Terminada a sessão, o presidente Sérgio Magalhães convocou os seus pares para uma outra, extraordinária, às 15 horas.

A sessão vespertina se inicia com a discussão de um projeto apresentado pelo deputado Benjamim Farah. Trata-se de um projeto que considera como de efetivo exercício o período em que o funcionário público esteve afastado para tratamento de saúde.

O orador que se segue é o deputado Aurélio Viana, que fala em tom pessimista.

51

"Senhor presidente e senhores deputados, já há presidentes que vetam e que não foram eleitos. Há vetos à posse de candidatos, há vetos ao funcionamento do Congresso. Daqui a algum tempo, o candidato, antes de ir à Justiça Eleitoral, deve procurar saber se, eleito, tomará posse, seja ele deputado, senador, vereador, prefeito, governador, presidente da República. E viva a democracia, e morra o totalitarismo!"

....

"Qual será a nova ditadura que se preconiza para o Brasil? Ditadura é silêncio. Louvores, se há, são para o enaltecimento dos carismáticos, dos chefes, dos senhores das vontades, que muitas vezes querem ser senhores das almas. As lavas de um Vesúvio diferente poderão destruir uma outra Pompeia. Não há um Café Filho nesta Casa, atroando os ares do Brasil com aquele grito que diziam fatídico:

'Lembrai-vos de 37!'

Há um prenúncio de malogro político na história atribulada deste país jovem, deste país novo. A fórmula mágica não surgiu ainda. Só uma resolveria neste momento de crise: a do respeito à vontade do povo brasileiro, à Constituição da República.

....

Não sou pessimista, nem Cassandra. Já o disse mais de uma vez. Sou um homem realista. Ora, o que não sou é cego. Então, vossa excelência [refere-se ao deputado Benjamim Farah] não sabe que se propala, que se diz que as reuniões se processam porque houve uma intimação, uma decisão de não se dar posse ao senhor João Goulart? Se não sabe, ouça. E ainda se vem falar nesta Casa sobre pessimismo! A realidade dura, tremenda, terrível é que estamos no deserto, distantes da civilização, distantes dos grandes centros urbanos, distantes das massas, que se poderiam organizar, em dado momento, para reagir. O que acontece é que não capitulei e com vossa excelência acontece o mesmo."

Benjamim Farah o interrompe:

"Confesso a vossa excelência que nunca senti tanto orgulho de fazer parte deste parlamento como agora."

Continua Aurélio Viana:

"Nobre deputado, ontem à noite, hoje pela manhã, de madrugada, os aviões eram revistados. Soldados procuravam o vice-presidente, indo até mesmo àquelas partes reservadas dos aviões. Senadores e deputados assistiam à busca do senhor vice-presidente. A mim não me interessa, particularmente, a pessoa do vice-presidente, o seu nome, que poderia ser qualquer. A mim me interessa que esse homem foi eleito, todos sabiam, militares e civis, para exercer a Presidência do Senado e substituir o presidente da República nos seus impedimentos."

A sessão transcorre, em tranquilidade, com os deputados trocando ideias, formulando interrogações sobre possibilidades hipotéticas de o senhor João Goulart não assumir a Presidência da República, por este ou aquele motivo, inclusive renúncia.

Terminada a sessão, o presidente convoca os senhores deputados para uma outra, extraordinária, noturna, a iniciar-se às 21h20.

A sessão extraordinária do Senado Federal, do domingo 27 de agosto, iniciou-se às 11 horas.

O senador Argemiro de Figueiredo, em debate com o senador Lino de Matos, diz que é necessário que o país receba do vice-presidente João Goulart um comunicado informando o local onde se encontra, dizendo que não pode vir ao Brasil porque as Forças Armadas não permitem o seu desembarque. E mais, que, enquanto isso não for dito, em caráter oficial, nenhuma outra providência pode ou deve ser tomada.

Lino de Matos diz que Argemiro de Figueiredo, sendo membro do Partido Trabalhista Brasileiro, deve poder informar à nação onde o senhor João Goulart se encontra. "E por que não vem? Por que o senhor João Goulart não desembarca em Brasília para empossar-se no cargo? Por que não comunica que quer utilizar-se do prazo constitucional, que, respeitadas as opiniões dos constitucionalistas, é de trinta dias, por analogia ao estabelecido no artigo 34 para a posse dos eleitos? Como a Constituição é omissa nessa parte, diz o senador, a mim me parece que, por analogia, o prazo é também de trinta dias." Lino de Matos prossegue, dizendo que João Goulart pode, perfeitamente, comunicar ao Senado que não vem nesse instante, mas que vai utilizar-se do prazo constitucional. Pode, inclusive, visto a Constituição ser omissa, dirigir-se ao Superior Tribunal Eleitoral, ao Congresso Nacional ou ao órgão que lhe parecer mais acertado para saber o prazo de que dispõe. Mas de que maneira a nação espera a informação que parece tão simples – do lugar onde se encontra o vice-presidente da República, senhor João Goulart? Quais os seus propósitos e se está se dirigindo ou não para o Brasil?

Continuam os debates, dentro do mesmo tema, sobre a possibilidade de o senhor João Goulart assumir a Presidência da República.

O senador Vitorino Freire propõe à mesa, no que é aceito, a convocação dos senhores senadores para uma sessão extraordinária às 17 horas daquele mesmo dia.[5]

Também a Câmara dos Deputados havia convocado uma sessão extraordinária, matutina, para o domingo 27 de agosto. São 5h30, quando o deputado Sérgio Magalhães abre a sessão, fazendo importante pronunciamento:

"Senhores deputados. Em face de graves acontecimentos que se vinham desenrolando no país e que provocaram insistentes notícias, permanentes ligações telefônicas com casas residenciais, com informações que se confirmaram, por diversas fontes, resolvemos convocar esta sessão extraordinária. Em primeiro lugar, para que registremos, em nossos anais, o funcionamento permanente da Câmara dos Deputados e, em segundo, para que todos aqui reunidos tomem ciência dessas informações, discutam, de modo a que se esclareça a nossa posição, a nossa orientação ou nossa influência, para que volte a reinar a paz e a tranquilidade na nação brasileira."

---

5. *Diário do Congresso Nacional*, ano XVI, seção II, 28-8-1961.

Com a palavra o deputado Teódulo de Albuquerque, ele indaga quais os motivos reais, os fatos concretos que originaram aquela sessão.

Sérgio Magalhães informa que, a seguir, ouvirão o deputado Elói Dutra, que lerá um documento recebido do Estado da Guanabara. Depois, diz ele, "narrarei a vossa excelência as notícias que me chegaram: prisões de generais, do marechal Lott e também de que, naquele estado, sob pretexto de decretação de estado de sítio, de que o Congresso não tem conhecimento, foram invadidas associações de classe". E diz mais, que foi apreendida uma edição de sessenta mil exemplares do *Jornal do Brasil*; que as redações dos jornais se encontram sob censura, com ameaça de apreensão de edições que divulguem matéria que o governo do estado, a polícia ou as autoridades locais entendam que não é do interesse no momento. Chama atenção para as notícias alarmistas, divulgadas por fontes oficiais. E conclui, dizendo que, em face desses acontecimentos, achou conveniente se reunirem na Câmara, para poderem deliberar a respeito, caso se confirme a veracidade dos fatos.

Nesse ambiente de tensão, o deputado Elói Dutra sobe à tribuna:

"Senhor presidente, senhores deputados. Ao chegar à minha casa, recebi telefonema de meu irmão, genro do marechal Henrique Lott, que me comunicou que o marechal Lott desejava, pessoalmente, ditar um manifesto que lançava à nação, pois estavam interditadas, pela censura, as emissoras do Estado da Guanabara. O manifesto é o seguinte:

'Aos meus camaradas das Forças Armadas e ao povo brasileiro.

Tomei conhecimento, nesta data, da decisão do senhor ministro da Guerra, marechal Odílio Denys, manifestada ao governador do Rio Grande do Sul através do deputado Rui Ramos, no Palácio do Planalto, em Brasília, de não permitir que o atual presidente da República, doutor João Goulart, entre no exercício de suas funções e, ainda, de detê-lo no momento em que pise o território nacional. Mediante ligação telefônica, tentei demover aquele eminente colega da prática de semelhante violência, sem obter resultado. Embora afastado das atividades militares, mantenho compromisso de honra com a minha classe, com a minha pátria e com as suas instituições democráticas e constitucionais. E, por isso, sinto-me no indeclinável dever de manifestar o meu repúdio à solução anormal e arbitrária que se pretende impor à nação. Dentro desta orientação, conclamo todas as forças vivas da nação, as forças da produção e do pensamento, dos estudantes e intelectuais, operários e o povo em geral, para tomar posição decisiva e enérgica pelo respeito à Constituição e à preservação integral do regime democrático brasileiro, certo, ainda, de que os meus nobres camaradas das Forças Armadas saberão portar-se à altura das tradições legalistas que marcam a sua história nos destinos da pátria.

Henrique Lott'."[6]

E prossegue Elói Dutra:

"Senhor presidente, já não é mais segredo, nem seria o momento de detê-lo, se fosse, que o senhor marechal Odílio Denys tem a intenção, já agora ratificada por

---

6. *Diário do Congresso Nacional*, Brasília, seção I, 28-8-1961, p. 6.266.

um homem da responsabilidade do marechal Lott, de prender o doutor João Goulart tão logo pise o território nacional. É do conhecimento desta Casa que um oficial do Exército, acompanhado de outros, vistoriou um avião de carreira, que descera aqui em Brasília, à procura do senhor João Goulart, na suposição de que sua excelência nele estivesse."

E conclui, propondo "a esta Casa que daqui não saiamos, resistindo, até o último momento, em defesa do regime, em defesa das instituições, em defesa do direito de viver e pensar e, ainda, senhor presidente, proponho a vossa excelência que esta Casa fique em sessão permanente, até que os fatos se esclareçam e até que tomemos aquela atitude definitiva que toda a nação espera do Congresso Nacional".

O deputado Nélson Carneiro felicita a Câmara, na pessoa dos que dirigem a mesa, pela vigilância que aquela convocação matutina representava. E requer ao presidente, "já que a Câmara se reuniu, já que estamos congregados nesta praça do povo brasileiro, já que a qualquer momento vossa excelência, em face de novos acontecimentos, pode reabrir os trabalhos, que não encerre a sessão, mas apenas suspenda seus trabalhos".

O deputado Estêvão Rodrigues traz ao Plenário uma declaração do marechal Denys:

"Não emiti qualquer opinião pessoal sobre a situação política. Desconheço os problemas que dizem existir. Se existe algum, ele pertence ao Congresso Nacional. A solução que foi dada à renúncia do presidente da República foi a solução constitucional."

O deputado Artur Virgílio, em aditamento àquela informação:

"Posso assegurar à Câmara que o senhor marechal Denys declarou a uma comissão de deputados do PTB que as Forças Armadas vetavam a posse do presidente da República, senhor João Goulart. Fez, ainda mais, ao deputado Rui Ramos, que o procurou em nome do governador Leonel Brizola, a mesma afirmativa categórica, irreversível, irrevogável, de que as Forças Armadas não admitiriam a ascensão ao governo, de legítimo mandatário da vontade popular para a Presidência da República, nesta hora, que é o senhor João Goulart. Estas são palavras de quem apenas pode falar contra o silêncio que está sendo imposto a nós outros. Mas nos cumpre, nesta hora, sobretudo resistir, não capitular e fazer com que o senhor ministro da Guerra responda perante a História pelos atos de lesa-pátria que está tramando, inclusive já agora, com a conivência de membros deste Congresso que se querem acomodar pela covardia."

A mesa, acolhendo a proposta do deputado Nélson Carneiro, suspende a sessão, solicitando aos deputados que permaneçam na Câmara aguardando que qualquer acontecimento grave possa provocar convocação de uma nova sessão.[7]

Às 10h30, sob a presidência do senador Cunha Melo, o Senado inicia uma sessão extraordinária, no dia 28 de agosto. Sessão rotineira que se encerra às 12h05.

---

7. *Diário do Congresso Nacional*, ano XVI, nº 146, seção I, 28-8-1961.

Às 14h30, com a presença de 54 senadores, começa mais uma sessão, a 141ª.

É lido para o plenário um telegrama do deputado Ranieri Mazzilli, comunicando ter assumido a Presidência da República.

Também essa segunda sessão do Senado, no dia 28, corria normalmente, quando o presidente anuncia aos senadores que recebeu das mãos do senhor ministro da Justiça mensagem dirigida ao Congresso Nacional e assinada pelo senhor presidente da República em exercício, deputado Ranieri Mazzilli, através da qual sua excelência faz uma comunicação de transcendental importância para a vida constitucional do país. A mensagem deverá ser apreciada em reunião conjunta do Congresso Nacional, que o presidente, nesse instante, convoca para as 20 horas daquele mesmo dia.

Em seguida, toma a palavra o representante do PRP, senador Guido Mondin, para trazer à Casa um testemunho do seu partido na sua luta permanente contra o comunismo. Na ocasião, ele faz a leitura de uma carta que o senhor Plínio Salgado enviara, no dia 27, ao marechal Denys, "depois da visita" que fizera a sua excelência, "tendo colhido dados mais completos da situação política do país". Plínio Salgado historia sua luta de mais de trinta anos contra o comunismo, alegando, por isso mesmo, certa experiência relativa à estratégia e tática do partido de Moscou. E faz uma explanação sobre o assunto. Depois passa a afirmar:

"Em relação à pessoa do atual vice-presidente da República, dou meu testemunho pessoal de que se trata de um homem equilibrado, que muitas vezes me manifestou sua índole e seu pensamento conservadores. Com raro senso de realidade, acredito que não será ele quem venha a contrariar o pensamento da nação, expresso no mais legítimo dos intérpretes, que são as Forças Armadas."

Plínio Salgado também relata o fato de ter sido o fiador de Juscelino Kubitschek e João Goulart perante a Marinha quando eles foram eleitos e reconhecidos pela Justiça Eleitoral presidente e vice-presidente da República, respectivamente. E continua:

"Aceitei a responsabilidade da fiança, contei com a quase totalidade de nossa Marinha de Guerra. Os candidatos eleitos foram empossados, não encontrando vossa excelência e o marechal Lott dificuldades naquele setor. Hoje, não por outorga do senhor João Goulart, mas pelo fato de o conhecer e saber o que ele pensa de mim, *posso assumir idêntica responsabilidade, se os trinta anos de luta contra o comunismo me dão, perante a nação brasileira, autoridade para fazê-lo*."

Guido Mondin conclui sua comunicação, dizendo que a carta do senhor Plínio Salgado tem o apoio de todo o Partido de Representação Popular e que fora lida para constar dos anais.

A sessão é levantada às 17h10.[8]

---

8. *Diário do Congresso Nacional*, ano XVI, nº 143, seção II, 29-8-1961.

O veto militar

NA SEGUNDA-FEIRA 28 de agosto, a sessão vespertina da Câmara dos Deputados se iniciou às 14 horas. O primeiro orador é o deputado Jonas Bahiense, que faz um protesto:

"Senhor presidente, tenho a impressão de que esta Casa vive hoje seus últimos momentos e não quero, de forma alguma, que seus anais não contenham meu protesto, em nome do povo fluminense.

Julgo de meu dever denunciar à nação o crime que se pretende praticar, impondo-se ao Congresso Nacional, através de um ultimato, a obrigação de impedir a posse do presidente João Goulart. Não querem, senhor presidente, esses poucos militares que assim decidiram, sequer assumir perante o mundo e perante o país essa responsabilidade. A essas declarações feitas à imprensa nacional e internacional pelo marechal Odílio Denys, de que as Forças Armadas estão no firme propósito de preservar a legalidade, desejo opor a verdade, para afirmar que desde os primeiros instantes da posse do atual presidente da República, deputado Ranieri Mazzilli, foi dito pelo marechal Denys aos representantes da bancada do PTB que, de maneira alguma, se daria posse ao presidente João Goulart. Fórmula alguma foi aceita pelo ministro da Guerra, hoje, na verdade, quem dirige este país, quem impõe à nação brasileira a mais terrível das ditaduras – a ditadura militar –, sem apoio na consciência democrática do nosso povo."

O deputado Miguel Bahury é o próximo orador. Diz ele que, no dia 27, às 19h30, o presidente Ranieri Mazzilli, em breve alocução através da Rádio Nacional, declarara que a Carta Magna do Brasil seria respeitada. Pouco depois, entretanto, ouvira-se um noticiário diferente em outra estação. Tratava-se de uma declaração do ministro da Guerra, declaração esta publicada no dia 28 pela imprensa. O marechal Denys dizia nada ter, pessoalmente, contra o senhor João Goulart, mas ser contrário à forma de governo que ele representava. E acrescenta Miguel Bahury:

"Convenhamos, senhores deputados, que, nos dois pronunciamentos, ou o bravo marechal Denys não disse o que foi noticiado, ou, se o fez, gerou perturbação maior no seio da opinião pública.

....

Ninguém pode afirmar que o senhor João Goulart é comunista, ou simpatizante das ideias vermelhas, pelo simples motivo de haver, numa viagem de cortesia, dentro dos mais comezinhos princípios de educação, feito referências elogiosas aos povos e dirigentes que o acolhiam, máxime quando as homenagens que lhe prestavam não eram endereçadas a sua excelência, cidadão João Goulart, ou ao vice-presidente da República brasileira, e sim ao nosso Brasil, ao país que sua excelência, na oportunidade, representava.

Mas, comunista ou não, o processo constitucional para afastá-lo do poder, que lhe cumpre assumir, não é o pretendido pelos que, nesta hora, acaso pretendam impedir a sua posse. Há que empossá-lo primeiro. Há que respeitar a Constituição da República."

O deputado Clemens Sampaio diz que os chefes militares do Brasil afirmam, nesta hora, falar em nome das Forças Armadas. Entendem eles ser inconveniente a posse do "honrado e eminente chefe de seu partido, o Partido Trabalhista Brasileiro, que é o senhor João Goulart, presidente da República, constitucional, legalmente escolhido pela vontade do povo brasileiro e que, com a vaga dessa alta investidura, pela renúncia do ex-presidente Jânio Quadros, deverá ser empossado pela vontade do povo brasileiro".

Pereira Nunes assume a tribuna para dizer que, embora não pertença ao Partido Trabalhista, está solidário com aquele agrupamento político quando defende a legítima posse de João Goulart. Diz ele:

"Já estamos cansados de caminhar sob a pressão de forças reacionárias. Há sete anos, um presidente do Brasil arrebentou o coração em protesto contra essas forças que querem escravizar a nossa pátria. Lamentavelmente, esse homem que se suicidou não caracterizou, não apontou à nação brasileira quais as forças reacionárias que impediam a marcha do Brasil para o progresso e para a sua libertação.

Agora, sete anos depois, novo presidente do país, mal saído das urnas, onde teve maioria absoluta, é obrigado a afastar-se do poder por essas mesmas forças. Não teve esse homem a coragem daquele velho gaúcho, que deu um tiro no coração para salvar o povo brasileiro. Traído por falsa campanha, reconhecendo, embora, um mar de lama, com o qual não se confundia, ele apenas queria que o Brasil fosse independente. E esse Exército heroico fez parar o processo de fascistização do nosso poder político. Se Getúlio Vargas não estourasse o peito, a esta hora essas forças, que permitiram ainda uma eleição no Brasil, já estariam no poder de nossa pátria.

O presidente Jânio Quadros afirmou que deixava o poder compelido por forças inimigas, que agora se estão caracterizando espontaneamente. Pensávamos que sua excelência renunciara ao poder em pleno exercício, em plena liberdade, em plena consciência. Hoje, chegamos a duvidar da sinceridade dessa renúncia, a imaginar se não foi imposta pelas Forças Armadas, pelas forças da opressão."

Com a palavra, o deputado Elói Dutra, que passa a ler uma mensagem de Ranieri Mazzilli, como presidente da República, a Auro de Moura Andrade, presidente do Senado:

"Tenho a honra de comunicar a vossa excelência que, na apreciação da atual situação política, criada pela renúncia do presidente Jânio Quadros, os ministros militares, na qualidade de chefes das Forças Armadas responsáveis pela ordem interna, manifestaram a absoluta inconveniência, por motivos de segurança nacional, do regresso ao país do vice-presidente da República, João Belchior Marques Goulart.

Brasília, 28 de agosto de 1961.
Ranieri Mazzilli."

Continua o deputado Elói Dutra dizendo que, se os deputados juraram defender a Constituição, eles empenharam a sua palavra no respeito à lei. Não tecerá comentários a respeito do civismo das classes armadas nem do civismo dos deputados. E acrescenta, peremptoriamente: "Tão logo este Congresso capitulasse e adotasse uma democracia de fancaria, tutelada pelas metralhadoras do Exército, o meu primeiro ato seria a renúncia ao meu mandato, porque não me submeterei, em hipótese alguma, a representar nesta Casa o desejo e a vontade de sessenta mil eleitores para servir como um fantoche de uma democracia que não existe.

Sob minha palavra de honra, que tão logo esse fato se dê, nesta Casa, eu renunciarei ao meu mandato".

O deputado Paulo Mincarone traz ao conhecimento da Casa e, por intermédio dela, à nação um pronunciamento que os gaúchos, em geral, esperavam do comandante do 3º Exército, sediado no Rio Grande do Sul. Acabara de telefonar para o palácio do governador, em Porto Alegre, e falar com o secretário do senhor Leonel Brizola, que lhe transmitiu, para conhecimento do Congresso e da nação, que o comandante do 3º Exército, general Machado Lopes, respondera ao marechal Denys, dizendo que só obedeceria a ordens do chefe das Forças Armadas, que é o presidente da República, senhor João Belchior Marques Goulart.

Paulo Mincarone continua a denunciar as atitudes do marechal Odílio Denys. Diz ele que a Câmara tem a obrigação de não só resistir, mas de reagir à imposição do ministro da Guerra, pois ele está fazendo com que o Congresso dê uma solução para a crise em 24 horas. "Está no esquema. Porque, se conseguirmos ultrapassar as 24 horas, a reação começará do Rio Grande do Sul, e eles não se manterão nos postos de comando das Forças Armadas. Assim, o esquema militar só vai funcionar se o Congresso se acomodar."

O deputado Neiva Moreira lê o texto de uma mensagem enviada por centenas de deputados, se não a maioria da Câmara, ao marechal Teixeira Lott.

Diversos oradores se sucedem na tribuna, unânimes no mesmo propósito de dar posse ao senhor João Goulart, na Presidência da República. Vários boatos se espalham entre os deputados presentes. São notícias vindas dos estados, principalmente do Rio Grande do Sul, para onde convergia a maior atenção no momento, não só pela resistência do governador Leonel Brizola, como também do comandante do 3º Exército, general Machado Lopes.

O deputado Bezerra Leite chega a dizer que, no dia 29, deveria chegar ao Rio Grande do Sul o senhor João Goulart. Que aquele estado estava aguardando a chegada de sua excelência para ali, com sua presença, implantar-se a verdadeira Presidência da República. Ele dirige um apelo à mesa para que recuse a mensagem que recebeu, em nome das Forças Armadas, e, se preciso for, que levante o Congresso sua sessão, em Brasília, e se transfira para o Rio Grande do Sul para, de lá, continuar o regime democrático a funcionar em toda a sua plenitude.

O deputado Pereira da Silva, ao iniciar o seu discurso, reafirma ser contra qualquer espécie de comunismo, seja ele disfarçado ou não, sejam "vermelhos ou cor-de-rosa, como muitos que existem na Câmara". E diz:

"Senhor presidente, não é possível argumentar-se que as classes armadas tomaram essa decisão contra a posse do senhor João Goulart para livrar o país do comunismo, quando elas têm muitos outros recursos, como responsáveis pela segurança nacional, para alcançar esse objetivo. Se as Forças Armadas desejassem livrar o Brasil dos comunistas, não teriam permitido, até aquele momento, que comunistas confessos, que declararam, no Congresso, que ficariam ao lado da Rússia no caso de uma guerra do Brasil com aquele país, continuassem, somente porque têm bordados de militares, a comandar as Forças Armadas em várias regiões, apesar de ter havido, mais de uma vez, denúncias desse fato nesta Casa e por toda parte. Por que não tomaram providências em ponto algum? E, no entanto, agora querem deixar de cumprir a Constituição, alegando que a segurança nacional está em perigo. Realmente está, porque assim o quis o senhor Jânio Quadros, que a ingenuidade popular trouxe ao Palácio da Alvorada. Foi ele quem perturbou a situação política do Brasil e a sua posição na política estrangeira, criando este clima de insegurança, dando crachás a homens como Che Guevara. Foi ele quem criou, exatamente, esta situação."

Pereira da Silva acha que as Forças Armadas deveriam ter agido na ocasião em que Jânio Quadros condecorou o guerrilheiro cubano. A situação, no momento, é bem outra. O vice-presidente da República é, automaticamente, elevado à suprema magistratura. E ainda mais – diz ele que, se for verificado que João Goulart está realmente preso aos comunistas, depois de sua posse, então, o povo haveria de apeá-lo do poder pelas armas. Nunca, porém, rasgar a Constituição antes do fato concreto, tomando providências para impedir que sua excelência assumisse o governo. O que não seria aceitável é decretar o impedimento do senhor João Goulart diante de uma comunicação em que não se definem sequer quais as providências ou atitudes das classes armadas diante do fato. O comunicado das Forças Armadas é muito lacônico. Diz apenas que não permitirão o regresso ou o desembarque do senhor João Goulart. "Ora", diz Pereira da Silva, "isto não é assumir responsabilidade alguma: é transferir aos deputados uma responsabilidade que, somente se fossem lama e não homens, se fossem pústulas e não cidadãos de responsabilidade, é que poderiam aceitar. É preciso que se dividam as responsabilidades, mas que se respeite a dignidade do Congresso Nacional, para quem se quer transferir a execução de um atentado contra a Constituição, por outros tramado."

O deputado Adauto Lúcio Cardoso ocupa a tribuna para uma comunicação. Trata-se de uma representação criminal:

"Excelentíssimo senhor presidente da Câmara dos Deputados. Adauto Lúcio Cardoso, advogado e deputado federal, representante eleito pelo povo do estado da Guanabara, no cumprimento dos deveres do mandato que exerce, vem oferecer contra o senhor Ranieri Mazzilli, presidente da Câmara dos Deputados, ora no exercício da Presidência da República, contra o marechal Odílio Denys, ministro da Guerra, contra o brigadeiro Grun Moss, ministro da Aeronáutica, e contra o almirante Sílvio Heck, ministro da Marinha, representação na forma da Lei 1.079, de 10 de abril de 1950, cujo artigo 13, item I, estatui serem crimes de responsabilidade dos ministros de Estado os atos nela definidos, quando por eles praticados ou ordenados.

2) Nesse diploma legal, se definem como crimes contra a segurança interna do país os seguintes atos:

a – tentar mudar, por violência, a forma do governo da República;

b – tentar mudar, por violência, a Constituição Federal, ou de algum dos estados, ou Lei da União, de estado ou município;

....
....

d – praticar ou concorrer para que se perpetre qualquer dos crimes, contra a segurança interna, definidos na legislação penal;

3) por outro lado, a legislação penal a que se refere o item IV, supratranscrito, no caso a Lei nº 1.802, de 5 de janeiro de 1952, que dispõe sobre os crimes praticados contra a segurança interna e externa do país – e que, por isso, tomou o nome de Lei de Segurança do Estado –, define como atentatórios da segurança interna os seguintes atos:

Art. 5º – tentar, diretamente, e por fato, mudar por meios violentos a Constituição, no todo ou em parte, ou a forma de governo por ela estabelecida.

Art. 6º – atentar contra a vida, a incolumidade e a liberdade:

a) do presidente da República, de quem, eventualmente, o substituir ou, no território nacional, de chefe de Estado estrangeiro.

....
....

Art. 8º – opor-se, diretamente, e por fato, à reunião ou livre funcionamento de qualquer dos poderes políticos da União.

4) Ocorre que, declarada a renúncia do senhor Jânio Quadros à Presidência da República, ato de que o Congresso Nacional tomou conhecimento no dia 25 de agosto corrente, segundo dispõe o artigo 19 da Constituição da República, foi ele substituído pelo vice-presidente eleito e empossado, senhor João Belchior Marques Goulart, que deveria entrar em exercício de suas funções logo que presente em qualquer ponto do território nacional, de regresso de sua viagem ao Extremo Oriente.

5) A sucessão do vice-presidente, no cargo de chefe do poder Executivo, no caso de vaga por impedimento, licença, renúncia ou morte do presidente é, na Constituição da República, parte integrante da sua forma de governo, cuja alteração por meios violentos se pune nos dispositivos da Lei de Responsabilidade e da Lei de Segurança do Estado, anteriormente transcritos.

6) Em violação deles e, notadamente, daqueles também aqui citados, e que consideram crimes 'atentar contra a liberdade do presidente da República' e 'opor-se, diretamente, e por fato, ao livre funcionamento de qualquer dos poderes políticos da União', os citados agentes do poder Executivo, declarando agir em nome de chefes militares, cujos nomes não declinam, resolveram impedir que o senhor João Belchior Marques Goulart exerça a Presidência da República, tolhendo-lhe a liberdade de regressar em segurança ao território nacional.

7) Além da notoriedade desse fato, que é objeto de comunicação do senhor Ranieri Mazzilli ao Congresso Nacional, é também certo que o marechal ministro da Guerra manifestou, em nome de seus colegas, a deputados, senadores e líderes políticos o seu propósito de não consentir no livre fucionamento do poder Executivo, sob a chefia do presidente João Belchior Marques Goulart.

61

Em face do exposto, cuja prova será feita com documentos e com as testemunhas adiante enumeradas, requer que vossa excelência mande processar a presente representação, na forma da lei e do regimento, para que afinal se julgue procedente, aplicando-se contra os responsáveis as sanções penais cabíveis.

Sala das Sessões, em 28 de agosto de 1961.

Adauto Lúcio Cardoso

Testemunhas:
Deputado San Tiago Dantas
Deputado Rui Ramos
Deputado Cesar Prieto
Deputado Almino Afonso
Deputado Batista Ramos"

O deputado Clélio Lemos, no exercício da Presidência, apresenta à Câmara um ofício datado do próprio dia 28 de agosto e assinado por Auro de Moura Andrade:

"Senhor presidente.

Tenho a honra de comunicar a vossa excelência que esta presidência deliberou convocar as duas Casas do Congresso Nacional para a sessão conjunta a realizar-se hoje, às 20 horas, a fim de conhecer a mensagem do Excelentíssimo senhor presidente da República sobre matéria de natureza relevante e urgente.

2 – Fica, consequentemente, cancelada a convocação anteriormente feita para a sessão conjunta que deveria se realizar hoje, às 21h20, para a apreciação de veto presidencial.

3 – Rogo se digne vossa excelência a dar conhecimento dessa comunicação à Câmara dos Deputados.

Auro Moura Andrade
Vice-presidente, no exercício da Presidência."

O deputado Croacy de Oliveira apresenta um requerimento:

"Senhor presidente.

O deputado infra-assinado, no uso das atribuições que o regimento lhe confere, requer seja inserto em ata um voto de congratulações com os cardeais de São Paulo e do Rio de Janeiro pela oportuna e patriótica atuação junto aos ministros militares, em favor da posse do presidente constitucional do Brasil, doutor João Belchior Marques Goulart, em respeito ao mandamento constitucional.

Sala das Sessões, em 28 de agosto de 1961.
Croacy de Oliveira e outros."

O deputado padre Vidigal pede a palavra para encaminhar a votação e diz que os boatos tomaram conta do plenário, dos corredores e da entrada da Casa do Congresso. Diz mesmo que no hall daquela Casa, sobre um mesmo assunto, ele encontrou portadores de cinco boatos diferentes. Os jornalistas colhem as impressões dos deputados e transmitem-nas através das colunas dos seus jornais, para intranquilidade da família nacional. Diz ainda o padre Vidigal que pode assegurar que o marechal Odílio Denys não recebeu nenhum telegrama do Rio Grande do Sul que transmitisse a notícia que há pouco ecoara na sala do Congresso. "Pode ser", diz ele, "que o telegrama esteja a caminho, mas não chegou. Mas a notícia foi suficiente para que vários deputados se manifestassem solidários com os termos do telegrama inexistente."

O discurso do deputado padre Vidigal é, subitamente, interrompido pelo deputado Rui Ramos, do Rio Grande do Sul, que entra no plenário aos gritos de: "Viva a Constituição! Viva a República! Viva a Legalidade!"

Essa entrada intempestiva é recebida com uma salva de palmas.

Rui Ramos pede a palavra ao presidente para uma questão de ordem. E diz: "Meu nobre colega padre Vidigal, permita-me a palavra, pois tenho razões históricas para oferecer denúncia grave nesta oportunidade". Continua Rui Ramos com a sua comunicação, dizendo: "Meus concidadãos. Acabo de chegar do Rio Grande do Sul, e é em nome do governo e do povo rio-grandense que ocupo agora a tribuna para denunciar à nação o marechal Odílio Denys, ministro da Guerra".

Essa frase provoca grande tumulto no plenário. Palmas, apoiados e não apoiados!

Prossegue Rui Ramos, dizendo que o ministro da Guerra teria determinado, naquela manhã, um massacre do governador do Rio Grande do Sul e ordenado ao comando do 3º Exército o assalto ao palácio do governo e o assassinato do governador Leonel Brizola.

Novamente tumulto no plenário.

E continua o deputado gaúcho, dizendo que "esta determinação foi de tal maneira escandalosa, de tal maneira surpreendente, no Rio Grande do Sul, que decidiu todo o drama que estamos vivendo, pois foi a causa da decisão tomada, há poucas horas, pelo general Machado Lopes, comandante do 3º Exército, que aderiu, na rua, à legalidade. Porto Alegre, que até então estava transformada na vergonha de uma fortaleza militar das minorias desarmadas contra as ameaças armadas, no momento, fizeram com que a capital do Rio Grande se tornasse um jardim em festa, cheio de alegria de toda a mocidade rio-grandense. Vivemos, nesta noite, talvez o momento mais dramático da história republicana do Rio Grande".

Ele descreve o palácio, cercado por barricadas, cercado pelo povo, com caminhões cheios de areia, jipes virados no chão, bancos das ruas isolando o palácio. E o governador desarmado, formando com o seu corpo de auxiliares, os secretários rio-grandenses, uma barreira ao possível assalto.

Com a decisão do general Machado Lopes de aderir ao governador do Rio Grande do Sul, a paz voltou àquele estado. "No momento, o Rio Grande está harmonizado, livre e tranquilo."

Sempre muito exaltado, Rui Ramos termina por descrever a situação do Rio Grande e chama atenção para a prisão do marechal Lott, na Fortaleza da Laje. E diz ainda que ouviu, do próprio ministro da Guerra, o seguinte:

> "Informo ao deputado que sou forçado a impedir que o doutor João Goulart assuma o poder. Digo-lhe mais, que, se ele chegar ao território da República, serei forçado a prendê-lo, imediatamente."

Rui Ramos informa que respondeu a Denys, dizendo que aquela declaração representava uma declaração de guerra, uma declaração de guerra civil que as classes armadas lançavam contra as minorias desarmadas. E quanto à afirmativa do marechal Denys de que pretendia deter o senhor João Goulart, tão logo ele pisasse em território nacional, diz Rui Ramos: "Íamos reter, um pouco, o presidente no exterior, mas, em face dessa informação, vamos abreviar a sua vinda".

E, mais adiante, prossegue: "Quero, porém, chegar um pouco mais longe. Disse ao marechal Denys que, naquela hora, eu aceitava o seu desafio de guerra civil: nós, minoria desarmada, ficaremos contra ele – maioria armada. Agora, desejo provar ao marechal que essa afirmativa não era romântica, dizendo à nação que se em 48 horas – friso bem isso – o presidente Mazzilli não exonerar o seu ministro da Guerra, marechal Odílio Denys, e não o recolher à prisão, por atos contra a Constituição, nós, do Congresso, o prenderemos, nós, do Congresso, o deteremos. De modo que, deste instante em diante, ficam convocados todos os parlamentares, de todos os partidos, de todas as ideologias, que acreditam na força das minorias desarmadas, contra a prepotência e o arbítrio das maiorias armadas. Convoco todos para, nas próximas 48 horas, comparecermos, incorporados, ao gabinete do ministro da Guerra, a fim de prendê-lo como agressor do Rio Grande do Sul e das instituições republicanas".

A sessão continua, sempre em tom muito inflamado. O presidente em exercício, que é o primeiro vice-presidente Sérgio Magalhães, interrompe um orador na tribuna para dar a palavra ao deputado Mendes de Morais, que declara ter acabado de se comunicar com o ministro da Guerra, a propósito das graves declarações do deputado Rui Ramos. O marechal Denys autorizara-o a informar que, até o momento presente, não recebera nem do quartel-general do Rio de Janeiro, nem do de Brasília, "qualquer telegrama do general Machado Lopes. Está no Rio o general Muricy, chefe do Estado-Maior do 3º Exército, que veio trazer esclarecimentos sobre a situação no Rio Grande do Sul e receber instruções. Não houve, absolutamente, ordem do ministro da Guerra no sentido de atacar ou cometer atentado contra a integridade do ilustre governador do Rio Grande do Sul. Reina a paz interna no Rio Grande do Sul". Apenas tensão, idêntica à que reina dentro da Câmara ou em todo o Brasil.[9]

---

9. *Diário do Congresso Nacional*, ano XVI, seção I, 29-8-1961.

Às 20h15 do dia 28, o senador Moura Andrade abre a sessão conjunta do Congresso Nacional, com a presença de 54 senadores e 299 deputados.

O deputado Elói Dutra pede a palavra para uma informação. Ele acabara de ouvir o noticiário da *Voz do Brasil* e, na parte concernente ao Congresso Nacional, fora lida uma comunicação que ele fizera na sessão vespertina da Câmara, a respeito do documento enviado ao Congresso pelo presidente Ranieri Mazzilli. E acrescenta:

"E depois, capciosamente, nada mais foi dito.

Desejo, senhor presidente, a interferência da mesa do Congresso junto ao noticiário da *Voz do Brasil*, no sentido de ser divulgado, amanhã, aquele comentário que expendi: que, se a Constituição fosse modificada no sentido de impedir a posse do presidente legítimo da República, senhor João Goulart, eu renunciaria ao meu mandato, porque não estaria disposto a servir a uma democracia e a um Congresso tutelados pelas metralhadoras das Forças Armadas.

....
Portanto, peço à mesa interferir no sentido de ser retificado esse noticiário."

Na realidade, Elói Dutra fora o único deputado que fizera um requerimento, por escrito, depositado na mesa da Câmara dos Deputados, declarando que renunciaria ao seu mandato caso não fosse dada posse ao presidente, legitimamente eleito, fosse ele quem fosse. Não se tratava da pessoa do senhor João Goulart, mas do fato em si.

Arnaldo Cerdeira informa que, ao término da sessão daquela tarde, convidado por um grupo de deputados por parte da presidência da Câmara, visitara os ministros militares, a fim de obterem dos mesmos um relato do que havia, de verdade, relativamente aos acontecimentos no Rio Grande do Sul. Ele fora acompanhado pelos deputados Ivete Vargas, Teódulo Albuquerque, Epílogo de Campos e Mendes de Morais. Recebidos pelos três ministros, postos a par do assunto que os levara, afirmaram suas excelências, sobretudo o marechal Denys, que não havia, pelo seu ministério nem pelo dos outros ministros militares, enviado qualquer telegrama ao 3º Exército, com sede em Porto Alegre, no sentido de que tomasse qualquer atitude de hostilidade ao governo do Rio Grande no que diz respeito à sua integridade física.

O deputado Arnaldo Cerdeira declara ainda que o ministro da Guerra afirmara, categoricamente, àquele grupo de deputados, e com a aquiescência dos outros dois ministros, que bem ao contrário – da parte das Forças Armadas havia a determinação de que se assegurasse o pleno exercício dos poderes constituídos e que se dessem ao governador do Rio Grande do Sul garantias para o exercício do seu mandato. O marechal Denys afirmou que o 3º Exército estava com a legalidade. E solicitou aos deputados que os procuraram que transmitissem à Câmara, e possivelmente ao Senado, que não havia qualquer determinação no sentido de hostilizar qualquer governo. Os três ministros sugeriram que os deputados cooperassem, no sentido do livre exercício do poder constituído.

O senador Moura Andrade passa à leitura da mensagem do presidente Ranieri Mazzilli ao Congresso Nacional, razão da convocação daquela sessão conjunta:

"Excelentíssimo senhor presidente do Congresso Nacional, tenho a honra de comunicar a vossa excelência que, na apreciação da atual situação política criada pela renúncia do presidente Jânio Quadros, os ministros militares, na qualidade de chefes das Forças Armadas, responsáveis pela ordem interna, me manifestaram a absoluta inconveniência, por motivos de segurança nacional, do regresso ao país do vice-presidente João Goulart.
Brasília, em 28 de agosto de 1961.
Ranieri Mazzilli."

Também foi lida a proclamação que o presidente Ranieri Mazzilli dirigiu ao povo brasileiro:

"Acabo de assinar mensagem comunicando ao Congresso Nacional que, no exame da atual situação política criada pela renúncia do presidente Jânio da Silva Quadros, os ministros militares, na qualidade de chefes das Forças Armadas, responsáveis pela ordem interna, me manifestaram a absoluta inconveniência, por motivos de segurança nacional, do regresso ao país do vice-presidente João Belchior Marques Goulart.

Desejo informar à nação que, se as duas Casas do Congresso houverem por bem reconhecer os motivos invocados na mensagem, me considero incompatibilizado para candidatar-me, em substituição do senhor Jânio Quadros, ao exercício efetivo da Presidência da República.

Estou certo de que a nação há de reconhecer que a atual conjuntura exigirá de mim o mais nobre e alto desinteresse pelas investiduras pessoais, ao lado do sagrado dever de defender as instituições democráticas.

Neste instante, renovo a minha fé nas vigorosas virtudes cívicas do nosso povo, que, coerente com a sua gloriosa história, saberá, mais uma vez, manter suas tradições de devotamento à ordem e ao regime.
Brasília, em 28 de agosto de 1961.
Ranieri Mazzilli."

O senador Moura Andrade esclarece a seus pares que a sessão fora convocada depois de prévio entendimento do Senado com a Câmara, através dos respectivos presidentes, com a presença do maior número de líderes que, no momento, puderam ser chamados, a fim de conhecerem o problema. Os fatos exigiam, pela sua natureza, que o conhecimento fosse dado às duas Casas, em reunião conjunta.

"Os senhores congressistas acabam de conhecer um documento que não constitui proposição capaz de sofrer desde logo tramitação regimental. Estou convencido de que, se depois da leitura desta mensagem o Congresso apenas responder 'ciente', estará apenas ciente *do banimento do vice-presidente da República.*"

Assim, nos termos do regimento comum, o presidente do Congresso propõe a constituição de uma comissão mista de senadores e deputados, a fim de que a mesma, estudando aqueles documentos, prolate um parecer, de modo que o Congresso Nacional ou cada uma das Casas, separadamente, possa conhecer da matéria já em termos de decisão.

A proposta provoca grandes debates no Congresso, que ocupam a maior parte da sessão, até que o senador Moura Andrade declara suspensos os trabalhos por meia hora, a fim de que o presidente da Câmara dos Deputados e o vice-presidente do Senado Federal possam consultar as respectivas lideranças a respeito dos nomes que comporão a comissão mista.

A sessão é suspensa às 22h30 e reaberta somente às 23h45.

O senador Moura Andrade anuncia a composição da comissão, que imediatamente se reúne no gabinete do presidente da Câmara dos Deputados, elegendo o senador Jefferson de Aguiar e o deputado Oliveira Brito para presidente e relator dos trabalhos da referida comissão, respectivamente. Foi solicitado o prazo de 48 horas para o seu pronunciamento, o que é concedido.

A deputada Ivete Vargas lê um pronunciamento do senador Juscelino Kubitschek, no qual ele dá inteiro apoio à posse do senhor João Goulart e faz um apelo "a todos os que estão em condições de atuar no sentido de ser respeitada a lei e preservada a harmonia entre os brasileiros".

O deputado Castro Costa procede à leitura de um manifesto dirigido à nação pelo governador de Goiás, Mauro Borges Teixeira.

A deputada Ivete Vargas faz um esclarecimento que se relaciona com o discurso proferido pelo deputado Arnaldo Cerdeira no início da sessão. Diz ela que o relato feito pelo seu colega corresponde à verdade, isto é, corresponde ao que o ministro da Guerra declarara então. "Mas as provas que fomos ver, nós não as tivemos." O marechal Denys declarou que tinha o controle do 3º Exército e que garantia que ele estava a favor da legalidade. "De maneira que, senhor presidente e senhores congressistas, à palavra do senhor ministro da Guerra temos a opor a palavra do governador Leonel Brizola. Quanto às provas, essas não apareceram."

A sessão é levantada à 1h10.[10]

A "Cadeia da Legalidade"

A SESSÃO DA Câmara dos Deputados do dia 29 de agosto é aberta com a presença de 132 deputados. O primeiro orador inscrito é o senhor Waldir Simões,

---

10. *Diário do Congresso Nacional*, ano XVI, nº 29, 29-8-1961.

que encaminha um apelo aos chefes militares pelo cumprimento da Constituição. Depois fala Carmelo D'Agostino:

"Tudo faz crer, repito, que estejamos nas derradeiras horas da resistência desta Casa, ante a imposição das Forças Armadas; devemos capitular naquilo que há de mais imperativo para a liberdade dos povos, que é o parlamento, cenáculo por onde, através de seus representantes, fala ele, para dizer dos seus anseios de prosperidade, não só no que tange aos bens materiais com que atendemos à carências físicas, senão também às virtudes morais, que são as da cultura e do espírito religioso, estas objeto de seus alevantados ideais.

Senhor presidente, é justamente o que virá a faltar em nosso país no dia em que se fecharem as portas desta Casa, para que nela não entrem mais os delegados portadores daqueles anseios. Negar-se-ão ao povo, sufocar-se-ão no peito de nossa gente as aspirações ao seu progresso, porque esses anseios não serão mais atendidos pelos que nesta Casa os vinham decretar em leis, mas ficarão à mercê de um homem que, no sentido individual, julgará ou não da necessidade de dar-lhes guarida – o ditador. Voltaremos aos decretos da autoridade que dirá da conveniência de seu respeito pessoal, mais do que a do povo. Falará ele em nome do país como se fosse este uma sua fazenda, decidirá dos negócios que digam da sua manutenção, do cotidiano público, como é norma na democracia. Tribunais, gestores seus auxiliares, terão os olhos voltados para o ditador a auscultar-lhe os desígnios, os acenos administrativos não mais para a lei em suas lapidárias articulações, lei feita por todos, para todos, desde que o era por aqueles que a vinham discutir neste plenário em nome do povo, lei por este reclamada para o respeito e deveres entre a sociedade que formara, sociedade que traduzia a existência de um estado político, guindado pela civilização.

....

Que farão os militares quando lhes for conferido o direito de agir publicamente nesse sentido, senão aprovar o que bem quiserem, certos de que agirão pelo senso da individualidade e não do povo, de vez que a voz deste desaparecerá no silêncio a que se atirará esta Casa?"

Continua Carmelo D'Agostino, chamando a atenção dos militares para o fato de que o povo colocou armas em suas mãos para a defesa da liberdade daquele mesmo povo, mas que seja uma liberdade de ação e pensamento, que estabeleça a soberania da nação, e que os militares estão enxovalhando essa confiança do povo brasileiro, sujeitando a liberdade à vontade de um só homem. E este é o motivo pelo qual o deputado Carmelo D'Agostino é favorável à posse de João Goulart, "não lhe discutindo as inclinações ideológicas, desde que foram superadas pelo voto liberal do povo".

O deputado Pereira Nunes assume a tribuna para uma comunicação:

"Senhor presidente, senhores deputados. Em Niterói, ontem, ocorreu o maior comício da história daquela capital. Quinze a vinte mil pessoas desfilaram pelas ruas, aclamando o nome do senhor João Goulart e apelando para as Forças Armadas no sentido de que não desdourem a Constituição, deixando de empossar na Presidência da República o senhor João Goulart."

E mais adiante conclui o deputado, fazendo um apelo ao marechal Denys para que não venha empanar, com a violência da sua espada, a grande e honrosa tradição de liberdade do Estado do Rio, que outros construíram pela palavra e pela pena.

O deputado padre Nobre faz uma comunicação, dizendo que, embora no momento haja quem tema a vinda do presidente constitucional da República, senhor João Goulart, e que a chegada dele traga conturbações político-sociais, todos devem contestar essas suspeitas. Diz ele mais, que não é privilégio de ninguém, nem mesmo das Forças Armadas, outorgar-se o direito de combater o comunismo no Brasil. O caso específico da Igreja Católica, que tem como bandeira própria esta luta contra o materialismo ateu, é um exemplo de confiança na manutenção da Constituição brasileira. Ele relata um contato que teve com o senhor arcebispo de Brasília, que declarou estar disposto a ir pessoalmente a Paris buscar o senhor João Goulart e trazê-lo sob o manto da Igreja Católica, pois está absolutamente certo de que o presidente da República terá sensatez bastante para evitar ser injuriado nas suas tergiversações políticas. O arcebispo comunicou também, pelo telefone, ao padre Nobre que deveria chegar ainda no próprio dia 29 a Brasília, a convite seu, o eminentíssimo cardeal de São Paulo dom Carlos Carmelo de Vasconcelos Mota, para integrar a defesa da legalidade, pelo direito constitucional, pela liberdade do povo, pela paz nacional, pois é isso o que o Brasil precisa e é isso que a Igreja abençoa.

O deputado Croacy Oliveira, líder sul-rio-grandense, traz uma informação à Casa. Diz ele que o arcebispo dom Vicente Scherer se pronunciou a favor da posse do senhor João Goulart, declarando que, se porventura o Rio Grande do Sul for invadido, as forças da reação ao golpe encontrarão sua eminência no palácio do governador Leonel Brizola em defesa da legalidade, do direito que assiste ao senhor João Goulart de exercer a Presidência da República.

O deputado Anísio Rocha lê uma comunicação em que diz que o único responsável por esse estado de coisas chama-se Jânio Quadros.

"Um homem alçado ao poder, por maiores que fossem as dificuldades a enfrentar, não tinha o direito de deixar o país como o fez. Um homem que mereceu o voto de seis milhões de brasileiros não podia largar um povo à sua própria sorte. O senhor Jânio Quadros será o responsável perante a História pelo que vier a acontecer no país."

O deputado Miguel Bahury também apresenta uma comunicação, confirmando o anunciado pelo deputado Croacy de Oliveira quanto à atitude de dom Vicente Scherer. E acrescenta:

"Os arcebispos do Rio de Janeiro e de São Paulo, por sua vez, endereçaram mensagens às autoridades e ao povo brasileiro recomendando a preservação do regime, o respeito à Constituição da República."

O deputado Chagas Freitas sobe à tribuna para uma comunicação:

"Trago ao conhecimento da Câmara que, num ato de manifesta ilegalidade, foi hoje apreendido, no Rio de Janeiro, o *Correio da Manhã*, um dos jornais mais tradicionais do país e de maior responsabilidade em nossa terra, orgulho da imprensa brasileira. Foi, às primeiras horas da manhã de hoje, apreendida, na sua totalidade, a edição daquele matutino, tão só porque não queria conformar-se com as instruções arbitrárias de um censor posto na sua redação, como nos demais órgãos da imprensa carioca, ilegalmente. Até hoje nenhuma das garantias constitucionais foi suspensa neste país e, portanto, não poderá o governador do Estado da Guanabara colocar a censura nos jornais do estado.

Quando, no sábado[11], os jornais receberam a visita de alguns censores, protestei junto ao ministro da Justiça, que me assegurou que a ordem não emanara do governo federal e telegrafou-me dando o testemunho da absoluta isenção do governo federal no que se refere à censura dos órgãos da imprensa."

O deputado Rui Ramos fala sobre um manifesto do arcebispo dom Vicente Scherer, em que ele diz ser dever de todos os brasileiros, principalmente dos católicos, acatar e respeitar a Constituição da República.

O deputado Rui Ramos continua a descrever os acontecimentos no Rio Grande do Sul, em especial em Porto Alegre, e é interrompido pelo deputado Clemens Sampaio, que esclarece que a Cadeia da Legalidade, formada então por uma série de 93 emissoras de rádio, está noticiando tudo que se passa no Rio Grande do Sul. E diz que, à zero hora daquele mesmo dia, nova reunião ocorrera no palácio do governo com as mesmas autoridades, comando da Zona Aérea, comando da Brigada, comando do 3º Exército, secretário de Justiça do Rio Grande do Sul e outras autoridades, judiciárias inclusive. Na ocasião, se firmou um pacto de honra, em defesa do que estabelece a Constituição da República, no seu artigo 79, e da intocabilidade da nossa Carta Magna.

Rui Ramos acrescenta: "Em virtude desse entendimento, deu-se, posteriormente, a adesão do comando da 5ª Zona Aérea do Rio Grande do Sul".

O deputado Jorge de Lima, do Paraná, apresenta à Casa um telegrama endereçado ao presidente em exercício, senhor Sérgio Magalhães, e assinado pelo presidente da Assembleia Legislativa do Estado do Paraná, senhor Vidal Vanhoni. Nesse telegrama, aquela casa legislativa do Estado do Paraná pede que seja expedido ao presidente da República, Ranieri Mazzilli, ao presidente do Senado e aos ministros militares uma mensagem em que a Assembleia Legislativa do Paraná, reunida em sessão permanente desde 25 do corrente, condena qualquer solução buscada fora dos preceitos constitucionais. Reitera, por isso, esse poder Legislativo, sua inabalável disposição de lutar pela investidura do doutor João Goulart na Presidência da República, nos termos precisos do artigo 79 da Carta Magna.

O deputado José Silveira, do PTB do Paraná, diz que aquele movimento de solidariedade aos princípios constitucionais não está mais restrito à Câmara. Diz ele que, em seu estado, a opinião pública manifesta-se pela defesa da

---

11. Dia 26 de agosto.

Constituição. E passa a ler um manifesto endereçado ao povo pela classe estudantil. Esse manifesto inicia-se dizendo que "os estudantes e trabalhadores" decidem apoiar integralmente os princípios constitucionais vigentes como a única forma de preservação da ordem e do regime democrático.

O deputado Breno da Silveira pede a palavra. Faz uma reclamação contra o governador do Estado da Guanabara, que, segundo ele, se transformou em ditador, pois viola todas as garantias individuais e políticas asseguradas pela Constituição.

"Assim:

1 – Exerce a censura sobre as estações de rádio e jornais e confisca suas edições, ele que sempre usou e abusou, como ninguém, da liberdade concedida aos jornalistas;

2 – manda prender, a seu arbítrio, líderes sindicais e jornalistas, sem que nem uns nem outros tenham dado o mínimo motivo;

3 – manda a polícia tirotear o povo e espancar, barbaramente, cidadãos inermes;

4 – arromba, invade e vasculha, pela madrugada, casas de família, pouco se importando que sejam de comunistas, petebistas ou não;

Proclamando a prática de tais crimes, o Partido Socialista Brasileiro, seção da Guanabara, levanta, contra tudo isso, o seu mais veemente e enérgico protesto."

Considerando findo o tempo destinado ao expediente, o presidente passa à ordem do dia, quando examinam o projeto que dispõe sobre o Estatuto da Ordem dos Advogados do Brasil.

O deputado Rui Ramos dirige-se a seus pares fazendo uma advertência sobre o novo chefe de polícia do Distrito Federal. "Trata-se do coronel Serra", diz ele, "o mesmo oficial que esteve encarregado de prender o doutor João Goulart na noite que se esperava chegasse ele a Brasília. É o mesmo oficial que, comandando um pelotão, entrou no avião da Real. Encontrando, à saída, os senadores Benedito Valadares e Gilberto Marinho e o deputado Clemens Sampaio, indagou pelo doutor João Goulart. Revistou todo o avião, indo até o gabinete sanitário do aparelho para verificar se o vice-presidente ali se encontrava." E concluiu, informando que aquele oficial fora investido no cargo de chefe da Segurança Pública de Brasília.

O presidente Sérgio Magalhães levanta a sessão às 18h10, lembrando a seus companheiros que haverá uma outra, noturna, convocada para as 22 horas.[12]

No dia 29 de agosto de 1961, o Senado Federal iniciou seus trabalhos às 14h30, com a presença de 54 senadores.

Toda a primeira parte, todo o período do expediente foi ocupado por senadores que comentavam as razões da renúncia do presidente Jânio Quadros. O senador Paulo Fender faz uma exposição sobre o trabalhismo brasileiro. Não se estende demasiadamente, pois cede uma parte do seu tempo ao senador Cunha

---

12. *Diário do Congresso Nacional*, ano XVI, seção I, nº 148, 30-8-1961.

Melo para uma explicação pessoal. Este declara ter viajado à Europa, e, ao regressar, deparou com o país convulsionado: procura, então, no momento, concatenar suas ideias e suas informações para poder compreender as razões da crise. Seu discurso é aparteado frequentemente por outros senadores que, com espírito construtivo, acrescentam fatos às suas palavras.

E Cunha Melo continua, falando sobre Jânio Quadros e a Presidência da República:

"Ninguém como ele, é preciso que também se diga, senhor presidente, ninguém como ele a exerceu ou vinha exercendo com tanta autoridade e energia. Isso, não obstante, senhor presidente, tudo indica que de repente o chão fugiu-lhe aos pés. Certamente, as mesmas, as mesmíssimas forças que aí estão, a tentar impedir a posse, ou melhor, a assunção do senhor João Goulart à Presidência da República, ameaçam o país. É de nosso dever, pois, como disse, senhor presidente, não esquecer as origens ainda obscuras da presente crise.

Esta crise, senhor presidente, esta crise cujas obscuras raízes pressentimos no manifesto do ex-presidente Jânio Quadros, chega agora ao seu auge, ao seu incrível auge, quando vemos o atual presidente da República em exercício, senhor Ranieri Mazzilli, enviar ao Congresso uma mensagem, em todos os sentidos estarrecedora, na qual diz que, 'em face da renúncia do presidente Jânio Quadros e ante a conjuntura política na qual nos vemos, acham os senhores ministros militares que é de todo inconveniente, no momento, a vinda do senhor João Goulart para o país' a fim de assumir a posição que a Constituição lhe assegura.

Essa mensagem, que além de inconstitucional, em todos os seus termos, revela, ademais, uma confissão de fraqueza da autoridade do senhor presidente da República, não poderia sequer ser objeto de qualquer deliberação pelo senhor presidente do Congresso Nacional, *ex vi* do artigo 47, letra G do nosso regimento interno."

Cunha Melo diz que, na sua afirmativa, não vai qualquer censura ao presidente do Senado, considerando a mensagem de Mazzilli como o documento, objeto de deliberação do Congresso Nacional. Ao contrário, Cunha Melo quer, de público, exaltar-lhe a dignidade de seu procedimento na sessão do dia 28, recebendo aquela mensagem e submetendo-a ao parecer de uma comissão especial de senadores e deputados. Ele acha que, assim procedendo, Moura Andrade deu a conhecer a expoliação que, "em nome das Forças Armadas", estão intentando contra o senhor João Goulart, presidente eleito do país face à renúncia do senhor Jânio Quadros. Tendo em vista os termos da mensagem, outra atitude não é possível tomar senão a de repúdio, mandando arquivá-la.

O senador Nogueira da Gama aparteia-o, dizendo ser sua opinião que o próximo desfecho dessa crise será devido, em grande parte, à atuação do senador Moura Andrade, que, na última reunião havida no Palácio do Planalto, de que participaram o senador Vitorino Freire e outros políticos, assumiu atitude definitiva na tomada de posição.

O senador Vitorino Freire intervém:

"É exato. Juntamente com o senhor Amaral Peixoto e comigo, que ali estava na qualidade de líder, foi decisiva a atuação do presidente Moura Andrade."

O senador Nogueira da Gama continua, dizendo:

"Em determinado momento, para forçar o senhor presidente da República a uma ação mais pronta, mais decisiva e enérgica, coube ao senador Moura Andrade dizer que as autoridades resolvessem o caso como entendessem, porque sua excelência iria cumprir o seu dever, notificando o presidente João Goulart para vir tomar posse, em dia e hora previamente marcados por ele, como presidente do Congresso Nacional."

O debate continua sempre em torno do mesmo tema.

Durante as discussões, quando o senador Lino de Matos analisa a posição do Congresso em face ao problema da posse do senhor João Goulart, ele é aparteado pelo senador Vivaldo Lima. Este informa que foi constituída, no dia 28, à noite, uma comissão para prolatar a mensagem em que o governo expõe a situação em que se encontra ante o movimento tendente a evitar que regresse ao país o vice-presidente da República. Essa comissão iria não apenas procurar uma solução dentro da Constituição, modificando o regime. Ela iria examinar o ponto nevrálgico da mensagem, aquele que fala na inconveniência do retorno de João Goulart ao Brasil. Vivaldo Lima considera esse ponto capital, a ser examinado pela comissão, a fim de que o Congresso possa aceitar a solução de parlamentarismo ou mesmo ainda o próprio impedimento do senhor João Goulart.

O senador Lino de Matos pede explicação, pois compreende que Vivaldo Lima atribuía à comissão especial poderes até mesmo para impedir a posse de João Goulart.

Vivaldo Lima acrescenta: "Para propor ou sugerir o impedimento ao plenário do Congresso".

Lino de Matos rebate com energia: "Propor o impedimento e eleger outro presidente da República, esse é o ponto com que nós, de modo algum, concordaremos".

Lino de Matos informa que Jango dissera a seus companheiros que aceitava a fórmula parlamentarista como solução para o impasse criado. Encaminhando-se para encerrar seu discurso, o senador conclui, dizendo achar a solução esplêndida. "Vamos prestigiar o Congresso Nacional, vamos empossar o senhor João Goulart na Presidência da República, dentro do parlamentarismo, para que sua excelência administre esta nação vigiado diretamente, fiscalizado pelo parlamento, através dos elementos que indicar."

O presidente levanta a sessão às 18h40.[13]

Às 21h30 do dia 29, o Senado inicia mais uma sessão extraordinária.

---

13. *Diário do Congresso Nacional*, ano XVI, seção II, 30-8-1961.

O senador Lima Teixeira faz um resumo dos últimos acontecimentos, mostrando-se surpreendido com o "desrespeito à própria Constituição" por parte dos três ministros militares. Cita trechos da Carta Magna, enfatizando a expressão: "Todo poder emana do povo e em seu nome será exercido". Continuando as citações, indaga: "Se a Constituição, a Lei Magna, assim prescreve, se assim entenderem os representantes do povo, como subverter essas normas para impedir-se a posse do presidente da República?". E prossegue: "No entanto, suas excelências afirmam no documento dirigido ao Congresso Nacional que o impedimento é por questão de segurança nacional. Se se demanda, no caso, a segurança nacional, então, senhor presidente, compete-nos, não há como negar, procurar as raízes, o início, a profundidade, digamos assim, dos motivos que terão levado os chefes das Forças Armadas a tentarem impedir a posse do presidente".

Interrompe-o o senador Vivaldo Lima:

"Sabe vossa excelência se houve algum pronunciamento do Conselho de Segurança Nacional?"

Lima Teixeira informa que nada consta. Trata-se de simples alegação de que os motivos são de segurança nacional.

O senador Caiado de Castro, que foi durante três anos secretário do Conselho de Segurança Nacional, oferece esclarecimentos sobre o funcionamento do mesmo.

Diz ele que o presidente do Conselho é o presidente da República. Jânio Quadros, renunciante, nada disse sobre o assunto. Elogiou as Forças Armadas, cujo apoio nunca lhe faltou. E conclui: "Então nada existe no Conselho de Segurança Nacional. Pode-se levar o país a uma guerra civil apenas porque três homens acham que é inconveniente a presença do presidente eleito duas vezes – o que é preciso explicar – para substituir o senhor presidente da República?".

Lima Teixeira chama a atenção para a repercussão que a política interna brasileira está tendo no exterior, principalmente por se encontrarem às vésperas da reunião da Assembleia Geral das Nações Unidas.

Às 23h30 é suspensa a sessão.[14]

Às 22h, do dia 29, comparecem à sessão extraordinária da Câmara 195 deputados.

Finda a leitura do expediente, passam à ordem do dia. Com a palavra, o deputado José Joffily, que tece consideração sobre o momento e, em especial, em relação ao presidente Ranieri Mazzilli. Diz ele que o presidente em exercício só poderá ter escrito aquela mensagem que enviou ao Congresso sob coação, pois, na madrugada do dia 27, Joffily, acompanhado por Ivete Vargas e Cid Carvalho, tivera uma conversa com Mazzilli. Pedira-lhe, então, uma palavra de tranquilidade para toda a nação.

---

14. *Diário do Congresso Nacional*, ano XVI, nº 144, seção II, 30-8-1961.

E o deputado Joffily continua, dizendo que Mazzilli declarara, na presença daqueles deputados e "com o testemunho de nosso eminente colega José Martins Rodrigues, ora ministro da Justiça", que não havia motivos para preocupação, pois no dia 26 expedira um telegrama ao senhor João Goulart afirmando seu propósito de transmitir-lhe a investidura suprema da nação, assim que ele regressasse. E Mazzilli acrescentara que recebera um despacho de Jango, manifestando sua deliberação de retornar ao Brasil e assumir a chefia da nação.

Joffily indaga, então, como se explica que, horas depois, Ranieri Mazzilli tenha declarado aos representantes do povo brasileiro "a intenção criminosa dos ministros militares"? Só sob coação!

Neiva Moreira o aparteia:

"O depoimento de vossa excelência é absolutamente fiel, e toda a Casa disso sabe. Vossa excelência, no entanto, omitiu detalhe importante: é que o presidente Ranieri Mazzilli, àquela ocasião, nos informara que sua atitude, tomada minutos depois da posse do chefe da Casa Militar, general Geisel, o fora com inteiro conhecimento daquela autoridade, ou seja, a transmissão da notícia ao presidente João Goulart, e a resposta, já naquele momento, em seu poder."

O deputado Joffily agradece o esclarecimento e informa que "é verdade que o presidente Ranieri Mazzilli, referindo-se ao pormenor, chegou mesmo a esclarecer que a redação do telegrama foi presenciada pelo general Geisel, então presente. Portanto o general concordou, inteiramente, com os termos do despacho". Joffily diz que, a seu ver, Mazzilli estava, até horas antes, no propósito deliberado de transmitir a suprema investidura ao legítimo sucessor, e este sucessor manifestara, também em documento escrito, seu propósito de assumir a chefia da nação.

Ante o exposto, Joffily reafirma a tese que vinha apresentando, da coação do senhor Mazzilli ao enviar a mensagem.

O deputado Celso Brant acha que houve, da parte do Congresso, má interpretação daquele documento. Trata-se apenas de uma comunicação ao parlamento nacional de que determinados chefes das Forças Armadas consideravam desaconselhável a vinda de João Goulart. Segundo Celso Brant, parece que os chefes militares ignoram, em primeiro lugar, a Constituição brasileira e, em segundo, as leis brasileiras. É sua opinião que o Congresso deveria, no caso, tomar conhecimento da informação e dizer àquelas autoridades militares que não estava de acordo com o seu ponto de vista, pois não encontrava razão para essa tomada de posição. Considerava essa atitude inconstitucional, ilegal e inoportuna. O deputado Celso Brant finaliza dizendo que caberia ao Congresso, unicamente, tomar conhecimento da mensagem e nada decidir, pois não há necessidade de se deliberar sobre uma informação.

Doutel de Andrade, aparteando o deputado Joffily, que continuava com a palavra, deseja prestar uma informação. Diz ele que acabara de chegar a Brasília o doutor Lauro Schultz, auditor de guerra do 3º Exército, e que sua senhoria já tivera um encontro com o marechal Denys. Na ocasião, entregara-lhe a informação de que o 3º Exército estava, realmente, com a legalidade constitucional, "inarredavelmente firmado na posição de que não há outro caminho nesta emergência histórica para o Brasil, senão aquele de preservar a legalidade, de preservar a Constituição, com a posse do presidente da República dos Estados Unidos do Brasil, doutor João Goulart".

O deputado Paulo Mincarone também opina, dizendo que esta é, realmente, a grande oportunidade que a Casa tem para redimir-se de todos os seus pecados, especialmente os dos últimos tempos. "Temos o dever de respeitar a Constituição votada em 1946 e que agora, através de pressões que conhecemos, está em xeque. Vossa excelência sabe que o dispositivo militar pretendia, através de esquema que elaborou, obter o impedimento do presidente João Goulart. Como não o obteve no tempo em que desejava, está se esboroando. Fala-se em unidade de todas as Forças Armadas, mas tal não se verifica neste momento. Não só o 3º Exército mas também a 5ª Zona Aérea estão dentro da legalidade, dentro da Constituição, pela posse evidente, clara e cristalina do senhor João Goulart".

O deputado Raimundo Chaves chama a atenção para o perigo do momento que estão vivendo, pois só há duas alternativas: se Jango não tomar posse, impedido pelas Forças Armadas, certamente haverá uma forte reação no Rio Grande do Sul, o que poderá resultar numa guerra civil. Se, entretanto, o Congresso contrariar os ministros militares, a Casa certamente será fechada, o que também não afasta a possibilidade de uma guerra civil. Assim, cabe ao Congresso encontrar a solução, uma solução elevada, que resguarde a Constituição.

Benjamim Farah diz que o grande receio dos guardiões da democracia brasileira é que o comunismo tome conta do Brasil com a posse do novo presidente da República. E que o Congresso, mantendo-se indeciso, está fazendo o jogo do próprio comunismo.

Doutel de Andrade acrescenta que alguns chefes militares colocam a crise brasileira em termos de opção entre a democracia e o totalitarismo da esquerda radical.

O deputado Tenório Cavalcanti sobe à tribuna para fazer um longo discurso, onde analisa, detalhadamente, a situação do país, tecendo considerações várias. Analisa mais o problema João Goulart. Descreve o ambiente na cidade do Rio de Janeiro, com comércio e indústria fechados, transportes parados e a população intranquila. A certa altura relata um fato ocorrido dois dias antes, na antiga capital da República:

"Quando era invadida a União Nacional dos Estudantes (UNE), o deputado Roland Corbisier ligava para minha residência e me comunicava que bombas estavam sendo lançadas em frente à UNE. E um coronel, de nome Ardovino, subia as escadas da União Nacional de Estudantes para fechá-la e prender os estudantes. Chamei o coronel ao telefone, e ele veio. Perguntei o motivo daquela invasão, e ele me disse, com a autoridade de comandante de tropa, fardado com o glorioso cáqui nacional, com as estrelas que simbolizam o pavilhão auriverde, símbolo da nossa fé e clarão da nossa gloriosa jornada do futuro. Perguntei ao coronel, que ali estava, em nome da lei, da justiça, da verdade, por que aquela invasão. Respondeu-me ele – que se consigne com precisão nos anais, pois vou falar compassadamente: 'Estou aqui, deputado, cumprindo ordens do governo para fechar a UNE, atendendo a que a Câmara votou o *impeachment* e o estado de sítio. Tendo acabado as garantias constitucionais, estamos no cumprimento da lei, como soldado'.

....

Tomei o primeiro avião para saber por que o Congresso não reagira, por que votara tão depressa o estado de sítio, e, aqui chegando, observei que o Congresso de nada sabia."

Quando o deputado Tenório Cavalcanti termina sua fala prolongada, o presidente encerra a sessão. Já era dia claro em Brasília.[15]

Às 14 horas do dia 30, a Câmara recomeça suas atividades. É uma sessão excepcionalmente curta.

O deputado José Raimundo, do PTB de Minas Gerais, relata fatos ocorridos em seu estado: 1) censura em todos os jornais; 2) apreensão do *Jornal do Brasil*, *Diário de Notícias* e *Binômio*; 3) invasão e fechamento das sedes do Diretório Central dos Estudantes e Faculdade de Direito; 4) invasão das sedes da Faculdade de Ciências Econômicas e Faculdades de Filosofia; 5) prisão de vários líderes sindicais; 6) prisão de líderes estudantis; 7) proibição de todas as reuniões em recintos públicos ou fechados etc.

Outros deputados igualmente descrevem situações paralelas em seus respectivos estados.

O deputado Sérgio Magalhães encerra a sessão, pois estava marcada uma outra, conjunta, do Congresso Nacional, para as 15 horas.

Manifesto à nação

A 28ª SESSÃO NO Congresso Nacional se inicia às 21 horas do dia 30 de agosto.

Os debates se iniciam. O pensamento geral é o mesmo – a mensagem de Ranieri Mazzilli sobre a apreciação de inconveniente para a segurança nacional do retorno ao Brasil do senhor João Goulart, por parte dos ministros militares. Repetem-se declarações de deputados que dizem não querer votar a favor da emenda parlamentarista por se sentirem coagidos, forçados a tomar tal atitude. Não querem aceitar qualquer reforma constitucional. Criticam os ministros mili-

---

15. *Diário do Congresso Nacional*, Seção I, suplemento ao nº 148, 30-8-1961.

tares pelo fato de não terem fundamentado seu julgamento quando dizem que a volta ao país e a posse do vice-presidente, eleito pela vontade soberana do povo, representariam um perigo à segurança nacional.

Quando a mensagem de Mazzilli chegara ao Congresso, o senador Moura Andrade fora autorizado a organizar uma comissão mista, de senadores e deputados, destinada a examinar as razões do seu texto e encontrar a melhor solução para a crise política. O Congresso acabava de receber as conclusões da comissão mista. Segundo o deputado Pereira da Silva: "Mudar o regime, vestir o golpe com as roupagens multicores do parlamentarismo, e até, para dourar a pílula, votar em subemenda a estruturação do novo regime, de forma que o senhor João Goulart seja declarado primeiro-ministro ou chefe do primeiro gabinete parlamentarista do país".

O deputado Geraldo Freire lê uma nota enviada pelo governador de Minas Gerais, Magalhães Pinto, ao deputado Rondon Pacheco. Nessa mensagem, Magalhães Pinto faz um apelo, em nome de seu estado, ao presidente Mazzilli, ao Congresso Nacional, aos chefes militares, aos líderes políticos, a cada um dos cidadãos responsáveis pelo destino do Brasil, para que encontrem uma solução constitucional e democrática para pôr fim à crise do regime.

O deputado Neiva Moreira apresenta um manifesto que acabara de ser divulgado pelos senhores Sílvio Heck, ministro da Marinha, marechal Odílio Denys, ministro da Guerra, e brigadeiro Grün Moss. "Manifesto à nação:

No cumprimento de seu dever constitucional de responsáveis pela manutenção da ordem, da lei e das próprias instituições democráticas, as Forças Armadas do Brasil, através da palavra autorizada de seus ministros, manifestaram à sua excelência o senhor presidente da República, como já foi amplamente divulgado, a absoluta inconveniência, na atual situação, do regresso ao país do vice-presidente senhor João Goulart.

Numa inequívoca demonstração de pleno acatamento aos poderes constitucionais, aguardaram elas, ante toda uma trama de acusações falsas e distorções propositadas, sempre em silêncio, o pronunciamento solicitado ao Congresso Nacional. Decorridos vários dias, e como sintam o desejo de maiores esclarecimentos por parte da opinião pública, a que inimigos do regime e da ordem buscam desorientar, veem-se constrangidas agora, com a aquiescência do senhor presidente da República, a vir ressaltar, de público, algumas das muitas razões em que fundamentaram aquele juízo.

Já ao tempo em que exercera o cargo de ministro do Trabalho, o senhor João Goulart demonstrara, bem às claras, suas tendências ideológicas, incentivando e mesmo promovendo agitações sucessivas e frequentes nos meios sindicais, com objetivos evidentemente políticos e em prejuízo mesmo dos reais interesses de nossas classes trabalhadoras. E não menos verdadeira foi a ampla infiltração que, por essa época, se processou no organismo daquele ministério, até em postos-chave de sua administração, bem como nas organizações sindicais, de ativos e conhecidos agentes do comunismo internacional, além de incontáveis elementos esquerdistas.

No cargo de vice-presidente, sabido é que usou sempre de sua influência em animar e apoiar, mesmo ostensivamente, manifestações grevistas promovidas por conhecidos agitadores. E, ainda há pouco, como representante oficial, em viagem à URSS e à China comunista, tornou clara e patente sua incontida admiração ao regime desses países, exaltando o êxito das comunas populares.

Ora, no quadro de grave tensão internacional em que vive, dramaticamente, o mundo de nossos dias, com a comprovada intervenção do comunismo internacional na vida das nações democráticas, e sobretudo nas mais fracas, avultam, à luz meridiana, os tremendos perigos a que se acha exposto o Brasil. País em busca de uma rápida recuperação econômica que está exigindo enormes sacrifícios, principalmente das classes mais pobres e humildes; em marcha penosa e árdua para estágio superior de desenvolvimento econômico-social, com tantos e tão urgentes problemas, para reparação, até de seculares e crescentes injustiças sociais nas cidades e nos campos – não poderá nunca o Brasil enfrentar a dura quadra que estamos atravessando, se apoio, proteção e estímulo vierem a ser dados aos agentes da desordem, da desunião e da anarquia.

Estão as Forças Armadas profundamente convictas de que, a ser assim, teremos desencadeado no país um período inquietador de agitações sobre agitações, de tumultos e mesmo choques sangrentos nas cidades e nos campos, de subversão armada, enfim, através da qual acabarão ruindo as próprias instituições democráticas e, com elas, a justiça, a liberdade, a paz social, todos os mais altos padrões de nossa cultura cristã.

Na Presidência da República, em regime que atribui ampla autoridade e poder pessoal ao chefe do governo, o senhor João Goulart constituir-se-á, sem dúvida alguma, no mais evidente incentivo a todos aqueles que desejam ver o país mergulhado no caos, na anarquia, na luta civil. As próprias Forças Armadas, infiltradas e domesticadas, transformar-se-iam, como tem acontecido noutros países, em simples milícias comunistas.

Arrostamos, pois, o vendaval, já esperado, das intrigas e das acusações mais despudoradas, para dizer a verdade tal como é, ao Congresso dos representantes do povo e agora ao próprio povo brasileiro.

As Forças Armadas estão certas da compreensão do povo cristão, ordeiro e patriota do Brasil. E permanecem serenas e decididas na manutenção da ordem pública.

a) Vice-almirante Sílvio Heck, ministro da Marinha.
Marechal Odílio Denys, ministro da Guerra.
Brigadeiro do ar Gabriel Grün Moss, ministro da Aeronáutica."

Seguem-se ásperos comentários do deputado Ferro Costa, que diz que aqueles militares, sabendo que estavam na iminência de votar um pretenso *impeachment* do senhor João Goulart, desejavam influir na decisão histórica daquela noite, impondo sua vontade, a vontade de um grupo restrito.

O deputado gaúcho Lino Braun lê, da tribuna, um radiograma do comandante do 3º Exército, general Machado Lopes, aos comandantes dos 1º, 2º e 4º Exércitos:

"Participo ao prezado amigo que o 3º Exército, sob meu comando, está perfeitamente coeso em torno dos seus chefes e que resolveu, como seu dever, apoiar integralmente a Constituição vigente, não podendo aceitar uma solução para a crise atual, senão nela apoiada."

Vários congressistas se sucedem na tribuna para encaminhamento da votação de um requerimento que pede o encerramento da discussão. O presidente declara que falaram 52 congressistas e que ainda restam 300. Assim sendo, faz um apelo no sentido de que decidam apreciar o requerimento aludido.

Depois desse apelo, vários oradores inscritos desistem da palavra, a fim de colaborar com a rapidez dos trabalhos.

A presidência, na suposição de não haver mais nenhum orador inscrito, submete à votação o requerimento que pedia o encerramento da discussão. Foi aprovado.

A seguir, o primeiro secretário lê o parecer da comissão mista:

"A comissão mista, encarregada do estudo da mensagem nº 471, de 1961, do senhor presidente da República, munida para o exame da emenda apresentada no Plenário do Congresso Nacional do parecer dessa comissão sobre a mensagem nº 471, de 1961, resolve sugerir ao Congresso Nacional, na forma de um substitutivo, o seguinte:

a) Votação da emenda constitucional instituindo o regime parlamentar, dentro dos moldes que mais se adaptam às condições do Brasil e atentam às circunstâncias da conjuntura atual da vida brasileira, ressalvados os mandatos eletivos vigentes;

b) Sugere ainda que a Câmara dos Deputados e o Senado Federal adotem de imediato as seguintes normas uniformes para a tramitação da referida emenda:

Art. – A comissão especial mista emitirá parecer que concluirá pela aprovação, ou não, da emenda, podendo apresentar subemenda.

§ 1º – Lido o parecer no expediente, distribuído em avulso, impresso ou mimeografado, figurará na mesma ordem do dia, em caráter de prioridade para a primeira discussão.

§ 2º – Na discussão da emenda, só poderão falar dois representantes de cada partido, por quinze minutos improrrogáveis, não sendo permitida a apresentação de proposição acessória sugerindo modificá-la.

§ 3º – Encerrada a discussão, será imediatamente votada e, no encaminhamento da votação, só poderá falar um representante de cada partido pelo prazo máximo de cinco minutos.

§ 4º – Votada a emenda em primeira discussão, será incluída na ordem do dia da sessão seguinte, ordinária ou extraordinária, para a segunda discussão.

§ 5º – Não será aceito requerimento de adiantamento de discussão ou votação.

§ 6º – Votada a emenda em duas discussões por dois terços, será logo remetida à outra casa do Congresso Nacional, independente da redação final."

Ao seu parecer, emitido em reunião de 29 de agosto e apresentado ao plenário do Congresso Nacional em sessão de 30 de agosto, resolve deduzir o seguinte:

"O respeito à Constituição Federal implica cumprimento do seu artigo 79, com a investidura do doutor João Goulart na Presidência da República com os poderes que o

povo lhe conferiu, cujo exercício, se vier a ser adotado o parlamentarismo, se ajustará às condições peculiares a esse sistema.
Sala das Comissões, em 30 de agosto de 1961.
Jefferson de Aguiar, presidente.
Oliveira Brito, relator."

Procede-se à votação. Votação nominal. Votaram 273 congressistas, 264 responderam *sim* e apenas nove *não*. Está aprovado o parecer em suas conclusões.

Continuam os congressistas se sucedendo na tribuna para expressar opinião sobre a projetada emenda parlamentarista.

Encerra-se a sessão às 2h05 do dia 31 de agosto.[16]

A emenda parlamentarista

UNS DOIS OU TRÊS DIAS antes da conclusão da votação da emenda constitucional, ocorreu um fato muito grave. Ranieri Mazzilli foi prevenido, já tarde da noite, de que os ministros militares chegariam a Brasília para conversar com ele sobre uns fatos novos que teriam surgido no Rio de Janeiro, onde se encontravam.

Os ministros chegaram à residência do presidente da República acompanhados pelo general Ernesto Geisel, que os fora buscar no aeroporto.

Com a palavra, o marechal Denys passou a relatar uma conversa que os ministros haviam tido com pessoas "conhecedoras da elaboração legislativa". Assim, tinham sido informados de que aquele texto da emenda parlamentarista possibilitava a dissolução do Congresso imediatamente após a posse do presidente João Goulart. Isso porque, na forma do regime parlamentarista, o presidente da República podia dissolver o Congresso e convocar novas eleições. Em vista disso, o senhor João Goulart poderia eleger o seu Congresso e revogar, com a maior facilidade, a emenda parlamentarista.

Essa "armadilha" lhes tinha sido descoberta por pessoas perfeitamente informadas do processo legislativo. Do ponto de vista das Forças Armadas, isso era absolutamente inaceitável, pois equivalia a uma espécie de expediente inconfessável. E eles não aceitavam.

Mazzilli, bom conhecedor do texto legislativo, tomou das mãos do marechal o avulso da emenda constitucional e foi diretamente ao dispositivo que previa especificamente essa hipótese. Havia um parágrafo que impedia que

---

16. *Diário do Congresso Nacional*, ano XVI, seção I, número 150, 1º-9-1961.

essa faculdade do presidente da República de dissolver o Congresso pudesse recair sobre aquele Legislativo. Ela só poderia vigorar a partir dos futuros congressos eleitos.

Diante do esclarecimento, houve uma certa perplexidade por parte dos ministros. O marechal Denys, então, confirmou a posição que haviam tomado, de considerar temerária a aceitação da emenda, que tinha sido objeto de acordos e combinações anteriores.

Ranieri Mazzilli concluiu que haviam chegado a uma situação quase perdida. Por esse motivo, advertiu os ministros de que aquela atitude era injusta para com ele, pois, na verdade, fora o fiador perante o Legislativo. E, ao mesmo tempo, ele ali era o representante do Legislativo. Como é que iria permanecer na Presidência da República, se ele próprio fizera uma proclamação escrita de que não se candidataria àquele cargo? Como poderia permanecer depois de revogadas todas as combinações para a posse do senhor João Goulart? Não admitindo tal situação, Mazzilli disse-lhes que esperava que os ministros respeitassem sua disposição de voltar para sua casa. Nesse instante, o chefe do gabinete militar, o general Ernesto Geisel, que permanecera durante a reunião, declarou que acompanharia o presidente.

O marechal Denys fez um apelo, explicando que sua intenção não era a de dificultar. Eles estavam apenas apresentando um novo aspecto do problema, para o qual tinham sido advertidos. Não havia dúvidas. Eles reiteravam seu apoio ao presidente Mazzilli, e a emenda prosseguiria até a votação final.

Parece que o incidente fora pressentido, porque, quando os três ministros se retiraram do apartamento do presidente, as escadas estavam cheias de políticos, inclusive os governadores Magalhães Pinto, Cid Sampaio e Aluísio Alves, que ficaram aliviados com as informações que Mazzilli lhes deu.[17]

Apesar da vigília, a Câmara dos Deputados iniciou, às 10 horas, seus trabalhos do dia 31 de agosto.

Logo no início, o deputado Último de Carvalho pede a palavra pela ordem para fazer uma indagação à mesa. Diz que, ante o manifesto dos ministros militares, no qual eles declararam à nação o propósito de impedir a posse do senhor João Goulart, deseja saber se a Câmara tem autoridade moral para continuar aberta. Ele acha que a Câmara está diante de um fato consumado, isto é, fechada.

Por esse motivo, trava-se um áspero debate entre aquele deputado e o senhor Miguel Bahury. O deputado José Maria Alkmin intervém para dizer que a questão de ordem não contém matéria que a mesa possa conhecer nos termos do regimento, nem mesmo das praxes parlamentares. Trata-se de um ponto de vista de seu colega

---

17. Entrevista com Ranieri Mazzilli, São Paulo, 2-5-1974.

Último de Carvalho. Não contendo um problema de ordem regimental, não vê por que estejam discutindo, quando a hora é tão séria para o país.

O deputado Euzébio Rocha lê um manifesto da Juventude Democrata Cristã pela investidura de João Goulart.

Aurélio Viana expõe seus receios pela instituição do regime parlamentarista. Acha que não há preparo psicológico do povo. Continuando na tribuna, critica os termos da mensagem dos ministros militares, particularmente no trecho em que eles dizem que Jango, na recente viagem à China, tornara bem clara sua incontida admiração àquele regime, exaltando o êxito das comunas populares. Aurélio Viana cita vários financistas, economistas e políticos norte-americanos que tecem os maiores elogios ao progresso industrial da União Soviética e, no entanto, nada têm de comunista.

O deputado Josué de Castro apresenta um manifesto de intelectuais de protesto contra a intervenção dos ministros militares.[18]

Passando à ordem do dia, o presidente, deputado Sérgio Magalhães, explica a seus pares que, conforme já era do conhecimento geral, aquela sessão extraordinária fora convocada para a ratificação das normas sugeridas pelo Congresso Nacional na sessão que se encerrara de madrugada. São normas para a tramitação da emenda à Constituição.

Em seguida, apresenta um requerimento assinado pelos líderes Alkmin, Menezes Cortes e Geraldo Guedes, no qual solicitam que sejam aprovadas, imediatamente, várias normas de emergência, sugeridas pela comissão mista, para a tramitação de emenda constitucional instituindo o regime parlamentarista.

O tempo se esgota. Há muitas dúvidas quanto ao artigo do regimento em que a mesa está se baseando para a votação daquele requerimento. E é levantada a sessão.[19]

Às 15 horas se inicia a sessão extraordinária vespertina do dia 31.

Ao começarem os trabalhos, o deputado Rui Ramos faz uma importante comunicação:

"Senhor presidente e senhores deputados, tenho a honra, nesta oportunidade, de trazer ao Congresso a comunicação, por todos ansiosamente esperada, da adesão das Forças Armadas do nosso país à decisão histórica do Congresso Nacional tomada nesta madrugada. Os senhores ministros militares, depois de importante reunião às 4 horas de hoje, resolveram aprovar a decisão do Congresso Nacional, respeitando a Constituição e a legalidade, e dando posse, em consequência, ao presidente da República, doutor João Goulart.

....

Devo, para melhor instrução dos companheiros e colegas que me ouvem, historiar os acontecimentos como se processaram. Ontem à tarde, no Rio de Janeiro, às 16 horas,

---

18. Texto do manifesto *in* Anexos.

19. *Diário do Congresso Nacional*, nº 150, seção I, 1º-9-1961.

o general Amauri Kruel foi à residência do general Segadas Viana, o mais velho general do Exército do Brasil e homem que, pelo seu prestígio moral, pela sua tradição e pela sua humildade, segundo me disseram os generais, foi escolhido pelos companheiros para ser o porta-voz, o portador, o intermediário entre os generais no Rio de Janeiro e o senhor ministro da Guerra.

O general Segadas Viana atendeu a essa delegação dos seus colegas que lhe pediam que transmitisse ao ministro da Guerra a decisão dos generais no Rio de Janeiro de acatar a resolução que o Congresso Nacional tomasse, fosse qual fosse, e fizesse a comunicação de que não estavam solidários com o pronunciamento dos ministros militares, publicado nos jornais e lido ontem perante o Congresso, em que reiteravam suas suspeitas, relativamente à posição política e à ação do presidente João Goulart. Esse grupo era composto dos generais Osvino Ferreira Alves, Ladário Teles, Amauri Kruel, Paiva Chaves, Teles da Costa, Idálio Sardenberg e Nelson de Melo. O general Segadas Viana foi, então, ao marechal Denys e deu-lhe ciência, fielmente, da decisão dos generais, de divergência em relação ao manifesto e de acatamento à decisão que se tomaria, naquela noite, pelo Congresso Nacional, fosse ela qual fosse.

Então o general Segadas Viana declarou ao marechal Denys que, se o Congresso Nacional se pronunciasse, na noite de ontem, pela legitimidade da investidura do doutor João Goulart, eles estariam dispostos a acatar tal decisão e desautorizariam, em manifesto público, a declaração contrária dos senhores ministros militares. O general Segadas Viana passou, então, a trabalhar o marechal Denys para mostrar-lhe ser impossível resistir ao pronunciamento legítimo do Congresso Nacional.

Quero aqui fazer justiça para a História. Nesse momento, o general Segadas Viana obteve já o pronunciamento pessoal do marechal Denys. Sua excelência lhe respondeu que, efetivamente, não obstante sua posição anterior, se o Congresso Nacional se pronunciasse em favor da legitimidade da investidura do presidente João Goulart, não entendia como pudesse desacatar o pronunciamento do parlamento brasileiro.

Então o marechal Denys pediu uma reunião com os dois outros ministros militares e convocou os generais do Exército para dela participarem. Compareceram às 4 horas de hoje, além dos três chefes das pastas militares, os seguintes generais: Nelson de Melo, Osvino Ferreira Alves, Osvaldo Cordeiro de Farias, Segadas Viana e Nestor de Oliveira, este último comandante do 1º Exército. Nessa reunião, pediu o marechal Denys ao general Segadas Viana que fizesse a exposição de seu ponto de vista, em nome dos generais presentes. Então, reeditou o general Segadas Viana os argumentos de seus companheiros ontem transmitidos ao marechal Denys. Terminada a exposição, o ministro da Guerra tomou a iniciativa de dizer a todos que ele, pessoalmente, já tinha formado também sua opinião e que, conforme havia dito ao general Segadas Viana, acataria a decisão que o Congresso tomasse. Os dois outros ministros, da Aeronáutica e da Marinha, tentaram, nesse momento, leve resistência. Segundo o relatório em meu poder, ainda emitiram alguns argumentos contra essa posição. Mas todos terminaram por manifestar-se a favor do ponto de vista do general Denys, inclusive o general Osvaldo Cordeiro de Farias, que declarou que, se o Congresso se pronunciasse pela legitimidade, ele reconhecia não haver outro caminho para o respeito à Constituição.

Houve, então, manifestação unânime de todos os presentes. Ficaram aguardando o pronunciamento do Congresso Nacional e o recolheram com todos os dados, todas as letras, bem como o número de deputados e senadores.

Em face disso, tornou-se unânime, repito, a decisão, e as Forças Armadas, pelos seus ministros e pelo grupo de generais do 1º Exército, além de outros no Rio de Janeiro, chegaram à conclusão de que a resolução do Congresso deve ser definitivamente acatada. A esta hora, deve estar sendo transmitida essa decisão ao presidente da República em exercício, nosso colega Ranieri Mazzilli, chefe das Forças Armadas, em virtude da Constituição."

A presidência Ranieri

RANIERI MAZZILLI se encontrava no gabinete da presidência da Câmara dos Deputados quando ouviu, pelo alto-falante, a voz de Auro Moura Andrade declarar a vacância do cargo de presidente da República. Em seguida, foi informado de que os ministros militares já se encontravam no Palácio do Planalto para assistir à sua posse na Presidência da República.

Mazzilli já solicitara ao ministro da Guerra que possibilitasse ao então comandante do escalão avançado de Brasília, general Ernesto Geisel, assumir a chefia do gabinete militar, porque o chefe do gabinete militar do presidente Jânio Quadros, general Pedro Geraldo, também se afastara com ele.

Por isso, quando chegou ao Planalto, Mazzilli já encontrou junto aos três ministros militares o general Ernesto Geisel.

Terminada a breve solenidade de posse, logo em seguida Mazzilli chamou o chefe de seu gabinete militar e redigiu com ele um telegrama para ser prontamente remetido, através da embaixada do Brasil em Paris, para o vice-presidente João Goulart. O texto dizia que, na ausência dele e em obediência ao dispositivo constitucional, Mazzilli assumira a Presidência da República, em virtude da renúncia do presidente Jânio Quadros.

O general Geisel leu o texto e perguntou: "Presidente, o senhor acha necessário mandar esse telegrama?". Mazzilli respondeu afirmativamente, porque ele, general Geisel, iria saber desde logo a opinião dos ministros militares sobre a ausência do vice-presidente da República, a quem caberia, na forma da Constituição, substituir o senhor Jânio Quadros.

Depois que os ministros militares tiveram conhecimento do telegrama do presidente Mazzilli ao senhor João Goulart, pediram lhe para conversar com eles novamente. Entretanto, apenas apareceu no palácio o ministro da Guerra, que fez algumas considerações recordando aquela reunião do dia 25 no Ministério da Guerra, quando comentara que a ausência do vice-presidente da República viria a facilitar a sucessão. Disse Denys a Mazzilli: "Presidente, o senhor tem toda a nossa confiança e o nosso apoio. Infelizmente não poderemos dar esse apoio nem temos essa confiança no senhor João Goulart. É da mais alta inconveniência a volta dele ao país". Ao que Mazzilli respondeu: "Os senhores poderiam me dar algumas informações sobre essa inconveniência. Eu estou aqui para cumprir um dever muito penoso, mas quero cumpri-lo, qualquer que seja o incômodo. Entretanto, gostaria também de dispor de algumas informações sobre essa inconveniência, porque preciso avaliar até onde, realmente, ela colide com a expectativa de o vice-presidente assumir".

E o diálogo prossegue. Desta vez é Denys quem fala: "Nós não concordamos com a vinda do senhor João Goulart para assumir a Presidência da República. Nós dispomos de farta documentação sobre as atividades subversivas dele no país. E ele está comprometido de modo a não merecer a confiança das instituições da República para ser seu presidente".

Mazzilli achou que não era de bom alvitre solicitar que Denys exibisse as referidas provas. Ele estava diante de uma declaração de quem dispunha não só da força, mas da autoridade para usá-la a fim de manter a normalidade da vida institucional, segundo as palavras do próprio ministro da Guerra. E o marechal Denys falava pelos três ministros militares.

Em outra ocasião, o presidente Mazzilli teve oportunidade de conversar com os três ministros em conjunto. Disse-lhes que considerava extremamente grave aquela declaração. Não queria usar de nenhuma habilidade para esconder o seu pensamento, mas estava disposto a levar o assunto ao conhecimento das lideranças políticas. Para Mazzilli, já se configurava o fato como precisando de fórmulas políticas, pois encontrava-se diante de uma declaração categórica dos ministros militares de que não empossariam o presidente da República, embora essa posse devesse ser em termos constitucionais, formais e garantir o poder político. Mas, se o dispositivo militar se opunha terminantemente, Mazzilli entendia que era necessário dar conhecimento do fato aos líderes políticos. Era preciso também que os ministros militares confirmassem essa declaração perante os líderes políticos, pois Ranieri Mazzilli não gostaria de ficar como presidente da República na posição de apenas lhes levar informações. Além do mais, não assentava bem ao presidente da República esse papel, que os ministros deveriam reconhecer, de dar uma informação contrária, isto é, inteiramente ao arrepio de todos os dispositivos constitucionais e considerando o fato consumado. Precisava que os ministros se justificassem perante as lideranças políticas. Era necessário que os ministros o autorizassem a falar aos políticos, pois sem essa autorização Mazzilli não teria condições para continuar cumprindo seu mandato. Era preciso conversar com as pessoas que devessem ter a responsabilidade de aceitar a fórmula política de entendimento com os militares, que haviam, na verdade, apresentado um veto à posse do senhor João Goulart. Foram iniciadas as conversas com as lideranças. Mazzilli, de pronto, foi apresentando as dificuldades em termos muito positivos. E verificou, a partir das conclusões dessas primeiras conversas, que deveria voltar a trocar ideias com os ministros militares. O que fez prontamente. O general Ernesto Geisel a tudo acompanhava.

Os ministros militares se dispuseram a falar num círculo maior, mas não em termos de declaração geral, uma declaração formal para um colégio de líderes. Mas o presidente Mazzilli não esmorecia em convencê-los da necessidade de levar ao conhecimento do poder político o impasse criado. Unido a alguns líderes, como Ernâni do Amaral Peixoto, presidente do PSD, deputado Martins Rodrigues, nomeado ministro da Justiça, deputados Ulisses Guimarães, Tancredo Neves, Nélson Carneiro, Oliveira Brito, além do líder da maioria, José Maria Alkmin, deliberou pedir àqueles ministros que concordassem em ter uma reunião com as cúpulas partidárias, quando então deveriam confirmar a posição das Forças Armadas perante o fato. Obtida a concordância, o presidente convocou ao Palácio do Planalto todos os líderes de partidos, que na altura eram cerca de doze. Compareceram todos. Ouviram o relato de Mazzilli e a confirmação do marechal Denys de que não concordavam com a volta do senhor João Goulart para assumir a Presidência da República. Terminada a reunião, os ministros se retiraram, e os líderes ficaram procurando uma maneira de criar uma fórmula que transpusesse o impasse.

Foi depois desse encontro que Ranieri Mazzilli, com a colaboração do general Ernesto Geisel, redigiu a mensagem ao Congresso.

Com essa comunicação ao Congresso, o presidente da República procurava chamar o poder político para colaborar no esforço que já estava sendo feito há cerca de 48 horas por ele e pelos líderes mais próximos, mais diretamente responsáveis pela condução dos assuntos políticos, de modo a obter o máximo de compreensão para o encontro da fórmula.

Foi a partir desse momento que surgiu a ideia de fazerem uma emenda parlamentarista, para limitar os poderes do presidente da República e assim minimizar os inconvenientes apresentados pelos ministros militares.[20]

No Senado, a primeira sessão do dia 1º de setembro começa às 14h30.

O senador Lima Teixeira lê um artigo do *Correio da Manhã*, do Rio de Janeiro, em que o Congresso é, de certa forma, acusado de estar agindo sob pressão.

O senador Heribaldo Vieira aparteia para declarar que "se equivocam os que pensam que o Congresso Nacional, reformando a Constituição para adotar o regime parlamentarista, capitula diante de pressão das Forças Armadas".

O senador Alaô Guimarães também aparteia:

"O Congresso Nacional, resolvendo pela emenda parlamentarista, não só procurou contornar as dificuldades criadas para a nação, em face da crise político-militar que

---
20. Entrevista com Pascoal Ranieri Mazzilli, São Paulo, 2-5-1974.

atravessamos, como ainda deu solução definitiva para os graves problemas que sempre agitaram o país no regime presidencialista."

O senador Vitorino Freire vai à tribuna para chamar a atenção da Casa para um noticiário publicado no *Correio da Manhã* daquele mesmo dia 1º de setembro. É um telegrama de Goiânia que diz que uma comissão pessoal de deputados, liderada pelo senhor Neiva Moreira, procedente de Brasília, teria chegado para avistar-se com o governador Mauro Borges Teixeira. A finalidade do encontro teria sido a transferência da Câmara e do Senado para Goiânia, onde aquele governador garantiria o seu funcionamento.

Vitorino Freire estranha a notícia e pede explicações ao presidente do Senado. Este declara ser o assunto inteiramente desconhecido da mesa e que serão tomadas as providências solicitadas.

A sessão é suspensa às 17h05 e reaberta às 18h25, estando na Presidência Auro de Moura Andrade.

Garantias para a posse de Jango

AO REINICIAR os trabalhos, Moura Andrade comunica aos senadores que recebera, às 14 horas, de Montevidéu, uma solicitação do presidente João Goulart, no sentido de que fosse marcada para o próximo dia 4 a sua posse perante o Congresso Nacional.

Em consequência, o presidente do Congresso oficiou ao presidente da República em exercício, ao presidente do Supremo Tribunal Federal e ao presidente da Câmara dos Deputados, comunicando que convocava para as 15h do dia 4 de setembro sessão conjunta do Senado e da Câmara dos Deputados, a fim de que o doutor João Goulart pudesse prestar o compromisso constitucional e ser proclamado empossado no cargo de presidente da República.

Aproveita a oportunidade para convocar ambas as Casas para aquela sessão conjunta.[21]

Na mesma data, expediu ofício ao governo exigindo garantias para a vinda, permanência em Brasília e posse do senhor João Goulart.

O senador Afonso Arinos, com a palavra, declara que é solidário com o presidente do Congresso no protesto que, em nome daquela Casa, emitira pela restauração da liberdade de imprensa e solidário com a grande maioria contra o impedimento do vice-presidente da República. Declara também que acompanha

---

21. *Diário do Congresso Nacional*, Seção I, número 146, 2-9-1961.

a opinião do relator, no sentido de que o Congresso deve não apenas recomendar com urgência, mas votar com igual urgência a emenda que institui o regime parlamentar no Brasil.

Afonso Arinos relata ainda a conversa que teve pelo telefone com o senhor João Goulart. Foi numa reunião, no dia 29, em casa do deputado Nestor Duarte, com San Tiago Dantas, Luiz Viana, senador Aluísio de Carvalho e deputado Guilhermino de Oliveira. Afonso Arinos e Nélson Carneiro haviam sido incumbidos de redigir a emenda que será posta em discussão. Ouviram de João Goulart que ele não tem ambições pessoais. Sua esperança está no Congresso, que se transforma, no momento, no centro da vida cívica do país. E continua, dizendo: "Sua excelência está com a esperança de que o Congresso Nacional aceite a solução parlamentarista porque aceita qualquer solução que restitua a paz e a tranquilidade à família brasileira e evite o sangue e os horrores da guerra civil".

A sessão se encerra às 18h45 e é convocada uma outra extraordinária para as 21 horas.

Às 21h30, o Senado reinicia suas atividades do dia 1º de setembro.

Finda a leitura do expediente, assume a tribuna o senador Dix-Huit Rosado:

"Senhor presidente, senhores senadores, no começo do mês de agosto fui indicado, pelo Senado da República, para fazer parte, como observador parlamentar, da missão comercial do Brasil que visitaria a China continental.

Senti-me profundamente lisonjeado por participar daquela delegação, porque é para mim honra muito grande receber qualquer incumbência da mesa desta Casa.

Fizemos a primeira parte da viagem dentro do signo da tranquilidade, observando e seguindo o itinerário que traçamos de primeira mão. Terminada a primeira etapa, convidados, eu e o nobre senador Barros Carvalho, a continuar a viagem que deveria realizar o senhor vice-presidente da República, doutor João Goulart, seguimos em sua companhia. Havíamos de visitar Hong Kong, a Federação Malaia, Singapura e o Ceilão, a fim de completar a missão de que sua excelência fora incumbido.

Na manhã de sábado, quando nos encontrávamos em Singapura, o senhor vice-presidente da República recebeu a comunicação dos acontecimentos que eclodiram no Brasil.

Tão distantes, é fácil imaginar a apreensão e a angústia que todos nós experimentamos naquele momento. Em verdade, devo prestar um depoimento, que deveria ter valor principalmente para fixar certas minúcias deste episódio doloroso da vida democrática brasileira.

O senhor vice-presidente da República, senhor João Goulart, recebeu a notícia da renúncia serenamente, convencido da responsabilidade que, a partir daquele instante, lhe pesaria sobre os ombros.

Sem ser seu companheiro de lutas políticas, pelo contrário, muitas vezes tendo terçado armas contrárias às de sua excelência, compreendi, naquele momento, como representante do povo no parlamento nacional, que não podia, em hipótese alguma, retardar meu pronunciamento em favor da legalidade, da justiça e da manutenção da letra constitucional. Foi o que fiz, cônscio de que cumpria um dever.

1964: Golpe ou contragolpe?

  Volto, agora, depois da longa viagem que nos obrigou a mudar, no percurso, oito tripulações dos aviões em que nos transportamos de Singapura até esta Casa, para vir utilizar a minha principal arma, que é o voto, na defesa daqueles princípios que manifestara num instante grave da nação brasileira.
  Sei que povo e Congresso têm-se mantido acima de tudo e de todos, na defesa dos interesses desta nação, que tem futuro grandioso marcado. Todas as nações do mundo nos olham, agora, admiradas. Eu, pessoalmente, apreciei isso; e apreciei tanto antes quanto depois da crise que atravessamos: todos os jornais dos países por que passamos projetaram em suas primeiras páginas o episódio brasileiro.
  Angústia e apreensão dominam todo o mundo diante das responsabilidades que enfrenta o Brasil, neste instante, em missão que recebêramos. Mas o motivo nuclear mesmo desta minha oração não será o relatório que farei juntamente com o nobre senador Barros Carvalho e se prenderá principalmente à razão da nossa designação para acompanharmos o atual presidente da República.
  O que desejo fixar, em primeiro lugar, senhor presidente, é que distante eu ouvia o ruído do debate em que se projetava e, às vezes, se modificava a fisionomia política e moral do homem que eu acompanhava naquele instante, em missão que recebêramos, ambos, da nossa pátria.
  Não tivera eu antes contato com o doutor João Goulart e não poderia fazer dele o julgamento que estou habilitado a fazer neste instante. E o faço para que outros que porventura guardem determinadas ressalvas nesse julgamento possam receber o depoimento de quem não tem outro interesse senão o de servir à nação brasileira e à legalidade democrática.
  Em nenhum instante encontrei arrogante o homem que tem a responsabilidade de ser legalmente o presidente da República dos Estados Unidos do Brasil; jamais também o encontrei medroso ou intimidado dos acontecimentos. Sereno e disposto a assumir as suas responsabilidades integralmente. Disse-me, e o afirmou muitas vezes, que o mandato que lhe procuravam tirar não era dele. Recebera-o como uma delegação do seu povo, em duas vezes, e só esse povo poderia retirá-lo. Vinha para assumir a Presidência da República, mas era preciso que os que aqui estavam lhe dessem a sua cobertura.
  Sinto, chegando agora, ainda cansado, mal retirada do corpo a poeira da longa caminhada – se é que poeira existe numa caminhada de avião a quase mil quilômetros horários –, sei, senhor presidente, que o homem vem de espírito aberto para aceitar a colaboração de todos os brasileiros. Faço a ressalva de que não tenho procuração de todos os brasileiros. Faço a ressalva de que não tenho procuração nem outorga para falar em nome de sua excelência porque não poderia recebê-la. Falo em meu próprio nome, dando um depoimento para que se aprecie o outro lado do episódio, em que o vice-presidente, o protagonista principal, não poderia ser visto nem julgado porque se achava longe da pátria.
  Lembro-me do dia principal, em que partimos de Singapura, saindo do leste para as bandas do poente. A noite alongou-se, tornando mais difícil a nossa viagem e a interpretação dos acontecimentos do Brasil. Mesmo assim, naquela longa vigília, o homem manifestou-se capaz de arcar com as responsabilidades que o povo do Brasil colocou nos seus ombros e que agora o Congresso Nacional, alevantado ainda mais na sua história, num gesto corajoso e decidido que o mundo inteiro aprecia e o Brasil ainda acompanha com emoção e confiança, ratificou.

Sei que daremos posse ao presidente João Goulart porque esta Casa, pela sua mesa, já marcou dia e hora para sua excelência assumir o cargo.

Sei que, paralelamente, corre na Câmara dos Deputados a emenda parlamentarista e confio – porque ouvi a palavra serena e corajosa do presidente João Goulart – que seu espírito, como disse sua excelência mais de uma vez, estará aberto aos entendimentos e disposto a procurar, entre as grandes reservas morais desta nação, os homens que hão de ajudá-lo a recuperar o Brasil dos prejuízos causados por um gesto irrefletido de seu presidente, que estarreceu o mundo inteiro.

Dizendo estas palavras, senhor presidente, meu propósito é apenas certificar a Casa do meu conhecimento da ação do homem, numa crise em que teria de revelar o seu caráter, a sua fibra, a sua coragem."

O dia 1º de setembro foi para a Câmara dos Deputados dos mais ricos em intensidade de trabalhos. Sua primeira sessão se iniciou às 14 horas, mas outras se lhe seguiram – a extraordinária noturna, às 21 horas, e, ainda, entrando pela madrugada do dia 2, mais duas sessões, numa demonstração de resistência e de interesse dos senhores deputados pelo momento crítico que atravessava o país. O assunto magno de todas aquelas sessões foi a emenda parlamentarista. Na sessão das 14 horas, vários oradores ocuparam a tribuna para justificar seu apoio, ou não, à emenda.

O deputado Doutel de Andrade faz uma comunicação à Casa sobre os desmandos do governador da Guanabara, senhor Carlos Lacerda. E cita, especificamente, o caso do suplente de deputado José Gomes Talarico, que fora espancado na noite de 31 de agosto por policiais da Guanabara. Suas palavras são secundadas pelo deputado Ari Pitombo, que faz um protesto contra o procedimento de Carlos Lacerda.

Ao passarem para o grande expediente, o deputado Lício Hauer pede a palavra para uma questão de ordem. Diz que acabara de ouvir a comunicação de que José Talarico fora preso e espancado pela polícia do Rio de Janeiro. Sendo Talarico primeiro suplente de seu partido, deseja formular ao presidente da mesa uma questão de ordem. Lício Hauer quer saber se, entrando de licença, José Talarico assumiria imediatamente o mandato, pois desejaria que ele comparecesse à Casa como testemunho vivo dos desmandos que estavam acontecendo no Estado da Guanabara.

Breno da Silveira, no exercício da Presidência, informa: "De acordo com o regimento e conforme a licença que vossa excelência irá tomar, será convocado imediatamente o senhor José Talarico".

Vários deputados expressam seus aplausos pela atitude de Lício Hauer. Entretanto, o deputado não chega a concretizá-la.

Já na ordem do dia, o deputado Menezes Cortes apresenta um requerimento para que sejam convocadas tantas sessões extraordinárias quantas necessárias para prosseguirem na discussão e votação da emenda constitucional nº 16-A de 1961. O que é aprovado.

Continua a primeira discussão da emenda.

O deputado Aurélio Viana faz, em nome do Partido Socialista Brasileiro, uma análise detalhada da emenda e termina declarando-se contra a modificação constitucional.

Ulisses Guimarães, falando pelo PSD, apoia o parlamentarismo.

Barbosa Lima Sobrinho explica que era favorável à emenda quando se tratava de uma reforma política, uma melhoria das instituições políticas do Brasil. Não a aceita como conchavo, sobretudo como fórmula de transigirem para salvar os restos de um mandato legislativo ou os restos de um regime ameaçado.

Tristão da Cunha, apoiando a reforma, diz que ela já estava praticamente aprovada há dois meses pela Câmara. Aquela votação que se fazia era apenas uma satisfação do regimento interno da Casa, porque a emenda já fora assinada por mais de dois terços de seus membros.

E assim se sucedem oradores, expressando seu pensamento e de seu partido sobre a emenda a ser votada.[22]

A nova sessão começa à hora marcada. Mas não havia quórum suficiente; assim, o presidente suspende-a, reabrindo-a às 21h40, quando comparecem 230 deputados.

Com a palavra, pela ordem, fala o deputado Clóvis Pestana para protestar contra uma irradiação que estava sendo feita, naquele instante, pela Agência Nacional, de que ele, como ministro, acabara de expedir portaria fechando todas as estações de rádio do Rio Grande do Sul. A notícia é falsa, tanto mais porque Clóvis Pestana já deixara de ser ministro e reassumira seu mandato de deputado, desde o dia 26 de agosto último.

Continuam os discursos de vários deputados para encaminhamento da votação. Alguns explicam que serão contrários à emenda, por acharem que as contingências do momento político brasileiro estão coagindo o Congresso a aceitar a reforma. Dizem mesmo que muito poucos congressistas acreditam no parlamentarismo como forma ideal, que são e serão presidencialistas, apesar de serem partidários da emenda. Outros elogiam a forma parlamentarista, mas indagam se não estarão transformando tão nobre ideal em mero expediente político. Há quem diga que o Brasil tem partidos demais e maturidade de menos.

Passam à votação da primeira discussão da emenda nº 16-A, de autoria do deputado Raul Pila, tendo como relator o deputado Nélson Carneiro.

O presidente informa à Casa que, tendo em vista que o requerimento aprovado o foi para a prorrogação da sessão até o final da votação, a mesa resolve considerar a sessão convocada para as 21 horas, com seu período normal esgotado, razão pela qual vai encerrá-la, convocando outra para 1h05.[23]

---

22. *Diário do Congresso Nacional*, Seção I, suplemento 151, 2-9-1961.

23. *Diário do Congresso Nacional*, Seção I, suplemento 151, 2-9-1961.

A 168ª sessão se inicia à 1h10 do dia 2 de setembro. Continuam os deputados a emitir da tribuna a sua opinião sobre a emenda parlamentarista e os possíveis efeitos no país com sua aplicação.

Clélio Lemos, na Presidência, comunica aos deputados que, logo após a aprovação da emenda pelo plenário, ao encerramento da sessão, será realizada outra, extraordinária. Lembra que vai ser posta em votação em primeira discussão. Os senhores deputados que a aprovarem responderão *sim*, e os que a rejeitarem, *não*. 234 deputados disseram *sim* e 59, *não*.

Estava aprovada em primeira discussão.

Apesar do adiantado da hora, às 2h25 de sábado, 2 de setembro, a Câmara apresenta quórum para iniciar a 169ª sessão.

Logo no início, o presidente Sérgio Magalhães comunica a seus pares que haverá uma sessão conjunta do Congresso Nacional na próxima segunda-feira, 4 de setembro, às 15h, para o ato de posse de João Goulart na Presidência da República.

O deputado Almino Afonso, aparteando Barbosa Lima Sobrinho, que se encontrava na tribuna explicando as razões pelas quais votara contra a emenda, dá um depoimento sobre o senhor João Goulart. Diz ele:

"O líder do PTB jamais recebeu, em qualquer momento, uma palavra do presidente João Goulart de aceitação da emenda parlamentarista.

No primeiro dia em que nos comunicamos pelo telefone, e disse isto na reunião realizada perante o senhor presidente da República em exercício, senhor Ranieri Mazzilli, declarou o senhor João Goulart que seu desejo era regressar ao país e, correndo todos os riscos, assumir o mandato que o povo lhe outorgara. Ainda mais, estava disposto a um amplo entendimento com todas as forças políticas, de modo a organizar um governo de coalizão nacional, capaz de resistir à crise em que neste instante o país se debate. Além disso, tinha conhecimento de que se imaginava – e realmente naquele instante era uma ideia puramente embrionária – adotar o parlamentarismo como solução da crise, e ele achava que, conforme a evolução dos acontecimentos, o PTB poderia analisar a hipótese. A segunda vez que se discutiu o problema da emenda parlamentarista, entre mim e o atual presidente da República, o que sua excelência me disse, já depois de haver conversado com o deputado San Tiago Dantas e, se não me recordo mal, com o senador Afonso Arinos, foi que o seu propósito continuava a ser a defesa intransigente de seu mandato, como o povo lhe outorgara. Mas que, longe dos acontecimentos, em Paris, não podendo acompanhar dia a dia a evolução dos fatos, entregava à própria liderança de sua bancada a tarefa de acertar a medida que parecesse correta, em função desse objetivo maior, não em termos de seu mandato pessoal, mas de respeito à vontade soberana do povo."

Posta em votação, em segunda discussão, a emenda à Constituição nº 16-A, o primeiro secretário, deputado José Bonifácio, procede à chamada nominal. Votaram 288 deputados, tendo 233 dito *sim* e 55, *não*.

Está aprovada. É, então, remetida ao Senado Federal.

O presidente pede que os deputados fiquem atentos, pois o presidente do Senado poderá convocá-los para uma sessão conjunta a fim de promulgar a emenda. É suspensa a sessão.[24]

Logo no início da sessão do Senado, às 11 horas do dia 2 de setembro, o presidente Auro Moura Andrade fez com que fosse lido, pelo primeiro secretário, o projeto de emenda à Constituição nº 5 de 1961, originário da Câmara dos Deputados (onde tinha o nº 16-A de 1961). Esse projeto instituía o sistema parlamentarista de governo.

Após a leitura, o senhor presidente informa que vai enviá-lo à comissão especial para emitir parecer.

O senador Aluísio de Carvalho pede a palavra para declarar que fora designado por seus companheiros da comissão especial para requerer à mesa um prazo, até as 14 horas daquele mesmo dia, a fim de apresentar o parecer.

Com a palavra, o senador Lino de Matos, informando que, nas sessões dos dias 26, 27 e 28 de agosto último, sugerira à mesa que fosse, em caráter oficial, informado o vice-presidente da República, senhor João Goulart, de que o cargo de presidente da República estava vago por força da renúncia do seu titular. E mais, que o Congresso Nacional, em reuniões continuadas, aguardava a sua presença no Brasil para empossá-lo, conforme o dispositivo constitucional. Entretanto, continua o senador, em todos esses dias, não conseguiu que sua sugestão fosse acolhida, não só pelo senador Moura Andrade como também pelo senador Cunha Melo, que estava no exercício da Presidência de uma daquelas sessões. O senhor presidente esclarecera que as solicitações não encontravam amparo regimental para que o Senado pudesse tomar tal atitude. O papel do presidente do Senado era apenas aguardar que o senhor João Goulart se manifestasse, no sentido de querer vir tomar posse. Não cabia ao presidente notificá-lo da vacância.

Finalmente, no dia 1º à tarde, o senhor João Goulart solicitara que fosse marcada a sessão para a sua posse. Por esse motivo é que o senador Moura Andrade havia marcado para o dia 4 de setembro.

Lino de Matos diz mais:

"Estes meus esclarecimentos, senhor presidente, e este meu louvor à atitude de vossa excelência têm também por objetivo dar explicação à nação sobre o nosso comportamento nesta Casa, para que ninguém tenha a impressão de que o Senado da República e o Congresso Nacional estejam votando a emenda parlamentarista sob coação das Forças Armadas, sob ameaça de tanques e metralhadoras.

....

É possível que, a esta hora, estejam estes responsáveis pelas três pastas militares de acordo na aceitação da posse do vice-presidente da República e na aprovação da emenda parlamentarista. Não num gesto de capitulação, mas numa atitude de compreensão e respei-

---

24. *Diário do Congresso Nacional*, ano XVI, seção I, suplemento ao nº 151 – 2-9-1961.

to ante os sentimentos que explodem em todos os recantos da pátria, numa demonstração unânime do povo brasileiro, apegado ao regime constitucional, e ante a decisão enérgica, ativa, patriótica e correta da mesa do Congresso Nacional, tendo à frente essa figura, que se agiganta, de Auro Moura Andrade."

O presidente Moura Andrade manda proceder a leitura de um ofício que recebera da Presidência da Câmara dos Deputados, com referência à sessão conjunta destinada à prestação, pelo senhor João Goulart, do compromisso constitucional de presidente da República. O ofício solicitava a alteração da data da posse do senhor João Goulart. Isso porque se devia levar em conta as circunstâncias do momento, isto é, a Câmara estava empenhada na votação da emenda constitucional que instituiria o regime parlamentarista, sugerida pela comissão mista, cujo parecer, no sentido de sua apresentação, foi praticamente aprovado pela unanimidade do Congresso.

O presidente do Senado faz proceder à leitura da resposta dada à mesa da Câmara dos Deputados:

"Brasília, 1º de setembro de 1961
Senhor presidente,
Acuso o recebimento de seu ofício de hoje sobre a convocação que fiz do Congresso Nacional para 4 de setembro, às 15 horas, com audiênda prévia dessa Câmara, nos termos do artigo 1º, § 2º do regimento comum do Congresso Nacional.

Agradeço a honrosa manifestação da mesa da Câmara dos Deputados ao reconhecer a minha competência para proceder à aludida convocação, bem como ressalto a preocupação manifestada por ela em declarar a legitimidade da investidura do senhor João Belchior Marques Goulart na Presidência da República.

Pondera, entretanto, o ofício, a circunstância de se achar em processo de votação nesta Câmara a emenda constitucional que institui o regime parlamentarista, sugerida pela comissão mista, cujo parecer, no sentido de sua apresentação, foi praticamente aprovado pela unanimidade do Congresso.

Assinala o ofício ainda que o parecer deixou explícito o seguinte:

O respeito à Constituição Federal implica cumprimento do seu artigo 79, com a investidura do doutor João Belchior Marques Goulart na Presidência da República, com os poderes que o povo lhe conferiu, cujo exercício, se vier a ser adotado o parlamentarismo, se ajustará às condições peculiares a esse sistema.

Esclarece vossa excelência que tais ponderações são feitas como colaboração no grave momento que o país atravessa e exprimem a opinião da mesa da Câmara dos Deputados, por sua maioria.

Declara, por fim, vossa excelência, em nome da mesa da Câmara dos senhores deputados, que entrega à minha resolução decidir sobre a data da convocação, levando em conta as circunstâncias apontadas.

Agradeço a atenciosa conduta dessa nobre mesa e comunico que, após ponderar sobre as razões do ofício e reexaminar com a mais cuidadosa atenção o acerto do ato, tudo com sincero sentido de apreço pela mesa da Câmara dos Deputados, sou levado a confirmar a convocação anunciada, para as 15 horas do próximo dia 4.

Não posso recusar, em momento nenhum e com maior razão na grave crise que atravessa o país, marcar data para a posse do presidente do Brasil no dia em que o mesmo solicita.

Deixar de fazê-lo seria provocar as seguintes consequências:

I) dar a impressão de que o Congresso Nacional perfilha a tese dos que lhe recusam a posse;

II) diante da comunicação do presidente, de que entraria no Brasil nesta data e desejava a posse para o dia 4, não marcá-la significaria agravar a crise, pela suposição da ocorrência de dualidade do poder;

III) de fato, a declaração de que o presidente pediu e o Congresso marcou data para a sua posse implica o conhecimento nacional de que o mesmo não se acha ainda investido e, portanto, não iniciou o exercício da autoridade presidencial;

IV) de outra parte, na fixação da data para a posse tranquiliza os espíritos em todo o território nacional.

A circunstância de se achar em tramitação uma emenda constitucional não me possibilita recusar o cumprimento da Constituição vigente e do regimento comum, principalmente quando o parecer da comissão mista aduziu na parte citada, no ofício de vossa excelência, que o *respeito à Constituição Federal implica a investidura do senhor João Goulart com os poderes que o povo lhe conferiu, cujo exercício se ajustará às condições do parlamentarismo, se este vier a ser adotado.*

Na realidade, o Congresso deu apoio praticamente unânime ao parecer, exatamente porque este não fazia depender da emenda parlamentarista a posse do presidente.

Assim, pedindo desculpas a essa ilustre mesa e agradecendo as ponderações que me fez, bem como o atencioso reconhecimento de minha competência para o assunto, confirmo a convocação das duas Casas do Congresso para as 15 horas do dia 4, cuja data somente poderá ser modificada se ocorrer pedido de adiantamento por parte do presidente João Goulart ou se ocorrer qualquer impedimento de seu comparecimento.

Aproveito a oportunidade para reiterar a vossa excelência os meus protestos de estima e distinta consideração.

Atenciosamente,

Senador Auro Moura Andrade
Presidente em exercício do Congresso Nacional."

A sessão é encerrada, mas o presidente convoca imediatamente uma outra para as 14 horas. Será uma sessão extraordinária, na qual deverá ser apresentado o parecer da comissão especial.

A primeira sessão termina às 12h35.[25]

A sessão nº 149 do Senado Federal se inicia às 14 horas do dia 2 de setembro.

O presidente Moura Andrade faz uma comunicação a seus pares, dizendo que recebeu um telegrama do senhor presidente da República em exercício, em resposta ao ofício que, na qualidade de presidente e em nome da mesa do

---

25. *Diário do Congresso Nacional*, Seção II, 3-9-1961.

Congresso, enviara a sua excelência, com respeito à censura de imprensa, citando o caso particular do jornal *Diário de Notícias*.

O senador Moura Andrade informa que enviou mais dois ofícios ao senhor Ranieri Mazzilli, atendendo a informações recebidas quanto à existência de censura à imprensa em jornais como o *Correio da Manhã*, *O Globo*, *Luta Democrática*, *Diário de Notícias* e apreensão dos jornais *O Globo* e *Correio da Manhã*.

O senador comunica, ainda, que recebeu um telegrama do presidente Ranieri Mazzilli, em que declarava ter encaminhado, através do Ministério da Justiça, procedências cabíveis quanto à suspensão da censura de imprensa, já determinada.

O senador Coimbra Bueno toma a palavra e é aparteado pelo senador Caiado de Castro, declarando ambos que praticamente todos os partidos políticos brasileiros, no momento, sofrem infiltração de comunistas.

Vários senadores discutem a demora da apresentação da emenda constitucional. A explicação está no fato de o relator da comissão especial ainda não ter terminado. Sempre debatendo o mesmo assunto, toma a palavra o senador Lino de Matos, aparteado pelo senador Aluísio de Carvalho. Este último senador presta um esclarecimento, informando que a emenda constitucional, na forma do regimento interno comum, não sofre emenda na Casa revisora. Pode ser substituída totalmente e passa a ser uma nova emenda. "O que esclarecemos e tornamos mais explícito na modificação regimental não constitui novidade. Realmente dissemos, nessa alteração, que a emenda constitucional não sofreria alteração no Senado, mas isso é da tramitação normal de todas as emendas comuns à Constituição."

Às 16h30, a fim de aguardar a apresentação do parecer, que estava sendo elaborado pela comissão especial, incumbida de estudar o projeto de emenda à Constituição nº 5 de 1961, o senhor presidente suspende os trabalhos por trinta minutos.

Reaberta a sessão, o presidente explica que o relator é o senador Nogueira da Gama e que a comissão é presidida pelo senador Aluísio de Carvalho, sendo componentes os senhores senadores Jefferson de Aguiar, Nélson Maculan, Heribaldo Vieira e Afonso Arinos.

Em seguida, o secretário procede à leitura do parecer.

Terminada a leitura, o presidente informa que, nos termos da resolução nº 46 de 1961, que regula a tramitação do projeto de emenda à Constituição nº 16-A de 1961, lido o parecer, deve declarar encerrada a sessão e convocar o Senado para outra, em cuja ordem do dia figurará a matéria para a primeira discussão e votação. Por esse motivo, o senhor Moura Andrade convoca os senadores para uma sessão extraordinária às 17h40. No intervalo, será distribuído, impresso ou mimeografado, o parecer da comissão aos senhores senadores.

A sessão é suspensa às 17h30.[26]

Às 19h30, reinicia o Senado mais uma sessão no dia 2 de setembro. Passam à discussão da matéria constante da ordem do dia, que é o projeto de emenda à Constituição nº 5. O presidente coloca em votação o projeto. A emenda é aprovada por 47 senadores, contra cinco que a rejeitam.

É lida a emenda aprovada em primeira discussão. Em seguida, o presidente informa que há sobre a mesa várias declarações de voto e procede à leitura das mesmas. A primeira delas é do senador Juscelino Kubitschek, que explica os motivos pelos quais votou contra a emenda parlamentarista.

É encerrada a sessão.[27]

A 151ª sessão se inicia às 19h30. É uma sessão extraordinária do Senado do dia 2 de setembro. Nela o presidente faz proceder à leitura de projeto de lei, encaminhando à mesa. Esse projeto concede anistia a militares e civis participantes de movimentos políticos.

Terminado o expediente, passam à ordem do dia, onde consta a segunda discussão do projeto de emenda constitucional nº 5 de 1961, originário da Câmara dos Deputados. Em discussão o projeto, não havendo quem faça uso da palavra, esta é encerrada. Passa-se à votação, e o projeto é aprovado por 48 votos contra seis.

Com a palavra, o presidente Moura Andrade informa que, tendo sido aprovado o projeto por mais de dois terços, a presidência do Senado, com audiência prévia da Câmara dos Deputados, convoca as duas Casas do Congresso Nacional para uma sessão conjunta, conforme determina o regimento comum, às 22 horas daquele mesmo dia, para o ato de proclamação da emenda constitucional.

A sessão é encerrada às 20 horas.[28]

Às 22h do domingo, 3 de setembro, o Congresso Nacional se reuniu em sessão solene para a promulgação da emenda constitucional nº 4, que instituía o sistema parlamentar de governo. Estavam presentes 56 senadores e 280 deputados.

À mesa, encontravam-se, à direita do senador Moura Andrade, o ministro Barros Barreto, presidente do Supremo Tribunal Federal, dom José Nilton de Almeida, arcebispo de Brasília, senador Gilberto Marinho, segundo secretário. À esquerda do presidente, estavam o deputado Sérgio Magalhães, presidente em exercício da Câmara dos Deputados, senadores Argemiro Figueiredo e Matias Olímpio, terceiro secretário e primeiro suplente, respectivamente.

---

26. *Diário do Congresso Nacional*, Seção II, 3-9-1961.
27. *Diário do Congresso Nacional*, Seção II, 3-9-1961.
28. *Diário do Congresso Nacional*, Seção II, 3-9-1961.

Com a palavra, o senador Auro Moura Andrade.

"Está aberta a 28ª sessão conjunta da terceira sessão legislativa ordinária da quarta legislatura.

A finalidade da presente sessão é realizar o ato da promulgação, de acordo com o parágrafo 1º do artigo 1º do regimento comum, da emenda constitucional nº 4, que institui o sistema parlamentar de governo. Trata-se de texto com que se ultima a tramitação do projeto apresentado à Câmara dos Deputados como emenda constitucional nº 4, de 1961, de que era primeiro subscritor o senhor deputado Raul Pila.

Nos termos do artigo 5 do regimento comum, nas sessões solenes só poderão falar os oradores previamente designados. Nenhuma outra matéria pode ser tratada, nem questões de ordem podem ser levantadas, nem comunicações podem ser feitas. Nada que quebre a solenidade da sessão é admissível.

A emenda que hoje se vai promulgar, fruto daquele projeto, foi o instrumento a que recorreu o Congresso como ponto de partida para uma fórmula que, afinal, veio a ser aceita pela maioria superior a dois terços das duas Casas, tendente a possibilitar o salvamento das instituições fundamentais da democracia em que vivemos e a restabelecer no país um clima de harmonia e de paz social.

Muitos votaram-na porque ideologicamente eram parlamentaristas. Muitos, entretanto – e quantos nós o sabemos –, votaram-na como quem estivesse votando a paz social do nosso país.

Estão presentes a esta sessão solene do Congresso Nacional as mais altas autoridades civis do Brasil."

....

O senador Moura Andrade continua, fazendo um apelo às Forças Armadas para que compreendam que o Congresso de sua pátria deu de si o quanto podia dar, em favor da paz e da tranquilidade dos lares brasileiros.

Em seguida, dá a palavra ao deputado Raul Pila, que é recebido pelo plenário de pé, com prolongada salva de palmas. Raul Pila tece comentários sobre a significação da emenda e do regime parlamentarista. Depois, o primeiro secretário procede à leitura do Ato Adicional.[29]

No dia 4, o senador Moura Andrade abre a sessão às 15h20. Durante o expediente, o senhor presidente comunica aos congressistas que o presidente Ranieri Mazzilli acabara de informar que estava enviando um ofício à Presidência do Congresso. Informa também que na véspera, isto é, no dia 3, enviara ao excelentíssimo senhor presidente da República em exercício o seguinte ofício.

"Brasília, 3 de setembro de 1961.

Excelentíssimo senhor deputado Ranieri Mazzilli – presidente da República em exercício.

Senhor presidente:

Em face da próxima chegada do senhor doutor João Belchior Marques Goulart a Brasília, com o fito de prestar o compromisso perante o Congresso Nacional e indicar à

---

29. *Diário do Congresso Nacional*, nº 32, 3-9-1961. (Texto do Ato Adicional *in* Anexos.)

aprovação dele o nome do presidente do conselho e a composição do primeiro conselho de ministros, bem como para receber, em sessão do Congresso Nacional, posse juntamente com aquele conselho e o seu presidente, tudo nos termos do artigo 21, parágrafo único, da emenda constitucional nº 4 (Ato Adicional), venho, na minha condição de presidente do Congresso, solicitar de vossa excelência as indispensáveis garantias ao desembarque, permanência em Brasília e investidura na Presidência da República do senhor doutor João Goulart.

Este ofício é feito em decorrência de nosso entendimento pessoal e que concordou o eminente amigo e presidente da República em exercício em responder por escrito, para meu conhecimento, à consulta que aqui deduzo sobre a segurança que através das Forças Armadas o governo federal dará ao presidente Goulart.

Sem outro assunto, sirvo-me da oportunidade para apresentar-lhe os meus protestos da mais alta estima e consideração, subscrevendo-me, atenciosamente.

Senador Auro Moura Andrade, presidente em exercício do Congresso Nacional."

O senhor Ranieri Mazzilli respondeu com o seguinte ofício, que foi entregue ao senador Moura Andrade pelo senador Benedito Valadares:

"Brasília, 4 de setembro de 1961.

Excelentíssimo senhor senador Auro Moura Andrade, presidente em exercício do Congresso Nacional.

Senhor presidente:

Em resposta ao seu ofício de 3 do corrente, recebido à 1h15 de hoje, tenho a honra de comunicar a vossa excelência que, de acordo com o que me declararam os senhores ministros militares, a partir das 12 horas do dia 5 do corrente ficam asseguradas as garantias indispensáveis ao desembarque, permanência em Brasília e investidura na Presidência da República do senhor doutor João Goulart, nos termos do artigo 21, parágrafo único, do Ato Adicional.

Aproveito o ensejo para reiterar a vossa excelência os meus protestos de estima e consideração.

Ranieri Mazzilli, presidente da Câmara dos Deputados no exercício da Presidência da República."

Em consequência, o senador Moura Andrade passa a ler o ofício dirigido ao presidente em exercício da Câmara dos Deputados, o senhor Sérgio Magalhães:

"Congresso Nacional.
CN 68 – Urgente.
Em 4 de setembro de 1961.
Senhor presidente:

Tenho a honra de comunicar a vossa excelência, para conhecimento da Câmara dos Deputados, que, após entendimentos com o excelentíssimo senhor doutor João Belchior Marques Goulart e em vista de sua chegada a Brasília dever dar-se terça-feira dia 5, às 14 horas, esta presidência deliberou cancelar a sessão conjunta do Congresso Nacional convocada para hoje, dia 4.

2) Dada a singular significação da investidura que o doutor João Belchior Marques Goulart vai receber, permito-me sugerir e encarecer que ambas as Casas do Congresso Nacional, pelo maior número possível de seus membros, estejam presentes ao desembarque de sua excelência, ato para o qual o presidente da República em exercício, o eminente deputado Ranieri Mazzilli, acaba de assegurar completas garantias, através das Forças Armadas.

3) O doutor João Belchior Marques Goulart indicará a data em que comparecerá perante o Congresso Nacional a fim de prestar o compromisso constitucional e receber a suprema magistratura da nação.

Aproveito a oportunidade para renovar a vossa excelência os protestos de minha alta estima e mais distinta consideração.

Auro Moura Andrade, vice-presidente, no exercício da Presidência do Senado Federal."

O presidente Auro Moura Andrade informa:

"Ao desembarque de sua excelência o doutor João Belchior Marques Goulart comparecerá o maior número possível de membros do Congresso Nacional; comparecerá o povo.

Em entendimentos com suas excelências ficou combinado que o senhor presidente do Supremo Tribunal, o senhor presidente do Tribunal Federal de Recursos, o senhor presidente do Tribunal Superior Eleitoral, o senhor presidente do Tribunal da Justiça e o senhor presidente do Tribunal de Contas, bem como sua eminência o arcebispo de Brasília, estarão, à 1 hora da tarde, no edifício do parlamento, de onde sairão, em companhia do presidente do Congresso, para irem todos receber o presidente da República, doutor João Belchior Marques Goulart.

O presidente da República em exercício, deputado Ranieri Mazzilli, acaba de comunicar que as Forças Armadas darão plenas garantias ao desembarque, permanência e investidura do presidente, doutor João Goulart.

Assim sendo, o desembarque de sua excelência deverá dar-se no aeroporto civil de Brasília."

Nada mais havendo a tratar, o senador Auro Moura Andrade encerra a sessão do Congresso Nacional, informando que será convocado para o compromisso de investidura e posse do presidente da República logo que o senhor João Goulart comunicar que está em condições de se submeter à deliberação do Congresso. A sessão é encerrada às 15h40.[30]

A sessão nº 153 do dia 5 de setembro, no Senado, também é muito curta.

O senador Lino de Matos informa que na véspera, isto é, no dia 4, na confusão que surgira em seguida à interdição do campo para a saída do avião que deveria levar a comissão de parlamentares ao Rio Grande do Sul, a fim de acompanhar de volta o vice-presidente da República, doutor João Goulart, declarara à imprensa que encaminharia imediatamente ao presidente do Congresso um

---

30. *Diário do Congresso Nacional*, nº 33, 5-9-1961.

requerimento sugerindo providências para que sua excelência fosse empossado em Porto Alegre, à vista do que ocorria em Brasília.

Em seguida o senador Lino de Matos passa a ler o referido requerimento, para que conste dos anais do Senado.

No documento, ele informa ao Congresso Nacional que, tendo em vista o fato de o presidente do Congresso não ter conseguido, até aquele momento, receber garantias de segurança para cumprir com o seu dever constitucional de tomar o compromisso de posse do presidente da República, doutor João Belchior Marques Goulart, ele, senador Lino de Matos, baseado no artigo 2º do regimento comum, solicita a convocação de uma sessão conjunta do Senado e Câmara dos Deputados, que deveria realizar-se às 10 horas do próximo dia 7 de setembro, na cidade de Porto Alegre, na sede da Assembleia Legislativa do Estado do Rio Grande do Sul, a fim de receber o compromisso previsto pelo artigo 21 da emenda constitucional nº 4 (Ato Adicional que instituía o sistema parlamentarista de governo).

Vários oradores desistiram da palavra, e o senhor presidente declarou que estava esgotada a matéria da ordem do dia, e que os senadores que desejassem comparecer ao desembarque do presidente João Belchior Marques Goulart deveriam dirigir-se ao aeroporto de Brasília entre 15 e 16 horas daquele dia 5 de setembro, hora marcada para a chegada do presidente.

Em seguida, encerrou a sessão.[31]

Por ofício de 3 de setembro, o presidente Moura Andrade exigira garantias do governo para o desembarque, permanência em Brasília e investidura do senhor João Goulart no dia 4, com a declaração dos ministros militares de que seriam cumpridas a partir das 12 horas do dia 5.

No dia 4 de setembro, a Câmara dos Deputados começa seus trabalhos às 14 horas.

Inicialmente são votados vários projetos, e vários outros são apresentados. É a rotina.

Com a palavra, o deputado Milton Reis para uma comunicação. Informa que os jornais do dia 4 publicam que os ministros militares, aqueles que interferem na democracia brasileira, teriam se comprometido perante a nação a acatar a decisão do Congresso e dar posse ao senhor João Goulart. Entretanto, até as 14h daquele mesmo dia, o presidente do Congresso Nacional, senador Moura Andrade, que havia requisitado as forças necessárias para garantir a vinda do senhor João Goulart, ainda não recebera uma resposta do presidente Ranieri Mazzilli.

Em virtude desse fato, Milton Reis propõe que, caso a mencionada resposta não chegasse, o presidente do Congresso Nacional converta em sessão permanente do Congresso a reunião que havia marcado para aquela tarde, até que o senhor

---

31. *Diário do Congresso Nacional*, Seção II, 6-9-1961.

João Goulart tome posse. E continua afirmando que é inacreditável que os ministros expeçam nota dizendo que acatariam a decisão do Congresso e, no entanto, o aeroporto de Brasília esteja ainda interditado. Ainda não foram oferecidas as garantias para a chegada do presidente à capital do país. Mais sério, mais grave, era o fato de o presidente da Panair do Brasil ter colocado um avião à disposição dos congressistas para irem ao Rio Grande do Sul.

O deputado Medeiros Neto aparteia para informar que a interdição do aeroporto de Brasília já fora suspensa.

O deputado Milton Reis continua declarando que, entretanto, até as 14 horas, o presidente do Senado Federal, que requerera forças para garantir a posse do senhor João Goulart, não obtivera resposta. Também estranha o fato de o presidente da Panair, senhor Paulo Sampaio, ter colocado um avião à disposição do Congresso para levar os parlamentares, representantes dos diversos partidos, ao Rio Grande do Sul, de lá voltando com o senhor João Goulart para Brasília. Todavia, do gabinete do senhor ministro da Aeronáutica, às 4 horas, haviam telefonado ao presidente Moura Andrade dizendo que não admitiriam que tal avião levantasse voo, que não dariam as garantias necessárias.

O deputado Último de Carvalho aparteia, dizendo que teve informações seguras de que já fora determinada ao comandante do *Viscount* presidencial a partida para o Rio Grande do Sul, a fim de trazer no dia 5 o senhor vice-presidente para tomar posse. O senhor presidente da República não podia viajar em avião particular. Por essa razão é que fora adiada a posse, a fim de que o *Viscount* presidencial chegasse à capital gaúcha.

O deputado Milton Reis continua dizendo que essa informação já estava ultrapassada. "Aguardava-se essa resposta para que, em seguida, esse avião saísse, pois o senhor João Goulart, enquanto não vier uma afirmação de estar resguardado, não pousará no aeroporto de Brasília. Virá a Brasília, mas por outros meios. Não cairá em armadilhas, porque estaremos aqui para alertá-lo."

No final da sessão, o deputado José Bonifácio, funcionando como presidente, declara:

"O Congresso Nacional está convocado para hoje, às 15 horas, dar posse ao senhor presidente João Goulart. Nenhuma desconvocação foi publicada, nem a mesa da Câmara recebeu qualquer ofício adiando a convocação. Nessas circunstâncias, para dar lugar à reunião do Congresso Nacional, suspendo a sessão da Câmara dos Deputados."[32]

---

32. *Diário do Congresso Nacional*, Seção I, nº 152, 5-9-1961.

SEGUNDA PARTE

As reformas e as crises

O verdadeiro negócio da China

A 25 DE AGOSTO, quando Jânio renuncia, seu sucessor em linha direta, pela Constituição, era o vice-presidente da República, João Belchior Marques Goulart, que se achava na China. Essa circunstância, a impossibilidade material de empossar imediatamente quem se encontrava nos antípodas, ensejou toda uma cadeia de acontecimentos, desde o veto dos ministros militares, a tentativa de *impeachment* pelo Congresso, até a adoção da emenda parlamentarista.

Na agitação daqueles idos de agosto, quando a moeda falsa do boato tinha circulação garantida, muito se falou que Jânio enviara Jango à China comunista para incompatibilizá-lo com a Presidência da República. Assim, a renúncia fora previamente marcada para o período em que Jango não poderia assumir, dando tempo a que Jânio voltasse, na crista de uma manifestação popular, que lhe daria, de fato, plenos poderes.

A verdadeira história da viagem à China começa quando Jango, ainda vice-presidente de Juscelino Kubitschek de Oliveira, visitou a União Soviética, entretendo conversações com os líderes soviéticos. Já, então, o governo brasileiro considerava a conveniência de reatar relações, ao menos comerciais, com a URSS. Lá, Jango recebera um convite para visitar a China. Não pôde aceitar, porque precisava regressar ao Brasil. Mas prometeu que iria em outra oportunidade.

Houve nova eleição, e Jango formou na chapa que tinha, para a Presidência, o ex-ministro da Guerra, general Henrique Duffles Batista Teixeira Lott. A ida a Moscou não prejudicou sua candidatura nem contra ele nada se arguiu.

Eleito outra vez vice-presidente, agora com Jânio Quadros, Jango recebeu a reiteração do convite, extensivo a uma comitiva de dez pessoas. Por essa ocasião, o governo cogitava enviar à China uma missão comercial. Daí resultou a unificação das duas delegações, cabendo sua presidência ao vice-presidente João Goulart.

Integravam a comitiva quatro representantes do Congresso, os senadores Franco Montoro e Barros de Carvalho; os deputados Dix-Huit Rosado e Gabriel Hermes e os senhores Evandro Lins, Dirceu di Pasca, João Etcheverry e Raul Ryff, além dos componentes da missão comercial. Visitaram Hanchow e Cantão. Foram recebidos pessoalmente por Mao Tse-tung, que retribuiu a visita a Jango indo ao seu hotel. Em Cantão, Evandro Lins e Raul Ryff desligaram-se da comitiva, que seguiu para Singapura, onde chegou a 25 de agosto. Jango não conhecia a cidade. Saiu incógnito de automóvel, com alguns companheiros, regressando tarde ao Hotel Raffles, onde se hospedara. Não havia mais jantar. Foram a um restaurante malaio, ao ar livre, comer a comida típica. Quando regressaram, João Etcheverry, que fazia os contatos com a imprensa, foi chamado ao telefone pelo correspondente da Associated Press que lhe comunicava a renúncia do presidente do Brasil. Indagou quem assumira o cargo. A resposta veio mais tarde, em outra ligação. A pronúncia não ajudava. Mas Etcheverry, com algum esforço, atinou que o nome truncado era Mazzilli. Acordou Jango e deu-lhe a notícia. Jango julgou melhor esperar a confirmação: renúncia ou deposição?

Na manhã seguinte, ao *breakfast*, o senador Barros Carvalho quis erguer um brinde ao novo presidente. Jango observou: "Brindemos, antes, ao imprevisível".[1]

De Brasília, do gabinete presidencial, os líderes políticos procuravam localizar Jango. Em seu depoimento, o então presidente do PSD, Ernâni do Amaral Peixoto, refere-se à primeira ligação telefônica, feita para Singapura. O depoimento de João Etcheverry, que estava ao lado de Jango, informa que partiram, sem demora, de Singapura, via Suíça, para Paris, onde se hospedaram no Hotel Príncipe de Galles. Aí teriam ocorrido as ligações telefônicas com o Brasil.

Jango permaneceu três dias em Paris, em constante comunicação com o Brasil. A conta telefônica alcançou cifras astronômicas. A primeira ligação parece ter sido com San Tiago Dantas, que relatou a situação difícil que se apresentava, a possibilidade do *impeachment*, chegando a aconselhar a renúncia. Solicitado a concordar que a bancada do PTB, partido de que era o presidente, votasse seu impedimento, Jango reagiu: "Cada um assuma a responsabilidade de sua atuação".

Amaral Peixoto confirmou a gravidade da situação. Nem sabiam, os próceres reunidos no gabinete ocupado pelo presidente Ranieri Mazzilli, se sairiam dali livremente. Mas procuravam uma solução política e haveriam de encontrá-la. Pedia que Jango viesse para mais perto, mantendo contato frequente. Desse-lhes mais 48 horas para agir. E terminava: "O PSD não o apunhalará pelas costas".

---

1. Entrevista com João Etcheverry, em 29-3-1974.

As notícias do Sul eram diferentes. Seu cunhado, o governador Leonel Brizola, assegurava-lhe o apoio do povo e do governo do seu estado. Falava da Cadeia da Legalidade que instalara e das barricadas que a população erguera, em frente ao Palácio Piratini, para defender seu governo de uma possível ameaça de deposição. A reação popular motivara a atitude do comandante do 3º Exército, general Machado Lopes, que respondera ao ministro da Guerra, general Odílio Denys, dizendo que só obedeceria a ordens do presidente João Goulart. Goulart esperava novas notícias.

Depois de três dias de contatos seguidos, foi marcada a viagem de regresso.

Jango obtivera do senhor Simmonsen, da Panair do Brasil, uma ordem para o representante geral na Europa daquela companhia, senhor Max Reschulz, a fim de poder fretar um avião por cinquenta mil dólares. Como o aparelho fosse pequeno e de curto alcance de voo, seria necessário efetuar vários pousos antes de alcançar o Uruguai e, possivelmente, Porto Alegre. O embaixador Carlos Alves de Sousa Filho explicou então ao vice-presidente da República que seria muito difícil obter, em tão curto espaço de tempo, a permissão dos diferentes países onde seria obrigatório o reabastecimento. Por esse motivo, aconselhava ao senhor João Goulart viajar em avião de carreira, via Nova York, e de lá prosseguir pelos países do Pacífico. A outra fórmula era impraticável, pois os aviões que partiam de Paris para a América do Sul pousariam, forçosamente, em território brasileiro. Foi por isso que Jango veio pela costa do Pacífico para Montevidéu.

Rota do Pacífico

TERMINOU A ANGUSTIANTE ESTADA em Paris, no Hotel George V, entrecortada de telefonemas de Porto Alegre, Rio de Janeiro e Brasília. As últimas informações chegaram por um portador, o deputado Carlos Jereissati, que para isso viajara.

O conselho prudente do embaixador Alves de Sousa determinou a "longa viagem de volta", a rota do Pacífico, recomendada pelo presidente do PSD, Ernâni do Amaral Peixoto. Aquele diplomata providenciou, pessoalmente, o visto americano nos passaportes, e Jango embarcou em um avião da Pan-American, que decolou do aeroporto de Orly à 1h30, diretamente para Nova York. Em sua companhia, seguiram o senador Barros de Carvalho e o senhor Dirceu Di Pasca, que o acompanhavam desde a China.

A chegada a Nova York foi às 4h10 do dia 30 de agosto. Toda a imprensa americana se ocupava dos acontecimentos brasileiros. A reportagem o entrevistou, ainda no aeroporto. A um repórter que indagou se estava disposto a assumir a Presidência da República, respondeu: "Mas não se trata de mim. É a Constituição de meu país que determina a minha posse". Ao perguntarem quando prosseguiria viagem, informou que rumaria à Argentina e alcançaria o Brasil pelo Rio Grande do Sul, *único estado onde se sentia o salvo da ordem de prisão que teria sido dada às guarnições dos vários aeroportos pelos chefes militares contrários ao seu regresso.*

Não foi tranquila a passagem pela Argentina. O governo de Frondizi armara um dispositivo militar no aeroporto Ezeiza, onde Jango permaneceu três horas praticamente prisioneiro. Nenhuma representação oficial.

O jato da Panagra chegou às 14h45 do dia 31 de agosto, uma quinta-feira triste, com o termômetro marcando oito graus. Uma muralha de soldados da polícia da província de Buenos Aires, armados de pistolas e metralhadoras, impedia o acesso à reportagem. Naquele mesmo dia, a chancelaria argentina distribuiu uma nota proibindo o contato de jornalistas com Jango. Houve esclarecimentos de que Frondizi evitava complicações para seu governo, porque os grupos militares que dominavam a Argentina poderiam não entender bem as declarações que o vice-presidente brasileiro fizesse na presente conjuntura sul-americana. A passagem recente de "Che" Guevara e as consequentes explicações que Frondizi tivera de dar a esses grupos foram lembradas como justificativa.

Procurou-se evitar que Jango prosseguisse sua viagem de automóvel. O governo argentino pôs à sua disposição um helicóptero amarelo, caso desejasse se deslocar para o aeroparque, um aeródromo de linhas domésticas.

Familiares de Jango que foram a Buenos Aires não conseguiram se avistar com ele. Nem mesmo a embaixatriz do Brasil no Uruguai, que se achava na capital portenha, logrou esse objetivo. Noticiou-se que houve uma exceção para o deputado Naio Lopes de Almeida, portador de uma mensagem de solidariedade do senador Juscelino Kubitschek, reiterando os propósitos constitucionalistas do ex-presidente. O certo é que o único brasileiro que realmente se avistou com ele foi o embaixador Bolitreau Fragoso. Também se escreveu que Jango conseguira ler o *Correio da Manhã* e o *Diário de Notícias*, tomando conhecimento do memorial dos ministros militares que vetavam sua posse. Mas nem mesmo em Montevidéu comentou esse documento. O noticiário dos jornais cariocas estava sob rigorosa censura do governo local.

Jango permaneceu em Buenos Aires, hospedado no apartamento 114 do hotel do aeroporto. Logo que pôde, providenciou, através de um amigo – Carrion –, um avião DC-3 da Transcontinental, que decolou às 18h05, pousando em Montevidéu 45 minutos depois.

Hóspede da embaixada

ERA EMBAIXADOR DO BRASIL em Montevidéu o senhor Walder Sarmanho, que tinha um encontro marcado com o presidente Jânio Quadros no dia 25 de agosto, em Porto Alegre, na inauguração da Exposição Agropecuária do Rio Grande do Sul. O presidente Jânio Quadros instalaria aí, nessa data, o governo da República, em caráter itinerante, como fizera em outras capitais.

Por esse motivo, foi para o aeroporto de Carrasco, naquele dia, para viajar com o ministro da Agricultura do Uruguai, convidado especial do governador Leonel Brizola para aquela inauguração.

Já estava no aeroporto quando foi chamado pelo alto-falante. Era a Rádio Montecarlo, pedindo uma declaração sua sobre a renúncia do presidente Jânio Quadros. Surpreso, o embaixador disse: "O senhor está equivocado! O presidente não renunciou. Está lá, no governo. Pois eu estou saindo da embaixada para ir esperá-lo em Porto Alegre". O radialista respondeu: "Desculpe, senhor embaixador. Mas desta vez somos nós que vamos dar-lhe a notícia. Renunciou. Já foi aceita a renúncia. Nós estamos aqui ouvindo todas as rádios brasileiras, que estão dando a mesma notícia. Ele está em Cumbica, já com a sua renúncia reconhecida pelo Congresso. Ele não é mais presidente".

O embaixador solicitou do agente da Varig que retirasse sua bagagem do avião, pois não prosseguiria viagem. Regressou à embaixada, de onde telefonou ao governador Leonel Brizola para comunicar que o ministro da Agricultura uruguaio estava voando para Porto Alegre em avião de carreira e deveria ser providenciada sua recepção. Ele, embaixador, não viajaria, em face das notícias. Pediu a Brizola que confirmasse o que ouvira.

Brizola respondeu que também tivera a mesma informação, pelo rádio, e mais ainda: que Jânio estaria voando para Porto Alegre. "Eu vou esperar a chegada dele aqui para saber que atitude vou tomar".

Nessa expectativa, o embaixador Walder Sarmanho recebe a visita de um empregado e amigo de Jango – Mintegui –, que foi procurá-lo para comunicar a chegada do vice-presidente dentro de poucas horas, pois já partira de Paris. O embaixador não se preocupou, porque, desde logo, considerou impossível que a Air France (companhia onde inicialmente Jango tomou passagem para o Brasil), ou outra qualquer linha aérea, fizesse um voo Paris-Montevidéu sem escalas. E o único apoio seriam as bases brasileiras, cujas guarnições militares, sabia-se, tinham ordem de prender o vice-presidente da República.

Realmente, o senhor João Goulart só chegou na noite de 31.

A recepção em Montevidéu foi totalmente diversa da acolhida em Buenos Aires. Ali se achavam o ministro das Relações Exteriores do Uruguai, Martins Monteiro, e o embaixador do Brasil, Walder Sarmanho.

O chanceler oriental deu-lhe as boas-vindas em nome de seu governo e conversou animadamente, sem tratar do tema político.

Havia, nessa ocasião, procedentes de Porto Alegre, 80 repórteres e fotógrafos brasileiros, trazidos em dois aviões C-46, que o governador Brizola colocara à sua disposição. Era ideia dos jornalistas levar Jango a Porto Alegre em um desses aviões. Mas essa hipótese foi afastada por "motivos de segurança". A essa altura, já se falava na *Operação Mosquito*, em que aviões de caça interceptariam e derrubariam a aeronave em que viajasse o vice-presidente.

Em seu primeiro contato coletivo com representantes da imprensa brasileira, Jango respondeu a vinte perguntas. No resumo, publicado por *O Cruzeiro*, foram estas as respostas:

"1) Chamou o general Machado Lopes, comandante do 3º Exército, de herói 'porque defende a Constituição e a legalidade'; 2) Disse que estava sensibilizado com o apoio que recebeu do Clero; 3) Revelou nunca ter agido, na vida pública, sob a pressão de 'forças ocultas', embora soubesse que 'tais forças conspiravam contra o Brasil e a sua Constituição'; 4) Congratulou-se com a Assembleia do Rio Grande do Sul; 5) Citou, várias vezes, o artigo 79 da Constituição e fez, na ocasião, o elogio do Congresso Nacional; 6) Lamentou a censura imposta à imprensa em alguns estados e também em relação ao rádio e à TV; 7) Elogiou a atitude do deputado Almino Afonso, líder do PTB, na Câmara Federal, que considera 'um dos grandes valores do trabalhismo brasileiro'; 8) Disse sentir, a seu favor, a julgar pelos telefonemas que tem recebido de amigos e correligionários, o apoio compacto do povo brasileiro."[2]

Quando se concretizou a hipótese da ida de Jango a Montevidéu, naturalmente conjeturou-se sobre a atitude das autoridades uruguaias e do embaixador brasileiro, dado o precedente criado na Argentina. O embaixador Walder Sarmanho definiu, desde logo, sua posição. O senhor João Goulart era o vice-presidente do Brasil e tinha de ser recebido como tal. Ao lhe ser perguntado se o considerava presidente, depois de aceita a renúncia de Jânio Quadros, esclareceu que essa condição ainda não fora assumida e só o seria depois de prestado o compromisso constitucional. Atitude idêntica foi tomada pelo governo do Uruguai.

Recebido como tal pelo chanceler uruguaio, Martins Monteiro, e pelo embaixador brasileiro, Jango foi conduzido à sede da embaixada. Pensara em hospedar-se em um hotel. O embaixador o dissuadiu. Seria assediado pelos jornalistas e teria dificuldades em comunicar-se com o Brasil, o que só poderia ser feito pelo telefone.

Do aeroporto, Jango tentou uma ligação com Brizola. As linhas estavam péssimas; só pôde comunicar sua chegada e anunciar nova ligação, o que foi feito já da embaixada.

A reportagem acampara defronte à embaixada, no cruzamento do Boulevard Artigas com 28 de Setembro. O relato de sua estada foi minuciosamente descrito nos jornais e revistas. Acordou às 10h e às 11h30 recebia os enviados

---

2. *O Cruzeiro*, Rio de Janeiro, Edição Extra, 16-9-1961.

especiais do presidente em exercício, Ranieri Mazzilli, senhores Tancredo Neves e Hugo de Faria. Começavam os acertos e apresentavam-se as primeiras dificuldades. Os emissários especiais traziam as condições em que os ministros militares admitiam a posse do vice-presidente. A principal delas era a aprovação de uma emenda parlamentarista, limitando os poderes do presidente. Jango já tivera essa notícia em Paris e relutava. Do Rio Grande, vinha a voz de Brizola protestando e ameaçando desencadear a ação militar, pois já contava com o 3º Exército. Mas Jango sabia que a mobilização se fizera, igualmente, nos 1º e 2º Exércitos, e tropas obedientes ao ministro da Guerra, marechal Odílio Denys, tinham avançado até a ponte da Ribeira. Também a Marinha, fiel ao ministro Sílvio Heck, mandara vasos de guerra para bloquear os portos do Rio Grande.

As outras condições eram de menor importância. Recomendavam que se abstivesse de fazer declarações, de ir a Porto Alegre, de viajar com Brizola. Na verdade, Jango deu entrevistas em Montevidéu e Porto Alegre, embora mantivesse um tom elevado e não fizesse críticas aos militares. Nem levou Brizola, em sua comitiva, para Brasília.

A permanência em Montevidéu foi curta. Depois de uma aparição aos repórteres, "terno cinza, gravata cinza, boa aparência, sorriso aberto. Nem parecia a encarnação da crise" – dizem as crônicas –, falou aos jornalistas uruguaios, aos representantes de *Life* e *Time* e aos brasileiros. Em cerca de quarenta minutos, declarou que sua primeira preocupação era debelar a crise; a política externa não pertencia exclusivamente a ele, mas a todas as correntes políticas que deviam estudar os rumos mais convenientes; reafirmou seu respeito à Constituição; não quis comentar a emenda parlamentarista, que ainda não conhecia plenamente; reafirmou sua confiança em Deus e nos brasileiros, dizendo que iria ao impossível para evitar derramamento de sangue; desconhecia os motivos da renúncia de Jânio.

A partida de Jango foi cercada de sigilo. Enquanto o embaixador Walder Sarmanho permanecia, ostensivamente, na embaixada, Jango saía por uma porta da chancelaria que abre para outra rua. Foi direto para o aeroporto, onde um avião Caravele, da Varig, levantou voo imediatamente. Havia sempre o receio da *Operação Mosquito*, a ser efetivada logo que passasse a fronteira.

Finalmente, no dia 1º de setembro, desembarcava em Porto Alegre.

No Rio Grande do Sul

No dia 25 de agosto, a ordem de prontidão colheu a tropa em meio às comemorações do Dia do Soldado.

No Exército, a ordem chegou por volta das 10 horas, pela estação de radiofonia do QG. E quem a recebeu diretamente foi o chefe do Estado-Maior do 3º Exército, general Antônio Carlos Muricy. Naquele momento, apesar do temporal que caía sobre Porto Alegre, estavam se realizando as cerimônias cívicas no Parque Farroupilha.

O general Muricy transmitiu a ordem de prontidão rigorosa a todas as guarnições do interior e dos outros estados.

Na Aeronáutica, as deficiências de comunicação, por ser feriado militar, dificultaram a reunião de elementos do seu QG.

O presidente Jânio Quadros era esperado em Porto Alegre, no dia 26, para inaugurar a Exposição Agropecuária. Também aproveitaria a oportunidade para instalar o governo federal na capital do Rio Grande por alguns dias, como vinha fazendo em outras unidades da federação.

Nada transpirara sobre os verdadeiros motivos da ordem de prontidão dada pelos ministros militares.

Às 15 horas, chegaram as primeiras e vagas notícias do que estaria se passando em Brasília, até que Nélson Dimas, diretor dos *Diários Associados*, no Rio Grande do Sul, telefonou para o 3º Exército comunicando que acabara de receber um telegrama noticiando a renúncia do presidente da República.

Recebida a comunicação oficial do Estado-Maior da Aeronáutica, o comandante da 5ª Zona Aérea, brigadeiro João Arelano Passos, cumprindo as ordens recebidas, iniciou contatos com o comando do 3º Exército.

Na manhã do dia 26, o brigadeiro Passos esteve no QG do 3º Exército. Lá tomou conhecimento de um rádio enviado pelo general Peri Bevilácqua, de Santa Maria, dirigido àquele comando. Ao hipotecar solidariedade ao general Machado Lopes, o general Peri dizia que o cumprimento do artigo 79 da Constituição – que daria posse ao senhor João Goulart – seria o caminho certo. Foi, então, solicitado ao brigadeiro Passos que enviasse um avião a Santa Maria para trazer o general Peri, que devia avistar-se com o general Machado Lopes.

O comandante do 3º Exército, após a notícia da renúncia do presidente, comunicou-se com o governador Brizola. A atitude do governador está definida no rádio que o general Machado Lopes enviou ao ministro Odílio Denys no dia 27 de agosto:

"Governador Brizola declarou-me resistirá contra ação impeça posse João Goulart. Coordena ação BL [sic] nesse sentido. Tenho percebido grande número oficiais ideia ser mantido princípio constitucional, inclusive comandante 3ª DI e 1ª DC. Todas unidades cumprindo ordens manutenção ordem pública. Situação tensa porém calma todo 3º Exército."

Ainda no mesmo dia 27, o ministro da Guerra enviou uma mensagem ao general Machado Lopes:

"Elementos comunistas Congresso estão perturbando encontro solução legal crise decorrente renúncia presidente. Marechal Lott envolvido por tais agitadores lançou manifesto subversivo forçando ministro Guerra determinar sua prisão. Ministro pretende defender instituições e manter a lei e ordem em todo país mesmo que para isso tenha que impedir posse Jango. Conveniente chamar e reter qualquer pretexto comandante 3ª DI e 1ª DC Porto Alegre."

Não tardou em seguir a resposta:

"Entendido. Vou providenciar. Situação Porto Alegre muito tensa. Governador Brizola organizou defesa palácio e parece ter distribuído armamento civis seus adeptos. Estou vigilante manutenção ordem. Seria de todo conveniente encontrar solução legal. General Machado Lopes, comandante do 3º Exército."

Às 3 horas de domingo 27 de agosto, o governador Leonel Brizola pronunciou, através das rádios Farroupilha e Guaíba, as palavras que definiram a sua intenção de resistir e reagir, à bala, se fosse preciso. Daí por diante, os acontecimentos se sucederam em ritmo acelerado. De repente, aquele estado transformou-se no centro de resistência às ordens e aos vetos dos três ministros militares. Logo depois o ministro da Guerra mandou lacrar os cristais de várias emissoras de Porto Alegre. O governador Brizola resolveu requisitar uma rádio para poder falar ao povo. Foi escolhida a Rádio Guaíba, cuja torre de transmissão ficava na Ilha da Pintada. Os transmissores foram instalados no palácio do governo, na sala de imprensa. A Rádio Guaíba lideraria uma rede composta de todas as emissoras gaúchas. Era a Cadeia da Legalidade, que passou a transmitir mensagens do governador e noticiário de todo o país.

Além de ocupar, militarmente, as estações emissoras da Rádio Guaíba e da Rádio Farroupilha e a Companhia Telefônica, Brizola passou a exercer o controle das comunicações desse tipo em Porto Alegre; controlou o movimento da companhia aérea Varig; requisitou, da Fábrica Taurus, três mil revólveres tipo 38; estabeleceu um posto de recrutamento de populares no pavilhão da avenida Borges de Medeiros, conhecido como "Mata-borrão", onde foi distribuído o armamento; cercou o Palácio Piratini com trincheiras ocupadas, em parte, por civis armados pelo próprio governo do estado.

Todas essas medidas do governador Leonel Brizola criaram um estado de exaltação coletiva. Grande parte da população civil foi para as ruas, concentrando-se principalmente à volta do palácio do governo. Cada cidadão que empunhava uma arma ou que se acomodava junto a uma trincheira de sacos de areia se constituía em defensor da capital gaúcha, e mais, talvez do próprio Rio Grande e de suas tradições. Em cumprimento a determinações do ministro da Guerra, foram montadas pelo 3º Exército, por duas vezes, operações para desmantelar a Cadeia da Legalidade. Entretanto, temendo que qualquer reação viesse a desencadear uma guerra civil, o general Machado Lopes determinou que ambas fossem sustadas.

A situação tornava-se cada vez mais tensa em Porto Alegre. O general Muricy sugeriu ao general Machado Lopes que fosse ao Rio de Janeiro conversar com o ministro da Guerra para esclarecer melhor a situação no Sul. Mas o comandante do 3º Exército opinou que não deveria afastar-se do comando naquele momento e que seria melhor se ele, Muricy, fosse àquele encontro.

O chefe do Estado-Maior do 3º Exército, de madrugada, telefonou para o brigadeiro Passos solicitando um avião para as primeiras horas da manhã. Durante a conversa, ficou sabendo que o brigadeiro recebera uma ordem do ministro da Aeronáutica, a qual ele julgava de grande responsabilidade. Por isso o general Muricy convidou o comandante da quinta zona a ir até o QG do 3º Exército. Eram 5 horas quando se reuniram o brigadeiro Passos, o general Muricy e mais os generais Machado Lopes e Santa Rosa. Passos explicou que a ordem determinava, entre outras coisas, que o comando da 5ª Zona Aérea fizesse voos rasantes sobre o Palácio Piratini para amedrontar o governador Brizola e conseguir, assim, que ele calasse a Cadeia da Legalidade.

O brigadeiro Passos achava uma medida muito imprudente, pois a população poderia ficar alarmada e assim desencadear uma guerra civil. Daí resolvera solicitar ao ministro Moss um adiamento para a execução da ordem, esperando com isso ganhar tempo para que a situação se esclarecesse. Mostrou aos generais a minuta do rádio que iria passar, o que pareceu a todos razoável.

O comandante da base aérea de Porto Alegre tomara conhecimento do rádio cifrado, enviado pelo Estado-Maior da Aeronáutica (EMAER) à 5ª Zona Aérea, no qual determinava que fosse feita uma demonstração de força pelos aviões do 1º/14º sobre o Palácio Piratini, pedindo, inclusive, comunicar a hora do início ao EMAER.

Na base, a situação era de grande nervosismo, pois entre as praças – em grande maioria naturais de Porto Alegre – começaram a correr rumores de que os aviões do 1º/14º atacariam o Palácio Piratini. Os aviões estavam armados com bombas e prontos para entrar em ação, medidas estas já tomadas anteriormente, de acordo com ordens recebidas do EMAER.

Na parte da tarde, o comandante da base reuniu os suboficiais e sargentos. Informou-lhes que recebera ordens para deslocar o esquadrão de jatos de Porto Alegre para Cumbica, conforme novo rádio do EMAER à quinta zona (ZONAER), e não para bombardear o palácio. E, também, que tanto o comandante da base como o brigadeiro Passos haviam se negado a fazer a demonstração de força com os aviões a jato. Mas foi inútil qualquer tentativa de esclarecer aqueles homens das verdadeiras intenções de seu chefes, pois a esta altura ninguém acreditava em ninguém.

Cerca das 6 horas do dia 28, o general Muricy se aprontava para viajar ao Rio de Janeiro. A tensão já era muito grande também entre os chefes militares. Ele aguardava que o general Machado Lopes acabasse de redigir uma carta ao ministro quando foi chamado pelo major Álcio da Costa e Silva para atender, com urgência, a uma fonia vinda do gabinete do ministro da Guerra. Na estação de rádio, além dos dois oficiais, estavam o coronel Virgínio, comandante da 3ª Região Militar, e o major Harry Scharndorff. Tratava-se de uma ligação do general Orlando Geisel para que o general Muricy a transmitisse ao comandante do 3º Exército, general Machado Lopes, que tomou conhecimento do que já fora transmitido e passou a ouvir o final da mensagem:

1 – "O general Orlando Geisel transmite ao general Machado Lopes, comandante do 3º Exército, a seguinte ordem do ministro da Guerra:

– O 3º Exército deve compelir, imediatamente, o senhor Leonel Brizola a pôr termo à ação subversiva que vem desenvolvendo e que se traduz pelo deslocamento e concentração de tropas e outras medidas que competem exclusivamente às Forças Armadas.

– O governador colocou-se, assim, fora da legalidade. O comandante do 3º Exército atue com a máxima energia e presteza.

2 – Faça convergir sobre Porto Alegre toda a tropa do Rio Grande do Sul que julgar conveniente, inclusive a 5ª DI, se necessário.

3 – Empregue a aeronáutica, realizando inclusive o bombardeio, se necessário.

4 – Está a caminho do Rio Grande do Sul uma força-tarefa da Marinha.

5 – Qual o reforço de tropa de que necessita?

6 – Aqui há um boato de que o general Muricy viria ao Rio; o ministro da Guerra não quer acreditar nessa notícia e julga que o momento não é mais para parlamentar, mas requer ação firme e imediata.

7 – O ministro da Guerra confia que a tropa do 3º Exército cumprirá o seu dever."

Terminada a transmissão, o general Machado Lopes caminhou para perto de uma janela, pedindo para ficar a sós. Pouco depois, dirigiu-se à fonia e declarou: "Cumpro ordens apenas dentro da Constituição vigente". E retirou-se sem dirigir a palavra aos presentes.

O general Muricy retomou a fonia e ouviu o general Orlando Geisel perguntar: "General Machado Lopes, onde esta ordem é inconstitucional?". Mas ficou logo sabendo, pelo chefe do Estado-Maior do 3º Exército, que o general Machado Lopes já não se encontrava no recinto da estação.

Pouco depois, o general Machado Lopes dirigiu-se ao Palácio Piratini para falar com o governador Brizola, conforme combinara, na véspera, com o auditor Schultz. Era sua intenção procurar reduzir a tensão existente em Porto Alegre, onde as forças federais e estaduais estavam a ponto de se chocar. Ele queria que Brizola moderasse os atos de exaltação revolucionária e fizesse calar a Cadeia da Legalidade.

Quando o comandante do 3º Exército, acompanhado pelo general Santa Rosa, chegou ao Piratini, houve um susto geral. Ninguém sabia com que propósitos ele fazia aquela visita.

Lá, entretanto, em conversa com o governador e as pessoas que o cercavam, em meio àquele ambiente exaltado e francamente revolucionário, ele se viu envolvido pelas mesmas ideias e mudou seu modo de pensar. Daí por diante, passou a apoiar ostensivamente o governador Brizola, apesar de suas divergências político-ideológicas.

O general Muricy partira para o Rio de Janeiro ao nascer do dia. Lá conferenciou com o general Orlando Geisel, pois o ministro encontrava-se em Brasília. Seu propósito foi esclarecer o ministro sobre a situação no Rio Grande e evitar o rompimento de seu chefe com o restante do Exército. Também ouviram seu relato os generais Emílio Ribas Júnior, chefe do Estado-Maior do Exército, Osvaldo Cordeiro de Farias, chefe do Estado-Maior das Forças Armadas, e alguns outros. Tendo o general Orlando Geisel se comunicado com o ministro Denys, este determinou que o general Muricy voltasse ao Rio Grande e dissesse ao general Machado Lopes que a ordem transmitida deveria ter sido compreendida como uma diretriz geral, cabendo ao comandante do 3º Exército decidir a oportunidade de qualquer ação, a escolha dos meios a empregar e o local de aplicação de forças. E mais, que continuava a confiar na ação do general Machado.

Quando se preparava para embarcar para o Sul, o general Muricy recebeu informação através do general Orlando Geisel de que seu chefe, o general Machado Lopes, havia aderido a Brizola e que o ministro Denys determinara que ele não mais voltasse a Porto Alegre. Apesar da advertência, o general Muricy resolveu partir para prestar contas de sua missão e tentar, ainda, evitar a cisão do 3º Exército com o grosso do Exército brasileiro.

Ao chegar a Porto Alegre, no dia seguinte, 29 de agosto, procurou convencer o general Machado Lopes a mudar de atitude, principalmente porque sabia que o seu comandante não tinha boas relações com o governador Brizola. Mas era tarde. Machado Lopes já se engajara.

Durante a discussão, em vista de não poderem chegar a um acordo, o general Machado liberou o general Muricy dos compromissos pessoais que tinha com ele. Este se considerou desligado das funções que vinha exercendo. Assim sendo, para não ser preso, e também para poder cumprir o que dissera – desde que estivesse fora do 3º Exército, estaria livre, inclusive para combatê-lo –, resolveu abandonar Porto Alegre. Sem avisar até mesmo seus amigos, partiu de automóvel para Florianópolis levando sua família, pois temia represálias por parte do governador. De lá regressou ao Rio de Janeiro.

Assumiu a chefia do Estado-Maior do 3º Exército o general José Maria de Morais e Barros.

Enquanto isso, na 5ª Zona Aérea, a situação também se agravava.

A notícia da ordem de bombardeio da cidade transpirara. O governador Brizola aproveitara o motivo para incitar o povo. O nervosismo contagiante começou a pôr em perigo a segurança das instalações da Aeronáutica em Canoas e Gravataí.

O brigadeiro Passos telefonou para o ministro Moss, em Brasília, relatando a situação em face da pretensa ordem de bombardeio. O brigadeiro Moss declarou que jamais havia dado essa ordem.

Por volta do meio-dia do dia 28, o general Machado Lopes telefonou ao brigadeiro Passos para revelar que havia adotado a tese política do governador Brizola, estando mesmo de volta do Palácio Piratini, onde fora fazer tal comunicação.

Ante a agitação dos sargentos na base aérea, o brigadeiro Passos resolveu recorrer ao auxílio do Exército. Os comandos da base aérea de Porto Alegre e o esquadrão de jatos haviam perdido o controle e a autoridade sobre os sargentos; assim, o brigadeiro Passos, apesar de estar em desacordo com a decisão tomada pelo general Machado Lopes, solicitou ao comandante do 3º Exército que mandasse a tropa para a base, a fim de restabelecer a ordem naquele local.

Pela manhã do dia 29, o Exército havia ocupado a base e efetuado a prisão dos sargentos.

O general Machado Lopes permitiu que o brigadeiro Passos evacuasse os jatos, além de dar-lhe todas as garantias. Logo após a decolagem dos aviões, o comandante da 5ª Zona Aérea deixou Porto Alegre a caminho do Rio de Janeiro. Ficou respondendo pelo comando da zona o tenente-coronel Alfeu de Alcântara Monteiro, que, para grande surpresa do brigadeiro Passos, aderiu ao movimento do governador Brizola, sendo seguido pelo novo comandante da base de Porto Alegre, major Mário de Oliveira.

Enquanto isso, em face dos rumores, generalizados e insistentes, de um inevitável conflito entre as forças do governo estadual e o Exército, dom Vicente Scherer, arcebispo de Porto Alegre, procurou o general Machado Lopes no domingo, 27 de agosto. Fez-lhe caloroso apelo para que evitasse um choque armado e também para que se dirigisse ao ministro da Guerra solicitando que fossem empregados todos os meios para impedir uma luta sangrenta que redundaria numa guerra civil. O cardeal também expôs sua opinião de que a Constituição deveria ser cumprida. Se fatos posteriores à posse de João Goulart o exigissem, então outras medidas seriam tomadas

No mesmo dia, o cardeal procurou o governador e sugeriu um contato com o general. Brizola aceitou a sugestão, mas impôs como condição que o encontro não fosse no QG do 3º Exército. Por volta do meio-dia, ainda 27 de agosto, dom Vicente voltou a procurar o general Machado Lopes. Mas este lhe declarou não julgar necessário qualquer encontro com o governador. Pareceu ao cardeal que o general estava solidário com as ordens que recebia do ministério da Guerra, por isso não voltou a falar-lhe sobre o assunto.

No auge da crise, no dia 29, quando os tanques do 3º Exército se encontravam a duas quadras do Palácio Piratini, onde se achavam não só o governador, como próceres políticos, soldados e homens do povo armados para a resistência, uma senhora, amiga do cardeal, telefonou-lhe de lá muito angustiada. Pedia-lhe que fosse até a sede do governo estadual, que fica ao lado do Palácio Episcopal. Atendendo ao pedido, dom Vicente dirigiu-se ao palácio com o intuito de tranquilizá-la. Como reforço de suas palavras, que não conseguiam acalmar a senhora, declarou: "Não teria dúvida em sentar-se sozinho à porta principal do palácio até amanhã". Essa frase, entretanto, foi divulgada como se ele tivesse dito que ficaria numa das janelas do palácio disposto a receber a primeira bala, em defesa da família do governador.

Quando o general Machado Lopes chegou ao palácio, o cardeal não participou dos entendimentos, nem mesmo da homenagem que a Assembleia Legislativa prestou, no dia 29 de agosto, ao governador Brizola, ao general Machado Lopes e ao próprio dom Vicente Scherer.

Jango chegou à noite à capital gaúcha. Era o fim de uma longa etapa e de uma longa expectativa. Durante vários dias, vivera em ansiedade, da leitura de noticiários mal ou bem informados e de telefonemas de amigos. Sua presença em território nacional marcaria o início da fase final da crise política do país.

Em Porto Alegre, aguardava-o uma das mais impressionantes manifestações populares já vistas. Com bandeiras e cartazes, a multidão encheu as ruas para saudá-lo. Quando assomou à sacada do Palácio Piratini, acompanhado pelo governador, recebeu ruidosíssima ovação. Brizola, eufórico, vitorioso, não escondia seu entusiasmo.

Era o primeiro momento em que os gaúchos sentiam se afastar a possibilidade de uma guerra civil.

Nessa noite, no palácio, o general Machado Lopes foi apresentado ao senhor João Goulart. Nunca o avistara.

Jango demorou-se até o dia 5 de setembro no Rio Grande. Apesar da recomendação dos ministros militares, através de Tancredo Neves e Hugo Faria, reuniu, no Palácio Piratini, dezenas de homens de imprensa, rádio e televisão, inclusive enviados de importantes órgãos estrangeiros. Sentado ao lado do governador, num salão em cujas paredes havia ampliações do seu retrato e dos de Brizola e Machado Lopes, dispôs-se a conversar com a imprensa. Declarou que sua missão era de paz e que somente em Brasília iria examinar, em toda a extensão, a emenda parlamentarista. Conhecia seu conteúdo apenas em termos gerais e através de informações radiofônicas incompletas. Mostrou-se firme quanto ao direito que lhe cabia de ascender à Presidência da República.

Sua aparência era calma, e firmes suas disposições. Nos dias que se seguiram, em companhia de seu cunhado, o governador Brizola, e de outros políticos gaúchos, foi ficando um tanto abalado quanto à ideia de aceitar o parlamentarismo.

E foi com o espírito repleto de interrogações que embarcou para Brasília.[3]

Operação Mosquito

DEPOIS DE TODAS as conversações entre o presidente Mazzilli e os ministros militares, depois de todo o imenso trabalho do Congresso Nacional, coadjuvado pelas cúpulas políticas, finalmente se preparava a chegada do senhor João Goulart a Brasília, a fim de tomar posse como presidente da República.

O senhor João Goulart havia feito um longo retorno ao país, vindo de Paris, via Nova York, seguindo por países do Pacífico, até chegar a Porto Alegre. Os políticos em Brasília temiam que ele, ao chegar à capital gaúcha, falasse demais e com isso viesse a criar dificuldades novas. Por isso, o deputado Tancredo Neves teve a incumbência de ir buscá-lo no Sul.

Antes de partir, o deputado foi aproximado do general Ernesto Geisel para que, daí por diante, eles tivessem um entendimento direto. Sua viagem fora plenamente autorizada pelas Forças Armadas. Mas era conveniente que ele pusesse os ministros militares, através do general Geisel, a par de todas as suas decisões. Também deveria manter um estreito contato com o presidente Mazzilli.

Estava tudo assentado quando, na antevéspera da chegada do senhor João Goulart, o presidente Ranieri Mazzilli recebeu, inesperadamente, um aviso de que os ministros militares estariam viajando para Brasília, pois tinham uma importante e urgente comunicação a fazer. Mazzilli deu a notícia aos chefes dos gabinetes civil e militar, solicitando-lhes que permanecessem, apesar do avançado da hora. Eram cerca de 2 horas. Efetivamente, por volta das 4 horas, chegaram os três ministros. Foram logo dizendo que um fato novo e grave surgira na Aeronáutica nas últimas horas. Era um problema que lhes parecia incontornável.

Um grupo de oficiais da Aeronáutica, inconformados com a solução político-legislativa da emenda parlamentarista, se dispunha a impedir o desembarque do senhor João Goulart no Brasil, e especialmente em Brasília. Por isso, os ministros vinham dizer ao presidente Mazzilli que não dispunham de condições técnicas para impedir que se consumasse essa ameaça. Seria o que chamaram de

---
3. Este capítulo foi baseado em documentos dos arquivos particulares do general Antônio Carlos Muricy e do brigadeiro João Arelano Passos, além de entrevistas pessoais com os mesmos em maio de 1974.

Operação Mosquito, e sua atuação seria a de abater o avião presidencial ou forçá-lo à rendição.

Naturalmente, Ranieri Mazzilli se assustou com o fato e, não se conformando, pediu esclarecimentos ao brigadeiro Grün Moss. É provável que o presidente o tenha feito em termos um tanto calorosos, pois o ministro da Aeronáutica tirou do bolso uma carta, já preparada, com o seu pedido de demissão. E se propunha a colocá-la sobre a mesa quando Mazzilli lhe disse que se recusaria a recebê-la. Aquele não era o momento apropriado para serem examinados pedidos de demissão de ministros militares. O país estava em crise.

Mazzilli também disse que não aceitava aquela declaração dos três ministros, de que não dispunham de meios de coibir tal ameaça. E passou a fazer perguntas, indagando por que a Aeronáutica podia criar as condições de ameaça, portanto de vulnerabilidade, do avião do presidente da República, e esses mesmos aviões, que pretendiam voar para praticar o ato, não podiam ser também impedidos. Por que não usar os mesmos processos e ameaçá-los de serem abatidos? Mazzilli não se conformava, absolutamente, com a declaração de que a situação era incontornável. Era preciso que os três ministros tomassem uma atitude capaz de afastar essas dificuldades.

Nessa altura, o general Ernesto Geisel, que a tudo assistia discretamente, fez algumas considerações, perguntando se os dispositivos militares de terra, de onde deviam partir os aviões, não podiam ser controlados. Passou a conversar diretamente com o ministro da Guerra, perguntando-lhe se o Exército não podia impedir que uma minoria pusesse em risco todo um sistema. O marechal Denys respondeu que para isso ele dispunha de meios. Assim sendo, o governo não tinha mais as dificuldades que tinham sido apresentadas.

Já eram 5 horas. Foi então necessária a providência sugerida pelo general Geisel, ou seja, a de impedir, em Brasília, a ação de elementos da Aeronáutica. A partir daquela hora, alguns foram retirados dos locais onde poderiam se tornar perigosos. Assim, foi feita uma "limpeza da área" e afastados os temores.[4]

A sessão do dia 5 de setembro da Câmara dos Deputados se inicia à hora regimental.

No fim da leitura do expediente, o deputado Sérgio Magalhães informa à Casa:

"Devo comunicar ao plenário que o excelentíssimo senhor ministro da Justiça compareceu à Câmara e perante a mesa trouxe a informação oficial, falando em nome do governo, sobre a normalização da situação em todo o país e, também, a chegada, hoje, a Brasília, de sua excelência o senhor presidente da República, o senhor João Goulart. Do mesmo modo, devo comunicar ao plenário do ofício que acabo de receber do vice-presidente em exercício na presidência do Senado, nos seguintes termos:

---

4. Entrevista com Pascoal Ranieri Mazzilli, São Paulo, 2-5-1974.

CN/69
Em 5 de setembro de 1961.
Senhor presidente:
Tenho a honra de comunicar a vossa excelência, para conhecimento da Câmara dos Deputados, que, tendo cessado os motivos determinantes da sessão conjunta do Congresso Nacional iniciada na madrugada de hoje, esta presidência deixará de promover o prosseguimento da mesma sessão, possibilitando às duas Casas a retomada dos trabalhos normais dos seus plenários.

Aproveito a oportunidade para renovar a vossa excelência a minha alta estima e mais distinta consideração.

Auro Moura Andrade, vice-presidente, no exercício da Presidência."

O deputado Unírio Machado levanta uma questão de ordem. Alguns deputados haviam encaminhado um requerimento à mesa, solicitando a suspensão dos trabalhos para que pudessem comparecer ao aeroporto, a fim de receberem o presidente da República, que deveria desembarcar dentro de mais algum tempo. Verificado que não seria regimentalmente possível, Unírio Machado indaga se, de acordo com o regimento, havendo menos do que vinte deputados no plenário, a sessão poderia prosseguir. Desse modo, apelava para os companheiros que se encontrassem no plenário, e que estivessem de acordo em ir receber o senhor João Goulart, para que se retirassem, a fim de que não houvesse quórum regimental para o prosseguimento da sessão.

O deputado Sérgio Magalhães explica:

"Devo informar ao plenário que de fato existe sobre a mesa um requerimento do nobre deputado Ari Pitombo, propondo que a sessão seja suspensa às 14h40. Devo também informar ao plenário os termos precisos do artigo 67 do regimento, segundo o qual a sessão só poderá ser levantada, antes de finda a hora a ela destinada, no caso de tumulto grave, falecimento de congressista da legislatura corrente ou quando presentes aos debates menos de 20 deputados. Fora dessas hipóteses não é possível levantamento ou suspensão da sessão. Nessas condições, passamos ao pequeno expediente."

O deputado José Silveira comenta a crise. Afirma que os ministros militares acabaram por cumprir a promessa feita.

"Eis, porém, que um grupo da Aeronáutica vem criar mais tumulto, como se já não estivesse bastante sacrificada a nossa terra: impediram que levantasse voo do aeroporto de Brasília o avião que levaria líderes e deputados ao Rio Grande do Sul.

Devemos declarar que grande culpa cabe ao Congresso, por esses lambretistas do ar, irresponsáveis como o seu Veloso e outros; eles sabem que o Congresso sempre perdoa, por isso não ponderam suas atitudes."

O deputado Pereira da Silva lê um comunicado das Forças Armadas:

"A secretaria de imprensa da Presidência da República informa: Reunião do presidente da República com os chefes militares Estado-Maior Brasília, no dia 5 de setembro de 1961. Compareceram hoje à presença do presidente Ranieri Mazzilli, às 10 horas, estando presente também o senhor arcebispo de Brasília, os senhores ministros da Marinha, da Guerra e da Aeronáutica.

O ministro da Guerra, marechal Odílio Denys, declarando-se credenciado pelos ministros Grün Moss e Sílvio Heck, assegurou o seguinte:

1) As Forças Armadas apoiam e prestigiam integralmente o presidente Ranieri Mazzilli;

2) As Forças Armadas dão apoio ao Congresso Nacional;

3) As Forças Armadas acatam a deliberação do Congresso Nacional, com a promulgação da emenda constitucional que institui o sistema parlamentar de governo;

4) As Forças Armadas, em consequência, asseguram as garantias necessárias ao desembarque nesta capital, nesta data, do presidente João Goulart, a sua permanência em Brasília e a sua investidura na Presidência da República. Os ministros da Aeronáutica e da Marinha, falando sucessivamente, confirmaram as declarações do ministro da Guerra.[5]"

Sete de setembro de 1961

JÁ ERA NOITE quando, a 5 de setembro, o Caravelle da Varig desceu no aeroporto de Brasília, trazendo do Sul o senhor João Goulart.

A quase totalidade de deputados e senadores que, juntamente com os senhores Ranieri Mazzilli, Auro de Moura Andrade, ministro Barros Barreto, presidente do Supremo Tribunal Federal, general Ernesto Geisel, chefe do gabinete militar de Mazzilli, esperavam desde as 14 horas no aeroporto mal pôde se aproximar do sucessor de Jânio Quadros.

Mas aquele foi dos dias mais atribulados de nossa História.

Pela manhã, os matutinos estampavam manchetes pouco tranquilizadoras. Dizia-se que elementos da Força Aérea, intransigentes, queriam impedir a qualquer custo a ida de Jango para Brasília. Seria a *Operação Mosquito*, pela qual o avião presidencial seria caçado em pleno voo ou forçado a baixar em qualquer lugar. Circularam boatos de que a viagem seria, mais uma vez, adiada. Os rumores se intensificaram quando o avião de Jango não levantou voo à hora aprazada. Outros boatos veiculavam que o senhor João Goulart estaria seguindo para Goiânia, onde havia garantias dadas pelo governador Mauro Borges Teixeira. Já era grande a confusão quando o senador Moura Andrade captou uma mensagem do governador Brizola, pela qual ele indagava se realmente havia condições de segurança para o voo do presidente.

Tais condições tinham sido criadas graças a providências tomadas pelos três ministros militares. Pela manhã, eles haviam se reunido com o presidente

---

5. *Diário do Congresso Nacional*, Seção I, nº 153, 6-9-1961.

Mazzilli e assumido o compromisso de honra de adotar todas as medidas para que a viagem do senhor João Goulart fosse feita sem qualquer perturbação.

Pelotões do Exército, em maioria, da Marinha e da Aeronáutica guarneciam os arredores do aeroporto. O comando direto estava com o general Ernesto Geisel, chefe do gabinete militar do presidente Mazzilli, coadjuvado pelo coronel Borges Fortes. A Polícia Militar das três armas controlava todas as rodovias que davam acesso ao aeroporto.

Os ministros Denys, Heck e Moss, depois de prepararem a chegada, haviam regressado ao Rio de Janeiro.

Ladeado por forte dispositivo militar e também por amigos mais chegados, o senhor João Goulart, a muito custo, conseguiu chegar junto ao seu automóvel, dada a grande confusão que reinava no aeroporto.

Entraram no carro, além do presidente João Goulart, o presidente Pascoal Ranieri Mazzilli, o presidente do Congresso, senador Auro Moura Andrade, e o general Ernesto Geisel. Destino, Granja do Torto.

No trajeto, Mazzilli perguntou a Jango a que horas ele queria, no dia seguinte, assumir a Presidência. Ao que ele respondeu que não pretendia, absolutamente, assumir no dia seguinte. Mazzilli, evidentemente surpreendido, perguntou: "Mas como é que vamos ficar nessa situação? Todos esperam a sua posse amanhã". Jango contestou, dizendo que não poderia assumir. E que no dia seguinte iria almoçar com a dona Sílvia (esposa de Ranieri Mazzilli). "Muito bem. Ela terá muito prazer em recebê-lo. Mas, afinal, nós gostaríamos muito que o novo presidente já amanhã estivesse no exercício das suas funções." E Jango repetiu que não. "Depois disso eu vou ficar muito ocupado e não vai dar tempo para esse almoço." Ranieri Mazzilli insistiu: "Mas então qual é o seu programa da posse? É para depois de amanhã?". João Goulart disse que no dia seguinte conversariam. "Nós temos muita coisa para conversar. Eu quero que me compreendam. Estou chegando aqui com uma censura muito grande de alguns familiares meus, até minha própria irmã me disse algumas coisas muito duras a respeito da minha vinda aceitando essas condições. É muito duro isso." O presidente Mazzilli então contestou: "Bem, mas nós estamos cumprindo os nossos deveres. É realmente duro cumprir o dever em certas circunstâncias".

Nessa ocasião, o general Geisel, que se mantivera calado todo o tempo, tomou a palavra para dizer: "Senhor presidente, tenha a certeza de que tivemos imensas dificuldades aqui em Brasília para vossa excelência assumir. E nós esperamos que vossa excelência conduza o governo de modo a que se pacifique a nação. Nós precisamos de paz, precisamos trabalhar em paz daqui por diante". E concluiu suas considerações, dando o depoimento de que as Forças Armadas não tinham faltado ao cumprimento do seu dever, apesar de todos os incidentes e de opiniões nem sempre concordantes entre eles, mas que predominara a linha da legalidade.

No dia seguinte, o senhor João Goulart compareceu à residência do deputado Ranieri Mazzilli acompanhado pelo senhor Antônio Balbino. Nessa ocasião, foi marcada a posse para o dia 7 de setembro.[6]

No dia 6 de setembro, houve uma sessão na Câmara dos Deputados, iniciada às 14 horas, hora regulamentar.

Em dado momento, assume a tribuna o deputado Gabriel Gonçalves. Aparteado pelo deputado Lino Braun, responde:

"Estou certo de que o nobre deputado Lino Braun, meu companheiro de bancada, sabe perfeitamente até onde seu aparte deveria chegar.

O gabinete dependerá efetivamente da aprovação deste plenário. No entanto, ele dependerá muito mais da maneira como se conduzirem as negociações, e, nas negociações, das figuras de maior projeção na vida nacional. Quero declarar, para orientação de vossa excelência, que o presidente João Goulart já chamou a Brasília todos os eminentes governadores dos estados para trocar impressões. Ainda hoje, o senhor presidente João Goulart manteve com sua excelência o presidente eventual da República, senhor Ranieri Mazzilli, na residência particular do presidente efetivo desta Casa, entrevista de mais de quatro horas, na qual foram abordados vários assuntos através de relatório apresentado pelo presidente Mazzilli. Também sua excelência foi colocada a par da situação caótica, extremamente difícil, financeiramente falando, do país, que se encontra às portas da falência. Pela imprevidência de poucos, muitos pagarão, estou certo.

Neste momento, devo ainda acrescentar aos meus nobres pares que o governador Magalhães Pinto já aqui se encontra, e o governador Carvalho Pinto, se ainda não chegou a Brasília, aqui estará em breve, de acordo com os entendimentos havidos esta manhã.

Afirmava agora mesmo que o Partido Trabalhista Brasileiro não tinha reivindicações. Evidentemente, não falo pelo líder do meu partido nem pelas suas figuras mais eminentes de vice-líderes. Tenho certeza, porém, de que represento o pensamento de muitos companheiros com quem tenho abordado o problema.

Devo declarar a esta Casa que o nome do ex-deputado San Tiago Dantas, atual embaixador do Brasil na ONU, e que tem sido focalizado pela imprensa, escrita e falada, não deve ser cogitado, porque foram palavras textuais suas a mim, para transmitir à bancada, que não é candidato a qualquer ministério e não será candidato de maneira alguma.

Precisamos agora, mais do que nunca, que sua excelência siga para a ONU. Concordei com sua excelência, porque o belo linho que era o Brasil perante o mundo transformou-se numa colcha de retalhos."

O deputado Sérgio Magalhães, presidente em exercício da Câmara, dá conhecimento à Casa do seguinte ofício:

"Em 6 de setembro de 1961.
CN/70 – URGENTE.
Senhor presidente:
Tenho a honra de comunicar a vossa excelência que, em vista da concordância da mesa da Câmara dos Deputados com a consulta que lhe fiz pessoalmente, esta Presidência

---
6. Entrevista com Pascoal Ranieri Mazzilli, São Paulo, 2-5-1974.

deliberou convocar as duas Casas do Congresso Nacional para, em sessão conjunta a realizar-se amanhã, 7 de setembro, às 15 horas, receberem o compromisso do excelentíssimo senhor doutor João Belchior Marques Goulart como presidente da República, de acordo com o disposto no artigo 83, § único, da Constituição Federal, ato a que se seguirão os demais estabelecidos no artigo 21 da emenda constitucional nº 4.

Aproveito a oportunidade para renovar a vossa excelência os protestos de minha alta estima e mais distinta consideração.

Auro Moura Andrade, vice-presidente, no exercício da Presidência."[7]

No dia 6 de setembro, o Senado inicia seus trabalhos às 14h30.

O presidente Moura Andrade comunica ao plenário que, em virtude de entendimentos com o doutor João Goulart, e obtida a aquiescência da mesa da Câmara dos Deputados, ficou marcada para o dia seguinte, 7 de setembro, às 15 horas, a prestação do compromisso constitucional de sua excelência como presidente da República. Para a realização desse ato, a Presidência convoca as duas casas do Congresso Nacional a se reunirem no dia seguinte, à hora marcada, no palácio da Câmara dos Deputados.

É encerrada a sessão[8].

Depois da crise, o Senado só volta a se reunir no dia 9 de setembro.

Dia 7 de setembro. Sessão solene destinada a receber o compromisso do excelentíssimo senhor doutor João Belchior Marques Goulart como presidente da República.

Na presidência, o senhor Moura Andrade.

A sessão se inicia às 15h, estando presentes 59 senadores e 284 deputados.

Com a palavra, o presidente do Congresso, que declara aberta a sessão conjunta do Congresso Nacional destinada, neste Dia da Pátria, a receber o compromisso constitucional do excelentíssimo senhor doutor João Belchior Marques Goulart para sua investidura como presidente da República dos Estados Unidos do Brasil.

"Designo para receberem sua excelência, e o trazerem à mesa para o ato do compromisso, os líderes da Câmara dos Deputados e do Senado Federal, os senhores deputados Pinheiro Chagas, Nestor Duarte, Menezes Cortes, Almino Afonso, Paulo Lauro, Manoel Novais, Franco Montoro, Emilio Carlos, Aurélio Viana, Raul Pila, Otis Monteiro, Hugo Borghi e Lamartine Távora; e os senhores senadores Lima Teixeira, João Vilasboas, Benedito Valadares, Daniel Krieger, Barros Carvalho, Mem de Sá, Jorge Maynard e Lino de Matos." O deputado Raul Pila pede a palavra para uma questão de ordem. Refere-se ao desenvolvimento da solenidade. Por esse motivo, em caráter excepcional, o presidente Moura Andrade

---

7. *Diário do Congresso Nacional*, Seção I, 7-9-1961.
8. *Diário do Congresso Nacional*, Seção II, 7-9-1961.

dá a palavra àquele deputado. Raul Pila apresenta dúvidas na interpretação de um artigo da emenda constitucional, justamente no que se refere à presente sessão. Por esse motivo, o presidente Auro Moura Andrade presta esclarecimentos:

"Esta sessão foi convocada para o fim especial de receber o compromisso constitucional de sua excelência o senhor presidente da República, João Belchior Marques Goulart, e em seguida para receber a indicação do presidente e dos membros do conselho de ministros, a fim de que sejam submetidos à deliberação da Casa.

Esta sessão tem duas partes distintas. A primeira, parte solene, a parte cívica, destinada ao compromisso de posse do senhor presidente da República, o doutor João Belchior Marques Goulart.

Terminada esta, a Presidência levantará os trabalhos a fim de que a comissão de líderes acompanhe o senhor presidente da República, que se retirará, e também para que o Congresso possa deliberar a respeito dos atos subsequentes, determinados pela emenda constitucional nº 4.

Nesta fase da sessão, estão presentes no plenário e na mesa, por se tratar de reunião eminentemente cívica, autoridades de todos os poderes.

A parte deliberativa da sessão será realizada após o término do período e da suspensão decretada pela mesa."

Acompanhado pela comissão de líderes da Câmara dos Deputados e do Senado Federal, dá entrada no recinto, sob prolongados e calorosos aplausos, do plenário e da assistência, o senhor presidente João Belchior Marques Goulart, que se dirige à mesa e toma assento ao lado do senhor presidente do Congresso Nacional.

O senador Moura Andrade com a palavra:

"Senhor doutor João Belchior Marques Goulart, eleito a 3 de outubro de 1960, empossado vice-presidente da República a 31 de janeiro do corrente ano, prestará compromisso constante do parágrafo único do artigo 83 da Constituição dos Estados Unidos do Brasil, a fim de ser investido na Presidência da República, nos termos do artigo 21 da emenda constitucional nº 4, em virtude da renúncia do respectivo titular, ocorrida a 25 do mês anterior.

Convido todos os senhores presentes, inclusive os senhores assistentes, a que se coloquem de pé para o grande ato de compromisso que, neste instante, perante o Congresso Nacional, vai prestar o senhor João Belchior Marques Goulart."

O senhor João Goulart presta o compromisso constitucional:

"Prometo manter, defender e cumprir a Constituição da República, observar as suas leis, promover o bem geral do Brasil, sustentar-lhe a união, a integridade e a independência."

O senhor presidente do Congresso:

"Declaro cumprida e satisfeita a exigência do artigo 83, parágrafo único, da Constituição Federal e da primeira parte do disposto no artigo 21, da emenda constitucional nº 4, obedecidas, também, as normas do artigo 13 do regimento comum.

Está, pois, compromissado, perante a nação brasileira, no sentido de manter, defender e cumprir a Constituição, obedecer às leis, promover o bem geral do Brasil, sustentar-lhe a união, a integridade e a independência, o doutor João Belchior Marques Goulart, para ser investido na Presidência da República."

O presidente do Congresso determina que o primeiro secretário proceda à leitura do termo de compromisso. Terminada a leitura, o doutor João Goulart apõe a assinatura ao termo a que se seguirão as assinaturas de todos os membros da mesa. Em seguida, o presidente dirige a palavra ao Congresso e à nação brasileira. Terminado o discurso, o presidente vai acompanhado por uma comissão e se retira do plenário sob calorosa salva de palmas.[9]

As reformas de base

JANGO CHEGA à Presidência, depois da crise da renúncia, quando a pressão para a realização das reformas de base se fazia mais forte. É bom lembrar que Jânio se propusera a realizar, embora contraditoriamente, muitas das medidas que agora seriam reclamadas ao seu sucessor, que chegava ao Planalto depois de tão complicadas negociações. A própria UDN, partido vitorioso nas eleições presidenciais, apresentara fissuras internas quanto à necessidade de transformar sua política de sistemática oposição "bacharelesca" em uma política de governo para desenvolver o país, reformando-o. Essa polêmica não atingia somente a UDN. Os partidos que apoiaram a candidatura de Jango à vice-presidência da República, e que agora o tinham como chefe do Executivo sob o regime parlamentarista, já se dividiam, face à discussão das reformas. No PSD, partido particularmente sensível à questão agrária, a grande maioria estremecia frente ao perigo de uma reforma agrária imediata, e a aliança PSD – PTB entra em crise, abalando a sustentação do governo.

Jango herda, portanto, um problema candente e difícil de resolver: candente pela urgência com que devia ser tratado, difícil pela complexidade dos interesses políticos e econômicos em jogo. De imediato, sobressaíam questões tais como: relações com os Estados Unidos; renegociação da dívida externa; lei de remessa de lucros e dividendos; acordo para os investimentos norte-americanos; o problema das concessionárias de serviço público no Brasil; relações com os países socialistas; a questão de Cuba; reforma agrária e reforma urbana.

O problema político continuava não resolvido.

A solução parlamentarista, que viabilizou a posse, fora, na verdade, uma solução de compromisso que permitia a posse do presidente legítimo, como previa

---
9. *Diário do Congresso Nacional*, nº 35, 9-9-1961.

a Constituição, sem desagradar totalmente os ministros militares, que a vetavam. Nesse aspecto, a emenda parlamentarista, votada pelo Congresso, foi a fórmula salvadora encontrada às pressas para evitar a guerra civil, cuja possibilidade assustava a tantos, na medida em que um setor do Exército e amplos setores populares e civis se dispunham a defender a posse do presidente e a legalidade ameaçada.

O fantasma da guerra civil também justificou o primeiro gabinete parlamentarista de "união nacional", heterogêneo e contraditório, cuja principal preocupação era apaziguar os ânimos e não dividir a nação.

Ora, argumentavam os reformistas, como realizar reformas sem polêmicas e, em consequência, não agitar, se "reforma é polêmica e a polêmica deveria começar sem demora e com a consulta popular", o plebiscito.

Daí se iniciaram as críticas ao gabinete de composição, como um gabinete de compromisso, inábil para efetivar as reformas de base. Além do que, pensavam que era a única expressão possível de um regime onde o parlamento governa – e não havia sido o parlamento, até então, o principal obstáculo às reformas preconizadas?

O mesmo raciocínio que desacreditava o regime como capaz de levar a cabo as transformações exigidas nada esperava do primeiro gabinete, que não demonstrava o empenho em realizar o que se desejava.

Jango, ao aceitar o parlamentarismo para ser presidente, aceitara presidir sem governar. Assim, desde a posse aceleram-se dois movimentos contraditórios: um, que visava restituir ao Executivo e ao presidente maiores poderes, revogando a emenda parlamentar; outro, preocupado, ao contrário, em impedir que Jango dispusesse de maiores poderes. No primeiro grupo, estavam, sem dúvida alguma, os reformistas, além de outros setores políticos que viam na iniciativa do Executivo a grande alavanca que impulsionaria as reformas.

Os reformistas preocuparam-se também pela forma como transcorreriam as eleições parlamentares de 3 de outubro, que poderiam significar um parlamento modificado, que levaria adiante as reformas. Mas, com o parlamentarismo, as coisas mudavam. As eleições parlamentares, realizadas nas condições de então, poderiam significar uma imensa frustração popular. Daí, a grande preocupação só poderia ser uma: o plebiscito – que restauraria ao presidente autoridade e poder necessários para impulsionar as transformações que o país esperava.

Os gabinetes parlamentaristas, sem exceção, vivem, portanto, a contradição de, num regime essencialmente de opinião, não poderem representar a opinião de ninguém (por um tempo suficiente para levar a cabo medidas esperadas por uma grande maioria nacional). As crises se sucedem e, num regime em que o governo é particularmente sensível a elas, os gabinetes não conseguem se manter. A tendência reformista, para fazer prevalecer seus tos de vista, exigiria um gabinete preponderantemente reformista. Como, num parlamento onde a maioria se opunha às mudanças, obter um gabinete desse tipo? Assim, os gabinetes "centristas" saídos da aceitação parlamentar perdiam sua sustentação face à imensa pressão popular, impaciente com os acordos saídos do Congresso. As quedas de gabinete tornavam-se inevitáveis.

É nesse contexto que as reformas serão discutidas e debatidas, cada vez com maior intensidade, a partir da renúncia de Jânio e a ascensão de Goulart, com o suceder de gabinetes – até a volta do presidencialismo.

Assim, Tancredo Neves renuncia para dar vez a Auro Moura Andrade, depois do veto parlamentar ao nome de San Tiago Dantas; Auro renuncia para dar lugar a Brochado da Rocha, que, em poucos dias, também renuncia ao ver rejeitado o projeto de antecipação do plebiscito para 7 de outubro. Finalmente, rejeitado o parlamentarismo, em 6 de janeiro de 1962, o país, com a revogação do Ato Adicional nº 4, volta à Constituição de 1946.

A posse do primeiro ministério presidencialista de Jango, no dia 24 de janeiro, seria vista com enorme esperança por muitos e com grande apreensão por outros. As tão esperadas reformas viriam, afinal, apoiadas no Executivo fortalecido, apesar de um Congresso que até agora as tinha impedido, diriam alguns.

O caos e a desordem viriam inexoravelmente apoiados num Executivo incapaz e inflado de poderes, apesar da vigilância do Congresso, até agora cônscio de suas responsabilidades e atribuições, diriam outros.

Uma coisa era certa, entretanto: muita coisa iria ocorrer apesar dessas opiniões, pois o país entrara numa dinâmica que não dependia, de certa forma, da simples vontade de alguns grupos políticos em luta. O descontentamento ou encontraria eco no governo, ou desacreditaria dele. Só o tempo e a ação das diversas forças sociais em luta poderiam definir o impasse.

Parlamentarismo instável

No PERÍODO parlamentarista, o gabinete de Tancredo Neves pronunciou-se pelas reformas, embora tivesse a preocupação fundamental de encaminhar medidas de consenso. O plano político-administrativo anunciado por Tancredo sintetizava-se em quatro pontos: desenvolvimento, estabilidade, integração e justiça. Não deixa, entretanto, de lembrar que "milhões de vozes se erguem clamando por reformas estruturais básicas", portanto, acrescentava: "Ou este governo assume, desde já, um forte conteúdo afirmativo e reformista, com decisão e coragem inquebrantáveis, ou teremos abertas as comportas de vácuo para a sucção de todas as aventuras e subversões contra as tradições e esperanças brasileiras". Nesse sentido, considerava a reforma agrária "item de prioridade absoluta na agenda do governo que acaba de assumir a direção do país".

Essa preocupação, confirmada pelas palavras do próprio presidente da República, implicava superar uma série de obstáculos e a própria composição do gabinete. O ministro da Agricultura trata de criar, em setembro, uma comissão encarregada de levantar e apreciar os projetos em discussão, no sentido de orientar sua ação ministerial. O conselho de ministros recebe, em janeiro, o projeto de Grupo de Trabalho de Milton Campos, através do primeiro-ministro, e, em fevereiro, um projeto do próprio ministro da Agricultura.

No âmbito parlamentar, é também apresentado o projeto de Milton Campos à mesa da Câmara e, posteriormente, levado às comissões de Justiça e Finanças.

Em abril, o governo se defronta com a agudização dos conflitos no Nordeste, depois do assassinato do presidente da Liga de Sapé, João Pedro Teixeira. O fato provoca protesto e mobilização de diversos setores e uma manifestação, inicialmente proibida, em João Pessoa. A crise termina por envolver o comandante do 4º Exército, general Costa e Silva, que proibira a manifestação, e obriga o governo a vários pronunciamentos. Assim, no dia 11, o ministro Tancredo Neves declara que a crise colocava em evidência a reforma agrária, pois o ocorrido na Paraíba mostrava que a solução estava na transformação da "estrutura rural arcaica", propondo medidas estaduais de emergência.

O fato provoca a investigação de uma CPI da Câmara, que entrevista Costa e Silva sobre a ação das ligas. O militar afirma que as ligas não constituem problema para as Forças Armadas.

No mesmo período, o conselho de ministros aprova o Plano de Sindicalização Rural, que permite o voto dos camponeses analfabetos através de sistema especial. Seriam sindicalizados dezesseis milhões de camponeses.

A situação se caracteriza, assim, pela ação de diversos setores, favoráveis e desfavoráveis à reforma agrária: o Congresso, onde os projetos tramitam vagarosamente, e o Executivo, que, pressionado pelas circunstâncias e preocupado em aliviar as tensões, trata de apressar medidas parciais. Prova disso são as declarações governamentais e as medidas quanto ao estudo de projetos. Por outro lado, as críticas dos setores conservadores se fazem sentir, mesmo em relação ao projeto do Grupo de Trabalho de Milton Campos. Analisado duramente pelo Congresso de Ruralistas promovido pela Federação das Associações Rurais do Estado de São Paulo (FARESP), pois "não aborda aspectos fundamentais do complexo rural brasileiro, como o do Banco Rural, e não se coaduna com a conceituação básica da reforma agrária, anunciada pelo Congresso, pelo presidente da República".

O governo apressa também a constituição do CNRA (Conselho Nacional de Reforma Agrária), criado em setembro, com vistas à fixação de áreas prioritárias para sua execução. Desse Conselho fazem parte dom Helder Câmara Pompeu

Acioly Borges, Paulo Shilling e Edgar Teixeira Leite. O CNRA se instala a 15 de setembro de 1962, em Brasília.

As crises e as reformas

As PRESSÕES por um gabinete mais definido resultam, por parte de setores do governo, na proposição do nome de San Tiago Dantas ao Congresso. A Câmara, ao rejeitar o nome de San Tiago, parecia definir um rumo, pois era evidente que Jango não contaria com o PSD para apoiar medidas como a reforma agrária. E o nome de Auro, que é proposto e aceito, não resiste também à grande pressão, desta vez do dispositivo popular que se mobilizara contra a posição do Congresso, com o anúncio de greve geral feito pela CGT. Goulart indica, então, o nome de Brochado da Rocha e um novo gabinete, cuja atuação se restringe quase que somente a apresentar um projeto de lei antecipando o plebiscito. A crise que se segue divide de novo o Exército, onde se chocam o ministro da Guerra (Nélson de Melo) e o comandante do 3º Exército (Jair Dantas), em função da questão do plebiscito, que termina por conquistar amplos setores e é finalmente antecipado.

O Plano Trienal

NAS DUAS VEZES em que participara da eleição máxima, João Goulart não se candidatara à Presidência da República. Nem se preparara para exercer esse cargo. Emergiu na base de um *equívoco histórico* que foi o curto governo Jânio Quadros, encerrado, abruptamente, pela renúncia que traumatizou o país, sensibilizou políticos e militares e surpreendeu, em terra longínqua, o vice-presidente, primeiro substituto na linha sucessória constitucional.

Compelido a aceitar a emenda parlamentarista, era o primeiro presidente da República que não tinha a prerrogativa de organizar seu ministério. Consequentemente, sua estrutura, seus objetivos fundamentais padeciam de homogeneidade e coesão. As forças que apoiaram sua ascensão – congressistas interessados no respeito à Constituição; governantes ligados à futura sucessão presidencial; elementos das Forças Armadas querendo evitar a guerra civil – não defendiam João Goulart, mas o princípio que ele encarnava. Muitos dos mais ardorosos advogados de sua investidura eram e continuaram seus adversários. Outros divergiam dele no decorrer de sua gestão.

Os que o apoiaram – seus correligionários do PTB e elementos de esquerda – eram forças conflitantes que, em vez de ajudá-lo, buscavam uma radicalização política e ideológica que colocava o presidente em situação de permanente e intransponível dificuldade.

O depoimento de antigos ministros do Trabalho confirma que, inúmeras vezes, Jango recomendou que alertassem a cúpula sindical contra eventuais excessos reivindicatórios que o poder público não poderia atender e que acabariam por levar o país a situação de dificuldade, com o endurecimento de posições políticas de modo irremediável.[10]

O Plano Trienal foi a tentativa de cumprir o compromisso com as diversas correntes que disputavam o poder. Pretendeu uma série de providências, nas esferas administrativa e política, para as quais o país não estava preparado nem o governo tinha condições de realizar. Imaginava uma luta anti-inflacionista com reivindicações salariais permanentes e incompreensões e desconfianças empresariais incontornáveis. Pretendia acionar, em três anos, dispositivos reformistas radicais, visando à estruturação da sociedade em bases mais racionais. Era demasiado ambicioso para tão limitado prazo de um governo com suas forças progressivamente diminuídas pelo tumulto de uma série de problemas, e tornou-se irrealizável.

Jango herdara duas heranças difíceis, recebendo o espólio administrativo de Juscelino Kubitschek, agravado por Jânio Quadros.

O governo Kubitschek, fecundo em realizações da maior importância, não deixou de apresentar aspectos difíceis, alguns negativos no que se refere ao problema econômico-financeiro e à problemática social.

A política do desenvolvimento, de que o Programa das Metas era o paradigma, teve como aspecto positivo a elevação da taxa média quinquenal de crescimento da economia brasileira. Deu uma medida do crescimento econômico brasileiro ao nível do Produto Interno Bruto (PIB) de 5,2% nos dois quinquênios anteriores ao governo Kubitschek, para 7% no período de 1957 a 1961. Houve, realmente, um progresso extraordinário, já que a taxa de crescimento evoluiu, nos dois quinquênios anteriores, de 5,2% para 7%, no quinquênio 1957-1961.

Esse crescimento econômico, puro e simples, trouxe, em determinado sentido, uma série de pressões e o agravamento de vários desajustes. Foi o que aconteceu na área financeira com o aumento do ritmo inflacionário, cuja taxa média anual era da ordem de 14% de 1951 a 1956 e subiu à casa de 18% de 1956 a 1961. Essa inflação aguda provocou uma série de distorções na economia nacional. O balanço de pagamentos, cuja posição se antevia crítica em 1956, salvo se medidas corretivas fossem interpostas com êxito, passou a um estado

---

10. Entrevistas com os ex-ministros do Trabalho João Pinheiro Neto e Benjamim Eurico Cruz.

de forte desequilíbrio. Enquanto as exportações brasileiras declinavam à taxa de 1,6% ao ano, as importações ascendiam de 3,8% ao ano. Exportava-se insuficientemente para compensar nossas necessidades de importação. Agravou-se o problema do desemprego, não só em decorrência do aumento da população e do crescimento da economia, mas de fatores outros, como a emigração das áreas rurais para as regiões urbanas. Até 1960, a indústria conseguira absorver menos de quatro milhões de um total de 22 milhões de pessoas que constituíam a força de trabalho do país.

Outro aspecto grave ao final do governo Kubitschek era o desequilíbrio regional. Na verdade, a criação da Sudene (Superintendência do Desenvolvimento do Nordeste) representava a tentativa de enfrentar esse problema.

O governo Jânio, em curto período, tentou remediar essa situação. Em longo depoimento prestado pelo seu ministro da Fazenda, Clemente Mariani, foi feita a análise do que encontrou e as providências adotadas.[11] O antigo Conselho de Desenvolvimento (CD) foi substituído pela Comissão Nacional de Planejamento (Coplan), que deveria absorver o CD. Com a renúncia de Jânio, o decreto de criação da Coplan, pronto para ser assinado, tornou-se letra morta e foi praticamente abandonado.

O economista Celso Furtado seria encarregado de organizar o planejamento do governo Goulart, de que resultou o Plano Trienal.

A 27 de setembro de 1961, foi assinado o Decreto nº 1.422, criando o posto de ministro extraordinário para o Planejamento e estabelecendo o prazo de sessenta dias para elaboração de um plano de desenvolvimento econômico e social. Era o coroamento das várias tentativas de estabelecer um planejamento, que vinham desde Getúlio Vargas, criando-se a função do planejador em nível ministerial e atribuindo-lhe a responsabilidade e a obrigação da execução do plano de governo. A assinatura do decreto e escolha de um economista demonstram a preocupação do governo pelo plano técnico, e não pelo plano político. Celso Furtado havia se distinguido, em sua carreira, pela forma por que procurou preservar a imagem de um planejador e administrador profissional e não político. Começara como técnico de administração do DASP, prosseguiu como técnico da Comissão Econômica para a América Latina (Cepal, órgão das nações unidas), chefe do grupo misto do Banco Nacional do Desenvolvimento Econômico (BNDE), diretor do BNDE e superintendente da Sudene.

Investido em seu novo cargo, foi buscar, na Coplan, outros elementos técnicos para organizar, no prazo de sessenta dias, aquilo que deveria ser o plano de governo do presidente João Goulart.

A 31 de dezembro de 1962, uma semana antes da realização do plebiscito, foi oficialmente anunciado à nação o Plano Trienal de Desenvolvimento Econômico e Social.

---

11. Entrevista com Clemente Mariani, 11-2-1974.

O Plano Trienal deveria lograr três objetivos fundamentais: 1º) oferecer aos investidores e credores internacionais segurança sobre as políticas interna e externa a serem cumpridas; 2º) assegurar aos setores políticos nacionais, contrários aos esquemas estatizantes esquerdistas e socializantes, o compromisso de um governo moderado; 3º) pretendia, também, a solução de problemas críticos da economia brasileira, sintetizados no dilema antigo e sempre atual que é o desenvolvimento com estabilidade, vislumbrando a possibilidade de conciliarmos a luta contra a inflação com o desenvolvimento econômico. O plano imaginava poder realizar esses objetivos através de reformas de estruturas.

O Brasil tivera, até então, planos basicamente monetaristas, que se preocupavam com a contenção inflacionária e com problemas de equilíbrio financeiro. Orientado pelo pensamento estruturalista de Celso Furtado, o Plano Trienal visava realizar a transformação social e política do país pela mudança de suas estruturas econômicas. O plano não vinha com a preocupação fundamental de combater a inflação através da terapêutica exclusivamente monetarista, isto é, por medidas monetaristas. Estava interessado, também, em dar à ação governamental um sentido de luta contra as estruturas ultrapassadas que, no entender dos organizadores do plano e dos mentores políticos do governo, impediam uma ação incisiva contra o processo inflacionário.

Tínhamos, pela primeira vez, uma filosofia estruturalista, no sentido econômico, acionando um plano de governo no Brasil. Estruturalista quando considerava indispensável a modificação de velhas estruturas econômicas para a realização de um progresso social e econômico.

O professor Jorge Gustavo da Costa, da Fundação Getúlio Vargas, estudou o Plano Trienal.[12] Os primeiros objetivos eram econômicos. O primeiro seria assegurar uma taxa de crescimento da renda nacional compatível com as expectativas de melhoria de condições de vida que motivam o povo brasileiro. Essa taxa foi estimada em 7% anuais, correspondente a 3,9% de crescimento *per capita*. O segundo, reduzir, progressivamente, a pressão inflacionária para que o sistema econômico recuperasse uma adequada estabilidade de nível de preços cujo incremento não deveria ser superior, em 1963, à metade observada no ano corrente. Esse incremento não deveria aproximar-se de 10%. Em 1963, não deveria ultrapassar 25% e, em 1964, situar-se na casa de 15%.

Nessa progressão, evidenciava-se o irrealismo dos planificadores, projetando uma contenção inflacionária violentíssima, da ordem de 80% para 10% em um período de apenas três anos, quando os governos de depois de 1964, dispondo de poderes amplos, não conseguiram realizar esse objetivo em dez anos.

O terceiro seria encaminhar soluções visando refinanciar, adequadamente, a dívida externa acumulada, principalmente no último decênio, a qual, não sendo

---

12. Jorge Gustavo da Costa, *Planejamento governamental, a experiência brasileira*. Fundação Getulio Vargas.

propriamente grande, pesava desmesuradamente na balança de pagamentos, com seus vencimentos a curto e médio prazos quase todos na vigência do governo Goulart. Também se tratava de evitar agravamento na posição do endividamento do país no exterior durante o triênio seguinte.

Visava em seus objetivos sociais: orientar, adequadamente, o levantamento dos recursos naturais e a localização da atividade econômica, considerando as distintas áreas do país, e reduzir as disparidades regionais de níveis de vida, sem com isso aumentar o custo social do desenvolvimento; eliminar, progressivamente, os entraves de ordem institucional responsáveis pelos desgastes de fatores de produção e pela lenta assimilação de novas técnicas, em determinados setores produtivos, destacando-se a atual estrutura agrária brasileira, cuja transformação deveria ser promovida com eficiência e rapidez.

Os objetivos econômicos e sociais implicavam e incluíam, consequentemente, a reforma agrária, no estabelecimento de novas condições para que os frutos do desenvolvimento se distribuíssem de maneira cada vez mais ampla pela população, cujos salários reais deveriam crescer com a taxa pelo menos idêntica à do aumento da produtividade do conjunto da economia e dos ajustamentos decorrentes da elevação do custo de vida. O plano objetivava intensificar, substancialmente, a ação do governo no campo educacional, no da pesquisa científica e tecnológica e no da saúde pública, a fim de possibilitar uma rápida melhoria do homem, como fator do desenvolvimento, e de permitir o acesso crescente da população aos frutos do progresso cultural. Finalmente, assegurar ao governo uma crescente unidade de comando, dentro de sua própria esfera de ação, submetendo as distintas agências que o compõem à diretriz de um plano que visa à consecução simultânea dos objetivos anteriormente relacionados.

Uma primeira análise global revela que o Plano Trienal deixava de ser a mera listagem de investimentos de capital para se constituir no instrumento de escopo mais amplo, contemplando, inclusive, a própria reconstrução da sociedade. A análise mais restrita conduz à observação de que alguns dos objetivos enumerados não são facilmente compatíveis entre si. As medidas visando às disparidades regionais podem, a curto prazo, afetar a taxa de crescimento da renda nacional. A obtenção da taxa de crescimento de 7% ao ano, associada a medidas anti-inflacionárias de contenção de despesas, exige um elevado grau de precisão nas medidas administrativas. A taxa de investimento, prevista para o incremento da renda nacional, em período de combate à inflação e contenção de gastos públicos pode, a curto prazo, acarretar um ônus adicional para as classes assalariadas. São conflitantes muitos daqueles objetivos, notadamente quando se visa a um crescimento econômico acelerado e uma contenção violenta da inflação, reformas de estrutura, tentativas de atenuar desajustes econômicos e sociais regionais, contenção de salários, ao mesmo tempo que uma série de medidas deixam entrever as pressões heterogêneas de forças políticas antagônicas às quais o presidente da República pretendia atender de uma só vez, tentando dar tudo a todos, sem que as várias categorias sociais contempladas estivessem de acordo em pagar o ônus correspondente a cada uma. Essa conciliação política impossível, ou que não foi possível realizar, estabeleceu, de início, a inviabilidade de um projeto técnico, aparentemente muito bem-feito, mas de difícil aplicação, na medida em que o Plano Trienal constituía a peça central para manutenção do sistema.

Tornava-se crucial que o plano lograsse êxito no limite de tempo em que o sistema tivesse capacidade de vencer pressões e resistências, enquanto os antagonismos internos fossem sendo superados. O objetivo institucional determinava que o ministro do Planejamento fosse o executor do plano por ele planejado. Ele seria, de fato, um superministro, funções que viria a ter, na sequência revolucionária, o ministro Roberto Campos, na gestão Castelo Branco. Isso não aconteceu. Os demais ministros não abriram mão de suas prerrogativas, e o presidente da República não teve condições para forçar os seus ministros e os ministérios a admitir a preeminência do ministro do Planejamento. O Plano Trienal sofreu, então, seu primeiro impacto, se não o decisivo. Sua institucionalização não se fez como fora prevista. As pressões políticas atribuíram ao ministro da Fazenda, no caso o professor San Tiago Dantas, a execução do plano. O presidente da República anunciara a formação de um gabinete com o objetivo de executar o plano. A criação do Ministério do Planejamento teria a seu cargo a coordenação do gabinete, em função da execução do plano. O ministério, finalmente composto, passou a não se conformar com a medida. A execução do plano passou a ser atribuição do ministro da Fazenda, que advogava a tese de que a elaboração e a execução eram tarefas distintas a serem atribuídas a pessoas diversas. Não aceitava o plano e iria executá-lo.

O enfraquecimento do Plano Trienal e sua liquidação podem ser acompanhados em rápida recapitulação: primeiro – na tentativa louvável, mas inviável, de compatibilizar forças políticas incompatíveis, que se chocavam em vez de se unirem para apoiar o governo, dividindo-se e enfraquecendo-se, o Plano estabeleceu metas conflitantes; segundo – o deslocamento de atribuições, entregando a sua execução ao ministro da Fazenda, criou uma nova e irredutível área de atrito; terceiro – o plano não conseguiu, como pretendera, conciliar estruturalismo com monetarismo nem desenvolvimento com estabilização, nem as soluções técnicas com as pressões políticas. O prazo limitado que se impusera, até na denominação, predispunha ao malogro. Nenhum outro plano pretendeu ou podia ser executado naquele limite.

Alguns objetivos essenciais teriam de ser realizados nos seis primeiros meses, ou o plano correria o risco de ser abandonado. Esses objetivos correspondiam às limitações monetárias e creditícias, inseridas no contexto da luta contra a inflação, que se vinha agravando terrivelmente e deveria ser enfrentada de qualquer maneira e a qualquer preço. O plano seria, de início, submetido a um teste de natureza eliminatória: ou tinha condições de enfrentar o processo inflacionário, de atacar a inflação violentamente, ou já se poderia considerar liquidado. Esse teste tomou forma concreta em três problemas críticos: aumento do funcionalismo, teto dos preços de mercadorias básicas e contenção do crédito.

O plano estabelecera o limite de 40% para o aumento do funcionalismo civil e militar, com base nas estatísticas de elevação do custo de vida. Desde o último reajustamento, os servidores públicos passaram a reivindicar um aumento na base de 70%, esperando a repetição do critério que orientara a revisão do salário mínimo em janeiro de 1962. Após cinco meses de forte pressão, e já com a concordância dos ministros da Fazenda e do Planejamento, o Congresso votou o aumento pleiteado. Comprometia-se, assim, inicialmente, o Plano Trienal na sua luta contra a inflação. Concomitantemente à campanha de aumento de vencimentos, desenvolveu-se a da liberação dos preços do aço, na base de 20%, pleiteada pela Companhia Siderúrgica Nacional. O aumento do preço de um produto básico iria repercutir, fatalmente, no nível real dos preços, colocando em jogo o limite de 15% estipulado para expansão inflacionária do primeiro semestre de 1963. A capitulação do governo, autorizando esses aumentos, fazia periclitar o esquema do plano. Ainda uma terceira razão, gerando um clima de pânico, levou o presidente João Goulart a desatender às recomendações do plano. A indústria automobilística, criada à sombra de favores, passava por uma crise cujas consequências fez exagerar, ameaçando encerrar suas atividades no Brasil se o governo não melhorasse ou aumentasse suas linhas de crédito. A pressão exercida sobre o governo foi terrível. Ante a informação de que a produção automobilística já decaíra em 30% e ameaçava descambar até 70%; à notícia de que a Ford dispensaria trezentos empregados e a Willys se preparava para um corte de 1.500 empregados, levou o ministro da Fazenda a propor a reconsideração dos limites do Plano Trienal. A Sumoc emitiu a ordem liberatória correspondente. O aumento do funcionalismo, além da cota prevista de 40% para 70%; a liberação dos preços do aço e a liquidação dos níveis previstos de linhas de crédito para a indústria automobilística selaram a liquidação definitiva do Plano Trienal, no que se refere à luta anti-inflacionária. Problemas paralelos convergiram para que a elevação do déficit do tesouro, previsto de 300 bilhões de cruzeiros para todo o ano, atingisse, em junho, 395 bilhões. O índice de oferta de empregos em São Paulo, um dos principais centros industriais do país, caiu de 502, em janeiro, para 380 em maio. As negociações com o governo norte-americano e com o Fundo Monetário Internacional (FMI), que se haviam reiniciado promissoras com a perspectiva criada pelo Plano Trienal, logo entraram em compasso de espera face às várias modificações nele introduzidas, em pontos considerados fundamentais, do esquema de estabilização econômica. O FMI, percebendo que o esquema anti-inflacionário não estava mais sendo executado, desistiu ou arrefeceu o ritmo de suas negociações com o governo brasileiro, criando mais um outro problema grave na área externa. Finalmente, a inflação, que deveria reduzir-se a 25%, em 1963, acumulara-se, apenas nos primeiros seis meses do ano, em 30%. Havia fracassado o esquema de estabilização do plano.

Na reforma ministerial de junho de 1963, os ministros Celso Furtado e San Tiago Dantas cederam suas pastas. Ao se empossar no ministério da Fazenda, o professor Carlos Alberto de Carvalho Pinto traçou os novos rumos da política financeira. Seu programa reflete as angústias de uma época conturbada na luta pela contenção inflacionária, impraticável diante das exigências irrealistas e imprevisíveis da política.

O ministro Carvalho Pinto sintetizou, em dez itens, sua orientação: 1º) austeridade administrativa; 2º) promoção realista do desenvolvimento; 3º) controle gradual da inflação; 4º) reforma bancária; 5º) reforma tributária; 6º) reforma administrativa do Ministério da Fazenda; 7º) administração seletiva de créditos; 8º) política cambial adequada à exportação e à importação e a utilização dos mecanismos internacionais de cooperação para o desenvolvimento; 9º) intensificação do comércio exterior; 10º) progressiva especificação no planejamento existente, através de medidas concretas, especialmente quanto aos aspectos financeiros.

Referências ao Plano Trienal continuavam a ser feitas, em especial para efeito de negociações internacionais. Seu esquema básico e suas metas, entretanto, se haviam diluído. O plano estava liquidado. As pressões políticas, que haviam forçado seu esquema, impediram que pudesse alcançar, ou ao menos tentar, seus objetivos. Daí resultar negativa a sua aplicação, assim deformada. Os rumos referentes às previsões financeiras, ao ritmo de desenvolvimento e ao programa de estabilização são demonstrações de que os objetivos do plano não foram realizados com êxito. O déficit do Tesouro, previsto de 300 bilhões, foi a 500 bilhões, com um erro negativo de 68%. A inflação prevista de 30% alcançou 80,6%, com erro negativo de 160%. De obrigações do Tesouro, dos cem bilhões previstos, na realidade, foram realizados 55,5, com um erro negativo de 45%. Na emissão de papel-moeda, prevista de 111 bilhões, foram emitidos 380 bilhões. O limite de 278 bilhões do total adicional dos empréstimos bancários e particulares foi ultrapassado para 434,9 bilhões, com um erro negativo de 58%. O total geral dos empréstimos das autoridades monetárias aos bancos comerciais, com limite previsto de 133,5 bilhões, subiu para 256,5 bilhões, com o erro negativo de 91%. O resultado do programa de estabilização foi amplamente negativo, variando os índices de insucesso de 45% a 242%.

O ano de 1963 ofereceu os seguintes resultados: a produção agropecuária, que obtivera a taxa de crescimento de 6% em 1962, registrou a taxa de apenas 0,1% em 1963; a produção de matéria-prima para o setor industrial reduziu a taxa de crescimento de 11%, em 1962, para 4% em 1963; a produção industrial, que deveria crescer mais de 37% do triênio, ou seja, cerca de 11% anuais, declinou a taxa de 8% em 1962 para 2,8% em 1963. As indústrias mais atingidas foram a indústria automobilística, com um declínio de 31,2% para 8,9%; indústrias de couros, de 25,2% para 7,2%; indústria do petróleo, de 21,2% para 7,2%; indústria química e farmacêutica, de 16,5% para 3,2%; indústria alimentar, de 6,2% para 1,9%. A produção de energia elétrica, que aumentara 11,2% em 1962, obteve incremento de 5,7% em 1963.

O Plano Trienal, que foi o primeiro plano profissional elaborado no Brasil, não produziu nem a gratificação política, nem os resultados econômicos e sociais a que se propunha.

Obstáculos políticos

ANALISANDO os fatores políticos que dificultam o desenvolvimento econômico do Brasil, o economista Celso Furtado apresentou um trabalho à conferência "Obstacles to Change in Latin America", promovida pelo Royal Institute of International Affairs (Chatam House), que se realizou em fevereiro de 1965, em Londres.[13]

Inicialmente, o autor do Plano Trienal formula a seguinte questão: que condições particulares se requerem para que o desenvolvimento, transformado em aspiração suprema de uma coletividade nacional, venha a prevalecer sobre interesses de classes e grupos nas definições políticas básicas?

Responde o economista que a política de desenvolvimento, concebida como uma estratégia para modificar uma estrutura econômica e social, "somente pode existir em uma sociedade que haja tomado plena consciência de seus problemas, formulado um projeto com respeito ao seu futuro e criado um sistema de instituições capaz de operar no sentido da realização desse projeto. Evidentemente, o Brasil está longe de reunir as condições requeridas para a formulação de uma política de desenvolvimento concebida nesses termos".

"A ideia de uma política ativa de desenvolvimento surgiu do esforço que empreenderam alguns países capitalistas para maior estabilidade em suas economias, com um sistema produtivo altamente diferenciado e uma renda distribuída de forma desigual, atendendo à necessidade iniludível de formular a política de pleno emprego em termos dinâmicos, vale dizer, em termos de capacidade produtiva. Desta forma" – prossegue – "nas economias capitalistas maduras, as chamadas políticas de estabilidade tenderam, progressivamente, a assumir a forma de políticas de desenvolvimento, atribuindo-se a órgãos centrais a responsabilidade de observar o funcionamento do sistema econômico

---

13. *In Revista Civilização Brasileira*, Rio de Janeiro, Ed. Civilização Brasileira, nº 1, março de 1965, p. 129.

como um todo, de definir estratégias de crescimento e de indicar os meios a utilizar para suprir os impulsos dinâmicos quando necessários [...].

Essa política se aplica com êxito onde existe um sistema econômico estruturalmente apto para crescer.

Trata-se, portanto, de um esforço de reconstrução de estruturas econômicas e sociais. [...] Evidentemente, o Brasil está longe de reunir as condições requeridas para a formulação de uma política de desenvolvimento concebida nesses termos. O crescimento do produto por habitante ocorrido neste país, nos últimos três decênios, resultou de uma conjugação favorável de fatores, e não propriamente da existência de uma política de desenvolvimento. Durante todo esse período, a política econômica brasileira foi orientada por grupos diretamente interessados na defesa de interesses particulares."

O idealizador do Plano Trienal, cuja execução lhe foi tirada, analisa, no trabalho citado, os diversos fatores que influíram em nossa política de desenvolvimento. Em primeiro lugar, focaliza a industrialização brasileira, apresentada como um caso típico do desenvolvimento na base da substituição de importações. As grandes plantações de café (chegamos a ser, no mundo, o país de maior cultura agrícola em extensão), resultantes do estímulo dos preços altos que prevaleceram no período de 1927-1929, entraram em produção a partir de 1931, exatamente quando os preços dos produtos se haviam reduzido de duas terças partes no mercado internacional. Somava-se à crise externa, que obrigara o Brasil a reduzir pela metade suas importações, outra crise interna, decorrente da necessidade de financiar grandes quantidades de café que não encontravam mercado. Na medida em que o governo comprava café para estocar, a moeda brasileira se depreciava. As consequências políticas foram mais amplas do que se pode pensar. O preço do café subia na moeda depreciada. Cresciam os preços relativos das mercadorias importadas, criando-se condições extremamente favoráveis à produção interna. A produção manufatureira, orientada para o mercado interno, tornou-se o negócio mais atrativo da economia nacional. Os recursos financeiros e a capacidade empresarial foram transferidos do setor exportador tradicional para as indústrias manufatureiras. "Entre 29 e 37, enquanto as importações declinavam em 23%, a produção industrial cresceu em 50%."

Em uma segunda fase, no período após-guerra, o governo preocupou-se em defender os preços do café no mercado internacional, já que havia vultosos estoques armazenados. Para isso, manteve a paridade do cruzeiro, não obstante se haver elevado o nível dos preços muito mais no Brasil do que nos Estados Unidos. As importações subiram com rapidez, esgotaram-se as reservas de divisas acumuladas durante a guerra, iniciou-se, já em 1948, um processo de endividamento a curto prazo. Foi quando o governo introduziu um sistema de controle das importações, dando prioridade às matérias-primas e aos bens intermediários em geral, para manter o nível de emprego nas indústrias já existentes, assim como às importações de equipamentos. Estabeleceu-se uma dupla proteção às indústrias, proibindo-se a importação de *similares* e fornecendo-se cobertura cambial para a importação de matérias-primas e equipamentos a preços subsidiários. Essa industrialização de tipo substitutivo, avançando mesmo a um nível mais alto de preços, não exigiu nem ensejou a preparação de uma infraestrutura que permitiria a transição de uma economia exportadora de produtos primários para outra de tipo industrial. A preparação dessa infraestrutura de serviços básicos só seria possível no quadro de uma política que definisse novas funções do Estado no campo econômico.

A industrialização, realizada à sombra de proteção oficial, trouxe consequências para o conjunto da estrutura social do país. A estagnação do setor agrícola, a concentração de investimentos em atividades urbanas, o rápido aumento das atividades estatais são apontados como causas de importantes transformações da estrutura social do país. Elas não tiveram, infelizmente, a adequada correspondência no sistema de instituições políticas. Não contribuíram para a formação de uma liderança industrial, com projeções políticas. As velhas oligarquias agrícolas fazem-se notar, influindo na composição do poder Legislativo; no Senado, onde são iguais as representações estaduais, os pequenos estados agrícolas e as regiões mais atrasadas, somados, têm influência decisiva. Na Câmara, com a proporcionalidade, o voto de um cidadão que habita um estado que tem 80% de analfabetos vale cinco vezes mais do que o daquele outro de um estado 100% alfabetizado. O poder Legislativo permanece em poder de uma classe tradicional e dominante, que ocupa um lugar privilegiado na luta pelo controle das instituições políticas.

Daí resulta que grande parte da população não aceita a legitimidade dessa representação, criando-se condições favoráveis aos golpes e contragolpes.

Nessas circunstâncias, o princípio da legitimidade do poder traz, em si, uma contradição. O candidato, e depois o governante, precisa, ao mesmo tempo, respeitar a Constituição, para se legitimar, e romper as regras constitucionais para corresponder às expectativas da maioria que o elegeu ou das forças revolucionárias que o colocaram no poder. Uma sociedade de massas, resultante dos fatores socioeconômicos apenas mencionados, abre o caminho ao populismo. Mas ainda não se formaram novos grupos dirigentes capazes de definir um projeto de desenvolvimento nacional em contraposição à ideologia tradicionalista. Assim, a pressão populista não é absorvida pelo processo político, atuando apenas na fase eleitoral. Porque o poder continua em mãos da classe dirigente tradicional, cuja sobrevivência é assegurada pela extensão territorial e pelo sistema federativo. O choque entre o Legislativo, que representa essa tradição política, e o Executivo, mais influenciado pela pressão populista, traumatiza o progresso político. O desenvolvimentismo do Executivo, no cumprimento dos compromissos de seus chefes com a massa, traduz-se em obras públicas, metas de investimentos etc. O Congresso que aprova os projetos de simples autorização de gastos nega-se a discutir toda reforma tributária que permita efetivo aumento da capacidade financeira do governo, com base numa distribuição da carga fiscal socialmente mais justa. A existência desse conflito fundamental das instituições básicas em que se apoia o poder cria condições favoráveis à arbitragem militar, como ocorreu no Brasil.

Assim analisada a política desenvolvimentista, o autor do Plano Trienal presta o mais valioso depoimento sobre a execução, ou melhor, as causas que impediram a execução da primeira tentativa de planejamento, que seria o verdadeiro programa do governo do presidente João Goulart.

Supra e o decreto de março

A SUPRA, criada em outubro de 1962 com o objetivo de elaborar uma política de reforma agrária e planejar, regional e nacionalmente, sua execução, significou a existência de um organismo próprio, no caso, uma autarquia, encarregada de encaminhar a matéria. Foi, por outro lado, um pequeno passo no sentido da ação do governo federal. Até então, o grande problema era que só no âmbito estadual se faziam sentir algumas medidas de maior vulto: é o caso de Nei Braga, no Paraná, que se propunha a uma reforma mais radical do que a do Grupo de Trabalho; é, também, o caso de Mauro Borges, em Goiás, que iniciara uma distribuição das terras do estado aos sem-terra; é o caso de Magalhães Pinto, partidário da tese de que a reforma agrária devia ser implementada no âmbito estadual, observando as particularidades regionais. Discordava, portanto, de Brizola, pois este considerava que a reforma agrária só era possível no âmbito nacional, para obedecer a um planejamento global. Não negava Brizola, entretanto, as iniciativas estaduais, visto que assinara um decreto instituindo sua "reforma agrária progressiva" no Rio Grande do Sul (essa reforma agrária se propunha a criar um amplo mercado interno, ao ser democratizada a propriedade da terra e ao se fomentar o cooperativismo agrário).

A criação da Supra, embora fosse uma medida de cunho parcial e administrativo, pois o organismo não tinha poderes para decretar ou mesmo executar a reforma agrária, era uma medida que tinha certo impacto político. A oposição à Supra foi grande, na medida em que muitos setores viam nela uma ameaça no sentido da execução da reforma agrária. Na verdade, a Supra, sem uma lei de reforma agrária efetiva, pouco poderia fazer – e esta lei dependia de ação do Legislativo.

A discussão parlamentar chegara a uma situação de impasse ao final de 1963. Ficava mais claro que a questão central em relação à reforma agrária era a emenda constitucional. O presidente da República parecia não ter outro caminho que o da definição frente ao impasse que se delineava no parlamento.

A crise provocada pela discussão da necessidade da emenda ameaçava dividir a aliança PTB-PSD, e, a partir do momento em que o projeto de Milton Campos é entregue à mesa da Câmara, um setor do PSD parece disposto a apoiá-lo. O PTB, que defendia a tese da necessidade da emenda através de Bocaiúva Cunha, denuncia complô a favor da aprovação do projeto de Milton Campos. Em julho, no dia 11, a bancada do PTB, aliada aos "agressivos" do PSD, impede a votação do projeto. No dia 4 de agosto, é rejeitado o Estatuto da Terra do Grupo de Trabalho.

Quase simultaneamente, havia sido lançado o projeto de Aniz Badra, que, no dia 14, é apoiado, em princípio, pela Comissão de Finanças. O projeto prevê indenização em dinheiro, por interesse social, e é considerado de conciliação.

Na crise, Amaral Peixoto ameaça rompimento da aliança de sustentação do presidente, face à intransigência do PTB, que não abre mão do seu projeto de emenda constitucional. Jango, pressionado a se definir, apoia a tese do PTB tacitamente ao declarar, a 23 de agosto de 1963, que reforma agrária só com reforma constitucional.

Ressalta, entretanto, que espera uma maioria parlamentar que permita sua homologação.

João Pinheiro Neto, ao assumir a Presidência da Supra, em junho de 1963, inicia uma série de atividades concernentes a problemas agrários. Na Guanabara, em agosto, o presidente da Supra entrega um esboço do plano de reforma agrária, que desapropria uma faixa de terras na baixada fluminense.

Outro problema que a Supra chegou a enfrentar foi o da sindicalização rural, onde se concentraram alguns esforços, principalmente junto com a Igreja, através da Ação Católica, Frentes Agrárias, MEB, JAC, principalmente no Nordeste. Formou-se para isso uma Comissão Nacional de Sindicalização Rural, tendo como presidente Sérgio Veloso, da Supra.

A criação da Supra, fundamentada em lei delegada do regime parlamentarista, por si só não bastava como esforço no sentido de desencadear a reforma agrária. Assim, o final de 1963 não definiu o impasse parlamentar que se posterga para o início de 1964, quando, se esperava, seriam dados passos mais definitivos sobre a matéria.

A divisão definitiva entre PSD e PTB, com a formação de uma maioria pessedista, contrária a Jango, coincidia com o findar das esperanças de que o Congresso votasse uma modificação constitucional.

Assim, buscando uma medida que pudesse, por seu impacto, conjugar os esforços em favor de uma reforma agrária, mobilizando a opinião pública e parlamentar, Jango pede a João Pinheiro que realize um estudo, juntamente com os órgãos técnicos da Supra, no sentido de elaborar um decreto que propiciasse a desapropriação de terras nas margens das rodovias, estradas de ferro, ou beneficiadas por obras da União. O estudo efetuado pelos órgãos técnicos, sob supervisão de Hélio Sabóia, secretário administrativo, possibilitou a elaboração de uma minuta de decreto. Essa minuta de decreto foi submetida à apreciação do futuro ministro da Justiça, professor Carlos Medeiros da Silva, para que não apresentasse incorreções do ponto de vista jurídico-constitucional.

Goulart, no dia 9 de março, recebeu a minuta do projeto e a examinou. A ideia inicial era assiná-la em uma solenidade mais restrita, em Brasília. Posteriormente, face à realização do comício, no dia 13 de março, Jango e as lideranças que discutiam a sua realização decidiram-se por apresentá-lo naquela ocasião, junto com outras medidas de impacto político a serem divulgadas.

O sentido político do decreto era de que o Executivo tomava a iniciativa, no âmbito de sua ação exclusiva, no sentido de destrancar as portas da reforma agrária, até então fechadas pelo impasse surgido no Congresso. Para esclarecer o caráter específico e limitado do decreto, que se iria dar a conhecer, Pinheiro Neto declara a 12 de março, portanto na véspera do grande comício: "Decreto não é reforma agrária". O decreto é dado a conhecer, finalmente, junto com as demais medidas anunciadas no dia 13, diante de enorme multidão que se juntara para escutar as lideranças populares e o presidente da República.

A base das reformas e outras medidas

A BASE DAS REFORMAS era a situação, uma das mais difíceis, em que vivia o Brasil no início dos anos 60.

O esgotamento do ciclo substitutivo de importações, a distorcida estrutura agrária, as grandes desigualdades de renda, a dependência estrutural da economia brasileira tornavam difícil o desenvolvimento independente e socialmente justo, sem importantes modificações na sociedade.

Daí ser esse um momento de grandes descontentamentos, muitas aspirações e também de esperanças, na medida em que se mobilizam grandes e amplos setores sociais.

As reformas de base surgem como medidas de transformação, tidas como necessárias para romper com as travas a um desenvolvimento autônomo do Brasil, reformulando a sociedade e satisfazendo os anseios de imensos segmentos da população, até então afastados totalmente de uma participação econômica, social e política.

Procurava-se, portanto, solucionar o problema da distribuição da terra e passar para o controle nacional alguns setores importantes da economia, além de limitar o movimento de capitais estrangeiros. O objetivo era democratizar não só a propriedade da terra, mas também o ensino e a cultura, limitar a saída de capital estrangeiro, assim como assegurar o controle nacional da economia, transferindo o poder econômico da jurisdição estrangeira para a nacional, além de assegurar a participação política de setores sociais até então marginalizados.

A remessa de lucros

As tentativas mais efetivas de legislar sobre a matéria datam do período do governo Dutra, fevereiro de 1946, quando surge a Lei nº 9.025, limitando em 8% do valor do capital registrado as remessas de lucros e dividendos.

O projeto nº 13 de 1959, adotava os princípios defendidos por Saturnino Braga na conferência da União Interparlamentar e inicia um novo período, quando define e fixa pontos tais como o conceito de capital estrangeiro, registro oficial e exame prévio por órgãos especializados, além da nacionalização dos lucros considerados excessivos.

Depois de ver ampliada, consideravelmente, a área de debates, o problema ganha nova projeção durante o curto governo Jânio Quadros. O projeto nº 2.351, enviado à Câmara dos Deputados pelo presidente, sofre algumas modificações e emendas substitutivas, apresentadas por Sérgio Magalhães, Barbosa Lima Sobrinho e Saturnino Braga. Essas emendas e modificações são sistematizadas e organizadas por Celso Brandt, resultando num novo projeto, aprovado pela Câmara e mais tarde encaminhado ao Senado. Ao retornar à Câmara dos Deputados, após o substitutivo Mem de Sá, é novamente modificado e finalmente aprovado no dia 3 de setembro de 1962.

Ao assumir, Jango coloca, no seu primeiro gabinete parlamentarista, Walter Moreira Sales como ministro da Fazenda e Roberto Campos como embaixador em Washington, o que demonstrava pouco ânimo em impulsionar uma legislação mais restritiva sobre a matéria. A aprovação do projeto na Câmara não seria, ainda, um passo definitivo, tanto que sua aprovação não provoca aplausos por parte de Tancredo Neves, então primeiro-ministro. Tancredo teria, inclusive, ido à Câmara comandar a votação do substitutivo Daniel Faraco, que foi derrotado por 151 votos a 60. A partir daí, começou-se a organizar uma resistência mais intensa no Senado.

Nesse período, são inúmeras as declarações contrárias, que alegavam ser desprezíveis os lucros remetidos para o exterior. O próprio embaixador americano Lincoln Gordon sustentava, com dados da Sumoc, então dirigida por Octávio Gouveia de Bulhões, que os lucros remetidos eram da ordem de 40 milhões de dólares por ano, quantia considerada inexpressiva.

A emenda Mem de Sá, feita no Senado, significava, pelo seu conteúdo, uma derrota do espírito que saíra vitorioso na Câmara dos Deputados. Na página

29 do trabalho escrito para a Associação Comercial da Guanabara, o senador dizia: "Qualquer lei que cuide de disciplinar investimentos estrangeiros ou remessas de lucros estipulando limitações quantitativas, longe de resolver o problema, agrava-o".

A polêmica girava então em torno dos "retoques" a serem efetuados pelo Senado ao projeto Celso Brandt, considerado "desastroso para a economia nacional". E prossegue quando a Câmara, ao receber o projeto do Senado modificado pelo senador Mem de Sá, restaura alguns dispositivos do projeto original de Celso Brandt.

A regulamentação da Lei 4.131 pelo presidente da República, em 23 de janeiro de 1964, dá-se simultaneamente com as investigações de uma CPI da Câmara dos Deputados, para verificar seu efetivo cumprimento pela Sumoc.

A lei aprovada e regulamentada conceitua o que é capital estrangeiro: "é aquele que vem do exterior para dentro do país"; estabelece sua remuneração entre 10% e 8%; nacionaliza os lucros excedentes, ou seja, o capital reinvestido, que, embora pertença a estrangeiros, é *um capital nacional*, e não dá mais direito a nenhuma remessa de lucros; estabelece uma taxa de retorno de capital em 20% ao ano.

Existe, portanto, na lei, uma conceituação do capital estrangeiro, uma limitação de remessa de lucros e de retorno de capital e uma nacionalização progressiva do capital registrado. Procura impedir uma saída de capitais danosa para o país.

No dia 23 de janeiro, em intervenção na Câmara dos Deputados, Sérgio Magalhães diz que a luta não cessa com a simples regulamentação da Lei 4.131 pelo presidente da República; é preciso fiscalizar sua aplicação pela Sumoc. Em relação à Sumoc, são apontados alguns entraves à aplicação da lei:

1) a existência de funcionários e alguns dirigentes contrários à lei;
2) a necessidade de que a Sumoc baixe, ainda, algumas instruções relativas à lei e à sua regulamentação;
3) a falta de recursos mecânicos e de pessoal para o registro minucioso.

Daí é pedido o prosseguimento da atividade da CPI, para continuar fiscalizando o cumprimento e a observância da lei.

Era pedida, também, uma declaração de rendimentos dos funcionários e suas esposas, a ser encaminhada ao Tribunal de Contas.

Foi denunciada, além disso, a evasão disfarçada através de:
1) operações simbólicas de compra e venda de câmbio, evasão do imposto de renda;
2) remessa mediante termos de responsabilidade, sem prévia autorização;
3) prática do "sobrefaturamento", através da CACEX.

A posição de algumas agrupações políticas, como a UDN, é de um projeto atenuado de controle; a de outros setores mais conservadores é a de negar qualquer possibilidade de legislar sobre a matéria. Como exemplo do primeiro caso, temos a ação do senador Mem de Sá (Partido Libertador), que modificou substancialmente o projeto no Senado. Os argumentos dos mais cautelosos sobre o problema são os clássicos: de que tal legislação afugentaria o capital estrangeiro, estimulando a alta do custo de vida e agravando o desequilíbrio da balança de pagamentos. Nesse sentido, muito contribuíram algumas declarações de elementos de organismos de crédito e financiamento, preocupados com as más consequências do projeto.

Apesar de tudo, e sem dúvida alguma, a opinião majoritária, tanto parlamentar quanto popular, já era a favor da medida, que se preocupava fundamentalmente em preservar e garantir os interesses nacionais, disciplinando a entrada e saída de capitais. Exemplo disso é a própria opinião de alguns setores da UDN, que, sem outra atitude possível, eram favoráveis a legislar sobre a matéria, tais como Magalhães Pinto. Temos, ainda, elementos de partidos menores, como Fernando Ferrari, pelo PTR, que, embora não quisessem uma lei por demais restritiva, concordavam em legislar para o controle do movimento dos capitais estrangeiros.

A dificuldade estava em obter uma lei que efetivamente significasse controlar a saída de capitais e a nacionalização progressiva do capital gerado pelo investimento inicial. Com a regulamentação da Lei 4.131, dava-se um passo nesse sentido, mas contrariava-se, também, poderosíssimos interesses.

O caso das concessionárias de serviço público

A nacionalização das concessionárias de serviço público é amplamente debatida, principalmente a partir da encampação da subsidiária da ITT, no Rio Grande do Sul. A encampação se dá através de um decreto e mediante indenização, com um depósito de 149 milhões 758 mil cruzeiros na Caixa Econômica Federal. A indenização, considerada "justa e prévia", provoca protestos imediatos nos Estados Unidos, e o presidente da ITT, não satisfeito com a indenização, pede a Goulart que interceda junto a Leonel Brizola, então governador do Rio Grande do Sul, "no interesse da manutenção das relações amistosas entre Estados Unidos e Brasil"[14]. Tal medida, a encampação, também aprovada pelo juiz da 2ª Vara da Fazenda do Rio Grande do Sul, provoca nota oficial da embaixada dos Estados Unidos, que inclusive louva a intervenção direta de Jango no caso para, segundo eles, sustar a ação "radical" do governador.

O assunto não deixa de causar, progressivamente, grande estremecimento nos meios norte-americanos de governo. A proximidade da visita de Goulart aos

---

14. *Jornal do Brasil.* Rio de Janeiro, 17-2-1962.

Estados Unidos provoca uma declaração do embaixador Roberto Campos no sentido de que tal assunto não estaria incluído na pauta das conversações com Kennedy. A inquietação nos ambientes empresariais norte-americanos fica evidente com a manifestação da própria Câmara do Comércio norte-americana, através de seu presidente Richar Fallon, e da própria ITT, no sentido de anular a medida do governo do Rio Grande do Sul.

A partir desses fatos, o governo brasileiro procura organizar entendimentos com o governo e empresas norte-americanos, objetivando um acordo que os satisfaça, daí as prolongadas conversações. Chega-se a promover uma reunião entre representantes do governo do Rio Grande do Sul e da ITT, com a presença de autoridades do Ministério das Relações Exteriores e da própria embaixada americana.

Nesse período, há um consenso no país no sentido de que as empresas concessionárias do serviço público passem às mãos do Estado brasileiro. Isso porque era já bastante grande o sentimento de que as subsidiárias norte-americanas e mesmo as canadenses tinham serviço ineficiente, e que, apesar das tarifas altamente compensatórias, não ampliavam ou melhoravam o atendimento ao público. Além disso, já se cristalizava uma consciência da necessidade de que fossem transferidos serviços de tal natureza para as mãos do Estado.

Com a iniciativa do governo gaúcho, o tema ganha a ordem do dia das grandes questões nacionais, e o governo brasileiro começa a buscar, imediatamente, uma forma de apropriação do acervo e de recuperação das concessões efetuadas. Como as pressões internacionais são muito fortes, o governo busca uma fórmula de entendimento em nome das boas relações com os Estados Unidos. Essa tentativa de entendimento encontra sua grande oportunidade quando do encontro entre os presidentes Goulart e Kennedy. A partir do diálogo entre os dois, surge a primeira medida prática por parte do governo em busca de uma solução: o Decreto nº 1.106, de 30 de maio de 1962, do presidente do conselho de ministros, cria a Comissão de Nacionalização das Empresas Concessionárias de Serviços Públicos. A Comissão, criada por ordem do Executivo Federal, visava aos seguintes objetivos: melhor atendimento do interesse nacional pela exploração direta de serviços de utilidade pública; nacionalização realizada com observação dos preceitos constitucionais; garantia da propriedade privada nacional e estrangeira; necessidade de suplementação de capitais estrangeiros na forma de capitais investidos, para atender e manter os níveis de desenvolvimento econômico-social, compatíveis com o crescimento demográfico e as aspirações do bem-estar social da nação. Além disso, procura-se evitar que a nacionalização importe em redução das aplicações estrangeiras, desestimulando novos investimentos; que a nacionalização seja fonte de aumento substancial de ônus cambiais decorrentes dessas operações. O Conesp deveria estudar as condições e formas de negociação, organizando-as.

As discussões e posições em relação ao tema se baseiam na forma da nacionalização e nos critérios para avaliação e pagamento dos bens nacionalizados.

Havia a tese da encampação, da desapropriação e a da compra dos bens e patrimônio das concessionárias estrangeiras.

A corrente que apoiava a tese da encampação se fundamentava no Código de Águas, de julho de 1934. Seus critérios-base eram de que se deveria fazer a encampação, pois ela pressupunha o tombamento físico e contábil e, portanto, a avaliação do capital realmente investido no país, feitas as deduções relativas a depreciação e amortizações. Significava obter o valor histórico como base para a indenização a ser efetuada. Daí ser possível, também, apurar o lucro legal e o ilegal, auferido pela empresa. Essa tese foi a aplicada na encampação da Companhia de Energia Elétrica Rio-Grandense, onde ficaram apurados lucros excessivos, superiores a 370 milhões de cruzeiros. Entre as correntes que a apoiavam, se encontrava a Frente Parlamentar Nacionalista, que levantou esse ponto programático.

Em relação à encampação, havia ainda o precedente do Rio Grande do Sul em relação à CNT, pertencente à ITT, e o da Companhia de Luz de Pelotas, pertencente à Bond and Share, em que prevaleceu o critério da encampação com indenização prévia.

A preocupação do governo federal, entretanto, ao buscar uma solução global para o problema, ao tentar evitar um atrito maior com os Estados Unidos, ao evitar efeitos negativos em relação ao capital estrangeiro, evolui em outra direção: a da compra. Quando falamos de posição do governo, falamos de Conesp, e finalmente da Comissão Interministerial, que posteriormente à extinção da Conesp encarrega-se de encontrar a solução para o problema.

Os argumentos utilizados em favor da tese da compra partem, em geral, de ponderáveis setores políticos, embora não possamos desconhecer seu aspecto jurídico para uma alternativa de solução de acordo, baseando-se na análise das constituições brasileiras, basicamente na de 1946. Assim, abandonam-se outras soluções possíveis, que resguardassem interesses nacionais. Nas constituições de 1893 e 1937, permitia-se apenas a necessidade de indenização prévia (a de 1934 exigia que fosse justa). Pela Constituição de 1946, a indenização era prévia e justa e em dinheiro.

Com relação ao aspecto político, havia as constantes ameaças de suspensão de ajuda ao Brasil, feitas velada e publicamente, nos órgãos de imprensa, por figuras representativas, tais como o secretário de Estado Dean Rusk. Esse aspecto de particular importância nas negociações feitas nos Estados Unidos, tanto pelo embaixador Roberto Campos como, posteriormente, pelo presidente Goulart, serviu de motivo para críticas de muitos setores. As críticas mais duras vieram quando da votação do *Foreign Aid Act*, pois caracterizava que o trabalho da comissão e os acordos a que se chegaria seriam feitos sob pressão externa norte-americana. Adahil Barreto refere-se a essa ação externa "como lamentável episódio", "ato de soberania, é certo, dos Estados Unidos, mas que, quer queiram ou não, importou em elemento de constrangimento para todos os países da América Latina".

Quanto ao aspecto da compra, a Conesp estabeleceu os critérios: o do valor histórico atual, o da realização de uma reavaliação do patrimônio e a dedução de empréstimos concedidos à empresa. Visava-se estabelecer uma base para negociar.

Para investigar o assunto, a Câmara dos Deputados criou uma CPI, encarregada de ouvir membros da Comissão Interministerial, da Conesp e outros envolvidos na negociação de compra: o ex-ministro San Tiago Dantas, o ministro Hélio de Almeida, Amauri Kruel, Eliezer Batista, doutor Paulo Risher, doutor Paulo Romano, Carlos Berenhauser, presidente da Conesp, e doutores Geraldo Teixeira de Sousa e Mário da Costa Mendes.

Essa comissão foi encarregada de examinar o cumprimento dos objetivos para os quais fora criada a comissão. Durante as discussões, surgem duas correntes face à proposta da AMFORP, de venda de seu acervo e de suas empresas ao governo brasileiro:

1) de que havia conveniência nacional na aquisição;

2) de que se iria fazer uma operação ruinosa aos interesses públicos, era "um montão de ferro velho" (tese defendida por Brizola e alguns deputados como Cantídio Sampaio).

Os adeptos da segunda e críticos da primeira diziam que se iria fazer uma compra, mas que era interessante observar que, ao se argumentar contra a encampação no sentido de que ela exigiria a indenização prévia, e, portanto, desembolso imediato, ignoravam o fato de que ela importava uma avaliação mais real, e, portanto, um desembolso menor. O precedente de encampação da subsidiária da Bond and Share fora feito na base de levantamentos, apuração de investimentos, descontos de "lucros indevidos", auferidos pela empresa, e chegou-se ao resultado de que a empresa era devedora do poder público.

A tese número 1, de compra, é a solução de compromisso encontrada nas conversações Goulart-Kennedy. Implicava a busca de uma solução viável e que mantivesse a preocupação de nacionalizar o setor. A fórmula fica a cargo da Conesp e, posteriormente, com a comissão de ministros. As encampações ficam, a partir daí, dependentes de uma análise e consentimento do Conselho de Segurança Nacional (critério utilizado quando Lacerda resolve encampar a CTB na Guanabara). O clima das negociações, a partir de então, se modifica, e a AMFORP faz uma proposta de venda de seu acervo.

Os ataques aos trabalhos da Conesp e às negociações que se realizam culminam na CPI da Câmara dos Deputados, que, como já foi observado, chama vários eminentes participantes das negociações a depor. A preocupação dos opositores da tese concentra-se, a partir de então, nas vantagens que obteriam as empresas americanas na compra a ser efetuada. Dizem, por exemplo, que a compra das concessionárias, com retenção de 75% do capital aplicado em outro setor, como era falado, representava uma vantagem adicional para o mau investidor estrangeiro:

"Ora", dizia Brizola, "deixava este capital de ser aplicado como está, na parte menos rentável da economia, e passará para o filé *mignon*."

Prevalecendo a tese da compra, ou "a doutrina da nacionalização genérica", formulada por Goulart (segundo Campos) antes de embarcar para Washington, impôs-se uma solução global e negociada para o problema das concessionárias. É nos marcos do "entendimento negociado" que se tenta tornar ágil a negociação, com a extinção pelo Decreto 51.892 da Conesp e criação da Comissão Interministerial, da qual faziam parte ministro da Guerra Amauri Kruel, ministro Eliezer Batista e ministro Hélio de Almeida.

Daí por diante, restava aos mais vigilantes vigiar, para que se pagasse o estritamente necessário ou o menos possível.

CPI – Comissão Parlamentar de Inquérito

ADAHIL BARRETO, relator da CPI encarregada de investigar, pela resolução nº 13-1963, da Câmara dos Deputados, a situação das empresas concessionárias de serviços públicos, subsidiárias do grupo American Foreign Power Co., entre outras empresas estrangeiras, era favorável à compra do acervo. Mas, deixava bem claro, através de "uma transação limpa", que implicava a realização prévia de uma tomada de contas.

Em seu cuidadoso relatório, procurava esclarecer os prós e os contras das distintas alternativas de transferência do acervo, preocupando-se em encontrar uma fórmula técnico-jurídica precisa que resguardasse efetivamente os interesses nacionais. Sua posição, moderada, procurava apontar uma solução à margem das correntes de opinião já conformadas sobre a matéria. Não podemos esquecer as circunstâncias que haviam determinado as investigações da CPI, cujo objetivo central fora examinar a proposta da AMFORP de venda do seu acervo ao governo brasileiro, na medida em que esta poderia servir de modelo para outras negociações. Essa proposta dera origem a uma polêmica em que, como já explicamos anteriormente, surgiram duas concepções: uma contrária à compra, por considerá-la lesiva e ruinosa aos interesses do país; outra de que havia conveniência na aquisição.

Representantes dessa polêmica foram o discurso-denúncia do deputado Leonel Brizola e o discurso-resposta do deputado San Tiago Dantas. A constituição da CPI era uma demonstração de vigilância em torno dos grandes assuntos nacionais por parte da Câmara dos Deputados, que, como dizia Adahil Barreto, fugia do âmbito circunscrito de legislar, "como instrumento maior da democracia, ser fiel às atribuições mais amplas, que realmente tem, de representar o povo em todas as circunstâncias e face a todas as questões de interesse nacional".

As investigações meticulosas e insistentes que a CPI realizou e as duras críticas que sofreu no parlamento levaram ao cancelamento da operação da compra. A grande celeuma, provocada principalmente pelo famoso *memorandum* de intenção de compra rubricado pelo então embaixador nos Estados Unidos, tinha como resultado a suspensão da transação preconizada e o início do levantamento físico-contábil das empresas. A comissão tinha, assim, a satisfação de ver o Executivo desprezar o *memorandum*, resguardando sua autoridade. Sobre esse controvertido documento, Adahil Barreto esclarece:

"Aliás, diga-se a esta altura, o episódio desse discutido *memorandum* reveste-se de aspectos estranhos, investigados e apurados pela comissão. Os depoimentos dos dignos ministros integrantes da chamada Comissão de Alto Nível, ou Comissão Interministerial, são ricos de informações a respeito. Informações, porém, contraditórias e que cercam de certo mistério o referido documento. Enquanto o ministro San Tiago Dantas a ele alude claramente, assumindo, o que lhe fica bem, inteira responsabilidade pela sua expedição, o ministro Amauri Kruel o desconhece por completo, e o ministro Hélio de Almeida apenas assistiu à leitura de sua minuta, o que também acontece com o ministro das Minas, senhor Eliezer Batista. Todos, porém, foram acordes em acentuar que não houve deliberação alguma, que nenhuma decisão foi tomada a respeito pela Comissão Interministerial, não tendo havido nunca nenhum relatório ou decisão final submetida à aprovação do presidente da República – fato este reconhecido pelo próprio ministro San Tiago Dantas –, como determinava o decreto que criou a mesma comissão."

Os debates com os elementos convocados a depor, longos e esclarecedores, são reproduzidos na sua totalidade na *Revista Brasileira de Política Internacional*, particularmente nos debates em que participam o destacado relator, o deputado Brizola, o embaixador Roberto Campos e mesmo ministros de Estado.[15]

Ainda no relatório de Adahil Barreto, vamos encontrar a análise das diversas particularidades da legislação brasileira, de modo a demonstrar a dificuldade de uma tomada de posição que, preocupada realmente em preservar os interesses nacionais, procura circunscrever as áreas de atrito com os Estados Unidos através de uma interpretação jurídica, estrita e cautelosa.

Daí que ele precisasse a terminologia empregada do rigor jurídico necessário, visto que a legislação brasileira permitia, pelo conteúdo dessa palavra, alguns enganos lamentáveis. Um exemplo disso era o emprego da palavra "nacionalizar". Para a legislação brasileira, por exemplo, pode ser apenas transferência de sede de uma empresa estrangeira para o Brasil, além da conversão, em cruzeiros, dos dólares empregados como capital, sem que se cogite, sequer, alguma forma de controle econômico sobre tal companhia. Isso fica claro nesta nota da revista americana *Time*, em seu número de 25 de janeiro de 1960:

"O Brasil nacionalizou a sociedade norte-americana Esso Standart do Brasil Inc. a pedido da Standart. Materialmente, significa essa nacionalização que a grande distribui-

---

15. *In* Anexos.

dora no Brasil dos produtos da Standart Oil Company, de New Jersey, transforma-se na Esso Brasileira de Petróleo S. A., que o seu capital na sociedade passa a ser em cruzeiros e que seus escritórios centrais mudam-se de Fairmont, na Virgínia Ocidental, para o Rio de Janeiro. Assim, se algum dia o Brasil desapropriar empresas estrangeiras, a Esso poderá escapar. Por outro lado, se o Brasil algum dia permitir a participação de capitais particulares na exploração do petróleo, a Esso estará em condições de entrar em ação."

É assim que Adahil vai preferir utilizar "transferência" para designar a operação "legítima" de estatização de empresas estrangeiras, procurando fugir de uma terminologia utilizada, na maioria das vezes, para encobrir uma farsa.

O relator trata de mostrar também como, em tese, todos os interrogados pela CPI eram favoráveis à chamada estatização das concessionárias de serviço público. O problema, frente ao qual se dividiam as opiniões, era o de como realizar a transferência do acervo para o Estado brasileiro. Aí sim, podia-se verificar, numa análise aprofundada, os mais ou menos preocupados com os interesses nacionais. A opinião de Brizola, que, como já mencionamos, fora colocada em prática no Rio Grande do Sul, levava em conta a problemática jurídica, mas a considerava de outro modo. No seguinte trecho de um dos debates, ele esclarece:

"Na tomada de contas, o valor será outro. Mas é natural que, tratando-se de autoridade brasileira, num país carente de recursos, que precisa defender interesses de seu povo, de sua comunidade, siga a orientação mais favorável ao poder público, já que os juristas se dividem nessa questão. Então vem esta outra questão: não aceitando a empresa encampada toda a desapropriação ou encampação feita com base num tombamento físico--contábil, num tombamento e tomada de contas, sempre será litigioso, porque a decisão será deferida ao poder judiciário. Por quê? Não é razoável que o poder público, tendo duas interpretações, vá ficar desde logo justamente com aquela interpretação mais onerosa [...]

[...] O poder judiciário é que vai decidir, finalmente, essa questão, porque os juristas estão divididos. Existem juristas respeitáveis que têm dado pareceres longos, extensos, dando uma interpretação favorável às empresas. E existem, igualmente, grandes jurisconsultos que, atuando no serviço público, vêm sustentando um ponto de vista justamente diverso daquele sustentado pelas empresas."[16]

A tese defendida por Adahil, favorável à compra das concessionárias, também se distinguia de outros defensores da mesma tese, visto que só a admitia com posterioridade a uma tomada de contas. Ele, inclusive, abandonara as teses da encampação e da desapropriação, por considerá-las inadequadas do ponto de vista técnico-jurídico. Ao partir de uma realidade jurídico-constitucional, estaticamente considerada, e ao procurar controlar, até certo ponto, algumas consequências políticas, que outros, como Brizola, consideravam inevitáveis, Adahil terminava por erigir uma opinião característica que, embora moderada, era igualmente combativa e zelosa dos interesses nacionais.

---

16. *In Revista Brasileira de Política Internacional*, ano 8, nº 31 e 32, set./dez. 1965, p. 416.

No caso da encampação, quanto ao aspecto jurídico, havia uma rescisão de contrato de concessão, cassação do privilégio e a transferência do serviço, e, no caso da desapropriação, falava-se "de um bem, uma propriedade, e o que é substancial, na concessão, não são as coisas de que ela se vale, mas o serviço que realiza".[17]

Juntava-se, ainda, em relação à encampação, um argumento contrário, segundo Adahil: o de que o poder concedente não era a União, mas os estados e municípios, o que exigiria um convênio do governo federal com os respectivos estados e municípios concedentes, no sentido de chamar a si o encargo de encampar.

No entanto, destacava como o principal obstáculo o que trazia consequências de ordem política. Daí enfatizar sobremaneira as dificuldades que traziam as exigências constitucionais de pagamento prévio, justo e em dinheiro, que se expressavam no artigo 141, parágrafo 16, da Carta Magna, que tanta polêmica já havia provocado em relação à reforma agrária. No caso da encampação, fugia-se a isso por se tratar de uma rescisão de contrato, mas se esbarrava, segundo Adahil, no artigo 167 do Código de Águas. No caso do Rio Grande do Sul, fugira-se ao inconveniente pela utilização do conceito de lucros indevidos e ilegais auferidos pela empresa, mas esse critério[18] já provocava um sério ponto de atrito com os Estados Unidos, que poderia, nesse aspecto, ser evitado. Afastada, também, a hipótese da desapropriação, restava a tese da compra. Mas essa deveria ser realizada de modo a assegurar-se "uma transação limpa", através de uma tomada de contas, anterior à fixação de preço. Rejeitava, portanto, tanto a transação preconizada no famoso *memorandum* quanto as previstas pelo relatório da Conesp. O relator, embora preocupado em evitar que se cristalizasse "uma opinião apriorística de que tal patrimônio se tenha formado com lucros excessivos e ilegais, ou que, de alguma forma, conduza a conclusões desfavoráveis às concessionárias", não aceitava a ideia de se pagar "preço político por qualquer ato inerente a nossa soberania". "Contra isso", dizia, "nos devemos levantar, sejam quais forem as consequências."

Aconselha, então, a chamada compra com anterior tomada de contas por "razões de ordem política, moral e jurídica", pois havia a necessidade de uma investigação em profundidade na vida e no acervo das empresas, com poder de alcançar a constituição do patrimônio.

Sua posição fica sintetizada nas conclusões do relatório, aprovadas logo em seguida pela comissão, aqui reproduzidas:

"I – O interesse nacional aconselha uma solução urgente para o caso das concessões feitas à Companhia Telefônica Brasileira e subsidiárias da American Foreign Power Co., com a incorporação ao patrimônio nacional dos serviços e acervo das referidas empresas;

---

17. Lima Sobrinho, A. Barbosa. *Máquinas de transformar cruzeiros em dólares*, citado no relatório de A. Barreto, p. 336.

18. Baseado no Decreto 41.019, regulamenta o investimento remunerável e o cálculo da receita legal.

II – A fórmula mais viável para efetivar-se essa incorporação é a da compra, desde que seja precedida de uma tomada de contas, com perícia contábil das citadas empresas, modo mais correto e seguro para chegar-se, sem dúvidas e suspeitas, ao preço justo das indenizações;

III – As conclusões da Comissão Parlamentar de Inquérito, acompanhadas dos depoimentos a ela prestados, devem ser enviadas, para seu conhecimento e as providências que desejar tomar, ao excelentíssimo senhor chefe do poder Executivo.

É o parecer, salvo melhor juízo.

Sala das Sessões, 6 de fevereiro de 1964 – deputado Adahil Barreto, Relator."

Parecer da comissão

"A Comissão Parlamentar de Inquérito destinada a examinar a situação das empresas concessionárias do serviço público subsidiárias dos grupos American Foreign Power Co., Empresas Elétricas, Cia. Telefônica Brasileira e International Telegraph and Telephone Co., em reunião realizada em 6 de fevereiro de 1964, com a presença dos senhores Getúlio Moura, presidente, Adahil Barreto, relator, Plínio Costa, Souto Maio, Celso Passos, Cantídio Sampaio e Benedito Vaz, resolveu aprovar as conclusões apresentadas pelo senhor Adahil Barreto em seu relatório, consubstanciando-as no projeto de resolução anexo, que adotou como seu.

Sala das Comissões, em 6 de fevereiro de 1964 – Getúlio Moura, presidente, Adahil Barreto, relator."

TERCEIRA PARTE

A conspiração

Depoimento do marechal Odílio Denys

FRENTE AO DILEMA de desobedecer à Constituição, não empossando o substituto legal do presidente renunciante, ou dar posse sob a ameaça da guerra civil, que seria outra forma de desrespeito à Constituição, achou-se uma fórmula de modificar o texto constitucional, implantando um parlamentarismo que nunca funcionou, com um plebiscito – que restaurou as condições do impasse inicial.

Jango cumpriu seu destino de criar o choque determinante de mais uma fase crítica da revolução brasileira. Porque, justo no momento em que deixavam as pastas militares, os três signatários do manifesto de protesto começaram a conspirar.

Primeiro, na residência do marechal Odílio Denys. Continuou e se desenvolveu em Petrópolis, no Edifício Centenário, onde tinham apartamento de veraneio aquele marechal, o marechal do ar Eduardo Gomes, Francisco Campos e Antônio Neder. Na vizinhança, moravam o almirante Sílvio Heck e o brigadeiro do ar Gabriel Grün Moss. Ali iam ter os generais Osvaldo Cordeiro de Farias e Nélson de Melo.

Este o primeiro dado certo: a conspiração militar teve como iniciador e chefe o marechal Odílio Denys. Perguntei-lhe por que não agira, ainda no exercício do cargo de ministro, mobilizando a tropa, impondo a solução violenta, como fizera impedindo o presidente da Câmara, em exercício na Presidência da República, Carlos Coimbra da Luz. Respondeu que naquela ocasião tinha o respaldo do Congresso, com Flores da Cunha e Nereu Ramos. Em 1961, uma atitude semelhante, sem cobertura política, teria deflagrado a guerra civil. Por isso se retirou, lavrando o protesto conjunto com seus colegas da Marinha e da Aeronáutica. A posse de Jango abriu a perspectiva sobre suas previsões.

Seu depoimento é longo e valioso:

"Com a vitória do movimento militar revolucionário, foi afastado o perigo comunista, que ameaçava o país.

Esse fato deu satisfação geral, e não era para menos. Todo mundo ficou tranquilo porque ficou sabendo, em definitivo, que as Forças Armadas é que agiram maciçamente nesse sentido e estarão daqui por diante sempre alertas para livrar o povo dessa ideologia.

Acredito que não teremos mais questões de política democrático-partidária de importância; as de ordem ideológica vão preponderar de tal modo que os governos como o nosso precisarão estar sempre atentos com os manejos da quinta-coluna interna, organizada, para aproveitar os descuidos próprios dos países de índole democrática.

Antes de 1960, as Forças Armadas, por várias vezes, fizeram intervenções de maior ou menor vulto, levadas por injunções de política partidária, puramente internas, de caráter federal e algumas vezes estadual.

Com o tempo, foi se fortalecendo a noção muito rígida de legalidade nos meios militares pelo inconformismo de políticos que apelavam com frequência para militares, seus partidários, para apoiá-los pelas armas.

E isso ia se mantendo entre nós apesar da evolução que sofre o mundo, em que as Forças Armadas são os instrumentos dos regimes democráticos ou dos totalitários. E, pelo que tem havido em toda parte, são elas, conjugadas com a orientação do poder civil, que conduzem e mantêm esse ou aquele povo, nesse ou naquele regime.

Para nós, no Brasil, tinha chegado o momento de decidir qual o regime que nos interessava: o democrático ou o totalitário. Era um dilema. Fizemos com o povo a grande opção pela democracia e conquistamos à força a bandeira da legalidade para o nosso campo.

Em 1960, no Exército e demais Forças Armadas, existiam elementos de esquerda que se apresentavam com esses programas. Isso desde 1930.

Não vou aqui mencionar a década de 1930, em que, nos acontecimentos de 1935, ficaram comprometidos elementos da esquerda, e da direita em 1938.

Quero ressaltar é que, a partir de certo tempo para cá, foi se acentuando a infiltração de elementos da extrema esquerda, especialmente no partido cujo programa mais se prestava para isso, que era o Trabalhista.

Essa infiltração foi se estendendo a cargos do governo pela aliança já tradicional que o Partido Trabalhista mantinha com o Partido Social Democrático, considerado de centro.

Quando fui ministro da Guerra em 1960, prevendo o aumento do perigo, para nos defender consegui a aliança do centro com a direita dentro do Exército. Foi realizada assim uma harmonia necessária para conter o avanço do comunismo, que vinha vindo pela mão de militares de esquerda.

Vem, porém, a campanha presidencial; foi lançada a combinação Jan-Jan, da qual resultou a eleição da chapa Jânio Quadros-João Goulart, este chefe do Partido Trabalhista, que tinha como aliado eleitoral o comunismo.

Vêm a renúncia do presidente Jânio Quadros e a ameaça de uma presidência João Goulart, governando com um programa esquerdista, que visaria à implantação da república sindical, em que o país ficaria a meio caminho do comunismo total, como aconteceu com Kerensky na Rússia. E, como aconteceu lá e em outros países, o comunismo não tardaria em dominar o governo.

Em face da renúncia do presidente Jânio Quadros, os três ministros militares (almirante Heck na Marinha, brigadeiro Moss na Aeronáutica e marechal Denys na Guerra) tomam posição contra o vice-presidente João Goulart, com um manifesto em que alertam a nação mostrando o perigo que sua posse representava para a democracia.

O meio mais simples de conjurar a crise político-militar seria o impedimento do doutor João Goulart. Esse assunto já estava resolvido quando, no Rio Grande do Sul, a agitação aí promovida pelo seu governador teve o apoio do comando do 3º Exército. Essa defecção, no Exército, poderia ter ocasionado grandes males; para isso elegeram o princípio da legalidade que amparava João Goulart; era uma interpretação funesta para o país, como se viu depois.

Pensaram os políticos num acordo com os ministros militares para contornar a situação, e esse acordo seria a implantação no país do regime parlamentarista, para evitar a luta armada que era desejada (e sempre preconizada) pelo marxismo.

A democracia brasileira é dirigida, orientada e governada pelas elites, civil e militar. Se naquele momento a elite política, civil, se propunha a governar o país com um regime que limitava o poder do Executivo, não havia como duvidar da sua sinceridade.

E, assim, os ministros militares aceitaram o regime parlamentarista para evitar maiores sacrifícios ao país; estavam certos de que os militares continuariam a ser infensos ao totalitarismo da esquerda e que o povo, com o tempo, melhor apreciaria o manifesto dos ministros militares, como um documento sério que serviria para vigiar e comparar seu texto com os atos do governo.

Era arriscado assim pensar; era, porém, muito forte o instrumento militar preparado pela pacificação do Exército em 1960 para combater o comunismo. Com o manifesto dos ministros militares, passou a existir uma união sagrada entre as Forças Armadas, que se mantém e manterá para salvaguarda da nossa democracia.

Esse instrumento militar não foi domesticado pelo governo do doutor João Goulart. Na hora exata, se pronunciou de modo fulminante, pondo abaixo o castelo de cartas da extrema-esquerda, que era constituído por uma minoria atrevida, habituada a dominar pela ameaça da greve geral e pela propaganda.

Instituído o parlamentarismo, foi este logo atrofiado pelas forças políticas então dominantes e ficou sendo letra morta, até ser anulado pelo plebiscito, realizado muito antes da data marcada.

Acabado o parlamentarismo, passou o governo a marchar a toque de caixa para sua meta – o regime sindical.

Falhando os partidos políticos na compreensão do perigo comunista, para o qual o Brasil caminhava, não acreditando primeiramente na conveniência do impedimento e depois repudiando o poder que tinham nas mãos com o parlamentarismo, era preciso que os militares passassem a agir.

Cada país tem o governo que quer, sendo democracia; a nossa pode diferir de outras, mas é a que nos convém, a que nos dá segurança e é a que devemos defender.

Se os partidos políticos não queriam ou não podiam defendê-la, cabia aos militares evitar que o país caísse nas mãos do totalitarismo da esquerda.

E assim começou a conspiração; passei a coordenar os elementos civis e militares que acreditavam no perigo do governo do doutor João Goulart e que se mantiveram atentos desde sua posse. Depois do plebiscito, foi aumentando paulatinamente o número de militares dispostos a reagir, e assim passei a fazer articulações visando aos levantes que deveriam ser realizados em ocasião oportuna.

Eu aceitei o papel de coordenador e depois de articulador militar por me julgar obrigado a observar a marcha dos acontecimentos, em vista de ter sido ouvido no acordo que instituíra o regime parlamentar. Daí ter tido entendimentos com camaradas e políticos amigos que me convenceram a continuar agindo, mesmo reformado, porque a nação tinha sua independência em perigo.

Apesar de estar afastado das fileiras, senti que os militares continuavam a confiar em mim e que assim era possível empreender um movimento que pudesse dominar rapidamente, em hora oportuna, toda e qualquer tentativa de resistência.

Fiz metodicamente as articulações, abrangendo as guarnições militares, para um levante geral, de norte a sul do país, com o valioso concurso de vários governadores de estados, entre os quais é de justiça salientar o general Luís Cavalcanti, de Alagoas, o doutor Magalhães Pinto, de Minas Gerais, e o doutor Ademar de Barros, de São Paulo.

Tinha que se levar em conta o fato de muitos oficiais serem legalistas por índole ou norma, apesar de nada terem com o comunismo. Apesar de as Forças Armadas brasileiras estarem bem politizadas e com compreensão de seus deveres, alguns ainda pensavam que devem apoiar qualquer governo. Sim, sendo democrata. Mas, se um chefe de Estado quer dar um golpe de Estado e passar a um regime totalitário de esquerda, como foi o caso, fica o oficial desobrigado de sua obediência; para isso ele foi preparado, para ter capacidade de discernimento e de opção.

Nesse caso, podia se revoltar para guardar a bandeira da legalidade democrática em suas fileiras. Era sair da legalidade para entrar no direito.

Não pensaram assim os chefes do 3º Exército em 1961, acarretando um atraso de três anos e outros riscos na normalização do país.

Felizmente tudo isso foi sanado com a vitória de 31 de março de 1964.

Estando adiantadas as articulações militares em todos os quadrantes do país, estabeleci um plano de ação para ser executado simultaneamente. Comportava esse plano cinco pontos: 1º) começar o movimento logo depois de uma grande motivação; 2º) partir de um grande Estado; 3º) o início do movimento será dado a conhecer de surpresa pelo rádio comercial, que na informação dirá que o marechal Denys está lá; é a senha; 4) as guarnições ou corpos se levantam e se ligam com os que estiverem mais próximos, também levantados; 5) as forças dominarão suas áreas e marcharão contra Rio de Janeiro, Porto Alegre, Curitiba e Recife.[1]

A verdade de um revolucionário

O GENERAL OLYMPIO MOURÃO FILHO foi o comandante que ordenou a subversão da tropa sob o seu comando, a guarnição do Exército em Minas Gerais.

Seu depoimento, por isso mesmo, deve ser conhecido. Ele escreveu, documentando-o com o diário em que anotava todas as ocorrências do dia e os

---

1. Depoimento do marechal Odílio Denys, abril de 1973.

seus comentários, nem sempre amáveis. Antes, pelo contrário, são amargos, violentos, cáusticos, ofensivos esses conceitos com que agride a tudo e a todos os que se opõem aos seus objetivos.

Pouco antes de morrer, quando ainda mantinha a lucidez, o general Olympio Mourão Filho me fez entrega do livro que escreveu e denominou *A verdade de uma revolução*. São cinco pastas de um texto datilografado e corrigido por sua mão. A primeira contém o prefácio e o capítulo descrevendo suas atividades em Santa Maria, no comando da 3ª DI, e o trabalho que desenvolveu em todo o Estado do Rio Grande do Sul. A segunda fala da conspiração em São Paulo, para onde foi transferido, assumindo o comando da 2ª RM. A terceira começa no dia 21 de agosto de 1963, quando deixou o comando da 2ª RM, assumindo a chefia da 4ª RM e 4ª DI. Prolonga-se até o levante da madrugada de 31 de março e alcança o alvorecer do dia 2 de abril, quando se apresenta, no QG, ao general Artur da Costa e Silva. Seguem-se o capítulo quatro, sobre o governo Costa e Silva, e mais duas pastas de anexos, com o seu diário a partir de 1º de março de 1955 até o dia 21 de maio de 1964.

O general Olympio Mourão Filho,

"[...] não pretendia nem escrever, nem muito menos publicar este livro. Aqueles que quase sempre voluntariamente fazem história não a devem escrever. Correm o risco de, faltando-lhes panorama e absorvidos ou enganados pelos aspectos muito próximos, conduzir a narrativa fazendo ressaltar minúcias sem importância, com prejuízo do geral, objeto da História; ou ainda, dominados pela paixão despertada ao sabor dos acontecimentos, falseá-los, o que ainda é pior; além disso, como a História não é um relato puro e simples, é necessário o tempo para o exame das reações e consequências, que não podem ser adivinhadas. Minha intenção era deixar apontamentos relativos aos fatos, a fim de permitir a historiadores futuros, não envolvidos diretamente neles, a tarefa de relatar imparcialmente os eventos, desprezando as minúcias, fazendo luz sobre o fato geral e tirando as consequências que só o futuro pode mostrar.

Infelizmente, porém, começaram a surgir narrativas eivadas de inverdades ou de meias verdades, sob a forma de entrevistas a jornais e revistas e de livros, armazenando seus autores um farto material impróprio para o pesquisador do futuro.

Senti, pois, que era meu dever escrever este livro. Para restabelecer a verdade. Para destruir os falsos e numerosos heróis, a começar por mim próprio, que não pratiquei nenhum heroísmo. Para fazer aluir a pretensão de falsos chefes da revolução.

Meu verdadeiro e principal papel consistiu em ter articulado o movimento em todo o país e depois ter começado a revolução em Minas. Se nós não tivéssemos feito, ela não teria sido jamais começada.

Pois que a revolução não teve outros chefes nem articuladores eficientes no plano nacional, capazes de contribuir para seu desencadeamento e vitória, além da minha longa conspiração no Rio Grande, Paraná, Santa Catarina, São Paulo e Minas Gerais.

Houve, sim, heróis verdadeiros, brasileiros de coragem indomável. Mostrarei quem são."

O general Mourão Filho começou a conspirar em Santa Maria, nomeado comandante da 3ª DI, em substituição ao general Peri Constant Bevilácqua, que iria comandar a 3ª RM. Governava o estado o senhor Leonel Brizola. Sua linha política convenceu Mourão de "que estava diante de vasta e perigosa conspiração contra o regime". Foi a Porto Alegre, onde conversou com o doutor Saint Pastoux e o general Penha Brasil. Seguiu para São Paulo, onde teve encontros com Edmundo Monteiro e um grupo de homens importantes da indústria, convidados pelo doutor Otto Barcellos, presidente da Fábrica Nacional de Vagões. De São Paulo, dirigiu-se ao Rio de Janeiro, onde falou com o então ministro da Guerra do primeiro gabinete parlamentarista, general João de Segadas Viana.

"Regressando a Porto Alegre, auxiliado pelo jornalista Tadeu Onar, que desenvolveu um importante trabalho de articulação durante dois anos, mesmo depois que saí de Santa Maria, tomei contatos com o presidente da Federação das Associações Comerciais, com o doutor Ildo Meneghetti, candidato ao governo do Rio Grande, com o coronel Peracchi Barcelos e outros numerosos personagens de importância no Rio Grande do Sul.

Ainda em companhia de Tadeu Onar, procurei interessar a Igreja Católica no problema e tive uma audiência com o arcebispo dom Vicente Scherer. Infelizmente não consegui nenhum apoio do arcebispo.

Liguei-me também com o general Acioly Borges, comandante da 6ª RI, sediada em Porto Alegre, e com o general Franklin Rodrigues de Morais, comandante da Infantaria Divisionária da 6ª Região.

Mais tarde, estabeleci contatos com os generais Álvaro Tavares do Carmo e Cunha Garcia, respectivamente comandantes das 2ª e 3ª Divisões de Cavalaria, e general Mendes Pereira, comandante da AD/6 em Cruz Alta.

Nada havia a tentar com a 1ª Divisão de Cavalaria porque era comandada pelo meu dileto amigo general Oromar Osório, inteiramente dedicado ao presidente e que, por não estar envolvido na conspiração de Brizola, jamais eu conseguiria convencê-lo da verdade.

O trabalho, desenvolvido para ativar as medidas do PSD gaúcho, a fim de conseguirmos ganhar a eleição do doutor Ildo Meneghetti, era importantíssimo. De fato, a vitória de Brizola dificultaria imensamente a revolução no estado.

Era imprescindível colocar Meneghetti no governo, e isso não parecia nada fácil na conjuntura gaúcha, onde Brizola tinha todo o prestígio, e o candidato do PSD não possuía apoio financeiro conveniente.

Nessas condições, apesar de estranho completamente à política em geral e à do Rio Grande, envolvi-me na mesma pela importância tremenda que a vitória do PSD tinha na partida idealizada.

Em Santa Maria, articulei-me logo com o prefeito da cidade, doutor Sevi Vicira, e com o bispo dom José Sartori, que era um revolucionário entusiasmado. Fui convidado para um encontro na residência de dom Sartori, a fim de expor minhas ideias e meus planos.

Compareceram o senador Daniel Krieger, o deputado Peracchi Barcelos, o doutor Ildo Meneghetti, o prefeito Sevi Vieira e o doutor Dentice, secretário da campanha eleitoral do governador Meneghetti.

A reunião durou mais de uma hora, e aqueles políticos saíram de Porto Alegre para sentir o *tonus* revolucionário do comandante da 3ª DI.

Daquela data em diante, mantivemos sempre o contato, e cada vez que eu ia a Porto Alegre tinha encontros com alguns deles, ou Tadeu Onar me transmitia o que nos interessava a todos.

A par disso, comecei uma articulação pessoal com os comandantes das unidades de minha divisão e com vários oficiais subordinados."

Quanto ao trabalho conspiratório, revela Mourão:

"[...] Foi feito em Santa Maria, além das unidades já citadas, no Regimento 104, no 7 RI, no Esquadrão de Reconhecimento, no 3 BCCL, na 12ª CR, por meio de contatos pessoais ora com os comandantes (3 BCCL, Regimento Mallet, 12ª CR), ora com oficiais de unidade, em geral capitães.

Fora de Santa Maria, com o 8 RI de Santa Cruz, com o Grupo de 155 de Cachoeira, o BE de Cachoeira, a Companhia de Transmissões e o 9 RI em Pelotas, por meio de viagens de inspeção frequentíssimas, conforme se verá pelos diários, nas páginas seguintes. Com os comandantes das Divisões de Cavalaria (2ª e 3ª), por meio de oficiais ligados às mesmas. Com a 6ª DI, ID/6 e AD/6 – pelos seus comandantes, respectivamente generais Acioly Borges, Franklin Rodrigues de Moraes e Manoel Mendes Pereira.

Mas o trabalho principal foi no meu próprio QG.

O Estado-Maior Revolucionário foi estruturado e dele faziam parte o coronel Ramão Menna Barreto, chefe; Athos Teixeira, Paulo Braga (irmão do governador do Paraná, com quem fiquei articulado), coronel Freitas e outros.

Um plano de campanha foi estabelecido para desenvolver a Operação Junção, que consistia em deslocar a 3ª DI para Porto Alegre, a fim de fazer junção com a 6ª DI, caso a mesma necessitasse de auxílio para a derrubada do governador Brizola e a prisão do general Jair Dantas Ribeiro, comandante do 3º Exército. A 3ª DI seria coberta no flanco só por uma de suas unidades, na direção da fronteira, contra a 1ª DC do comando do general Oromar Osório.

Tudo isso estava estudado até a minúcia possível e, com o correr dos meses, as ordens de operações estavam prontas, datilografadas, dependendo exclusivamente da data e minha assinatura."

A experiência parlamentarista passava por crises. O general Segadas Viana é substituído, na pasta da Guerra, pelo general Nélson de Melo. Abre-se a campanha do plebiscito:

"Às 13h, estava eu em meu gabinete de comando, no alto da rua Dr. Bozano e ao lado do quartel do 7 RI, quando recebi um telefonema do general Jair, de Porto Alegre, convocando-me para uma reunião naquele dia, porque a situação na Guanabara estava gravíssima e ele precisava ouvir seus generais, comandantes de divisões de infantaria.

Pedi-lhe um avião, sem o qual não me seria possível chegar a Porto Alegre, mesmo saindo imediatamente de automóvel, antes das 21 horas.

Jair pediu-me que fosse para o destacamento da base do Camobi porque o avião viria imediatamente.

Cinquenta minutos depois do telefonema, após as ordens preventivas que deixei com o chefe do Estado-Maior para se assegurar da minha volta, pois eu não sabia o que poderia me acontecer, fui para o campo de pouso. O avião chegou uns dez minutos depois, e eu, uma hora após, descia em Porto Alegre, onde o coronel Albino Silva, chefe interino do Estado-Maior do 3º Exército, me aguardava.

Durante o trajeto para o quartel-general onde cheguei cerca de 15h30, o coronel Albino informou-me que o 1º Exército apoiava incondicionalmente o senhor Goulart e que o general Jair pretendia fazer o mesmo.

Sumamente irritado, respondi-lhe que não daria apoio à pretensão descabida do general Jair.

Encontrei no gabinete do comando do 3º Exército os generais Jair, Peri, Acioly Borges e Franklin, respectivamente comandantes do 3º Exército, 2ª Região Militar, 6ª Divisão de Infantaria e ID/6 (Infantaria Divisionária da 6ª Divisão de Infantaria).

À minha chegada, o general Jair, visivelmente perturbado, começou a expor o assunto, informando que o presidente havia sido traído pelo senador Auro de Moura Andrade. Jair estava decidido a apoiar o general Osvino, e era este o motivo da reunião.

Começou a colher opiniões do general menos graduado, o general Franklin Rodrigues de Moraes. Este, um tanto furioso, declarou peremptoriamente que não contasse o general Jair com seu apoio. Era totalmente contra. O general Acioly Borges respondeu no mesmo tom. Durante todo o tempo, mantive-me calado e calmo. Jair explicava-se muito mal, sem a clareza de exposição decorrente de minha narrativa acima. Meu cérebro trabalhava rápida e ativamente. Era evidente uma crise entre o presidente e o senador, mas Jair não deixou claro o motivo dela. Quando chegou minha vez, pedi-lhe que me explicasse melhor a natureza da discordância das duas autoridades interessadas na formação do governo.

Peri, atalhando, tomou a palavra e me declarou ter havido combinação prévia do presidente e do senador sobre os nomes de futuros ministros.

Auro de Moura Andrade tentava trair os compromissos assumidos, e a divergência era a causa justa para a revolta do senhor João Goulart.

Nesse momento eu concluí que a crise era da maior gravidade.

Respondi-lhe que, em primeiro lugar, falar-lhe-ia como colega de turma e como amigo. Nessa condição, disse-lhe que não tínhamos informações suficientes porque as mesmas estavam sendo transmitidas pelo telefone por Osvino, que é muito apaixonado. Por maior crédito que ele merecesse, não podíamos nos basear no seu relato para tomar uma decisão, que no caso seria irreversível. Se o apoiássemos, teríamos de arcar com consequências de qualquer natureza. Aconselhava-o a manter discrição e aguardar o desenvolvimento da situação.

Como comandante da 3ª Divisão de Infantaria, porém, vetava terminantemente que ele apoiasse Osvino. O argumento do general Peri não era válido. Se o senador Moura Andrade tivesse tomado compromisso prévio com o presidente, estaria prostituindo o regime, admitindo a interferência dele em assunto que não era de sua competência constitucional. Quando o presidente indica o primeiro-ministro, exaure sua atribuição no assunto.

Ora, não há nem pode haver compromisso com o mal. Sempre é tempo de recuar. A palavra dada em tais circunstâncias não é válida. O senhor Moura Andrade deve ter recuado do propósito visivelmente errado, para não dizer criminoso, de colaborar num atentado ao regime.

Além disso, havia a outra hipótese, para mim a mais provável, isto é, Moura Andrade não fizera promessa alguma ao senhor João Goulart, abrindo mão de uma atribuição exclusiva.

Jair, derrotado, perguntou se não poderia telegrafar ao presidente dando seu apoio pessoal ao mesmo, sem se referir ao 3º Exército, e nós achamos que isso era um direito dele.

Mas não falasse em nome do 3º Exército, porque, se o fizesse, nós reagiríamos.

Creio que, desarticulando os esforços do Jair e do Osvino, evitamos, completa e eficientemente, o golpe claro que foi montado e não pôde ser desencadeado.

O outro incidente foi originado pela crise criada por Jango, Brizola, Osvino, Jair e Almino Afonso.

Jango, por intermédio do senhor Brochado da Rocha, penúltimo primeiro--ministro e criatura do presidente, passou a pressionar o Congresso para obter o plebiscito antes do prazo marcado pela emenda nº 4. Ora, para qualquer distraído neste país, era óbvio que somente uma emenda poderia fazer tal mudança. Isso exigiria dois terços do quórum e duas legislaturas. Eles queriam obter a mudança da data referida imediatamente ou, no máximo, juntamente com as eleições de outubro de 1962 para a renovação das Câmaras.

Para tal absurdo pedido, o senhor Brochado da Rocha argumentava que a emenda não tinha legitimidade para o senhor Goulart porque ele tomara posse como vice-presidente eleito pelo voto direto do povo, em regime presidencialista.

Foi o erro crasso, dos *constitucionalistas* políticos, que consentiu que a posse do senhor Goulart tivesse o caráter de sucessor legal do senhor Jânio Quadros. Ora, a linha de sucessão ficava interrompida naturalmente com a supressão do regime presidencialista.

A Câmara deveria ter eleito, pelo voto indireto, o doutor João Goulart para o primeiro presidente do novo regime que se instalava.

O erro foi bem explorado pelo senhor Brochado. O senhor Almino Afonso, com sua bela voz e sua oratória fluente, pedia uma solução política, uma vez que a constitucional, em sua opinião tácita, não era mais possível.

O general Amauri Kruel, chefe do gabinete militar da Presidência, articulara o golpe de Estado com o fechamento do Congresso e a edição de um ato institucional, fazendo ditador o senhor Goulart.

....
....

Nélson de Melo não concordou com o fechamento do Congresso, no que foi apoiado pelo coronel Antero de Matos, comandante do Batalhão de Guardas de Brasília.

Tanto bastou para que o senhor Brochado o convidasse a se demitir e, como Nélson se recusasse e ele sentira que somente a Câmara poderia demitir esse general, declarou-lhe que iria se exonerar, fazendo cair todo o gabinete para se ver livre dele.

E o fez. À 1h30 da madrugada de 14 de setembro de 1962, ingressou no recinto da Câmara, apresentou o pedido de demissão, que lhe foi concedido. Nesse mesmo momento, achávamo-nos de prontidão em Santa Maria, e no QG havia oficiais de ligação de vários Estados-Maiores.

Imaginei, tendo em vista os termos desabusados do rádio que Jair transmitiu ao ministro, em texto claro e amplamente divulgado (o rádio está na íntegra em meu diário em anexo, na data de 14. O rádio do dia 13 de setembro), que havia chegado a hora do golpe.

Desse modo, a articulação Brizola-Jango-Brochado-Osvino-Jair-Sardemberg--Almino ia dar seus frutos.

E nós estávamos prontos para partir imediatamente contra ela.

Quando Brochado pediu demissão, ignorava o projeto de lei inconstitucional introduzido no Senado pelos senadores Kubitschek e Valadares, autorizando *consultar* a nação sobre a volta ao presidencialismo.

Ao chegar a Porto Alegre, Brochado, provavelmente apaixonado devido ao golpe errado que havia dado pedindo demissão fora de hora, teve um derrame gravíssimo e morreu. Era um político provinciano, getulista, mas homem valente e honesto.

Não há mais nada a relatar até minha saída de Santa Maria para São Paulo. Os diários em anexo relatam os cinco meses durante os quais continuei a conspirar e a pregar a democracia. Eu sabia que a primeira fase do golpe – isto é, a volta ao presidencialismo – estava ganha por eles e que deveria ser sucedida pela segunda fase – o golpe definitivo para a instalação da república sindicalista do senhor Brizola.

A situação da conjuntura política agravar-se-ia consideravelmente depois do plebiscito, com Goulart dispondo de todos os poderes quase ditatoriais de um presidente.

Cumpria trabalhar cada vez mais.

No dia 8 de janeiro de 1962, segunda-feira, às 13 horas, chamei ao meu gabinete o coronel Ramão Menna Barreto, chefe do meu Estado-Maior, e resolvi fazer-lhe uma interpelação franca a respeito da situação política do país e saber sua opinião, a fim de poder articular a contrarrevolução, a reação ao perigoso desígnio do governador Leonel Brizola, entrosado com o doutor João Goulart, presidente da República.

No dia 15 de janeiro de 1962, segunda-feira, às 14 horas, a meu pedido, o general Penha Brasil convocou ao QG do 3º Exército o doutor Saint Pastoux, presidente da Farsul, para uma reunião. Fizemos um exame demorado da situação.

Posso dizer, sem medo de errar, que essa foi a primeira reunião civil-militar, início da conspiração contra o governo João Goulart.

Em lugar de relatar tudo o que sucedeu, transcrevo na íntegra o que está registrado em meu diário de 1962, datado o registro de 9/1/62, e a partir da página 54.

Eu voltava no dia 7, domingo, de Trinidad (Uruguai), onde fui levar o cadáver embalsamado de meu neto Rubensinho, de três anos e meio de idade e morto por um automóvel na porta de minha casa.

Brizola chegou no mesmo dia, pouco depois de mim."

O diário de Mourão

O DIÁRIO É QUENTE, feito na ocasião, nos mesmos dias dos acontecimentos.

"[...] Regressei de Trinidad no dia mesmo do enterro, isto é, dia 6; e no domingo, 7, cheguei a Santa Maria.

Terceira parte – A conspiração

Brizola chegou no mesmo dia, e fui recebê-lo no aeroporto. Antes do desastre, eu havia recebido um rádio do Penha Brasil solicitando-me que hospedasse o número possível de delegados, num dos meus quartéis, da convenção da Farsul. Como eu tinha um pavilhão vago no Regimento Mallet, hospedei cerca de quatrocentos delegados. Ao chegar a Santa Maria, no dia 7, o coronel Menna Barreto me pôs a par de boatos que corriam intensos na cidade, de que a convenção seria perturbada pelos estudantes e comunistas e que a reunião seria para articular a defesa dos fazendeiros contra a ameaça de invasão de suas terras por parte dos 'joão sem-terra' de Brizola. Informou-me mais, a 2ª Seção, que o movimento dos *sem-terra* era articulado por Brizola e que o coronel Prado era o executivo dele na tarefa de reunir os invasores e acampá-los na frente das estâncias. Até então eu estivera meio alheio aos fatos, julgando que se tratavam de casos isolados, e cuidava somente da disciplina, da instrução e do aparelhamento da grande unidade, que estava em más condições de quaisquer dos pontos de vista acima.

Mas caíram-me as vendas dos olhos e comecei a enxergar. Tive a sensação de que estava dormindo e acordara.

Então, não eram simples ocorrências, mas, ao contrário, um grande plano articulado e em marcha, para subverter a ordem no Estado do Rio Grande do Sul.

No estado? Não, era claríssimo que aquilo seria o plano-piloto para ser executado em todo o Brasil. Acordei, eis o termo, e fiquei horrorizado com o que acabava de constatar.

Nem mais, nem menos do que um grande e vasto plano de subversão em todo o Brasil, pois Brizola era cunhado do João Goulart! Acordei. E resolvi aprofundar um pouco mais na causa.

Do protocolo da visita do Brizola (que resolvera ir a Santa Maria, para furtar a reunião e dirigi-la em seu proveito) fazia parte um jantar íntimo na casa do general Osvino. Esse jantar íntimo seria exclusivo para Brizola, Osvino e eu, comandante da 3ª DI. Era verão e às 6 horas o sol estava alto. Fazia calor. A casa do Osvino é muito agradável, e ficamos no jardim interno, ao lado da parreira, que estava carregada de cachos, conversando. Aí foi que percebi que os dois me supunham *pertencer ao lado político deles!* Abriram o papo e deixaram que eu visse todo o plano em suas grandes linhas, a saber:

a) campanha intensa pelo plebiscito para a volta ao presidencialismo;

b) campanha intensa para a obtenção das reformas de base, das quais a principal é a reforma agrária, que será tornada possível com a reforma do parágrafo 16 do artigo 141 da Constituição, permitindo o pagamento das desapropriações à base de títulos da dívida da União;

c) abordaram também a questão da elegibilidade dos sargentos e dos soldados e a extensão do voto aos soldados e aos analfabetos.

Eles me supunham seu correligionário. De fato, minha atitude, conforme relatei no caderno anterior a este, fora a favor da posse de João Goulart, e somente não fomos à Vila Militar tentar (e ganharíamos) revoltá-la contra Denys porque Lott topou meu convite feito *de público*, na frente de umas cinquenta testemunhas que se achavam na sala da casa dele. Daí pensarem que eu era do lado deles.

De fato, eu estivera do lado da Legalidade, com *L* maiúsculo, e eles estiveram do lado da *legoulartalidade*, que por coincidência mera estava do nosso lado constitucional, legítimo. O pelego sempre pensa em seguir o carneiro de Panurge, e não ideias.

Fiquei estarrecido, assombrado e atemorizado. Falaram francamente em obter as reformas e o plebiscito *na marra*, se preciso!

Para encurtar, Brizola tomou grande parte da convenção para expor gráficos de administração. Ouviu todas as ameaças que os fazendeiros lhe dirigiram, de cara, de peito aberto. Lá pelas 12h30 da noite, não aguentei mais.

Retirei-me *da mesa* e fui para casa dormir, absolutamente disposto a começar uma contraconspiração para impedir que uns loucos furiosos transformassem este país numa fogueira. Eu ia dormir, mas estava acordado desde aquele momento. Não pararei mais de trabalhar contra eles. Não recuarei. Eles me terão pela frente.

Nada tenho contra João Goulart. Acho-o até um bom homem e simpático. Mas ele porá fogo no Brasil."

"10-1-62 – Quarta-feira – 15h.

Aliás, não registrei o que me aconteceu depois da memorável noite da convenção Farsul – dia em que acordei e vi o perigo que corria este infeliz Brasil.

No dia 8, dia seguinte, segunda-feira, tive a primeira conversa com o Ramão Menna Barreto, meu chefe de Estado-Maior. Posso afirmar para mim mesmo que jamais um general comandante foi tão franco com o coronel-chefe do seu Estado-Maior. Expus-lhe claramente o que pensava.

Eu andei na véspera meio indeciso se falava ou não, por não saber o que pensava o Ramão de uma conspiração aberta contra o governo. É um momento difícil, este.

Mas uma coisa eu sabia: Ramão é absolutamente contra o comunismo. A única dificuldade seria *acordá-lo*, fazer com ele o que Osvino e Brizola me haviam feito: sacudindo, gritando 'acorde, acorde, acorde!'.

No meu gabinete, depois do cumprimento dos oficiais, chamei o Ramão e lhe contei o que eu ouvira e falei *torrencialmente*, apelando para seus sentimentos de brasileiro.

Eu estava tão atormentado que nem reparei estar chovendo no molhado. Quando eu lhe dei uma vírgula, Ramão me respondeu com aquele tom de voz repousado, de homem equilibrado: 'General, eu estava já disposto a pedir sua atenção para o desenrolar dos acontecimentos. O senhor não tem ouvido Brizola nas sextas-feiras. Estamos diante de uma terrível conspiração. Acho que o senhor deve ir ao Rio e avisar o ministro Segadas Viana'.

Respondi-lhe que iria primeiro falar ao Penha Brasil e lhe perguntei pelo ânimo dos oficiais do Estado-Maior.

Pedi-lhe que sondasse e me informasse, com calma, vagar, para não cometermos uma imprudência. Disse-lhe que, entre ser um oficial contra o comunismo e topar uma parada de revolução, havia muita diferença. Eu já conhecia, de ter conversado com eles, o tenente-coronel Freitas, o tenente-coronel Xavier (velho conhecido do 15 BC de Curitiba) e Athos (sobrinho de meu inesquecível amigo Danton), o Paulo Braga (irmão do Nei, governador do Paraná) e o Ivan (sobrinho de minha falecida mulher Almira).

Todos eles rapazes de bom caráter e bons oficiais. Mas daí para uma revolução iria um grande passo.

Resolvi, pois, ir a Porto Alegre e mandei pedir permissão.
Vou embarcar dia 13, depois de amanhã."

"12-1-62 – Sexta-feira.

Estive hoje na casa do Ivan e cheguei na hora em que ele ouvia a fala do Brizola. Que coisa!

Eu ainda não tinha ouvido.

Vou dormir. São 12 horas da noite, ou melhor, 24 horas."

"18-1-62 – Quinta-feira.

Cheguei hoje de avião, de Porto Alegre.

Vim no *Beach* que o comandante da base de Porto Alegre me ofereceu. Ótima viagem. Céu limpo. Cheguei às 11h30, com apenas uma hora de voo. Em Porto Alegre, pedi ao Penha que chamasse ao seu QG o doutor Pastoux, presidente da Farsul.

Reunimo-nos no dia seguinte de minha chegada, que foi a 14, pela manhã, de noturno, isto é, a reunião foi a 15, às 3h30 da tarde. Expus-lhes os meus receios, ou melhor, a certeza absoluta em que me achava de estar diante da maior conspiração contra as instituições, partida do seio do governo, e relatei o que ouvira do Brizola, que somente falava 'nós, nós faremos, nós aconteceremos etc.' e que em dado momento me afirmou que agia de comum acordo com o João Goulart.

Mostrei ao Saint Pastoux que a luta deles tinha de ser feita noutros termos, diferentes.

Precisávamos trabalhar em fases: 1ª fase – eleições – tínhamos de procurar ganhá-las, isto é, fazer quantidade de deputados, ao mesmo tempo, articulação de forças para reagir.

Ao comércio e à indústria, competia mobilizar recursos financeiros para apoiar as eleições de um lado e o movimento contrarrevolucionário de outro. Nós, militares, ficaríamos encarregados das articulações no campo das operações militares propriamente ditas. Pedi-lhe que fizesse organizar um comitê de finanças para angariar dinheiro que seria empregado em campanha dos deputados, sem necessidade de se pôr dinheiro na mão dos candidatos. A campanha seria descentralizada por municípios, e empregada em cada município a renda correspondente.

Achei o Saint Pastoux muito pouco revolucionário. Ele é do tipo pacífico. Pedi ao Penha que me deixasse ir ao Rio. Seria melhor entrar em férias. Combinou-se que seriam concedidas a 29 de janeiro, porque eu tinha várias coisas a fazer ainda."

"Ele [Tadeu Onar] está muito entrosado na conspiração e vai trabalhar bastante. É muito relacionado. Apresentou-me um senhor Coelho de Sousa, muito interessante, entusiasmado e que me parece homem de ação. Depois vai me apresentar ao Meneghetti, que possivelmente será o candidato do PSD à sucessão do Brizola, e ao Peracchi Barcelos, ex-comandante da Brigada e com grande influência nela."

"28-1-62 – Domingo.

Amanhã entro em férias, e seguiremos para o Rio de auto.

Estou levando um trabalho para ler numa reunião em São Paulo, a qual pedirei ao Otto Barcellos que organize com Edmundo Monteiro. É um trabalho muito longo. Fui prolixo demais e não estou muito contente, mas agora é tarde para remendar. No capítulo 'Possibilidades do inimigo', eu faço as seguintes hipóteses:

O inimigo pode:

1) [...]

2) Intensificar e generalizar operações superficiais da 2ª fase (revolução) da guerra subversiva, fomentando greves urbanas de transportes em geral, reivindicações dos trabalhadores rurais, movimentos de pseudoagricultores e criadores para a tomada de terras dos seus proprietários, greves estudantis e pequenas arruaças nos grandes centros. Essa operação visa, exclusivamente, de um lado, ao treinamento de suas forças para o caso de necessidade de desencadeamento de operações em profundidade, extensão e simultaneidade, se ocorrer a hipótese de guerra enunciada (1ª fase), e de outro, manter em ebulição o eleitorado da massa para o pleito de outubro. Nesse sentido, de dar com a operação *confusão*, a tônica de seus comícios será sempre a de que os partidos do centro são incapazes ou não querem fazer as reformas de base etc. etc.

3) [...]

4) [...] Conseguir, a pretexto de facilitar a reforma agrária, introduzir uma emenda à Constituição modificando o parágrafo 16 do artigo 141, nos termos seguintes:

'§ 16 – É garantido o direito de propriedade, condicionado, porém, ao interesse social ou à necessidade de utilidade pública. O Estado poderá fazer desapropriações, nesses termos, mediante prévia indenização, seja em dinheiro, seja em títulos da dívida pública, ou outros bônus estatais, a critério do governo.'

Meu Deus, não estarei me deixando arrastar pela fantasia? Não. As informações de que disponho são garantidas, porque *ouvidas* por mim.

De todo jeito, entregarei isto ao Otto."

"Rio – 4-2-62 – Domingo.

Tudo correu bem, graças a Deus. Viemos em comboio de Porto Alegre. Chegamos tarde da noite em Rio Negro, às 9h30. Jantamos no Clube do Batalhão Rodoviário (ou ferroviário?). No dia seguinte, saímos folgados de Rio Negro e chegamos cedo em São Paulo. O Gil Renó, no dia seguinte, arranjou a reunião com o Otto, numa casa que não fiquei sabendo onde. Compareceu gente em penca. Lá estava o Figueiredo (não me recordo o nome todo agora, ele foi presidente do Banco do Brasil no governo Jânio Quadros). Li o trabalho que havia levado e deixei-o com o João Batista Figueiredo (agora lembrei-me do nome todo). Com franqueza, tive a impressão de que eles me acharam um louco ou um vigarista exigindo que dessem dinheiro para os deputados, digo, candidatos a deputados pobres e democratas do Nordeste. Saí da reunião com a dolorosa impressão de que tinha sido um sodalício de zumbis, de mortos, de dorminhocos, de gente em pleno sono e se recusando a abrir os olhos.

Tive a sensação de que esta seria minha dura tarefa: acordar os que dormiam ou dormem.

No mesmo dia, durante o dia, tive um encontro com Carvalho Pinto no palácio. Tive péssima impressão. Ele é mais *zumbi* do que os outros. Amanhã falarei ao Segadas. Ele deve estar acordado ou vai acordar com minhas informações.

Será? Ou vou ter uma decepção?"

"5-2-62 – Segunda-feira – 10 horas da noite.

Que decepção, senador Segadas!

Comecei a falar no gabinete. Percebi que ele queria sair (já era tarde) e lhe pedi para vir no carro com ele. Vim falando no ouvido dele, para evitar que o motorista ouvisse.

Vou resumir aqui o que eu disse, que era de suma importância, para que fique registrado *ad rei perpetuam memoriam*.

'Segadas, a conspiração está em marcha plena. A primeira fase é a derrubada do parlamentarismo e a volta ao presidencialismo, a fim de lhes dar a força que este regime não permite.'

Segadas respondeu ou atalhou: 'Não conseguem, as Forças Armadas não aceitam. Nós gostamos deste regime que acaba as confusões'.

Continuei: 'Elas não saberão resistir a uma bem montada propaganda que vai martelar que o regime é fraco e é perigoso. Você sabe que nossos companheiros, salvo raras exceções, são homens de cultura profissional boa, mas são jejunos em política. O Tancredo Neves é um dos principais chefes da conspiração para dar plenos poderes a João Goulart. Por esse motivo e não outro que já carimbou o regime de *híbrido*, isto é, estéril. Juscelino, Amaral Peixoto, Carvalho Pinto, Magalhães Pinto, toda essa gente, incluindo Carlos Lacerda, todos eles são candidatos a presidente da República e não a primeiros--ministros e, por isso, apoiam a ideia. O Congresso em peso, vai dar isso. Não se iluda. Você será derrubado porque eles sabem que você não topa subversão'.

Segadas me atalhou: 'Ora, Mourão, você está é doido, João Goulart me trata com grande consideração e já me disse que temos que ir juntos até o fim do governo dele'.

'Isto é patranha.'

'Não, Mourão, para me demitir é preciso cair o gabinete, e eles sabem que isso é dificílimo.'

'Segadas, faz poucos dias um jornal daqui, se me não engano, *Última Hora*, focalizou a questão idiota de que ministro é incompatível com a eleição, digo, com a elegibilidade. Está na cara que é golpe, porque quem conhece parlamentarismo sabe que *exatamente os ministros são escolhidos entre os parlamentares*. Essa peta já foi levantada pelo Tancredo, desde já, para ir pegando até outubro. Aí, ele pede demissão e cai todo o gabinete, e de duas uma: ou João Goulart aproveita o intervalo da formação do novo e dá o golpe, ou cria uma crise artificial – Osvino está aí comandando o 1º Exército –, e, para seu governo, Segadas, ele me disse em Santa Maria que Jair iria comandar o 3º Exército. Você vai consentir na retirada do Penha Brasil? É uma coisa horrorosa. Vai ser escândalo contra você. Creia, Segadas, eles vão dar o golpe no parlamentarismo e depois darão o golpe no parlamento, fechando-o, simplesmente, e fazendo uma ditadura para preparar o advento da república sindicalista'. Aí, quando ia lhe contar a conversa que eu havia tido com Ademar de Barros, que foi topado por Brizola, estávamos diante do meu prédio. 'Adeus, Segadas, abra os olhos, caro amigo.

ACORDE, SEGADAS!!!'

É um homem inteligente, o Segadas, mas não passa de um *zumbi*. Está dormindo! Como poderei fazer para acordá-lo?"

"22-2-62 – Quinta-feira.

....

Hoje pela manhã, estive num almoço na Vila Militar, onde compareceram todos os generais em serviço na Guanabara. Ontem, no QG, o general encarregado de organizar a festa me pediu que levasse o Costa e Silva porque ele já não dispunha mais de carro. Até hoje estas administrações incompetentes não conseguiram organizar um serviço de transporte de pessoal com uma seção de carros de turismo e motorista para os generais. De forma que o Costa e Silva, por exemplo, general de exército, comandante do 4º Exército, vem ao Rio e a mim me pedem que o transporte.

À hora por nós aprazada, eu estava na sua porta. Fomos conversando até a vila. Ele me falou – o que não era novidade para mim – da agitação em Recife e de todo o Nordeste, em mão do Arraes, Pelópidas, Seixas Dória e outros bichos. Mostrou-me uns boletins dos estudantes contra João Goulart. Não me preocupo se isso é verdade ou não, somente acho que é indigno, principalmente de moços, procurar insultar um homem em lugar de combater suas ideias. Até que eu me convença do contrário, João Goulart para mim é um homem bom, humilde, ou de aparência humilde, não importa, totalmente primário e incapaz de ser estancieiro, quanto mais presidente da República. Mas não me interessa sua vida particular, principalmente se levando em conta a calúnia que é uma instituição neste país.

Mas o Costa e Silva me disse: 'Vou entregar estes boletins ao Kruel para que ele os mostre ao presidente, a fim de que ele fique ciente de que ele não tem partidários no Nordeste'.

Atalhei-o: 'Você acha que o Kruel vai dizer isso ao João Goulart?'.

Respondeu-me Costa e Silva que não tinha dúvidas quanto a isso. Kruel é contra o comunismo, e sua presença junto ao João Goulart é a melhor garantia de tudo. Informei-o de que se cogitava mudar o regime, voltando ao presidencialismo, e Costa e Silva não acreditou nisso, embora ele fosse partidário do presidencialismo. Obtemperei que a volta ao presidencialismo era outorgar a um primário como João Goulart, assessorado politicamente por um louco como Brizola, poderes muito grandes e que a democracia correria riscos. Costa e Silva não soube responder a isso. De resto, estávamos chegando na Vila Militar e nos separamos."

O diário do dia 24 de março de 1962, um sábado, registra a passagem do general Olympio Mourão Filho por São Paulo e a sua visita ao general Nélson de Melo, comandante do 2º Exército. Fez-lhe um relato completo do que estava acontecendo e disse-lhe, francamente, que estava montando uma grande articulação no Sul e disposto, caso tivesse êxito, a se lançar sobre São Paulo, depois de depor o governador Leonel Brizola. Acrescentou que não podia mais contar com a colaboração de Penha Brasil, já suspeitado pelo governo, que certamente o retiraria do comando. A resposta de Nélson de Melo ficou assim registrada no diário: "Estamos no mesmo barco. Aqui em São Paulo, já há uma intranquilidade imensa".

O diário registra contatos com o almirante Sílvio Heck, marechal Odílio Denys, general Cordeiro de Farias. Em fins de março desse ano de 1962, Mourão foi promovido a general de divisão. Consequentemente seria transferido para outro comando. Estreita as ligações já existentes com o tenente-coronel Walter de Almeida (3-GO-105) e com outros elementos militares (Ito BCCL); Maia (3ª Companhia de Comunicações); Vignoli (9-RI); Espellet (8-RI). Em Porto Alegre, teve contatos com Saint Pastoux, Coelho de Sousa, Peracchi Barcelos.

Terceira parte – A conspiração

A relação dos contatos, nessa fase de mudança do Rio Grande do Sul para São Paulo, contém militares e políticos: Herbert Levi, Abreu Sodré, o capitão Adir Maia, os coronéis Hor-Meiyll Álvares, Jaime Portela, Edson Vignoli, o tenente--coronel Noel Peixoto Espellet. Mourão esforçava-se em deixar as ligações do Rio Grande do Sul prontas para serem acionadas a distância.

No dia 2 de julho de 1962, Mourão assinala contar com a guarnição de Cruz Alta, 5ª DI, 6ª DI, 2ª DC, 3ª DC. Esforça-se em convencer o Grupo do AAA, considerado indispensável em campanha, nos terrenos limpos do Rio Grande. Até então, Mourão pensava fazer a revolução no Rio Grande, executando o Plano Junção, cujo objetivo eram as prisões do comandante do 3º Exército e do governador do Estado.

Em Brasília, começaram uma crise com a recusa do nome de San Tiago Dantas, indicado para primeiro-ministro. João Goulart designara o senador Auro de Moura Andrade para o cargo. O presidente do Senado teve seu nome aprovado, na madrugada de 3 de julho, com 222 votos contra 51.

A crise provocou uma reunião dos comandos do Rio Grande do Sul no QG do 3º Exército. Recebendo a convocação do general Jair Dantas Ribeiro, Mourão reclamou um avião para seu transporte. Agasalhou-se e confidenciou ao diário suas suspeitas: "Tomei as providências para não cair prisioneiro do Jair. Pus no bolso meu *Schmidt* 45 e umas trinta balas avulsas. Combinei com o Ramão que, se eu não chegasse nem telefonasse e começasse algo no Rio, ele, Ramão, mandaria um jipe com um oficial do Estado-Maior ou um carro particular com o Athos, à paisana, que deveria ir ao City Hotel procurar, na portaria, o senhor Ernâni e, se não o encontrasse, tomasse o endereço dele em São Leopoldo e fosse lá me buscar, pois ele saberia onde eu estaria escondido. Se o Jair tentasse me prender, dentro do QG dele, eu dispararia o revólver contra ele e contra os demais, ganharia a porta descendo pelas escadas e sumiria no meu carro".

Não foi preciso tomar tais providências. Mourão desembarcou tranquilamente no aeroporto de Porto Alegre, onde o esperava o coronel Albino Silva, chefe do Estado-Maior do 3º Exército. No trajeto, foi informado de que o general Osvino Ferreira Alves fizera um pronunciamento no Rio de Janeiro.

Encontrou, reunidos com Jair, os generais Peri Bevilácqua, Acyoli Borges (6ª DI), Franklin Rodrigues de Moraes (ID/6). O general Jair Dantas Ribeiro informou que o general Osvino Ferreira Alves fizera uma declaração de apoio ao presidente no Rio de Janeiro e colocara o 1º Exército sob prontidão.

Depois de conhecer os termos da proclamação mencionada, Mourão indagou a atitude dos 2º e 4º Exércitos. O general Jair não sabia informar. Desejava, porém, uma manifestação de solidariedade do 3º Exército, que, juntamente com o 1º, representaria uma força imbatível.

Os generais ouvidos foram dando sua opinião. Franklin Rodrigues de Moraes discordou do apoio. Acyoli Borges também foi contra. Jair, o terceiro a falar, classificou de precárias as informações. Por isso, aconselhava prudência. A crise denunciada deveria ser resolvida entre o Executivo e o Legislativo, a que competia decidir se aceitava o ministério proposto pelo presidente.

O comandante do 3º Exército indagou se concordavam que ele telegrafasse ao presidente da República dando o seu apoio. Jair respondeu: "Seu apoio pessoal você pode dar a quem quiser, mas não empenhe nisso o nome do 3º Exército".

Regressando a Santa Maria, Mourão reuniu o seu Estado-Maior e relatou os fatos, evidenciando a necessidade de impulsionar os planos porque a situação estava marchando para um golpe. A crise se agravou com a demissão do senador Auro de Moura Andrade. Começava a caminhada para o plebiscito. Auro de Moura Andrade foi substituído por Francisco Brochado da Rocha, e o general Amauri Kruel deixou o Ministério da Guerra, indo chefiar o EMFA. Nélson de Melo, o novo ministro, foi substituído pelo general Peri Bevilácqua no 2º Exército.

Nessa conjuntura, o general Jair Dantas Ribeiro telegrafou ao ministro da Guerra declarando que, se não viesse o plebiscito, não se responsabilizava pela ordem no Rio Grande do Sul. O rádio, de 13 de setembro, estava assim redigido:

"Face à intransigência do parlamento, à iminência da reunião do gabinete, tendo em vista as primeiras manifestações de desespero que se pronunciam no território do Estado do 3º Exército, cumpre-me informar a vossa excelência, como responsável pela garantia da lei e do pleno sossego público e propriedade privada desse território, que me encontro sem condições para assumir com segurança e êxito a responsabilidade do cumprimento dessas missões se o povo se insurgir contra o fato de o Congresso recusar plebiscito para antes ou no máximo simultaneamente com a eleição de deputados próxima vindoura. O povo é soberano e o regime, democrático. Negar-lhe o direito de pronunciação sobre o sistema de governo que lhe foi imposto é abominar o regime ou querer destruí-lo. Outra qualquer solução será fatalmente o princípio do fim de todas as memoráveis conquistas de nossos antepassados. A presente declaração não é uma imposição nem tampouco uma ameaça, mas apenas uma advertência que julgo do meu dever levar ao conhecimento de vossa excelência, ante a possibilidade de me encontrar na *contingência de transferir aos poderes constitucionais da República o meu compromisso de guardião das instituições caso advenha de tal circunstância luta fratricida*. Enquanto aguardo instruções de vossa excelência, tudo farei para garantir a ordem pública, estando o 3º Exército em rigorosa prontidão.

General Dantas Ribeiro."

O rádio determinava ordem de rigorosa prontidão, em todo o 3º Exército. A resposta do comandante da 3ª DI foi lacônica: "Ciente, ordem cumprida".

Em seu diário, Mourão acrescenta:

"[...] Duvido muito que desta vez não venha o golpe. Vamos entrar de rigorosa prontidão, o que para nós é ótimo, e a rede rádio entra no ar. O plano Junção está pronto, só falta minha assinatura. Se o Congresso for fechado, cinco minutos depois nós partimos para a execução do plano. Meu manifesto está pronto e somente será publicado depois que minhas tropas atingirem a faixa de cimento. Vou surpreender Jair e Brizola."

Mourão reuniu todos os comandantes de tropas e chefes de estabelecimentos no seu QG. Cerca das 22 horas, começaram a chegar as ligações das unidades articuladas, inclusive de Cruz Alta, 3ª DC, 2ª DC, 6ª DI. A tensão foi enorme naquela noite. Mourão estava certo de que a madrugada encontraria o Congresso fechado, e isso seria o sinal para partir com sua tropa. Às 23 horas, o agente de ligação do Estado-Maior do general Mendes Pereira, comandante de Cruz Alta, chegou ao QG. Aí foi instalado um PC revolucionário. A notícia da dissolução do Congresso seria o sinal para a ordem de marcha da tropa, em cumprimento ao Plano Junção.

Cerca de 1h20, o primeiro-ministro Brochado da Rocha comparecia à Câmara para apresentar a renúncia coletiva do gabinete. Mourão registrou em seu diário: "Mandei alertar os comandos. Para mim, afinal, era mais do que uma senha. Fiz comigo mesmo o seguinte raciocínio: a necessidade da renúncia é óbvia e decorre da necessidade de demissão dos ministros militares, ficando João Goulart como chefe único das Forças Armadas e de cada uma delas sem intermediários".

Quase em seguida, o Congresso aprovava, sem delongas, um projeto de lei mandando consultar a nação sobre a antecipação do plebiscito. Mourão anotou em seu diário: "A verdade é que todos estavam interessados na volta à esculhambação do presidencialismo. A medida foi aprovada sem reservas por JK, Ademar, as forças janistas e *tutti quanti* políticos que tinham o olho na Presidência da República. Nesse momento, eu disse ao capitão Esquilletti: 'A segunda jogada, depois do plebiscito, será a modificação do capítulo das inelegibilidades, a fim de favorecer Brizola. Esfriou tudo. Dei ordens, por minha conta, para *desfazer* o dispositivo e suspender a prontidão'".

A 3 de outubro de 1963, Mourão, em Santa Maria, recebeu a visita do comandante do 3º Exército. Conta que Jair indagara da repercussão de seu rádio na cidade e na guarnição militar. Aceita o oferecimento de Mourão, hospedando-se em sua casa. Depois do jantar, confidenciou: "Mourão, mandei aquele rádio para que a Câmara não desse e fosse fechada. Eles preferiam que a Câmara não desse e fosse fechada, mas eu não queria a ditadura".

Mourão continua: "Eu senti completa sinceridade nele. Jair pode estar errado, mas está de boa-fé. Então ele me contou, confirmando as informações de que eu dispunha: o Amauri Kruel havia planejado, nos mínimos detalhes, o fechamento do Congresso e o golpe de Estado. E o comandante do Batalhão de Guardas de Brasília não estava de acordo, nem o ministro Nélson de Melo. Foi previsto que Brochado se demitiria para derrubar Nélson de Melo".

Vinha sentindo perturbações circulatórias e precisava descansar. Escreveu ao ministro da Guerra, sugerindo alguns lugares onde teria menos trabalho. Houve a interferência do general Oromar Osório junto ao presidente João Goulart. No dia 28 de fevereiro de 1963, passou o comando de Santa Maria ao general Idálio Sardenberg, seguiu para Porto Alegre, daí para o Rio.

Conspiração em São Paulo

A 15 DE MARÇO DE 1963, Mourão assumiu o comando da 2ª RM. O QG estava repleto de oficiais e altas autoridades, inclusive o governador Ademar de Barros. Presentes o comandante da 2ª DI, general Levy Cardoso, o comandante da Artilharia Divisionária, general Ramiro Gorreta, toda a oficialidade da 2ª RM, o comandante da Artilharia de Costa e Antiaérea, general Carvalho Lisboa. Ao terminar a transmissão regulamentar, agradeceu a presença do governador e demais autoridades civis e militares dirigindo-se, especialmente, ao general Peri Bevilácqua para dizer-lhe que ainda ecoava, nas coxilhas gaúchas, sua lapidar sentença: "É preciso enterrar na mesma vala comum o veto militar e o veto sindical para que a democracia reine verdadeiramente no Brasil".

Era um desafio. Mourão assinala que "Peri inflamou-se e falou cerca de uma hora, repisando no tema e atacando os *organismos espúrios*, como a CGT, PUA e congêneres, as ameaças de greves e sua incidência em serviços comunitários intocáveis, como de enfermeiros, pessoal dos hospitais, médicos e farmacêuticos".

Mourão assim se identificava e estabelecia, a seguir, os primeiros contatos com os elementos que conspiravam em São Paulo. Conta que penetrava no meio do povo, nos dias quentes, sem paletó, sem gravata e sem colarinho, sapatos surrados para tomar parte nos grupos e grupelhos que se formavam e conhecer o pensamento das massas: "Fiquei extraordinariamente surpreso ao verificar que a maioria do povo paulista era anticomunista e contra as reformas demagógicas de João Goulart. O que eles queriam era melhores salários e que o governo acabasse de vez com a inflação, que fazia a todos muito pobres".

Estabeleceram-se ligações políticas. Elementos do alto empresariado ofereceram ajuda para a campanha. Um avião foi posto à sua disposição, dia e noite, com piloto permanente para o caso de utilização imediata.

Os pronunciamentos da cerimônia da posse tinham tido repercussão nacional. Os jornais abriram manchetes com as palavras atribuídas a Mourão e a Peri. Mourão escreveu uma carta ao general Osvino Ferreira Alves dando explicações de que "apenas havia dito que de nada valeriam os planos se a CGT, órgão espúrio, não fosse dissolvida, porque sua atuação trazia prejuízos econômicos formidáveis a São Paulo e ao Brasil". Revela, em seu diário, que "Amauri fez um telefonema para o Peri reclamando que ele havia prometido *não fazer declarações*, ao que Peri respondeu com uma carta altiva dizendo que, se não quisessem promovê-lo, que não o fizessem, mas que ele era autêntico e haveria de se pronunciar sempre contra a CGT e o voto sindical".

A repercussão dos acontecimentos, na posse de Mourão no comando da 2ª RM, foi de extrema eficácia para o plano que ele já tinha preconcebido:

"A conspiração contra o governo abrangerá tanto o meio civil quanto o militar; o movimento, quando estiver maduro, deverá partir de São Paulo com a maior rapidez possível, pelo vale do Paraíba abaixo, até conseguir atingir a Guanabara: as tropas do Rio Grande, de Santa Catarina e do Paraná convergirão rapidamente sobre São Paulo. Tudo isso sob o comando do Peri, se eu o conseguir para a causa. Em caso contrário, sob meu comando. Se algum general de exército for conquistado, será o chefe. Este poderá ser o Cordeiro de Farias ou o Nélson de Melo. O movimento, se for vitorioso, como infalivelmente deverá sê-lo, elegerá um presidente civil para completar o quinquênio, ao passo que um conselho militar-civil, por mim presidido, estudará e apresentará as reformas à Constituição com a mudança da forma de governo. Tudo deverá ficar pronto no espaço máximo de três anos, isto é, terminará em 1965."

Com esse plano em mente e com a experiência de já ter formado um Estado-Maior Revolucionário em Santa Maria, Mourão marcou para o dia 4 de abril de 1963, menos de um mês, portanto, depois de ter tomado posse no comando da 2ª RM, a primeira reunião do seu Estado-Maior Revolucionário paulista, da qual resultou a indicação do general da reserva Dalísio Mena Barreto para o cargo de chefe e a organização do seguinte esquema:

"Dependendo diretamente do comandante das Forças (eu, no caso, até segunda ordem) dois órgãos: o Departamento de Finanças e o Grupo de Agentes Especiais de Ligação e Transportes Especiais.

Assinados pelo chefe do Estado-Maior (Mena Barreto), três subchefias, a saber:

A primeira subchefia era constituída do chefe, seu gabinete e o Departamento de Preparação Psicológica das Massas com as seguintes seções:

1ª Seção – Imprensa; 2ª Seção – Rádio; 3ª Seção – Televisão; 4ª Seção – Propaganda à base de comícios, cartazes, manifestos e volantes; 5ª Seção – Organização geral feminina (Frente Feminina, Clubes de Mulheres etc.)

A segunda subchefia, constituída do chefe, seu gabinete e três seções:

1ª Seção – Informações (colheita, espionagem, os olhos e ouvidos do comando revolucionário);

2ª Seção – Contraespionagem; separei, de propósito, essa ação da espionagem;

3ª Seção – Sabotagem e contrassabotagem.

A terceira subchefia, constituída do comando e gabinete, tendo como executiva o Departamento Geral de Segurança e Vigilância do Território, constante de quatro Seções:

1ª Seção – Mobilização da Guarda Territorial;

2ª Seção – Organização da guarda e sua articulação no território estadual;

3ª Seção – Comando da guarda territorial, encarregado de todo o pessoal de direção;

4ª Seção – Transportes gerais."

Mourão ainda não sabia ao certo quem poderia ser o chefe da revolução. Com esses preparativos em plena marcha, foi procurado pelo doutor D'Alamo Lousada, representante do almirante Sílvio Heck, com quem já tivera contato em Petrópolis, tendo este ficado de vir breve a São Paulo. Sobre o almirante, diz Mourão em seu diário: "Bem poderá ser ele o chefe geral da Revolução. Se os acontecimentos nos levarem à vitória e não for possível, depois de luta intensa e sangrenta, conseguir o objetivo de eleger um presidente civil para completar o quinquênio, formaremos uma junta e Sílvio Heck será o chefe da junta. Ele é o revolucionário número 1, merece toda nossa confiança e tem a vantagem de ser muito mais moço do que eu e ter sido ministro da Marinha de um governo respeitável como o de Jânio Quadros".

Continuando nos seus contatos, Mourão vem ao Rio e estabelece ligações com Nélson de Melo, Sílvio Heck e Cordeiro de Farias, tendo pedido a este último que se articulasse com o marechal Denys, ao que Cordeiro se recusa. Mourão encarrega então Nélson de Melo "para sacar alguma coisa dele. Denys deve ter ainda amigos no Rio, no 1º Exército, que é impenetrável para nós".

Nas reuniões do seu Estado-Maior paulista, se esboçavam as três famosas operações do Plano Mourão – Operação *Popeye*: "Ocupar o QG do 2º Exército de surpresa, assumir o comando e iniciar um deslocamento o mais rápido possível, ao longo da rodovia em direção à Guanabara, usando os transportes requisitados. Linhas de paradas deverão ser previstas para enfrentar o inimigo em dispositivo de defesa. O destacamento compor-se-á de, em princípio, três batalhões do Exército e um da Polícia, apoiado por um grupo de 105. O grosso do Exército será posto em marcha o mais depressa possível seguindo o mesmo eixo, precedido de uma vanguarda. Toda a força militar disponível será deslocada na direção da Guanabara". Operações *Gaiola* e *Silêncio*: "Organizar a defesa das cidades e dos pontos sensíveis para evitar sabotagens. Ocupação de todos os sindicatos e prisão imediata de todos os líderes comunistas e sindicais. Interdição da rodovia no sentido São Paulo-Rio. Censura rigorosa dos telefones. Pôr em atividade as guerrilhas, missão a cargo de Paulo Galvão. Partida o mais cedo possível, cerca de 7 horas da noite, e avançar até onde possível, no mínimo, Barra do Piraí".

Mourão continua nas suas articulações, com idas e vindas ao Rio de Janeiro, com as marchas e contramarchas do seu Estado-Maior Revolucionário paulista e dos seus contatos no Rio e por duas vezes imagina já ter condições de deflagrar o movimento.

Na primeira delas, o comando seria do general Peri Bevilácqua, depois que este "fez um ótimo discurso no quartel da 4ª RI. Quando ele acabou (foi aplaudidíssimo), chamei-o à parte e lhe disse: quando você chegar em casa, feche os olhos no quarto sozinho e receba o espírito de Benjamin Constant e tenha a coragem de confessar que todos estes males têm uma causa única: João Goulart. Como você, trabalhei para a sua posse, mas esse é um motivo *a mais* para procurar tirá-lo do poder de que ele abusa, e o abuso começou com a pressão sobre o Congresso para dar o plebiscito em 6 de janeiro e depois que ele, falsificando os resultados do plebiscito (votaram somente 8 milhões em 17 milhões), voltou *indevidamente* a ser presidente, de forma de governo presidencialista, está montando, ou melhor, continuando a montagem do golpe contra as instituições. Peri não respondeu nem uma palavra. Se ele quisesse, teríamos o chefe ideal para começar uma revolução que seria triunfante".

O general Peri Constant Bevilácqua, sobrinho-neto de Benjamin Constant, marcara uma posição constitucionalista quando foi o primeiro general, na crise da volta de Jango, a reclamar do comandante do 2º Exército, general Machado Lopes, o respeito ao dispositivo constitucional que mandava substituir o presidente renunciante, Jânio Quadros, pelo vice-presidente João Goulart. O general Peri Bevilácqua nunca foi, todavia, apontado como um dos "generais do povo", como eram denominados os chefes militares que apoiavam a linha de nacionalismo populista do presidente da República.

No comando do 2º Exército, fez publicar uma nota de instrução destinada a ser o *esclarecimento sobre o problema social da greve*. Nela, visando orientar os quadros e a tropa sobre a atitude mental que deveriam assumir, ao serem chamados a intervir contra elementos grevistas, analisava a legislação brasileira e a Consolidação das Leis do Trabalho, da Lei de Greve e da Lei de Segurança Nacional. Citando a legislação anterior que prescrevia a greve e o *lock-out* como recursos antissociais, nocivos ao trabalho e ao capital, denunciava a greve como a "imposição da vontade de uma minoria ou grupo indiferente aos prejuízos causados a terceiros e à população em geral. Portanto, uma violência contra o direito dos que querem trabalhar e dos que necessitam do fruto da atividade paralisada". Assim, "admitir o direito irrestrito de greve é conceder aos dirigentes grevistas um superpoder que, sobrepondo-se ao próprio poder Judiciário, decide seu próprio arbítrio sobre os destinos da ordem econômica e social do país. Isso é ditadura exercida por um pequeno grupo, em nome do proletariado". Finaliza: "A greve em atividades fundamentais é crime previsto em lei integralmente vigente. Não há, assim, motivos para escrúpulos de consciência ao tratar com grevistas (e principalmente com seus incitadores), como criminosos que são, em flagrante delito".

A execução da nota de instrução nº 4 e E/3 destinava-se a ser ministrada por oficiais, preferencialmente pelo próprio comandante da subunidade. Essa nota, assinada pelo general Peri Constant Bevilácqua e conferida pelo general de brigadeiro Euriale de Jesus Zerbini, chefe do Estado-Maior do 2º Exército, em outubro de 1962, foi publicada e causou enorme repercussão nos círculos políticos e militares do país.

O CGT (Comando Geral dos Trabalhadores), o PUA (Pacto de Unidade e Ação) e o FSD (Fórum Sindical de Debates) reagiram violentamente, representando os grevistas.

Estabelecia-se mais uma vez situação conflitante, dentro do próprio governo, entre aqueles que o defendiam, como o comandante do 2º Exército, e as correntes populistas que igualmente o prestigiavam. Porque não se entendiam bem as forças em que devia repousar a segurança da situação.

Jango tinha de decidir, quase diariamente, entre opções em que sempre perdia forças. A solução do choque, em São Paulo, foi encontrada com a promoção do comandante do 2º Exército para a chefia do Estado-Maior.

O segundo chefe que Mourão imaginou colocar à cabeça do movimento foi o general Amauri Kruel, quando este deixou o Ministério da Guerra. Às 2 horas do dia 14 de junho de 1963, Mourão recebe um telefonema de Brasília, de um compadre de João Goulart, Mansure, que o imaginava janguista, dizendo-lhe:

– O presidente deve estar chegando ao Rio, levando a demissão de Kruel, que ficou aqui e não sabe de nada, e a nomeação de Jair vai estourar hoje nos jornais do Rio. O senhor acha que o compadre (João Goulart) corre algum perigo com essa rasteira no homem? Ele recebeu uma enorme manifestação no Rio, na Escola do Estado-Maior, de cerca de cem generais, e o orador foi o general Costa e Silva.

Responde Mourão:

– Não corre risco algum. A escolha do ministro é da alçada dele. Agora o que quero ver é a cara do Amauri e verificar se ele tem vergonha e se aguenta isso sem brigar com o João Goulart. E mais: Mansure, os generais do Rio podem fazer quantas manifestações quiserem. Pergunto: Osvino, Oromar, Sardenberg e outros que comandam tropa tomaram parte na manifestação? Eu soube que alguns generais retiraram-se logo após a conferência, e todos sabiam da manifestação. Pode ficar tranquilo. Eles não têm coragem.

Mas, firme na sua determinação, Mourão anota no diário:

"Em todo o caso, quem sabe o Amauri dá o grito? Estou prejulgando? Mas, em qualquer caso, fiz bem de falar assim ao Mansure, que vai dormir tranquilo. Quem sabe [...] o Kruel mostra que é homem mesmo? Se ele der o grito lá, eu revolto o 2º Exército logo, e o 3º acompanha. Se eu tivesse um jeito. Se eu soubesse o telefone dele em Brasília, eu o teria chamado logo e prevenido.

Veremos."

Mas ainda não foi dessa vez que ele encontrou o seu comandante. Como ele mesmo conta, "Kruel engoliu a desfeita". Mas Mourão não desiste. No sábado seguinte, vai à casa do já então ministro da Guerra general Jair Dantas Ribeiro e com ele tem a seguinte conversa:

"– Mourão, lembrei-me logo de você para comandar a 4ª RM porque o Ladário está doente, já vem embora. Vou lhe dar o comando da 1ª RM. Que tal você na 4ª RM?
Respondi:
– Pode contar com meus serviços em qualquer parte. Já é a segunda vez que sirvo com você.
Aí ele me perguntou:
– Mas você está se dando bem em São Paulo?
Respondi (só para disfarçar, porque eu vi logo que ele iria me mandar para Minas):
– Muito bem. Minha mulher tem duas filhas lá e eu, muitos amigos.
– Ah! (atalhou-me ele) Neste caso, nada feito.
– Não, Jair, isso é só porque você perguntou. Aceito com alegria ir para Minas, que é minha terra.
– Você conhece o Magalhães Pinto?
– Não – respondi. – Não o conheço.
– Ele tem umas *fumaças* de vez em quando de fazer oposição ao João Goulart.
– Ué! – respondi, bancando o inocente. – Ele até vem defendendo a tese de formação de CGT, coisa que muito contrariou o Peri, que não gosta da CGT.
A conversa morreu por aí e eu me despedi."

Certo de sua nomeação para o comando da 4ª RM, Mourão como que fechou com chave de ouro as suas articulações conspiratórias paulistas com uma tirada bem a seu gosto e a seu jeito. No início de agosto, sua filha Laurita chega a São Paulo, vindo de Montevidéu, e no aeroporto encontra com Raul Ryff, secretário particular de João Goulart, que ela conheceu no Uruguai. Segundo Mourão, "Laurita não está absolutamente a par da política brasileira". Raul Ryff perguntou-lhe que espécie de parentesco ela tinha com o general Mourão, e, ao receber a resposta de que era filha, ouviu dele o seguinte: "Pois Laurita, vamos tirar seu pai de São Paulo porque ele está em franca conspiração contra nós".

Ela contestou dizendo que isso não era possível, que seu pai sempre fora um legalista e que inclusive no drama da posse em 1961 havia ficado ao lado de João Goulart. Aflita, conta todo o acontecido ao pai, que "como eu não queria Laurita a par de coisa alguma, neguei".

Mas, segundo ele mesmo confessa, "eu fiquei bambo". Sabia que essa denúncia só podia ter sido feita pelo general Zerbini, que, segundo Mourão, "dá informações ao Osvino passando por cima do Peri". Mas, mesmo se confessando "bambo", Mourão não se abalou. Como ele mesmo conta, "passei um blefe tremendo em todo mundo":

"No dia 9 de julho, ou melhor, no dia 8, telefonei ao Peri dizendo que eu não estava com muita vontade de comparecer a qualquer solenidade porque era certo haver algum orador indiscreto atacando o João Goulart e eu não toleraria. Fiz isso de propósito porque imaginei:

se algum orador fizer isso, retiro-me *escandalosamente* da solenidade, de propósito, para me limpar com o governo e não perder meu comando. Peri me aconselhou a não ter receio, que eu ficasse tranquilo e tudo o mais. [...]

Na parte da tarde, houve uma solenidade na Assembleia da qual fazia parte a condecoração de vários personagens e da bandeira. Seis bandeiras da 2ª RM seriam condecoradas. Levei seis oficiais para servirem de padrinhos, além do meu ajudante de ordens.

Com grande satisfação para mim, o Peri me pediu que o representasse.

A sessão foi realizada na grande varanda na frente da Assembleia, e a praça estava literalmente apinhada de povo. As bandeiras estavam alinhadas em frente. Montaram arquibancadas na varanda, na qual ficaram assentados os deputados. A mesa ficou na primeira fila mais baixa, junto da escadaria.

Fiquei sentado à direita do Ademar de Barros, que, por sua vez, estava à direita do presidente da Assembleia.

Meus oficiais ficaram assentados na segunda fila de cadeiras, à minha retaguarda. Zerbini estava na ponta de minha fila, lado esquerdo.

O primeiro orador foi imensamente chato e *nada disse* que me permitisse dar-lhe um contra. Já estava desanimado quando foi ao microfone o doutor Waldemar Ferreira, que foi o secretário de Justiça do governador Pedro de Toledo em 1932. Palpitei que era chegada a hora máxima. Deus me protegeria, na certa. E o doutor Waldemar começou o discurso dele com as seguintes palavras:

'Esta solenidade é um grito de alerta a toda a nação, no momento em que se prepara um movimento comunista chefiado do Palácio da Alvorada pelo próprio presidente da República.'

Levantei-me com um gesto espalhafatoso, o gorro na cabeça e com os dois braços fazendo gestos para os oficiais gritei bem alto:

'Levantem-se, vamos nos retirar daqui. Não admito insultos contra o chefe das Forças Armadas, presidente João Goulart.'

Essa frase estava decorada desde a véspera. Continha as palavras necessárias para o efeito que eu queria produzir e eram curtas e vibrantes."

Com essa cena, Mourão atingiu todos os seus objetivos. Na sala do café, onde ficaram "entocados", segundo ele, foram procurados pelo comandante da Guarda Civil, que vinha com um pedido de Ademar para que voltassem, que ele iria fazer um discurso desmanchando tudo. "Mandei lhe dizer que voltaria depois do discurso dele e mandei um oficial ficar na porta e ouvir o discurso. Depois que Ademar falou, eu voltei. Interessantíssimo: *Zerbini ficou*."

Quando chegou em casa, aos amigos que telefonavam estranhando sua atitude respondia sempre da mesma maneira: "Cumpri o regulamento". Apenas um restrito círculo de oficiais revolucionários e o general Mena Barreto souberam a verdade da sua atitude. Continua Mourão:

"No dia seguinte, 10 de julho, quarta-feira, apressei-me a fazer no QG um aparte ao Peri; tirei cópias e mandei uma ao Jair, uma ao Oromar Osório e outra ao Osvino. Pedi a Laurita que telegrafasse ao Ryff dizendo: 'Para comprovar que eu tinha razão no caso do papai, v.g. leia notícia publicada em *O Globo*, página [...] coluna [...] Laurita'. Garanto que eles perderam o apetite de me chamar de conspirador."

Antes dessa cena, na comemoração do 9 de julho paulista, Mourão havia reunido o seu Estado-Maior Revolucionário para dizer que havia sido informado de que iria ser exonerado e que, se perdesse aquele comando, "acabou-se a revolução". Concitava então seus camaradas para que iniciassem o movimento naquele momento, mas "qual, ninguém quis. Que vai se repetir 1932, que a revolução não deve partir de São Paulo etc". Essas argumentações fizeram com que Mourão dissesse para si mesmo:

"Não há mais coragem em São Paulo. Onde estão os heróis de 1932? Mas a trama que eu teci aqui nem daqui a cem anos eles desfarão, ainda mesmo que o movimento, *que eu farei de qualquer maneira, vença ou não vença*."

Foi depois dessa decepção que ele estruturou o incidente da comemoração, que de fato concorreu para que se firmasse sua indicação para o comando da 4ª RM em Juiz de Fora. No dia 25 de agosto de 1963, quando faziam dois anos que, segundo Mourão, " o furambulesco Jânio, numa tentativa idiota de dar um golpe, renunciou ao cargo de presidente da República, onde chegou por milagre", ele, general Olympio Mourão Filho, registrou no seu diário que o comando de São Paulo, sem solenidade nenhuma:

"Já está mesmo em tempo de sair daqui porque se não há meio de se começar a revolução aqui em São Paulo, de outro lado, Minas tem tropas mais próximas, e, assim, de lá poderei começar o barulho [...]. Aqui não há mais o que fazer. Esta a grande realidade. O meio civil de todo o Estado está amplamente articulado, e a articulação invadiu o sul de Minas.

Meu sobrinho Milton, filho de Paulo, passou por aqui outro dia vindo do sul de Minas e veio me informar que o sul de Minas está todo infiltrado e que não sabe ainda como não fui preso, pois, por lá, os fazendeiros e o pessoal da cidade falam francamente que sou o chefe da revolução e uma esperança contra o comunismo. O trabalho do Mena Barreto, Brancante, Antenor Horta, Saldanha da Gama, Murgel, Yasbek, André, Luís Felipe Queirós, Lousada, Salvio de Almeida Prado (este, numa organização importante, a Sociedade Rural), Nelson Bailão, Rui Arruda e finalmente o Ademar de Barros, que tem sido um sustentáculo inestimável, sem dúvida é simplesmente notável no meio civil. A maior conspiração das Américas."

No dia 28 de agosto de 1963, uma quarta-feira, Mourão chegou a Juiz de Fora e assumiu o cargo de comandante da 4ª RM e 4ª Divisão de Infantaria em cerimônia simples, sem discursos, "como foi sempre meu hábito". Assim que a cerimônia terminou, Mourão chamou ao seu gabinete o coronel Andrada Serpa para confirmar, sem rodeios, uma resposta deste ao coronel Anchieta Paz, que ele havia mandado especialmente a Juiz de Fora para estabelecer ligação com ele.

Teria ele dito ao coronel Anchieta: "Não estou de acordo com a revolução. É um erro, Jango deve ser conservado no governo até 1966". Serpa confirmou.

Desalentado por não ter conseguido o apoio desse oficial, Mourão fez-lhe uma última pergunta: "Com quem, pelo menos, posso conversar neste QG sobre o assunto?". A resposta veio pronta e rápida: "Tenente-coronel Everaldo".

No dia seguinte, Mourão faz o primeiro contato com o tenente-coronel Everaldo José da Silva, chefe da 3ª Seção do seu Estado-Maior, que em conversa pouco demorada diz-lhe que poderia confiar plenamente nos majores Virgílio Vargas Moreira Brasiliano, José Antônio Barbosa de Morais, Antônio Curcio Neto, Feliciano José Parreiras Henriques, Alísio Sebastião Mendes Vaz, David Ribeiro de Faria e José Ramos de Alencar. Em poucos dias, Mourão formava o seu terceiro Estado-Maior Revolucionário e no dia 3 de setembro de 1963 partia para Belo Horizonte "a fim de iniciar a conspiração com o general Guedes e o governador Magalhães Pinto [...] com o coração cheio de esperança e bastante animado".

Famosa menos pela vontade de seus protagonistas e mais por uma contingência histórica, a dobradinha Mourão-Guedes, que chegou a ser faixa nas comemorações em Minas Gerais depois que a revolução saiu vitoriosa (Mourão e Guedes: generais da democracia), teve o seu primeiro encontro, para fins revolucionários, naquela manhã de 3 de setembro.

O general Carlos Luís Guedes era então comandante da 4ª Infantaria Divisionária, sediada em Belo Horizonte. E, de acordo com o seu depoimento, foi "dos que madrugaram na convicção da inconveniência de entregar o governo do país ao senhor João Goulart". Quando da renúncia de Jânio Quadros, e "mesmo depois que o marechal Denys se conformou com a proposta do parlamentarismo – mais um expediente que uma solução, como os fatos o demonstraram –, manifestei-lhe minhas reservas, objetando que melhor seria lutarmos".

Conta o general Guedes:

"Foi já numa atmosfera de intranquilidade que, a 23 de dezembro de 1961, recebi o memorando de próprio punho em que o ministro da Guerra, general Segadas Viana, me nomeava para o comando da ID-4, em Belo Horizonte. Segui no mesmo dia para a capital mineira, assumindo o comando 24 horas depois. Naquele mesmo dia, o governador Magalhães Pinto chamou minha atenção para a situação de constrangimento a que se reduzira o Exército com a transferência de um general desfeiteado, com grande escândalo público. Observei ao governador:

– Aqui é meu lugar, e isto é apenas um começo. Vamos resistir, vamos conversar."

Diante dessa acolhida do general Guedes, Magalhães Pinto não chega a afirmar que conspirava, mas, definindo uma posição de defesa da legalidade, assegura-lhe: "Lutarei contra a subversão até o fim".

Foi exatamente na mesma situação – numa visita ao governador no próprio dia da sua posse –, embora três meses mais tarde, a 30 de março de 1962, que o coronel José Geraldo de Oliveira, a partir de então comandante da Polícia Militar de Minas Gerais, tomou conhecimento das apreensões de Magalhães Pinto. Conta o coronel José Geraldo: "Sua primeira ordem foi esta: 'Coronel, vejo com inquietação cada dia maior a gravidade da situação do país. É possível que não tenhamos outra solução para a defesa da liberdade e das instituições democráticas senão pelas armas. Prepare a Polícia Militar para essa eventualidade'. Foi o que fiz, dia a dia, hora a hora, adestrando com todos os recursos, inclusive psicologicamente, a tropa de elite, de verdadeiros soldados profissionais que é a Polícia Militar de Minas, para a preservação da legalidade".

Como bem demonstram esses encontros, o general Olympio Mourão Filho encontrou dessa vez um clima mais propício para a sua conspiração do que no Rio Grande do Sul e em São Paulo, locais em que foi um dos grandes responsáveis pela criação do clima. Em Minas, o cenário não lhe podia ser mais favorável. No seu primeiro encontro com um elemento do alto escalão conspiratório no estado, o general Guedes, conta ele que "abordei-o diretamente. Não tive receio algum de assim proceder, porque, na pior hipótese, sabia-o incapaz de me delatar. Como já esperava pelas informações anteriormente obtidas, o general Guedes estava inteiramente *acordado*, cônscio do perigo que nos ameaçava".

Analisaram detidamente a situação e em poucas palavras verificaram sua completa identidade de objetivos, embora o general Guedes, sobre esse primeiro encontro, declare que "com grande surpresa de minha parte, pois nem ao menos procurou sondar meu modo de encarar os acontecimentos que se sucediam em nosso país, em ritmo de vertigem e alucinações, fez detalhada narrativa de sua atuação no comando da 3ª DI em Santa Maria e da 2ª RM em São Paulo". Depois de todo o relato, Mourão comunicou a Guedes suas intenções políticas na 4ª RM:

"No dia 5 de julho de 1922, meu pai, sentado junto à janela de nossa casa no Rio, lia um jornal quando explodiu a primeira granada disparada pelo Forte de Copacabana. Levantou-se, dobrou o jornal, colocando-o sob o braço, e exclamou: 'De Minas virá a salvação'. Agora meu pensamento é o mesmo: de Minas sairá a salvação."

O que é certo desse encontro é que no íntimo ambos saíram satisfeitos: eram aliados, e o próximo passo seria avistar-se com o governador Magalhães Pinto.

Esse encontro se deu num clima de diálogo franco e aberto, em que Mourão mais uma vez fez uma exposição sobre suas atividades anteriores, suas razões para seu descontentamento, e obteve do governador, segundo conta em seu diário, a resposta de que "realmente considerava impossível evitar-se uma revolução, que seria muito desagradável e perigoso para o país, segundo pensamento de ambos (Magalhães e Guedes). Era de parecer, entretanto, que devíamos nos preparar e esperar uma oportunidade, que ele estava certo de nos ser oferecida pelo presidente da República, que ia com velocidade crescente descambando para a ilegalidade".

Mourão, no entanto, argumentava que já considerava o presidente na ilegalidade e propunha a Magalhães obter um manifesto assinado por Ildo Meneghetti, Nei Braga, Ademar de Barros e pelo governador de Minas conclamando o povo e as Forças Armadas para expulsar Jango do governo. Ele, Mourão, propunha então a revolução para já. Essa proposta lhe valeu, no entanto, segundo conta, um rápido olhar de Guedes e Magalhães, "repassado de ironia e de espanto, como se eu fosse um demente propondo uma loucura".

O que talvez possa justificar essa observação do general Mourão é que ele sempre pensou num movimento defensivo, como explicou em seu depoimento o deputado José Monteiro de Castro:

"Protagonista dos acontecimentos, como político de Minas e como secretário de Segurança Pública do estado, posso informar que o dispositivo revolucionário se implantou no palácio do governo de Minas a partir do episódio da renúncia de Jânio, com as apreensões que cercaram a dramática posse do ex-presidente João Goulart. De início, porém, esse dispositivo tinha sobretudo um caráter defensivo, na esperança de que a vigilância democrática de um povo e de um governo com a carga da prestigiosa responsabilidade de Minas fosse capaz de manter o governo federal no leito da legalidade constitucional e da vocação democrática do país."

Entendia o governador de Minas que um pronunciamento limitado à área castrense correria o risco de ser confundido com uma simples quartelada e não teria chances de prosperar. "A nação reclamava não uma aventura ou simples golpe armado, mas um movimento capaz de responder à profunda inquietação que abalava suas mais caras estruturas e os sentimentos democráticos de todas as camadas sociais."

Os trabalhos em Minas desenvolviam-se com toda uma estrutura administrativa de nível estadual à disposição da conspiração. O encontro dos principais polos civis e militar, isto é, de Magalhães Pinto, com suas possibilidades e facilidades de governador de estado, com as articulações e planos do marechal Denys, que não estava na ativa, se deu sem a presença do segundo, ainda como uma simples sondagem.

Em outubro de 1963, Magalhães Pinto foi procurado pelo juiz Antônio Neder, uma espécie de emissário do marechal Denys, em seu banco (o Nacional) no Rio. Neder falava em nome dos chefes militares, mas Denys não aparecia. Magalhães queria maiores garantias. Houve, então, um outro encontro no Rio, no Leblon, na casa de José Monteiro de Castro, a que compareceram os generais Cordeiro de Farias e Nélson de Melo. Segundo depoimento de Monteiro de Castro, nessa reunião Magalhães Pinto "prontificou-se a colocar Minas em condições de promover a rebelião armada contra os desmandos do governo federal. Lembro-me bem da reunião, a casa estava em obras, e alguns participantes tiveram mesmo que sentar-se em tamboretes da copa. Foram avaliados todos os riscos da decisão, e convencionou-se, a partir daquele momento, buscar apoio no resto do país para um movimento de defesa das instituições democráticas, de preservação da hierarquia militar e da República, transformando-se Minas e seu governo em base e quartel-general da conspiração".

Dentro desses propósitos, a Polícia Militar de Minas desempenhou um papel de grande importância. Conta o coronel José Geraldo de Oliveira que "nossos efetivos, que eram de dez mil homens em 1961, foram para isso duplicados: em 1964 tínhamos vinte mil homens em armas [...]. Todos os recursos me foram facultados para o reaparelhamento material, compreendendo transporte, fardamento, armas e munições. Montamos, inclusive, oficinas de armeiros e passamos a fabricar armas: bazucas, fuzis, metralhadoras de mão e granadas. [...] Todo esse trabalho preparatório desenvolveu-se, entretanto, dentro da maior cautela, com a cobertura da prudência política do governador Magalhães Pinto, até porque a camuflagem é um dos recursos logísticos elementares da conspiração, como da guerra".

O governador dos mineiros

EM UM TRABALHO inédito sobre *A Revolução de Março em Minas*, José Monteiro de Castro e Osvaldo Pieruccetti escrevem o seguinte:

"Só os que não conhecem os mineiros, sua história, seu passado, mas sobretudo sua índole e seus compromissos com um elenco de virtudes públicas, eram capazes de interpretar como sendo a sua posição a aparente aceitação de um processo comunizante e de desmoralização de todas as categorias de autoridade, que compunha o estilo do governo João Goulart.

Nas cidades, em cada casa e até nas zonas rurais de Minas, onde as coisas novas se infiltram com lentidão e são recebidas com prudência, havia um estado de espírito dominado pelo sentido da resistência contra isso, construída à feição do temperamento mineiro, isto é, sem pausa mas sem ênfase.

O governante de Minas e as Forças Armadas aqui sediadas não podiam deixar de se afinar a esse clima, a essa grave posição, tanto mais profunda quanto se verificava que ela atingia até mais distantes e refratárias zonas do estado às inquietações e às revoltas.

Magalhães é um homem sensível às reformas e, em certo sentido, um estimulador delas, por temer a reação e as incompreensões ao advento de ideias novas; mas, ao lado dessa vocação, mantinha-se fiel às coisas permanentes de Minas e, por isso, é um tenaz opositor ao comunismo, que parecia ser o final do processo de desagregação do governo Goulart.

Daí sua decisão de transformar Minas num invencível centro de resistência à subversão e à desordem."

O governador Magalhães Pinto, considerado o chefe civil da revolução, desde muito cedo começou a temer rumos do governo Goulart, mas muito de acordo com suas características de prudência, ressaltadas por seus secretários, "sem pausa mas sem ênfase", e também coerente com os propósitos políticos pessoais, teve durante todo o longo período em que transcorreram as articulações conspiratórias uma preocupação acima de todas: a oportunidade para a deflagração do movimento, a maturidade do povo e das Forças Armadas para que um movimento consequente fosse desencadeado.

"Na verdade, desde os idos de agosto de 1961, a posse do vice-presidente João Goulart, considerada inviável pelos chefes militares e por um grupo de líderes políticos reunidos na casa do dr. Prado Kelly, no mesmo dia da renúncia de Jânio Quadros, pareceu-me uma temeridade para as instituições do país. Julguei, porém, imaturo – e os fatos me deram razão – contestá-la pelas armas naquele primeiro momento, pelo risco de uma guerra civil que ensanguentaria a nação e pela falta de conscientização da opinião popular sobre o problema."

No dia 2 de setembro de 1961, cinco dias, portanto, antes da posse de João Goulart na Presidência, o país tomava conhecimento de um Manifesto dos Governadores, do qual Magalhães era o primeiro signatário e em que eles assumiam o compromisso de "não fugir à nossa responsabilidade para poupar o Brasil de uma convulsão". Segundo Magalhães Pinto, "era já a primeira peça do dispositivo de vigilância e resistência que Minas passaria a montar, cuidadosamente, para deter os desvios do governo federal".

Ainda antes da posse do presidente, no dia 4 de setembro, em telegrama a João Goulart, Magalhães fazia votos que ele diz "valiam por uma advertência". Dizia o telegrama:

"Agradecemos a comunicação que vossa excelência me enviou ao partir para a capital da República no cumprimento de seus deveres constitucionais. Apraz-me transmitir os votos do governo e do povo mineiro, esperançosos de que, à frente dos destinos da nossa pátria, possa vossa excelência contribuir para a efetiva pacificação das correntes políticas e sociais, a unidade das Forças Armadas e a solução dos graves problemas que atormentam nosso povo."

Mesmo considerando a posse de João Goulart "uma temeridade para as instituições do país", Magalhães afirmava em telegrama a Leonel Brizola, governador do Rio Grande do Sul e líder da resistência a favor da posse de João Goulart, "que a atitude do governo e do povo de Minas tem sido coerente com o nosso passado, a de contribuir com seu esforço, sua autoridade e a sua mediação em benefício da unidade nacional, do prestígio das instituições e da defesa intransigente do regime que a todos nós cumpre preservar e aprimorar".

No dia 6, já com João Goulart em Brasília, ele diz ao senador Barros Carvalho, que tivera intensa atuação em defesa da posse do novo presidente: "Minas queria apenas que a lei e a Constituição fossem cumpridas".

No entanto, conta Magalhães, "já a partir dos primeiros dias, os propósitos do presidente indicavam rumos perigosos". Temeroso, ele reúne a imprensa, em

26 de setembro desse ano, e declara: "A nação continua traumatizada. Pairam no ar indagações inquietantes. O povo continua decepcionado".

A partir dessa época, Magalhães começa seus contatos com governadores e líderes políticos, que irão se intensificando até a eclosão do movimento de 31 de março, sempre com os propósitos de "promover a união política de Minas, que me parecia indispensável para enfrentar os riscos da hora", "para fazer balanços de nossas apreensões recíprocas", já que "o comando da vida nacional escorregava das mãos do presidente da República e multipartia-se por entidades e personalidades paralelas, que exerciam as mais desabusadas pressões".

Ao explicar a sua posição, já que, como governador de um estado, devia compromissos ao presidente do país, ao fazer uso dos seus direitos de oposição e da sua coerência com o que acreditava melhor para o país, Magalhães explica que "tenho a consciência tranquila. Da mesma forma que colaborei para uma solução política em moldes conciliatórios – a fim de que as reformas necessárias dessem ao povo a possibilidade de pronunciar a palavra final –, não me recusei, em seguida, em advertir o governo sobre os descaminhos a que se entregava".

Magalhães, com pronunciamentos que se multiplicavam, era dos que mais se utilizavam do clima de debate que havia em torno das medidas do governo Goulart com denúncias de "omissão do governo", de "ausência de governo", até que, em 8 de fevereiro de 1962, em discurso pronunciado perante os membros do poder Judiciário de Minas, declara:

"Um país de iguais sentimentos cristãos (Cuba), bem próximo a nós, vive hoje sob a prepotência de uma ditadura comunista. A hora é difícil, mas estamos certos de que o nosso povo, especialmente os poderes constituídos, saberá evitar que a pátria mergulhe em doutrinas e credos exóticos a que nos querem levar. Minas, pelo seu passado, sempre será uma cidadela de civismo."

Em março de 1962, torna-se público um certo desentendimento entre o governo federal e o governo de Minas. Magalhães denuncia publicamente "o descaso do poder central por Minas Gerais" e anuncia disposição de percorrer o interior e os demais estados numa campanha de esclarecimento e protesto. O governo Goulart decreta intervenção federal na Companhia Telefônica de Minas Gerais, e o governo estadual entra com um protesto judicial contra a União.

No mês seguinte, no dia 14 de abril, em ato público, na reunião dos governadores em Araxá, Magalhães Pinto discursou energicamente:

"A presença de vossas excelências reafirma a consciência da gravidade da situação nacional e adverte da necessidade de rever a estrutura legal do Estado brasileiro. Vivêssemos normalmente as instituições e de certo aqui não estaríamos com o objetivo de debater deformações e contrafações de nossa experiência democrática [...].

Abandonemos os simples apelos, ainda que generosos, e os propósitos de união dos contrários, utópicos e, portanto, estéreis [...]. Esta reunião pretende, pela agenda elaborada com o concurso de ilustres companheiros, a indicação de soluções efetivas [...].

É de responder-se, desde logo, aos que estranham uma reunião de governadores, que ela decorre do adiantamento das reformas ou da indiferença por elas. Quando o arcaísmo dos órgãos ou a perplexidade dos que os personalizam começam a suscitar a desesperança, rompem-se os fundamentos do respeito e da estima devidos às instituições em seu conjunto. Cumpre-nos estar atentos ao problema para que possamos dar ao povo o que ele espera de nós [...].

Os métodos até aqui adotados para a eliminação dos contrastes e das injustiças da pobreza e da desordem têm-se mostrado inoperantes.

É o próprio povo que pede um *novo caminho* para o Brasil. Pode ter perdido a confiança neste ou naquele dos seus dirigentes. Mas o povo crê no Brasil. Sabe que o país está em condições de trilhar um *novo caminho*. Por isso espera de nós não uma atitude oportunista, mas uma posição nova e criadora especificamente brasileira e democrática.

Importa-nos, pois, lutar por um caminho que não seja uma evasão nem simples acomodação de atitudes irreconciliáveis. [...] Com a mais consciente decisão de luta, o governador de Minas quer alinhar-se como soldado na revolução pacífica que esta reunião se propõe como seu objetivo essencial.

Essa revolução, é preciso fazê-la antes que outras a frustrem, e o país se veja lançado, inerme, às aventuras que nada constroem.

Com a ajuda de Deus e o pensamento na pátria, saberemos abrir o *novo caminho*!"

Uma das conclusões dessa reunião de governadores foi o lançamento de uma consulta ao Tribunal Superior Eleitoral solicitando a realização antecipada de um plebiscito sobre a conservação ou não da emenda parlamentarista de 1961. É importante não esquecer que os participantes dessa reunião, ainda que não em sua maioria, eram prováveis futuros candidatos à Presidência da República em 1965, e, portanto, favoráveis ao regime presidencialista.

Tanto que, como conta Magalhães Pinto, "a 24 de novembro, em clima de tensão ascendente, publiquei o manifesto a favor do plebiscito". Mas é Magalhães quem continua, "logo se mostraria impossível impedir que a máquina de propaganda governamental explorasse os resultados do plebiscito, apresentando-os como prova de consagração pessoal do presidente e repúdio às forças políticas que se opunham à sua maneira de governar. Em consequência, tornava-se impossível impedir que se mostrassem ainda mais acirradas as campanhas de radicalização, que resultariam em tudo que se veria depois".

Magalhães continuava em suas declarações:

"Não podemos abandonar os ideais da liberdade. Minas está preparada para atuar em defesa da ordem e da legalidade."

Com esses pronunciamentos públicos e com suas articulações privadas, o descontentamento do governador e a sua busca de um *novo caminho* vão cada vez mais amadurecendo para, em setembro de 1963, exatamente com a chegada do general Mourão a Juiz de Fora, começarem a tomar corpo "os planos mais minuciosos para transformar Minas em uma fortaleza de resistência. Os planos, cuidadosamente revistos, asseguravam essa possibilidade, e os contatos mantidos com outros governadores e preeminentes figuras da área militar atestavam que não iríamos estar sós".

O papel do empresariado

A MOVIMENTAÇÃO CONSPIRATÓRIA em São Paulo apresentou, inicialmente, três correntes distintas, caminhando para encontros e desencontros, espraiando-se e avolumando-se até formar a caudal a que vêm afluir outras vertentes menores, já em março de 1964.

Então é possível assinalar uma data, um acontecimento, um marco: a data de 19 de março; o acontecimento, a Marcha da Família com Deus pela Liberdade; o marco, a conscientização da população para que 1964 seja, até numericamente, o desdobramento de 1932.

É bem verdade que o movimento de 1964 caracteriza-se melhor com a reação das classes conservadoras, a defesa do *status quo* da alta e média burguesias contra a sociedade de massas que o processo de socialização acelerado anunciava. Mas as quinhentas mil pessoas que desfilaram pelo Viaduto do Chá, a ponto de não ser mais possível a locomoção, e o desfile até a Catedral de São Paulo reproduziam, sugestivamente, os dias da Guerra Paulista, e não era por coincidência que marchavam, nas primeiras fileiras, aqueles moços voluntários de 1932. E seus filhos, sobrinhos e netos formavam os grupos de choque que se iriam colocar, estrategicamente, nos clubes e outros pontos previamente designados, para a eventualidade de uma guerra civil.

A primeira corrente a ser seguida é a que cronologicamente foi a primeira a surgir, ainda muito restrita, em 1961: a do empresariado. Com a posse de João Goulart na Presidência e a formação do primeiro núcleo conspiratório, centralizado nas figuras dos três ministros militares do governo Jânio Quadros, elementos civis vieram ao Rio para um primeiro encontro com esses militares. Conta Herman de Morais Barros que ele, Reinaldo Saldanha da Gama e Américo Osvaldo Campiglia participaram de uma reunião no Edifício Avenida Central, na avenida Rio Branco, presidida pelo almirante Sílvio Heck e secretariada por Carlos Eduardo D'Alamo Lousada, em que "depois de amplo debate foi unânime a opinião de que sem manifestações inequívocas da opinião pública as Forças Armadas não se sentiriam autorizadas a intervir".

Esses elementos, paulistas de quatrocentos anos e herdeiros da Revolução constitucionalista de 1932, vão encontrar campo livre para suas articulações a partir de 31 de março de 1963, quando toma posse o governador, eleito em 7 de outubro de 1962, Ademar Pereira de Barros. Anticomunista, mas com a ambição maior de chegar à Presidência da República, Ademar precisava de João Goulart, ou melhor, do PTB, para uma futura aliança eleitoral. Sem chegar a hostilizar ostensivamente, de início, o presidente da República, Ademar fechou os olhos à conspiração em São Paulo, que já ia madura quando ele tomou posse. Essa velada conivência, a partir do manifesto de abril de 1963, vai num crescendo até as vésperas do movimento, quando investe contra o governo federal.

Essa segunda corrente, a política, encabeçada pelo governo do estado, completa com elementos militares a trilogia conspiratória paulista. A corrente dos militares se subdivide na fase das articulações. Num escalão mais elevado, estão os velhos conspiradores, os elementos do primeiro núcleo, que tinham como coordenador mais ativo, em São Paulo, o general Cordeiro de Farias. Esse braço conspiratório, através dos contatos mantidos pelo general Riograndino Kruel com o seu irmão Amauri Kruel, comandante do 2º Exército, integra as forças militares paulistas na deflagração do movimento revolucionário em dia, mês e hora ainda discutidos na sua precisão. Um outro braço, atuando mais em nível de oficiais, é responsável por um trabalho conspiratório que mina as Forças Armadas paulistas e que tem grande importância na deflagração da revolução em São Paulo.

Em solenidade comemorativa dos dez anos da revolução, em São Paulo, Herman de Morais Barros fez uma retrospectiva de todos os momentos que antecederam o movimento no estado.

Após a reunião do Edifício Avenida Central, em novembro de 1961, os representantes paulistas naquele encontro relataram todo o acontecido ao jornalista Júlio de Mesquita Filho, dono do jornal *O Estado de S. Paulo*: "Impressionou-nos sua firmeza e certeza do futuro".

Partiram, então, para o trabalho anônimo de conversar e debater com todos os que poderiam lhes trazer qualquer parcela de ajuda. Entre outros, encontraram-se com Antônio Carlos Pacheco e Silva, Otávio Marcondes Ferraz, Teodoro Quartim Barbosa, Gama e Silva, Paulo de Almeida Barbosa (na época presidente da Associação Comercial), Rafael Neschese (da Federação das Indústrias), Valdemar Ferreira, Francisco Mesquita, Herbert Levy, senador João Arruda e muitos outros.

Em janeiro de 1963, com a vitória do presidencialismo através de plebiscito, conta Herman de Morais Barros, "São Paulo despertara para a luta e a propaganda. Apareceram, então, numerosos grupos arregimentando gente decidida, armando-se da forma que fosse possível para a defesa de seus quarteirões e para a preparação espiritual do povo para a luta que se avizinhava".

Na última quinzena de abril, começaram a ser distribuídos convites para uma reunião no Estádio do Pacaembu, organizada pelo Estado-Maior Revolucionário do general Olympio Mourão Filho, que a essa altura ainda estava em São Paulo, mas que não aparecia. Os autores dos convites eram os generais reformados Agostinho Cortes e Sebastião Dalísio Mena Barreto. A reunião, que se realizou no domingo, 23, às 10 horas, teve o comparecimento de trezentas a quatrocentas pessoas. Para Herman de Morais Barros, "foi um teste bastante animador", já que se tratava de arregimentar a opinião pública contra o governo federal.

Depois desse "teste animador", uma outra reunião. Dessa vez no apartamento de Júlio de Mesquita Filho, com o comparecimento do general Mourão e dos generais reformados Gorreta e Ivanhoé Martins, além de um representante do general Cordeiro de Farias. Nesse encontro, ficou decidido que Júlio de Mesquita Filho ficaria na chefia do grupo que se encarregaria dos assuntos de ordem política e orientação ideológica. O objetivo era mobilizar São Paulo no mesmo grau de 1932.

Para a criação desse clima de hostilidade ao governo, muito concorria a pregação do Instituto de Pesquisa e Estudos Sociais (IPES), sob a direção de João Batista Leopoldo de Figueiredo, Paulo Ayres e Paulo Reis de Magalhães. Ao mesmo tempo havia o trabalho de líderes do *Convívio*, sob a direção do padre Crippa. Um dos grupos mais ativos era liderado por Eldino Brancante, Adalberto Bueno Neto, Hebert Levy e João de Almeida Prado, que eram incansáveis nas ligações com os militares. Lembra Herman de Morais Barros que "foi através de seu trabalho habilidoso e pertinaz que se estabeleceu um clima de amizade e confiança entre civis e dezenas de oficiais, dentre os quais lembramos os coronéis José Tomás, Buitron, Erasmo Dias, Majores Adalberto, Geraldo Franco e Lauro Faria; capitães Herbis Franco, Armon; tenentes Rui Machado, Forjaz e Queirós, do 2º Exército; da Aeronáutica, a figura decidida do comandante da 4ª Zona Aérea, brigadeiro Márcio de Sousa e Silva, e mais os brigadeiros Prandini, Paulo Vítor, Neiva; coronéis Luís Maciel e Valente e major Melo; da Marinha, o grande companheiro comandante Bierrenbach".

Fazendo oposição franca ao governo federal em oportunidades de debates, conferências, declarações, atuavam a deputado Conceição da Costa Neves, Paulo Correia Galvão Filho, Eduardo Levy Filho, José Ely Viana Coutinho e Paulo Edmur de Sousa Queirós. Uma dessas oportunidades foi a conferência na Federação das Indústrias, relatada pelo coronel Rubens Restel, em pronunciamento em 1971: "Foi a conferência proferida por Fernando de Almeida Nobre Filho. A essa conferência compareceram o coronel Campos, hoje general de divisão, comandante da 5ª Região Militar, e a deputada Conceição da Costa Neves. Foi uma conferência tumultuada porque a sala estava pontilhada de esquerdistas. Mas teve o mérito de parecer como um brado de alerta, levado pelo coronel Aragão ao Rio de Janeiro, que disse que São Paulo estava na vanguarda da reação contra a onda vermelha que ameaçava o país".

Aqueles que, entre si, dividiam as atividades preparatórias, convencidos da necessidade de união dos esforços, procuraram Herman de Morais Barros para participar de um comitê revolucionário. Ele impôs como condição de sua participação que sua escolha fosse aceita pelo governador Ademar de Barros, "cuja cooperação através dos órgãos de seu governo era imprescindível, principalmente no setor da Secretaria de Segurança, em boa hora entregue ao extraordinário companheiro Aldévio Barbosa de Lemos".

Com a indicação de seu nome endossada pelo governador, Herman de Morais Barros teve como primeira preocupação entrosar o movimento de São Paulo com o que se articulava nas altas esferas militares, quando se deu então um encontro com o general Cordeiro de Farias. Conta Herman: "Cordeiro era otimista, embora admitisse que a luta poderia durar meses. Relatou-nos o que estava em organização em todo o país, afirmando que São Paulo se encontrava na vanguarda".

Pouco depois, Herman de Morais Barros foi convocado pelos coronéis Cid Osório e Rubens Restel, como resultado de uma reunião em casa de Paulo Quartim Barbosa, para a composição de um Estado-Maior que cuidasse do planejamento da mobilização de São Paulo. As altas decisões caberiam à cúpula constituída por Júlio de Mesquita Filho, Otávio Marcondes Ferraz, Teodoro Quartim Barbosa e Antônio Carlos Pacheco e Silva.

Em resumo, o que competia aos membros desse Estado-Maior era: 1) realizar o levantamento de recursos financeiros necessários; 2) coordenar, mediante prioridades a estabelecer, a mobilização industrial para atendimento dos propósitos da organização; 3) contribuir para atender às necessidades previstas para cada operação a realizar; 4) formular um esquema de trabalho a realizar. Prazo de apresentação: 4/3/1964.

O Estado-Maior estava assim composto:

Logística: João Soares do Amaral Neto; coronel Peçanha: 2º Exército; Vitorino Ferraz: Indústria; Paulo Egídio Martins; Roscio Castro Prado.

Ações: general Ivanhoé Martins; general Sousa Carvalho; Silvio de Toledo Piza.

Promoção e Propaganda: André de Faria Pereira Filho; Flávio Galvão.

Informações: General Agostinho Cortes.

Executivo: Herman de Morais Barros; Daniel Machado de Campos; Gustavo Borghoff.

Conta Herman de Morais Barros:

"Sem perda de tempo, procuramos estabelecer um esquema para se obter aquilo que era praticamente impossível dentro de prazo tão curto. Com Gastão Eduardo Vidigal e Aloísio Foz, partimos para obter a colaboração financeira dos bancos de São Paulo. É confortador lembrar a decisão corajosa dos bancos paulistas, cuja atitude desassombrada, naquela dramática emergência, nunca será assaz enaltecida. Ao mesmo tempo, recebíamos significativas contribuições, graças ao trabalho de todos, sendo de se lembrar entre outros os nomes de Antônio Cândido Gomes, José de Sousa Queirós Filho e Marcelo Amaral."

Uma segunda providência foi realizar intensa ofensiva, no sentido de neutralizar a ofensiva do governo federal, através de comícios e conferências:

"Urgia nossa presença a essas reuniões e debates, preparados para defender nossas teses e nossa integridade física. Para tanto, Paulo Quartim constituiu duas organizações. A primeira com sede à rua Avanhadava, onde, sob a direção do professor Frederico Abranches Viotti, se instalou a Escola de Liderança Democrática. Dali saíram jovens aptos ao debate e à esplanação dos princípios democráticos para atingir, através da livre iniciativa, o desenvolvimento, único caminho para que o país pudesse sair da pobreza, pela exploração de seus imensos recursos, de acordo com as teses da Escola Superior de Guerra."

A segunda organização se preocupava com a formação de grupos de choque sob a chefia, entre outros, de Humberto Golfi, Sílvio Luciano de Campos, Luís Carlos Prado, Arnaldo Vieira de Carvalho, Sérgio Brotero Junqueira, Vicente Mammana Neto, Luís Pinni Neto, Sérgio Barbosa Ferraz, Eduardo Levi Filho, José Ely Viana Coutinho, Rodolfo de Freitas Filho, em colaboração com outros grupos.

Uma série de ações planejadas, sob a orientação de Frederico Viotti, conseguia frustrar os programas do governo federal em São Paulo. Conta Herman de Morais Barros que, "em alguns casos, elementos de destaque e até ministros de Estado passaram sustos inesperados, recebendo merecido castigo, que bem testemunhava a disposição do povo de São Paulo em não permitir a preparação da comunização do país".

Participação do IPES

Nos primeiros anos da década de 1950, o industrial Paulo Aires já representava uma corrente em São Paulo que temia pela infiltração de comunistas em associações estudantis, sindicatos operários, sociedades profissionais, patronais e associações comerciais.[2]

Em janeiro de 1961, poucos dias antes que o mandato de Juscelino Kubitschek expirasse, Paulo Aires recebeu um telefonema interurbano de um estranho que compartilhava desses temores. Era Gilberto Huber Jr., dono das Listas Telefônicas Brasileiras, com sede no Rio. Os dois passaram a se encontrar regularmente no Rio, onde Aires começava um curto período como diretor do Banco do Brasil.

O presidente do banco, nessa época, era outro homem de negócios de São Paulo, João Batista Figueiredo. Os três e outros homens de negócio iniciaram uma

---

2. Philip Siekman, "Quando homens de empresa viraram revolucionários", *Fortune*, setembro de 1964.

série de encontros em que o assunto principal era "como enfrentar a propaganda estatista e esquerdista que ganhava todo o Brasil".

Como resultado desses encontros foi fundado o Instituto de Pesquisa e Estudos Sociais (IPES), que iniciou suas atividades publicando folhetos e livretos, patrocinando palestras, financiando viagens de estudantes aos Estados Unidos e ajudando a sustentar associações democráticas estudantis e operárias.

Quando João Goulart tomou posse, depois da renúncia de Jânio Quadros, o IPES acelerou seus esforços para influenciar a opinião pública.

Mas era uma tarefa árdua. Uma campanha na comunidade de negócios em busca de sócios e de fundos rendeu pouco. Conforme Aires recorda: "Alguns não contribuíam porque pensavam que estávamos errados; outros porque temiam que estivéssemos certos e não queriam se comprometer". O apoio do IPES à reforma agrária não lhe ganhou amigos entre os latifundiários, os grandes proprietários de terra. Sua concepção de uma economia livre e aberta não foi bem recebida pelos industriais ineficientes, que já estavam perturbados com o número crescente de companhias estrangeiras que vinham introduzindo no Brasil técnicas avançadas e marketing agressivo. Ao todo, só cerca de quatrocentas firmas, a maior parte do Rio e de São Paulo, contribuíram para a organização. A entrada anual de dinheiro nunca excedeu 500 mil dólares.

A organização, no entanto, continuou com suas publicações: *Infiltração, suas causas e consequências*, *A verdade sobre a revolução industrial*, uma série sobre *Economia para todos*. Ajudou a financiar um programa de treinamento em liderança democrática para homens de negócio, estudantes e operários, que instruiu 2.600 pessoas. Encorajou associações femininas e organizações estudantis e outras com contribuição de fundos, literatura, espaço barato de escritório, equipamento de escritório gratuito e ajuda burocrática subvencionada.

No final de 1962, houve uma mudança na atitude de alguns membros do IPES. "A princípio", diz Aires, "a ideia era toda de resistir, não de atacar. Todos queríamos que Jango terminasse seu mandato. Sabíamos que toda a gente em outras partes do mundo estaria contra nós se o depuséssemos." Mas uma série de atitudes do governo Goulart, no sentido de uma reforma radical no país, fizera com que uma ala do IPES começasse a achar que a resistência intelectual não operaria com a devida rapidez. Enquanto o IPES continuou com seu trabalho propagandístico, sócios da organização começaram individualmente a procurar maneiras mais diretas de manifestar sua oposição.

Dessa tomada de posição decorrem todas as várias organizações anticomunistas que apareceram na cena brasileira por essa época. Umas faziam comícios, outras pichavam paredes e uma inclusive tentou comprar políticos. Um industrial de São Paulo, pertencente ao IPES, decidiu que era tempo de adotar "métodos deles" e organizou células de "vigilantes" para enfrentar provocadores esquerdistas, nos comícios anticomunistas, com "métodos intelectuais como uma patada na cabeça". Posteriormente os vigilantes armaram-se com armas leves, fundaram uma fábrica clandestina de granadas de mão e escolheram um local de onde efetuar operações de guerrilha na guerra civil que consideravam inevitável e iminente.

Um dos movimentos mais importantes contra Goulart foi fundado por três sócios do IPES, todos advogados de São Paulo: Flávio Galvão, Luís Werneck e João Adelino Prado Neto. Eles decidiram, nas palavras de Werneck: "Que deveríamos fazer alguma coisa. Se isso significasse revolução, estávamos preparados. Tínhamos de transformar toda a situação".

Logo começaram a se reunir com um número crescente de outros profissionais liberais e homens de negócios de São Paulo, pertencentes ou não ao IPES. Um dos contatos mais importantes foi Júlio de Mesquita Filho, dono do jornal *O Estado de S. Paulo*, que se tornou chefe nominal do grupo.

Paralelamente a isso, sócios do IPES vinham há muito cultivando amizades nos meios militares, convidando oficiais ostensivamente para visitar fábricas em São Paulo, e nesses encontros contavam-lhes seus receios. O contato mais fértil com os militares foi feito no início de 1963, quando Werneck, Galvão e outros conheceram o tenente-coronel Rubens Restel, que na época servia no 2º Exército.

Encorajado pelo grupo Mesquita, Restel e alguns dos oficiais seus correligionários começaram a circular pelo Brasil, sondando outros militares. Grande número de oficiais jovens concordaram que tinha chegado a hora de agir, mas muitos, nos postos altos, não pensavam assim.

No início de 1964, esse grupo paulista, civil e militar, temia uma tentativa governamental de criar um estado totalitário. Do ponto de vista de alguns civis, a escolha se colocava em termos de ir até o fim no movimento que haviam iniciado ou correr o risco de sérias represálias se as coisas mudassem. Começaram, então, a armar-se. Só o grupo Mesquita gastou dez mil dólares em armas, inclusive metralhadoras. Grupos em bairros de São Paulo conseguiram armas, munições e víveres e cuidadosamente projetaram planos de defesa para as quadras em que residiam.

Restel e outros oficiais calculavam que, com alguns elementos do Exército regular, as polícias estaduais e os civis poderiam manter-se por noventa dias. Antes que esse prazo se esgotasse, o grupo Mesquita esperava receber auxílio externo. Tanto que mandou um emissário perguntar ao embaixador dos Estados Unidos, Lincoln Gordon, qual seria a posição do seu país se irrompesse uma guerra civil. Ele informou que Gordon portara-se com cautela e diplomacia, mas deixara a impressão de que, se os paulistas pudessem se manter por 48 horas, conseguiriam reconhecimento e ajuda por parte dos Estados Unidos.

Atuação do GAP

UM DOS GRUPOS que se formou como produto da pregação do IPES foi o Grupo de Atuação Patriótica (GAP), que atuava no Rio, em Minas Gerais e em São Paulo e era composto por jovens estudantes entre 17 e 26 anos de idade, em sua maioria das classes alta e média alta.

Tinha como programa de ação um combate a:
1) reformas propostas por Brizola e Goulart, que consideravam comunizantes; 2) legalização do Partido Comunista; 3) sistema de representatividade da classe estudantil (UNE e UEES); 4) encampação de refinarias; 5) ocupação de postos-chave na administração por elementos considerados comunistas (Petrobras, DCT, Rede Ferroviária, Portos etc.); 6) influência dos dirigentes sindicais nos destinos do país; 7) censura à palavra de políticos da oposição (Amaral Neto, Carlos Lacerda e Raimundo Padilha) no rádio e na televisão; 8) omissão governamental às greves e agitações de caráter político e subversivo.

Contando com ampla cobertura da imprensa, sobretudo de *O Globo* e dos *Diários Associados*, esses estudantes tinham como meta "levar a palavra de uma juventude não comprometida com a UNE, auxiliando na formação de uma corrente de opinião pública consciente dos rumos comunizantes e anárquicos a que o governo estaria conduzindo o país".[3]

Através dos "comícios pela democracia", realizados pelo deputado Amaral Neto e com a presença de parlamentares de todo o país, membros da Ação Democrática Parlamentar (deputados ligados ao IBAD), pregavam em praça pública a reação ao governo. Nesses comícios, realizados semanalmente em várias cidades, falava sempre em nome dos estudantes o presidente do GAP: Aristóteles Drummond.

Através da Rede da Democracia, cadeia de emissoras de rádio que se opunha à Cadeia da Legalidade, de Brizola, Aristóteles Drummond falava todas as semanas sugerindo inclusive a mobilização armada contra os camponeses de Francisco Julião e do Grupo dos Onze, de Brizola.

A participação dos rapazes do GAP estava ligada intimamente ao grupo conspirador liderado pelo almirante Sílvio Heck. Por algumas vezes, Aristóteles e alguns companheiros promoveram transporte de armas de São Paulo para o Rio. Chegaram inclusive a trazer metralhadoras em malas e em ônibus da Viação Cometa. Esse transporte e movimentação de armas foi uma vez estourado pela polícia do Exército, mas Aristóteles e mais dois companheiros conseguiram escapar na própria estação rodoviária.

Como consequência disso, a sede da Ação dos Vigilantes do Brasil, na rua 1º de Março, no Rio, foi invadida e interditada, assim como um sítio

---

3. Depoimento de Aristóteles Drummond.

em Jacarepaguá, onde o governo apreendeu as armas. Como conta Aristóteles Drummond, "por sorte, o IPM que o ministro da Guerra instaurou foi confiado ao general Idálio Sardenberg. Como a imprensa janguista insistisse em citar Heck, o GAP e seu presidente, tomei a iniciativa de procurar pessoalmente o general Sardenberg, em sua casa, na rua Sousa Lima. Na conversa com o militar, aleguei que o movimento apenas distribuía livros, combatia a UNE etc., e que o noticiário dos jornais era apenas maldoso". Idálio Sardenberg ouviu Aristóteles e por fim lhe disse: "Eu sei que as coisas não são bem como você diz, mas elogio seu civismo e peço levar ao almirante Heck minhas palavras de tranquilidade. Vocês não serão incomodados".

Continua Aristóteles Drummond: "É de se notar que o movimento não tinha nenhum vínculo com políticos. A tese, desde praticamente o início, era a da solução de um movimento que antecedesse o preparado pelas esquerdas. [...] Enfim o GAP fez a mocidade presente na luta contra Goulart e as teses dos reformadores. A elite brasileira não teve sua juventude omissa nos anos agitados que precederam o 31 de março de 1964. Marcou sua posição na defesa da propriedade privada, da livre iniciativa, no combate ao estatismo, e de uma democracia liberal, mas livre do convívio com seus inimigos confessos".

Ação dos militares

Os MILITARES PAULISTAS que atuaram em todo o trabalho conspiratório que resultou na revolução de 1964 consideram esse movimento como a última etapa de um processo que vinha se desenvolvendo há quase cinquenta anos.

Segundo palavras do general Agostinho Teixeira Cortes, "com o apoio dos militares afastados das fileiras, depois de derrotadas as revoluções de 1922 e 1924, a Aliança Liberal levantou a bandeira do voto secreto – como meio para a derrubada das antigas e corrompidas oligarquias paulistas. Assim foi vitoriosa a revolução de 1930".

Continuando na sua análise, dizem eles que "traindo a bandeira liberal que o elevou ao poder, Vargas tornou-se ditador". Contra isso veio a reação constitucionalista dos paulistas em 1932. Essa revolução, embora derrotada pelas armas, forçou o governo a convocar uma assembleia que promulgou a Constituição de julho de 1934 e elegeu Getúlio Vargas presidente da República.

O levante comunista de 1935 levou o governo a tomar medidas de segurança através de uma emenda à Constituição que atribuía competência ao Executivo para cassar a patente de oficiais e demitir funcionários públicos que praticassem certos atos contra as instituições. Ainda escudado no levante comunista e endossado pelo Plano Cohen, Vargas dá o golpe de 1937 e novamente se investe de poderes ditatoriais.

Com a queda de Vargas em 1945, foi novamente tentada uma forma mais liberal para o governo do país, através da Constituição de 1946. Sob essa Constituição, governaram Eurico Dutra e novamente Getúlio Vargas, com apoio das esquerdas. Em fevereiro de 1953, 82 oficiais superiores fizeram o Manifesto dos Coronéis, onde denunciavam graves irregularidades e apontavam medidas para manter a coesão e disciplina das classes militares. Esse manifesto referia-se à orientação justicialista adotada por João Goulart no Ministério do Trabalho, e conseguiu que Getúlio afastasse João Goulart do ministério.

Conta o general Agostinho Cortes: "A partir desse momento, a oficialidade manteve João Goulart sob sua mira".

Um documento reservado, emitido na época, traça a estimativa da situação militar em São Paulo:

"Reina grande expectativa nos círculos militares sobre o problema da substituição do comandante do 2º Exército, sediado em São Paulo.

Esse alto comando militar, até bem pouco tempo situado em plano inferior face aos demais comandos do Exército, em virtude das injunções políticas que infelizmente invadiram os quartéis, está hoje situado em primeiro plano, desafiando as autoridades às quais está o problema ligado direta ou indiretamente.

O presidente da República e o ministro da Guerra estudam o assunto meticulosamente, examinando todos os fatores políticos e militares que poderão influir na decisão.

Num rápido retrospecto, é interessante ressaltar o que vem acontecendo com os últimos comandos militares em São Paulo, desde que as injunções políticas passaram a influir na escolha dos comandantes para aquele estado da federação.

Dadas as características peculiares do estado, e particularmente de sua capital, grande centro industrial, quartel-general do poder econômico, onde as classes produtoras, o comércio e mesmo o povo em geral, que já possui um alto índice de politização, todos vivem preocupados com as questões de ordem e segurança, com o fantasma do comunismo e com o problema das greves, que dia a dia se agrava.

Em face dessas circunstâncias, o general comandante de São Paulo passou a ser uma espécie de super-homem, fiador da confiança de muitos, visado pela imprensa, aguardado com enorme expectativa pelas autoridades e população paulistas. Seus atos, suas palavras, suas atitudes, seus contatos são analisados por grande parte da opinião pública e particularmente pelo governo federal, este muito preocupado com o ambiente político em São Paulo.

Assim, já nesse ambiente, teve São Paulo o seu primeiro comandante, que foi o general Nélson de Melo – militar experimentado na paz e na guerra, com um bom conceito perante o Exército e a nação. Muito social e equilibrado, o general Nélson de Melo adaptou-se rapidamente ao meio e à sociedade de São Paulo, que lhe prestigiou ao máximo. A imprensa e as classes conservadoras ressaltaram seu trabalho, e o governo, calcado no seu prestígio na época, foi buscá-lo para a pasta da Guerra, de onde, por questões até hoje obscuras, foi alijado, não mais recebendo comissão militar e sendo agora reformado de forma melancólica, para quem prestou ao Exército e à nação serviços de real valor.

Substitui o general Nélson de Melo no 2º Exército o general Peri Bevilácqua, que não tendo o passado militar de seu antecessor e por já ter estado implicado em fatos políticos recentes, sua nomeação não teve inicialmente boa receptividade em São Paulo, não só no meio militar como no meio civil. Foi recebido com reservas e certa frieza pela população e pelo governo estadual. Achavam os paulistas que a situação do general Peri no chamado movimento da 'Legalidade' o tinha deixado por demais comprometido com os comunistas e com a esquerda negativa, liderada pelo ex-governador Leonel Brizola. Correntes estas hoje em franca hostilidade ao governo estadual de São Paulo. Mas a atuação do general Peri no 2º Exército surpreendeu a todos, inclusive aos próprios militares que o conheciam mais de perto. Sua atuação contra as greves foi decisiva, e com isso conquistou de um momento para outro a simpatia das classes conservadoras, dos industriais e dos homens de trabalho de São Paulo. Com a sua célebre nota de instrução referente às greves e atacando a CGT, consolidou definitivamente o seu prestígio em São Paulo, passando daí para a frente a atuar em íntima ligação com o governador, fazendo sucessivas declarações de cunho político e praticamente se desligando da subordinação militar ao ministro da Guerra.

A reação do governo federal, que tem suas bases de apoio no poder militar e no poder sindical, não se fez esperar. O presidente tinha de socorrer a massa das forças populares paulistas, representada pelos seus sindicatos, que sempre estiveram identificados com a sua pregação trabalhista.

O general Peri passou a ser considerado como tendo sido envolvido numa manobra sensacionalista. Tinha mudado rapidamente de posição, de apoio ao governo, para passar a defender as teses das classes conservadoras e dos grupos reacionários.

Consumou-se o afastamento do general Peri – era mais um comando militar derrubado por injunções políticas.

A grande expectativa agora é pelo seu substituto. O nome mais em evidência é o do general Kruel, reforçado agora pela sua promoção a general de exército. A receptividade quanto ao seu nome ainda não é possível avaliar, mesmo porque a grande maioria acredita que a sua nomeação não se concretizará, em virtude ainda de pressões políticas.

É ponto pacífico, no entanto, que o comando do 2º Exército, atualmente, é um comando difícil, cargo militar e político que requer grande habilidade para quem vai exercê-lo.

Habilidade em não se deixar envolver em manobras políticas.

Habilidade em herdar o ambiente favorável deixado pelos antecessores.

Habilidade em manter as ligações com as autoridades civis na zona do Exército.

Habilidade na intervenção em assuntos de greves e sindicatos, sem desobedecer a diretrizes do titular da pasta da Guerra.

Habilidade para não perder a confiança do governo federal.

Habilidade para procurar moldar todo o seu Exército, como uma força profissional de combate, absolutamente competente, seguro de si próprio e de seus líderes e imbuído do senso de sua finalidade.

Para atingir esse objetivo, a liderança do chefe deve ser da melhor categoria."

A designação do general Amauri Kruel para comandar o 2º Exército foi um ato político. A ordem do dia publicada por ocasião da posse define a orientação que o novo comandante desde logo anunciava. O general Kruel lembra que "o 2º Exército, sob comandos anteriores, já conquistou a confiança da opinião pública paulista, que nele vê um dos elementos capazes de garantir a ordem e a liberdade de trabalho de que tanto necessita São Paulo". O seu passado militar não permitia dúvidas de como seria a sua atuação.

Entendimentos com Ademar de Barros

O MARECHAL ODÍLIO DENYS confirma, em seu depoimento, ter ficado assentado que a revolução teria de partir de um grande estado, São Paulo ou Minas Gerais. Por isso teve entendimentos com o governador Ademar de Barros. Este respondeu que São Paulo não repetiria 1932, quando saiu primeiro e ficou só. Acompanharia, porém, qualquer outra unidade federativa que se insurgisse, "mesmo que fosse um pequeno estado, Sergipe ou Piauí".

Ademar vinha da experiência da eleição presidencial em que perdera para Jânio, com 2,5 milhões de votos. Sabia que não teria votação para alcançar a Presidência da República dentro do quadro político vigente. Aceitando a situação pré-revolucionária que encontrou em seu estado, eram duas as motivações que faziam dele um conspirador: combater o comunismo no desdobramento do processo socializante, incrementado por Jango, e colocar-se em posição mais favorável para uma nova investida à Presidência da República.

Ademar pensava que o movimento revolucionário implantaria um triunvirato: um general, um ministro do Supremo Tribunal Federal e um elemento civil da conspiração, que seria ele. Nos seus planos, haveria divergências e, em seis meses, dominaria o triunvirato e chegaria a chefe da nação.

No início de 1963, Ademar confidencia aos íntimos que Leonel Brizola lhe falara em uma República Sindicalista, que seria proclamada no Brasil por João Goulart, em um discurso a ser proferido em 1º de maio, segundo a tradição trabalhista de Vargas. Essa é uma das referências à República Sindicalista, jamais mencionada por Jango em seus pronunciamentos ou em suas conversas.

No carnaval de 1963, em sua residência de veraneio, Ademar reuniu-se com o chefe de sua Casa Civil, Álvaro Teixeira de Assunção, e minutaram o que seria um Manifesto dos Governadores Democratas, ficando assentado que, na Semana Santa, Assunção percorreria o país colhendo assinaturas dos governadores que não faziam parte do esquema presidencial. A viagem ocorreria naquele período de recesso para não despertar atenção. O manifesto apresentado era do seguinte teor:

"Os governadores abaixo assinados, considerando:

1 – que os acontecimentos nacionais exigem de todos que se encontram revestidos de autoridade e têm responsabilidade pelos destinos do país um entendimento franco e direto, amistoso e leal, no sentido do fortalecimento do regime democrático, baseado no sistema pluripartidário e nos direitos assegurados pelo artigo 141 da Constituição Federal;

2 – que esses direitos e garantias não excluem os demais decorrentes do regime e dos princípios, que a Lei Maior adota, entre tantos aqueles definidos na Carta das Nações Unidas e na Declaração Universal dos Direitos do Homem, a que o Brasil se vinculou expressamente, sendo, portanto, obrigatoriamente vigentes em nossa pátria;

3 – que são igualmente essenciais à manutenção do regime: a forma republicana representativa; a federação; a independência e harmonia dos poderes; a temporariedade das funções eletivas, com as proibições de reeleição e inelegibilidades consagradas na Constituição que nos rege; a autonomia municipal; a prestação de contas da administração e a responsabilização dos que inadequadamente a desempenharem; as garantias do poder Judiciário, como sumo intérprete das leis e fiel das liberdades públicas; a ordem econômica, organizada conforme os princípios da justiça social, conciliando a liberdade de iniciativa com a valorização do trabalho humano; a educação, como direito de todos, no lar e na escola, inspirando-se nos princípios de liberdade e nos ideais de solidariedade humana;

4 – que as reformas que o momento atual aconselha devem ser apoiadas por todos os que não descreem da evolução, em face das necessidades sociais, de acordo com as conveniências reais do país, sem, todavia, colocar-se à margem aqueles princípios básicos do regime democrático e levadas a efeito à luz dos ensinamentos cristãos, sob cujo influxo foi instituída e permanece organizada a nação brasileira;

5 – que a ordem e a legalidade são indispensáveis ao próprio sistema e devem constituir o escopo supremo de governantes e governados num estado de direito;

6 – que as Forças Armadas, destinadas a defender a pátria e a garantir os poderes constitucionais, a lei e a ordem, não devem ser afastadas de suas verdadeiras finalidades, em consonância com a missão que, através de toda a nossa história, tão alta e nobremente têm sabido desempenhar, com inegável desinteresse, patriotismo e oportunidade, granjeando por isso o respeito e agradecimento dos concidadãos;

7 – que devem ser assegurados ao presidente da República e ao poder Legislativo o apoio e a solidariedade precisos para o exato cumprimento de suas atribuições, dentro dos princípios acima expostos, em prol do bem-estar da coletividade e do aprimoramento do regime adotado;

Resolvem:

Estabelecer entre si um entendimento com os objetivos discriminados nos considerandos anteriores, visando a uma ação comum e uniforme, em plano elevado e independentemente de filiação partidária, de modo a sempre poderem colaborar para a sustentação e o aprimoramento do regime democrático, para cujo fim reunir-se-ão quando qualquer deles convocar os demais, na capital do estado governado por aquele dos signatários que tomar a iniciativa da convocação, para permutarem informações e ideias, consultarem-se reciprocamente, tomarem a orientação que couber e pronunciarem-se em conjunto quando as circunstâncias o exijam, e, seja o caso, presidindo a reunião, sucessivamente e de cada vez, um dos governadores signatários, pela ordem das assinaturas apostas neste documento."

O documento recebeu de pronto as assinaturas dos governadores Ademar de Barros, Ildo Meneghetti, Luís Cavalcanti, Carlos Lacerda, Francisco Lacerda de Aguiar, Lomanto Júnior e Seixas Dória. Este, com ressalvas a serem apresentadas "quando oportuno"; Pedro Gondim, da Paraíba, também com ressalvas: "Sem recusar, em princípio e totalmente, os considerandos, opino, no entanto, que um documento dessa natureza deve ser, antes, o resultado do debate e demorada análise de seus signatários, nunca um ato puro e simples de endosso sem, repita-se, o prévio e conclusivo diálogo das partes"; Virgílio Távora, do Ceará, "com as devidas ressalvas emitidas pelo governador Pedro Gondim".

Esse documento pode ser aceito como o rompimento político de Ademar com Jango. O governador paulista começa uma atividade conspiratória conhecida como a "conspiração dos cafezinhos", com muitos encontros, muito café e pouca confabulação consequente. As reuniões eram no Palácio dos Campos Elísios, e o governo federal não lhes dava importância. Afinal, veio a comemoração de 1º de Maio e não houve a anunciada declaração de Jango sobre a República Sindicalista. Nem então, nem depois.

Tornaram-se frequentes as viagens a São Paulo do general Osvaldo Cordeiro de Farias, que se hospedava ora em hotéis, ora em casas amigas. Seu representante permanente era o coronel Ivanhoé Gonçalves Martins, conhecido como doutor Ivan, hospedado nos melhores hotéis da Pauliceia. Tinham atuação destacada os coronéis Ramiro Gonçalves, Henrique Cardoso, este representante do general Sizeno Sarmento, e o coronel Pessoa, então vice-presidente da Companhia Paulista de Estradas de Ferro.

Os conspiradores deixaram o palácio governamental e passaram a se encontrar em um apartamento localizado nos fundos da Santa Casa, alugado por um empreiteiro do DNER, Antônio Lico. Ademar se resguardava, não frequentando assiduamente esse local, aonde foi apenas duas vezes. As conversações eram gravadas e expostas a Ademar, que as ouvia e apoiava ou contra-argumentava. Ainda não se falava abertamente em revolução.

O secretário de Segurança, general Aldevio Barbosa, tolerava e até controlava as atividades dos vários grupos conspiratórios. Havia montado um dispositivo, em Brasília, que captava conversas de Jango, mantendo Ademar bem informado sobre suas atitudes. Algumas vezes recolheu-se, para descansar, nos aposentos particulares do governador. Aí havia um telefone, ligado a um dispositivo de escuta e gravação. Assim, todas as ligações feitas por Jango foram gravadas.

Natal

Em maio de 1963, o deputado Leonel Brizola foi ao Nordeste em campanha política.

No domingo, 5, às 17 horas, desembarcou no aeroporto de Natal, acompanhado pelos deputados Murilo Costa Rego e Lamartine Távora e pelo engenheiro Heber Maranhão. Recebido pelo prefeito local, Djalma Maranhão, dali seguiu para a residência de Heber Maranhão, onde jantou e deu entrevista. Na ocasião, afirmou ser aquele mês decisivo para as reformas de base e que não recuaria, em hipótese alguma, da pregação nacional que vinha fazendo.

Sua visita àquela cidade se prendia a um convite da Frente Nacionalista do Rio Grande do Norte para falar, em sua sede, no Fórum de Debates. Ao chegar à sacada do prédio, foi aclamado por uma multidão que aguardava sua palavra. A Rádio Mairynk Veiga comandava uma cadeia de emissoras nacionais que transmitiram para todo o país seu discurso e o do prefeito. Os oradores criticaram a presença do embaixador dos Estados Unidos, Lincoln Gordon, no Nordeste e o programa da Aliança para o Progresso. Brizola teceu considerações em torno da situação nacional insistindo nas reformas de base. Referindo-se às Forças Armadas, fez alusão pessoal ao general Antônio Carlos Muricy, comandante da guarnição local. Acusou-o de gorila e golpista, chamando a atenção do povo natalense para aquele militar que, segundo o orador, nos acontecimentos da renúncia do senhor Jânio Quadros "fugira de Porto Alegre para não ser preso". Fez apelos aos soldados do Exército, da Marinha e da Aeronáutica para que pegassem em armas, em defesa das reformas de base. Declarou ser necessário "colocar mais fogo na fogueira e aumentar a pressão contra o Congresso para conseguir a aprovação das reformas indispensáveis à vida brasileira".

O discurso durou uma hora e 45 minutos. Era grande a massa popular, à volta do edifício, que o ouvia pelos inúmeros alto-falantes.

O ex-governador gaúcho conclamou o povo a se unir em células de cinco pessoas, que por sua vez deveriam multiplicar-se. A finalidade das células seria uma resistência às insolências e aos abusos dos "gorilas" que, segundo ele, estariam por toda parte, tramando o golpe.

E Brizola disse mais, que apresentaria ao presidente da República uma "representação contra o embaixador Gordon", considerando-o *persona non grata* ao governo brasileiro, pois agia em nosso país como "autêntico inspetor de colônias". Também atacou a Aliança para o Progresso e concitou o povo a expulsar do país os "agentes do imperialismo ianque".

Como era de se imaginar, a oficialidade de Natal se irritou profundamente com aquelas palavras. Eles se sentiam duramente atingidos, inclusive nas ameaças quanto à disciplina militar, quando Brizola se dirigiu aos soldados.

O general Muricy encontrava-se num banquete no palácio do governo, realizado em honra do embaixador Lincoln Gordon, que visitava o Rio Grande do Norte a convite do governador Aluísio Alves.

Ainda no Palácio das Esmeraldas, o general Muricy soube, por alguns oficiais, que havia sido atacado pelo deputado Brizola. A oficialidade estaria se preparando para fazer um revide. Em vista disso, o general Muricy convocou uma reunião imediata em sua própria residência, com os comandantes de unidades e mais o secretário de Segurança, coronel Ulisses Cavalcanti. Durante a reunião, soube que alguns oficiais já haviam se dirigido para a casa do engenheiro Heber Maranhão, onde estava hospedado Brizola. O general Muricy ordenou, prontamente, que esses oficiais fossem detidos, proibiu qualquer manifestação dessa natureza e determinou que toda a tropa se mantivesse em rigorosa prontidão.

Na manhã do dia seguinte, às 11 horas, o comandante da guarnição militar recebeu uma manifestação de desagravo por parte de todos os oficiais das três armas sediadas em Natal.

Compareceram também sargentos, suboficiais e entidades civis. Na ocasião, falou o coronel Mendonça Lima, comandante do 16º RI. Em seu discurso, disse ele que representava todos os oficiais da guarnição, bem como os companheiros da Marinha e Aeronáutica, os da Força Pública do Rio Grande do Norte e os da reserva do Exército, estando presentes, também, e voluntariamente se associando, numerosas representações de sargentos de todas as unidades.

Em seguida, falou o general Muricy, que aproveitou a ocasião para fazer um breve relato do que ocorrera em Porto Alegre em 1961.[4]

Às 10 horas, o deputado Brizola embarcara para Recife. Em comício realizado na Cidade do Cabo, Brizola disse que o motivo principal de sua ida a Pernambuco era mobilizar o povo a favor das reformas de base. Durante a manifestação, o deputado travou diálogos diretos com os trabalhadores rurais.

Em Recife, entrevistado por *O Estado de S. Paulo*, declarou que, se era verdade o que constava, que o general Muricy, em seu discurso, o teria chamado de "homem sem moral, que usava dinheiros públicos para fazer agitação", pretendia interpelá-lo judicialmente. E disse mais: "O que me cabe no momento é reafirmar tudo o que disse na capital potiguar, particularmente com referência ao aludido militar, que ultimamente anda doutrinando a democracia cristã e a legalidade por estas bandas, embora tenha sido no curso da crise de agosto um dos mais ativos golpistas, que inclusive se viu no constrangimento de fugir de Porto Alegre para não ser preso pelo general Machado Lopes".

Ainda na noite do dia 6, o deputado Brizola, em Recife, falou até de madrugada numa cadeia de televisões locais. Esteve em conferência, até a manhã de 7 de maio, com petebistas locais e visitou o governador Miguel Arraes ao meio-dia, almoçando no palácio. De lá partiu para o Rio de Janeiro.[5]

---

4. In *Diário de Natal*, Natal, 7-5-1963. Texto integral do discurso *in* Anexos.
5. In *O Estado de S. Paulo*, São Paulo, 8-5-1963.

Na tarde do dia 6, o general Muricy foi a Recife conferenciar com o general Humberto Castelo Branco, comandante do 4º Exército, retornando em seguida a Natal. O comandante da guarnição fez um relatório verbal dos acontecimentos e, de Natal, no dia 8, enviou um relatório escrito, confirmando tudo o que declarara. Também foi enviada ao general Castelo Branco a gravação do discurso de Brizola, que o general Muricy tivera a precaução de mandar fazer pelo Serviço de Informações da guarnição.

No dia 7, o comandante do 4º Exército enviou ao ministro da Guerra, general Amauri Kruel, o seguinte relatório reservado:

QUARTEL-GENERAL

OFÍCIO
105-B-E/2 RECIFE
(RESERVADO)

7 *Maio 63*
Comandante do 4º Exército
Excelentíssimo senhor ministro da Guerra

1. Já apurei que o deputado Leonel Brizola, na noite de 5 para 6 do corrente, em Natal, discursando, declarou que o general brigadeiro Antônio Carlos da Silva Muricy "é um golpista e um gorila".

Tal afirmação foi feita absolutamente sem causa ou pretexto, entre chacotas do orador, seguida de incitamento às Forças Armadas para a reação contra a situação atual. Houve, de maneira incisiva, uma provocação.

2. Posso dar o meu testemunho, a vossa excelência, de que o general Muricy não é um reacionário e não está conspirando para, com um grupo de militares, empalmar o poder.

3. Percebo que o deputado Brizola, em seus discursos no Nordeste, acusa de "golpista" os militares que não o acompanham na montagem do seu golpe e de "gorila" os que não participam de sua política para, de qualquer jeito, dominar o poder.

4. É notório, então, o esforço desse deputado para dividir o Exército, agora, em "brizolistas" e "gorilas," em desmoralizar seus chefes, generais e coronéis, e voltar-se para os sargentos como seus adeptos.

Já se vislumbra que tal processo de difamação e insídias se reproduz no meio de estudantes, sindicatos e na imprensa, ofendendo as instituições militares numa quadra dificílima da nação.

5. Primeiramente, desejei responder ao deputado Leonel Brizola para mostrar ao acusador intempestivo que a sua injúria parece fazer parte de um propósito de solapamento das instituições armadas do país.

6. Se vossa excelência, no entanto, achar que se trata de uma questão local e restrita a elementos do 4º Exército, estou pronto para, dentro da disciplina, revidar os provocantes ataques do deputado Leonel Brizola ao general Muricy.

General excelentíssimo Humberto de Alencar Castelo Branco
Comandante do 4º Exército.[6]

---

6. Arquivo Antônio Carlos Muricy.

Enquanto isso, numerosos oficiais, dos mais representativos do Exército, começaram a enviar telegramas e cartas de solidariedade ao general, a ponto de o governo proibir que mensagens desse tipo fossem transmitidas. Por isso foram organizados abaixo-assinados contendo quase quinhentas assinaturas de oficiais. Essas mensagens lhe foram entregues pessoalmente. Nos textos dos telegramas e cartas, muitas vezes em termos bastante calorosos, se observa, claramente, o geral repúdio à atitude do deputado Brizola. Também civis se associaram a essas manifestações.

No dia 8, o general Amauri Kruel, depois de receber o relatório do general Castelo Branco, resolve ir à presença do presidente João Goulart para reclamar providências, a fim de que o deputado Brizola não repetisse os ataques a comandantes de tropas.[7]

Nesse dia, verificou-se sério incidente no plenário da Câmara dos Deputados, em Brasília. Encontrava-se na tribuna o deputado Oscar Correia, da UDN, que defendia a posição do general Muricy na crítica feita por Brizola em Natal. Este interveio nos debates e disse que mantinha as acusações ao general. Estabeleceu-se o tumulto. O deputado Adauto Lúcio Cardoso interfere e acusa o ex-governador do Rio Grande do Sul de "desonesto e traidor da Constituição". Somente a intervenção de outros parlamentares e de dirigentes da mesa evitou uma luta corporal entre os dois deputados.[8]

No dia seguinte, o deputado Hércules Correia declarou estar autorizado pelo CGT a dar apoio irrestrito às afirmações de Brizola contra o general Muricy. Afirmou, ainda, que o CGT "não mais tolerará os sucessivos adiamentos das reformas que defende, sobretudo a agrária, devendo adotar uma ação mais enérgica na defesa dessas reivindicações, estando prevista uma greve geral de 24 horas, de todos os trabalhadores, em qualquer data, depois do próximo dia 25". Salientou, ainda, que o CGT estava plenamente solidário com o deputado Brizola e que não hesitaria em "sair em campo em sua defesa". E, textualmente: "Há militares que não aprenderam a se comportar devidamente na caserna e vão a público ditar normas".[9]

O *Diário de Pernambuco*, no dia 11 de maio, transcreve um comentário do jornalista Hélio Fernandes, publicado na véspera na *Tribuna da Imprensa* do Rio de Janeiro:

"O senhor Leonel Brizola está sendo considerado um novo Caxias, verdadeiro pacificador do Exército: pois a reação a ele foi tão impressionante e sólida que uniu os grupos mais diversos, colocando na mesma trincheira generais, coronéis, majores, capitães e tenentes, que há muito estavam separados e alguns até lutando por conta própria. A reação foi tão pronta que mesmo alguns militares que sempre deram cobertura a Brizola não

---

7. In *Jornal do Comércio*, Rio de Janeiro, 8-5-1963.

8. In *Diário de Pernambuco*, Recife, 9-5-1963.

9. In *Diário de Notícias*, Rio de Janeiro, 10-5-1963.

puderam abrir a boca. Alguns por não concordarem realmente com o pronunciamento do ex-governador. Outros por acharem que o melhor mesmo, no momento, 'era enfiar a viola no saco'. Neste caso está o notório almirante Aragão.

Durante a tarde de anteontem e durante todo o dia de ontem, emissários do senhor Leonel Brizola insistiram com o general Osvino para que fizesse um pronunciamento, se não favorável ao ex-governador, pelo menos que tivesse o sentido tático de aliviar as pressões de cima das suas costas. Mas o general Osvino se recusou terminantemente.

Aliás, dizem que Osvino não só recusou qualquer pronunciamento favorável a Brizola, como estava mesmo uma fera com ele, pois a onda provocada pelo cunhado do senhor João Goulart foi de tal ordem que enterrou definitivamente a candidatura Osvino a ministro da Guerra. Três generais, sendo que dois ex-ministros da Guerra, diziam à tarde ao repórter: 'Se Brizola tivesse planejado friamente um movimento para destruir o general Osvino, não poderia ter feito melhor do que fez. Pois agora não há força humana capaz de levar Osvino ao ministério da Guerra'. Essa opinião é partilhada pelo Exército inteiro.

Ontem, no Ministério da Guerra, se esperava, com ansiedade e debaixo de muita expectativa, o relatório oficial do general Castelo Branco sobre as ocorrências de Natal. Sendo a autoridade colocada imediatamente acima do general Muricy, e sendo geralmente admirado e respeitado, o relatório do general Castelo Branco estava sendo considerado um verdadeiro retrato do que ocorrera, pois ele não é homem de falsear acontecimentos, nem para servir às suas próprias ideias. Até às 14 horas (momento em que começo a escrever estas notas para que o leitor possa acompanhar imparcialmente os fatos), o relatório não chegara nem ao Rio nem a Brasília, onde permanecia ainda o general Kruel, apesar de esperado no Rio."[10]

O episódio de Natal, entretanto, serviu como um teste. A oficialidade brasileira podia ser unida. Não tanto o número de mensagens recebidas, mas os nomes que as assinavam, de oficiais ocupando postos-chave e dos que tinham maior prestígio, podiam dar uma primeira visão panorâmica dos pontos de apoio com que se poderia contar para qualquer movimento de reação ao governo João Goulart.[11]

Problemática do Nordeste

A AGITAÇÃO NÃO começou, em Pernambuco, com o governo Miguel Arraes. O Nordeste tem uma problemática especial, e dentro dela Pernambuco vinha apresentando os reflexos das crises política e socioeconômica. O processo de expansão do capitalismo não alterou profundamente as relações patriarcais. Enquanto a usina e todo o complexo industrial se instalavam, conservavam-se as

---
10. In *Diário de Pernambuco,* Recife, 11-5-1963.
11. Entrevista com o general Antônio Carlos Muricy, junho de 1974.

formas primitivas de trabalho, o mutirão, a parceria, os resquícios pré-capitalistas da economia local.

Quando o polo econômico açucareiro se deslocou para São Paulo, o usinismo nordestino entrou em crise. O atraso de suas estruturas materiais se traduziu na explosão de uma verdadeira onda de greves proletárias. Pernambuco conhecera os movimentos messiânicos e o cangaço. Ia entrar em uma fase de descompasso econômico de onde se originarão os acontecimentos sangrentos de novembro de 1935 e março de 1945.

Em 1955, foi criada a Sociedade Agrícola e Pecuária dos Plantadores de Pernambuco, marcando o início de uma nova forma de luta, a revolta dos camponeses, coincidindo com o início do período desenvolvimentista. Esse movimento de camponeses, partindo de Pernambuco, estender-se-á para o sul, integrando as camadas rurais marginalizadas às massas urbanas surgidas no recente processo de industrialização. Porque o surto desenvolvimentista provocava a migração das massas camponesas, obrigadas a se deslocarem para a cidade, aproveitadas na revitalização de suas indústrias; ou permanecer no campo, perecendo economicamente. A situação do camponês agravou-se com a mudança de condições que até então haviam prevalecido. O fato de que esses movimentos camponeses tenham adquirido dimensão maior em Pernambuco se justifica por várias razões. Pernambuco tornara-se o mais reacionário porque era o mais atrasado em matéria de relações econômicas entre os proprietários de terra e os camponeses. A história das Ligas Camponesas começa em 1945 após a queda do governo Vargas, estimulada pelo Partido Comunista, na ilegalidade. Desenvolveram-se diante da impossibilidade da instituição de sindicatos rurais, cuja existência dependia de uma série de exigências. Organizaram-se, primeiramente, no Recife, nos bairros tipo horticultores, que já se achavam organizados em cooperativas criadas por Agamenon Magalhães. A intervenção do Estado nessas cooperativas afastara delas os agricultores, cujo objetivo principal era defenderem-se contra os proprietários de terrenos urbanos, na medida em que eles empreendiam a construção civil, desenvolvendo a cidade, em detrimento dos horticultores. As Ligas Camponesas desenvolvem-se criando escolas e outras formas de assistência. Expandem-se pelo interior do estado, em Pau d'Alho, São Lourenço da Mata, Escada, Goiana, Vitória de Santo Antão, constituindo um sistema de autodefesa dos trabalhadores do campo sobre os quais houvesse ameaça de expulsão. Porque esse perigo era grande para o homem do campo.

A indústria açucareira do Nordeste tinha uma marcha cíclica, sujeita a períodos de prosperidade ou de declínio. Então, ocorria a expulsão dos moradores dos engenhos, acarretando uma reviravolta em suas vidas porque, pelo sistema de trabalho adotado, os camponeses moravam nos engenhos, onde tinham um trato de terra, e podiam cultivar para a sua subsistência.

Em 1948, o Partido Comunista retornou à ilegalidade, e as Ligas Camponesas, por suas ligações, começaram a sofrer forte repressão. Contudo, alguns núcleos sobreviveram, inclusive o do engenho Galileia e o de Vitória de Santo Antão, que abrigava cerca de 140 famílias de camponeses. Daí se origina um novo movimento.

O engenho da Galileia produzia mal e pouco, pela má qualidade de suas terras. Seu proprietário preferiu arrendar suas terras aos camponeses, obtendo uma renda fixa anual. Os trabalhadores da Galileia reúnem-se em torno do próprio administrador do engenho, José Francisco de Sousa, conhecido como Zezé da Galileia, e de José dos Prazeres, que era um antigo militante do Partido Comunista, e fundam uma sociedade de beneficência, a que deram o nome de Sociedade Agrícola e Pecuária dos Plantadores de Pernambuco.

O primeiro objetivo dessa sociedade era construir uma escola comunal e criar um fundo comum para financiar os caixões mortuários para as crianças que morriam. Visavam, igualmente, à aquisição de produtos e instrumentos agrícolas, inseticidas e esperavam uma ajuda governamental de cooperação técnica. O proprietário das terras, Oscar Arruda Beltrão, estava de acordo e tornou-se o presidente de honra da associação. Seu filho, porém, queria que as terras fossem desocupadas para que ele as destinasse à criação de gado, negócio mais rendoso. Por isso, combate a associação e move ação na Justiça requerendo a expulsão dos camponeses.

É quando surge a figura do advogado Francisco Julião, a quem os camponeses procuram no Recife. A demanda do engenho Galileia se prolonga até 1959, quando o então deputado Francisco Julião obteve ganho de causa dado pelo Tribunal. O sucesso bafejou o modesto advogado recifense. Sua aparência física e o tom messiânico de sua oratória valeram-lhe o apelido de Julião da Galileia. Fundou outras ligas, expandindo o movimento e politizando a massa camponesa de modo a constituí-la em uma força disposta a lutar contra as desigualdades sociais e a negociar com o governo, tendo em mira obter recursos.

Em agosto de 1955, por iniciativa do governo de Pernambuco, reuniu-se o Congresso Nacional para a Salvação do Nordeste, em que tomaram parte os nove estados que constituíam o Grande Nordeste. Compareceram 3.600 delegados representando a indústria, o comércio, sindicatos, grupos profissionais e também as Ligas Camponesas. Fez-se uma declaração a favor da reforma agrária, seguindo uma linha de luta contra as estruturas anacrônicas do campo e a estagnação econômica mantida pelas oligarquias agrárias semifeudais. Naturalmente, o governo central teve sua atenção atraída, e foram focalizados os problemas postos em tela.

A fase de expansão acelerada das Ligas Camponesas em Pernambuco vai se prolongar até 1962, com a criação de novos grupos em Guarantaumba, Babe, Guabirava, Machado, Serra do Pacira, Araçaiégua, Ponte do Carvalho, Quipapá Quarambó etc. Em 1959, ainda foi criada a Liga de Sapé, na Paraíba.

A proliferação de ligas resultou da vitória dos camponeses da Galileia, que conseguiram fazer passar na Assembleia de Pernambuco a lei de expropriação de terras beneficiando os que estavam ameaçados de expulsão. Assim, a primeira Liga Camponesa, que é a de Vitória de Santo Antão, tornou-se o símbolo da reforma e da luta camponesa. Em dois anos, em 1960 e 1961, as Ligas Camponesas organizaram comitês regionais em dez estados da região. Já não era só em Pernambuco que se agrupavam numerosos focos da luta camponesa. O movimento repercutia dentro e fora do país. A imprensa e os intelectuais dos Estados Unidos começaram a se interessar pelo assunto. O *The New York Times* de 31 de outubro de 1960 publicou, em sua primeira página, um artigo sobre o Nordeste. Analisava sua estrutura semifeudal como uma das piores situações existentes no mundo, só semelhante a determinadas regiões da Ásia e da África.

Recife tornou-se escala obrigatória para políticos e escritores americanos, como Edward Kennedy, Adley Stevenson, Kissinger, McDonald, Sargent Shriver. Edward Kennedy visitou o engenho Galileia em 1961, na gestão do governador Cid Sampaio. Nessa ocasião, ouviu os camponeses, que lhe disseram: "Nós estamos muito bem aqui, e só queremos duas coisas: peça ao seu irmão [John Fitzgerald Kennedy, presidente dos Estados Unidos] que nos mande um gerador de eletricidade; e peça ao governo daqui que tire a polícia, porque não há necessidade disso. Está tudo em ordem. É o que nós pedimos ao senhor". O gerador veio pouco depois, mas a polícia ficou.

A Revolução Cubana motivara a melhor atenção dos Estados Unidos para a América Latina. Era a época da Aliança para o Progresso. O Nordeste tornara-se ponto de atenção do mundo. Sua imagem, porém, eram as Ligas Camponesas e Francisco Julião.

À proporção que crescia, o movimento camponês se dividia em duas alas. Uma delas, mais radical, tornou-se uma facção armada, presidida por Morais, e chegou a constituir em Anápolis, no estado de Goiás, um campo de treinamento de guerrilha. Embora o outro grupo, liderado por Francisco Julião, prosseguisse na reivindicação legal, todo o movimento camponês se enfraqueceu e passou a ser combatido. A polícia procedeu à repressão, desmontou o campo de treinamento e apreendeu as armas. Nessa época, os comunistas estimularam a formação de sindicatos, ao mesmo tempo em que os elementos católicos formavam também os seus sindicatos. As Ligas Camponesas foram desaparecendo, muitas vezes absorvidas pelas organizações sindicais. Algumas permaneceram autônomas, dominadas em sua maioria pela facção radical, e sua tática de luta desenvolveu-se na ocupação de terras por camponeses armados e estimulados por seus dirigentes. Constituirão a força dinâmica às novas tendências do movimento camponês. Apresentarão, ao mesmo tempo, um desafio em relação aos sindicatos e uma provocação ao governo dos estados. No desafio, elas pressionam os sindicatos para a radicalização das posições; na provocação, muitas vezes agitações ilegais, irão criar dificuldades a mais para o governo e a frente popular que Miguel Arraes pretendeu formar.

A extensão da consolidação da legislação trabalhista, prevendo aplicação ao trabalhador rural e concedendo-lhe o direito de constituir sindicatos, vinha de Getúlio Vargas, pelo Decreto 7.038, de 10 de novembro de 1944. Mas essa legislação, efetivamente aplicada no setor industrial, permaneceu letra morta para as classes camponesas, dadas as condições requeridas inicialmente da associação sindical, difíceis de preencher, sobretudo em face das pressões.

A resistência à inclusão das camadas rurais nos sindicatos persistiu durante o segundo período do governo de Vargas, de 1951 a 1954. Toda tentativa nesse terreno fracassou, sobretudo por causa da oposição da Confederação Rural Brasileira. No período entre 1955 e 1957, apenas três sindicatos foram reconhecidos, mas não tiveram maior atuação. Em 1954, foi fundada a União de Lavradores e Trabalhadores Agrícolas do Brasil, a UTAB, com sede em São Paulo. Reconhecida legalmente, a UTAB funcionou como confederação nacional, mas sua ação se concentrou no Sul, muito particularmente em São Paulo, no Paraná e no estado do Rio, com pouca repercussão em Pernambuco. Mesmo assim, com as condições novas de ordem política, o movimento sindical em Pernambuco estava em ascensão. Em 1961, o número de filiados aos sindicatos ultrapassava o dos filiados às Ligas Camponesas. Em fevereiro de 1962, depois de um congresso em Belo Horizonte, a UTAB registrou um acréscimo de adesões, apresentando um efetivo grande. No entanto, permanecia limitado o alcance político dessas organizações sindicais, orientadas para um enquadramento institucional. A eficiência de sua rede só vai aparecer em 1962, quando a agitação camponesa se concentra no movimento sindical.

Com a expansão da UTAB e das Ligas Camponesas, a Igreja, e mesmo o governo, atentou para as reivindicações camponesas, opondo-se frontalmente às ações que se desdobravam no quadro ilegal. Como no Nordeste a agitação era maior, pois havia sido sempre relegado a um segundo plano nas atenções governamentais, os esforços do governo no combate ao movimento clandestino se concentraram aí, e o seu objetivo explícito era frear a expansão das Ligas Camponesas, que estimulavam, na região, aquelas ações violentas e ilícitas. Paralelamente, e em virtude disso, a Igreja apoia a criação de uma equipe de sindicalização, ligada ao Serviço de Assistência Rural, já fundado em 1949 pelo bispo dom Eugênio Sales no Rio Grande do Norte. Em 1961, apoia amplamente essa iniciativa, estipulando a sindicalização rural.

Então, a experiência iniciada no Nordeste com a formação de líderes para a sindicalização rural se torna digna de menção. A orientação do episcopado se confirma no Congresso de Trabalhadores Rurais, realizado em Natal, em 1961. Nesse congresso é que se fixam os princípios que orientam o desenvolvimento: a paz entre os homens depende da harmonia entre proprietários e moradores. O verdadeiro nacionalismo; o esforço de todos para a promoção da ação; luta pelo direito na ordem e na união. Esses temas também serão dominantes no I Congresso de Camponeses e Trabalhadores Rurais do Norte e Nordeste, em Itabuna, na Bahia, em maio de 1962. O movimento sindical cristão desenvolve-se com a ajuda financeira das dioceses e paróquias e também com o apoio do exterior. Desperta a atenção da Aliança para o Progresso, cujo representante no Brasil toma parte ativa na sua mobilização. A iniciativa da Igreja desperta grande interesse. E, rapidamente, as "equipes de aminação", como eram chamadas, se multiplicam em todo o Nordeste. Criou-se o Serviço de Organização Rural de Pernambuco (SORP) em 1961. Outras equipes se formaram na Paraíba, no Maranhão, em Sergipe, no Piauí e na Bahia. Os primeiros sindicatos cristãos surgiram desses núcleos, organizados nas dioceses, ou da ação do Movimento de Educação de Base, também ligado à Igreja, porém muito depressa passou ao controle dos jovens cristãos radicais da massa popular. Embora a ação sindical se estenda, a partir de 1961, por iniciativa do SORP, à frente do qual se encontrava o padre Crespo, de Jaboatão, será igualmente orientada pelo padre Melo, cura do Cabo. Entre 1961 e 1964, podemos identificar, pelo menos, 22 sindicatos criados pela Igreja, dos quais dez pelo SORP; o padre Melo criou os sindicatos do Cabo, Ponte de Carvalho, Sope, Amaraji, Bonito, Condado, Gameleira, Glória do Goitá, Jaboatão, Nazaré da Mata, Vitória de Santo Antão, Limoeiro. A penetração se realiza, evidentemente, graças à audiência que ele tinha junto às massas rurais e, até certo ponto, junto aos proprietários, que, embora um pouco desconfiados, não deixaram de estimular a formação desses sindicatos, na esperança de que eles, realmente, se contrapusessem à ação das ligas, consideradas muito perigosas. A partir de 1962, elementos da antiga UTAB entram em confronto com os grupos existentes em Pernambuco e aí fundam, com sua própria iniciativa, vários outros sindicatos. Já então não serão mais os sindicatos cristãos, fundados pela Igreja, os apoiados pelo governo de Miguel Arraes, mas sim aqueles que surgiram depois, também cristãos, mas muito mais radicais. A partir de 1963, o movimento sindical será favorecido pela mudança radical da política regional e nacional. Em outubro de 1962, Miguel Arraes é eleito governador de Pernambuco, grandemente sustentado pelo apoio popular. Em janeiro de 1963, João Goulart, graças ao plebiscito que restitui à nação o sistema presidencial, recupera o poder que perdera parcialmente em setembro de 1961. Nessa ocasião, ele se empenha publicamente em aplicar um programa de reformas que dá prioridade à reforma agrária; empenha-se, também, em atender às reivindicações das massas rurais e urbanas. A 2 de março de 1963, o governo apoia o Estatuto do Trabalhador Rural. A Lei 4.214, assinada por João Goulart e pelo ministro do Trabalho, Almino Afonso, permitiu a duplicação das associações sindicais não só em Pernambuco, de uma maneira sem precedente, mas também em todo o país. Em Pernambuco, camponeses e líderes sindicais serão ainda favorecidos pelo advento do novo governo, de Miguel Arraes, disposto a criar as condições políticas indispensáveis à aplicação daquela lei. Dizia o senhor Miguel Arraes nessa ocasião, num de seus discursos, que não se tratava, para ele, "de mudar o conteúdo social do estado sobre o qual vivemos". O que, aliás, não foi feito. Tratava-se única e simplesmente de "integrar o homem do campo à comunidade, reconhecendo-lhe o direito de trabalhar livremente, e de ganhar, por seu trabalho, o que manda a lei".

Porque é sabido que, a despeito de a lei de salários mínimos vigorar para o campo, ninguém do campo em Recife (Pernambuco) recebia o salário mínimo. Uma das primeiras providências que Arraes tomou foi a de impor o pagamento do salário mínimo ao trabalhador. Aqui cabe registrar, nesse ponto, o esforço do governador Arraes no sentido de tornar pacífico o movimento de reivindicação dos camponeses, esvaziando as Ligas Camponesas, com a incentivação da sindicalização, que era o caminho legal para a apresentação das reivindicações dos sindicatos. E seu esforço de conciliação está provado, sobretudo pelos constantes contatos que ele tinha com as lideranças dos proprietários e com as alianças de camponeses. Isso culminou depois da aprovação do Estatuto do Trabalhador Rural, com a célebre reunião para a organização e apresentação conjunta das tabelas das tarefas de campo. Isso revela o quanto o governador Arraes se preocupava em manter um clima de certa tranquilidade no estado, procurando do melhor modo possível, mas sem, evidentemente, anestesiar o movimento camponês, conciliar os interesses dos proprietários com os dos camponeses. Mas, quando ele exigiu que se pagasse o salário mínimo ao trabalhador rural, a argumentação dos proprietários era de que os camponeses não tinham consciência suficiente para receber o salário mínimo. Que, passando a receber muito dinheiro, em relação àquilo que recebiam anteriormente, começariam a faltar ao serviço, não executariam as tarefas como convinha, enfim, o seu trabalho passaria a não corresponder mais ao que eles iriam ganhar. Isso levou o governador a mandar organizar uma tabela de tarefas. Com a assistência social, e com a audiência das lideranças das classes camponesa e dos proprietários, organizou essas tabelas, discutindo a matéria durante mais de um mês. As tabelas estipulavam as tarefas que o trabalhador era obrigado a realizar para ter direito ao recebimento do salário mínimo. Havia um mínimo de trabalho que daria esse direito. E esse mínimo foi uma coisa complicadíssima de estabelecer, porque essa tarefa dependia muito da qualidade da terra, da qualidade do terreno onde a cana era plantada, do aspecto do terreno etc.; se era cana em encosta, a dificuldade de corte era muito maior, se era cana de plano, se era cana mole, se era cana dura etc. Enfim, foi um trabalho hercúleo estabelecer um mínimo de feixes de cana que o trabalhador tinha de trazer, por dia, para ter direito ao recebimento do salário mínimo. E se, por acaso, ele ultrapassasse aquele número, em compensação também receberia um adicional sobre o salário mínimo, proporcional ao excesso de trabalho que tinha despendido. Estabelecia-se, assim, a remuneração do trabalhador em relação direta com sua produtividade. Arraes pretendia, desse modo, harmonizar os interesses não só dos trabalhadores como dos usineiros e dos senhores de engenhos, dos plantadores de cana. Isso mostra a disposição do governador, que não era de acirrar ânimos, e sim de acalmá-los. Procurando conduzir os trabalhadores das ligas para os sindicatos, e procurando a conciliação entre as classes trabalhadoras e as classes proprietárias, ele estava concorrendo não para uma agitação maior do estado, mas para um apaziguamento, que aliás já era bem evidente. Houve uma ocasião em que o secretário de Segurança, coronel Humberto Freire de Andrade, propôs uma reunião com os plantadores de cana e os usineiros na Sociedade dos Plantadores de Cana. Eram milhares de homens, e o secretário, sozinho, procurando mostrar que o propósito do governo não era, absolutamente, fazer que a massa trabalhadora se voltasse contra eles. Evidentemente, quando o governador Arraes assumiu o governo, houve um acirramento da luta, o que era uma coisa natural. O secretário de Segurança fez ver, nessa ocasião, que uma das causas responsáveis por esse agravamento tinha sido justamente a propaganda que eles, membros das classes proprietárias, das chamadas classes conservadoras, tinham feito contra Arraes. Eles tinham propalado que, se o senhor Arraes se elegesse governador, aquela situação ia virar anarquia mesmo, e que tudo seria lícito ao camponês fazer. O camponês, naturalmente, era um homem rude naquela época, sem grande noção de seus direitos e muito menos de seus deveres. Eles tinham despertado para a noção de seus direitos, mas não sabiam bem como exercê-los, inclusive contrapondo a esse exercício também aquele dos seus deveres. A verdade é que a intervenção do governo do estado dinamizou grandemente o movimento camponês no Recife, porém num sentido de institucionalizar suas ações, dando-lhe um aspecto legal através dos sindicatos.

 Então se vê por esse esboço histórico, muito rápido, que a história das ligas e dos sindicatos nos permite definir duas tendências que orientam o movimento camponês, cada uma com sua lógica própria, de expansão ou de recuo, e daí a sua complementariedade, às vezes, e a sua luta também. Os sindicatos se constituem, como movimento, no momento em que as ligas se retraem. Mas o fortalecimento desses sindicatos, a partir de 1963, isto é, seu apoio legal e político resultará, em grande parte, da popularidade conquistada pelas ligas nos centros urbanos, sem dúvida nenhuma. Em compensação, quando, a partir de 1963, as ligas se enfraquecem como organização, a expansão dos sindicatos impede-as de infligir grandes perdas ao movimento camponês em seu conjunto. É assim que eles aparecerão como porta-vozes de um movimento que tinha sido inaugurado pelas ligas, que é o movimento camponês. Ligas e sindicatos representando, de início, categorias camponesas e de trabalhadores rurais inteiramente distintas terão também orientação política e reivindicações e lideranças diversas. Agora, a partir de 1963, essas duas tendências, complementares do movimento camponês, como que se interpenetram e se confundem firmadas na confiança que ambas passam a depositar no governo e no interesse que esse governo demonstra em não promover não só uma luta acirrada dos camponeses contra os proprietários, como também entre eles próprios, entre as organizações camponesas, ou seja, as ligas de um lado e os sindicatos de outro. Então, há um esforço do governador Arraes no sentido de unificação, e, onde ele não podia levar o pessoal da liga para o sindicato, procurava fazer conformar as ligas à orientação que era seguida nos sindicatos. Isso trouxe, evidentemente, um certo choque entre ele e Julião, tendo ele chegado a dizer, uma vez: "Bem, ele tem os seus processos de trabalho, e eu tenho os meus".

Em 1962, é criada a Supra (Superintendência da Política de Reforma Agrária), tendo por fim preparar a execução de uma reforma agrária. Em março de 1963, o Congresso aprova o Estatuto do Trabalhador Rural e, com Almino Afonso no Ministério do Trabalho, os sindicatos rurais serão maciçamente reconhecidos para corroborar essas iniciativas. Com a vitória eleitoral de Miguel Arraes, é evidente que em Pernambuco a situação mudou radicalmente. Essa vitória provocou um impulso sem precedentes no movimento camponês, porque garantiu a aplicação imediata das leis sociais aprovadas pelo governo e a neutralização nas relações de força entre as classes dominantes e a classe camponesa. Aí é que está a questão crucial. O governador Arraes, além do esforço em conduzir a massa trabalhadora para os sindicatos, ou seja, para as reivindicações de caráter legal, o que ele fez de importante, realmente, foi possibilitar o exercício dos direitos que já eram reconhecidos por lei aos trabalhadores, pois que até então tinham sido letra morta. E tinham sido letra morta por uma razão muito simples. Porque toda vez que o trabalhador reclamava qualquer coisa, qualquer direito, a polícia entrava em ação. Então, a polícia passou a não entrar mais em ação, passou a não mais servir aos interesses exclusivos da massa proprietária.

O governador, junto ao governo federal, conseguiu aumento do preço da cana-de-açúcar, garantindo, inclusive, que não se diminuíssem, não se minimizassem os lucros dos proprietários. Tanto que houve muita compra de usinas durante essa época, e muita extensão de plantação de cana, pois isso tornou-se, realmente, um negócio muito lucrativo. E, consequentemente, pode-se chegar à seguinte conclusão: não foi o problema da agitação apenas, nem o problema econômico e financeiro que agastou a classe proprietária. O que a tornava irreconciliada com o governo, apesar dos esforços deste no sentido de atraí-la, era a perda do prestígio que gozara até então, dispondo inclusive da polícia a seu bel-prazer. Eles mandavam e então passaram a não mandar mais. Isto é, eles tinham perdido direitos que consideravam inalienáveis.

O então secretário de Segurança citou dois exemplos: foi procurado, em maio de 1963, por um usineiro que ia pedir polícia para a usina dele. Disse o secretário: "Muito bem, vamos saber por que é que o senhor está me pedindo, se o senhor está pedindo, naturalmente deve haver necessidade disso. Mas eu preciso saber por que, que é para poder justificar o meu ato".

Ele disse: "É o seguinte: eu estou com o meu pessoal em greve".

"E provavelmente, com ameaça à integridade da sua propriedade e, inclusive, integridade física de seus familiares, talvez seus capatazes..."

"Não, o pessoal lá é muito calmo, felizmente. Mas eles não querem trabalhar!"

"Mas, aí, então, o problema não é mais de polícia, será o caso de o senhor recorrer à Delegacia de Trabalho, e, se ela disser que a greve é realmente ilegal, aí sim, é um caso de polícia. Aí entro com a minha polícia. Mas antes disso, só pelo fato de o senhor, que é o interessado máximo, me garantir que não há nenhum perigo de depredação nem de ofensa pessoal, não vejo como mandar a polícia. Mas, se quiser que eu mande, basta que o senhor diga aqui, minta e diga. Se o senhor declarar isso aqui por escrito, eu mando a polícia."

"Não, eu não faço isso, porque realmente não existe."

"Mas por que esse pessoal que é tão pacífico, como o senhor disse, entra em greve assim, sem mais nem menos?"

"Não, o problema é o seguinte: é que eles não receberam o 13º. Eles estão querendo receber o 13º mês."

"Então, eu vou mandar a polícia para lá. Eles estão querendo receber o 13º mês com mais de seis meses de adiantamento! O senhor só deve o 13º mês em dezembro. Nós estamos em maio!"

"Mas é do ano passado."

"É, realmente o seu pessoal é muito calmo e muito paciente. Agora queria saber do senhor o seguinte: o senhor está entre aqueles proprietários que receberam do governo um empréstimo específico para pagar o 13º salário? Um empréstimo que o senhor vai pagar a perder de vista, mas especificamente para pagar o 13º mês? O senhor está entre esses homens que receberam isso? Receberam do Banco do Brasil esse dinheiro?"

"Estou."

"Mas, então, como é que o senhor não pagou?"

"É que eu tinha outras coisas para pagar."

"Então, o caso de polícia não são os seus empregados, é o senhor."

O homem saiu dali e foi diretamente ao 4º Exército. Representou a queixa como quis ao general Castelo Branco. Este, à saída do usineiro, telefonou ao secretário, contando-lhe a entrevista, solicitando sua presença. O secretário foi ao QG e relatou o que houvera ao general Castelo Branco. Ele disse: "Mas é o fim".

De outra feita, foi procurado por um usineiro que vinha pedir a saída do delegado do município onde a sua usina se encontrava. Era um tenente da Polícia Militar.

"Muito bem. Naturalmente, se o senhor pede a saída dele, deve ter suas razões, e nós vamos demitir. Agora, eu gostaria de saber o motivo, que é para poder fundamentar o meu ato e levar ao governador, inclusive o ato não será meu, porque quem nomeia e demite é o governador, por proposta minha. Mas vamos saber por que é que esse homem deve ser demitido."

"Não, o negócio é o seguinte: ontem, quando nós fomos acender as luzes da usina, nós verificamos que uma parte dela, mais ou menos a metade da usina, estava sem luz. Aquilo nós estranhamos e fomos saber se havia algum defeito no motor, e verificamos que não havia defeito nenhum. O que havia era a falta dos fios de cobre da rede de transmissão naquela área, que tinham sido roubados. Então, eu procurei, por volta das sete horas da tarde, eu procurei o tenente na cidade, para que ele viesse na usina dar uma batida nas casas dos moradores, para descobrirmos quem tinha roubado a coisa. E o tenente teve o desplante de dizer que não podia dar uma batida naquela hora sem mandado judicial, porque era depois das seis horas da tarde, e ele não podia fazer isso, mas que eu ficasse descansado, que no dia seguinte ele abriria o inquérito e iria apurar isso etc. O senhor há de convir que não é mais oportuno."

"Mas o tenente tem razão."

"Ah, bom, eu já devia saber disso, coronel, eu não devia nem ter vindo aqui. Porque agora, neste governo, o camponês tem imunidades."

"Não tem imunidades, não. Mas tem direitos que não tinham até hoje. Ou por outra, tinham, mas lhes eram negados. Quem tinha imunidades eram os senhores, que hoje não têm mais."

Com a morte prematura do governador Agamenon Magalhães, em 24 de agosto de 1952, desapareceu a mais autêntica liderança nacional do estado. Criou-se, em Pernambuco, um vácuo político. As massas populares ressentiram-se da falta do paternalismo que ele representava. Dois anos depois, o suicídio de Vargas afastou a última liderança popular e conservadora.

As correntes tradicionais de Pernambuco, assustadas com os acontecimentos de 1935 e 1945, haviam cerrado fileiras em torno de Etelvino Lins em 1952 e do general Osvaldo Cordeiro de Farias em 1954. Não obstante, formava-se uma resistência, à frente da qual se apresentavam dois novos líderes ligados por parentesco com a tradicional família Sousa Leão: o usineiro Cid Sampaio e o economista Miguel Arraes de Alencar. Os Sampaio e os Alencar eram inimigos tradicionais em Barbalha, Araripe e Exu. Mas a convivência em casa de dona Carmen Sousa Leão e o casamento de Cid Sampaio com sua filha Dulce e o de Miguel Arraes com sua filha Célia fizeram com que os dois se encontrassem.

A história política de Arraes, nascido no Crato, no Ccará, até onde medravam os Alencar, começa no governo Barbosa Lima Sobrinho, de quem foi secretário da Fazenda. Dois anos depois, era acusado de criptocomunista e ex-militante da juventude comunista, ex-membro da célula Olga Benário do PCB carioca e participante da revolução de 1935. Acusações iguais foram feitas ao secretário da Educação, Silvio Rabelo, e ao secretário da Agricultura, Barros Barreto, advogado do PSD, ao Supremo Tribunal Eleitoral de 1947. O incidente maior ocorreu em uma manifestação em que o governador Barbosa Lima foi surpreendido com referências nominais aos seus secretários de estado. Retirou-se em sinal de protesto. Os auxiliares espontaneamente demitiram-se, embora jamais fossem exibidas as provas das acusações.

A estrela política de Miguel Arraes parecia extinta. Ao governador general Cordeiro de Farias sucedeu Cid Sampaio em 1958, batendo o candidato do PSD, Jarbas Maranhão. Enquanto o prefeito Pelópidas Silveira assegurava a vitória de Cid Sampaio no Recife, Arraes trouxe contingente eleitoral do sertão.

Voltou à Secretaria da Fazenda, onde promoveu a revisão do Código Tributário, diminuindo os impostos. Com isso, conquistou popularidade.

Aberta a sucessão municipal, constituiu-se a frente de Recife com o PRP, PST, PTN e o apoio dos socialistas e comunistas. Arraes conquistou a prefeitura do Recife. Constituiu uma equipe jovem e atuante, fundou o Movimento de Cultura Popular, melhorou o abastecimento alimentar, pavimentou ruas, iluminou-as, urbanizou bairros proletários. Atraiu o industrial pernambucano José Ermírio de Morais, radicado em São Paulo, a quem ofereceu uma senatória. Dedicou-se à conquista dos tradicionais coronéis do sertão, cindindo o grupo conservador. A UDN apresentou a candidatura do usineiro João Cleofas. Arraes empossava-se como governador, em 1962, no que se chamou a revolução popular pelo voto. À cerimônia da posse compareceu o comandante do 4º Exército, seu primo, general Humberto de Alencar Castelo Branco. Na Secretaria de Segurança, colocou o coronel Humberto Freire, antigo redator-chefe da revista do Clube Militar no período antiamericanista de 1950. O comando da Polícia Militar foi entregue ao major Rango Trench.

Ao ser convidado para a Secretaria de Segurança de Pernambuco, o coronel Humberto Freire de Andrade não tinha senão relações muito ligeiras com o governador Miguel Arraes. Só uma vez estivera com ele quando, em companhia do general Jair Dantas Ribeiro, inspecionando o Colégio Militar do Recife, encontrara, no aeroporto, o então prefeito.

O governador Miguel Arraes considerava muito importante, como demonstração de sua boa vontade de manter boas relações com o comando do 4º Exército, escolher um oficial que, sendo da ala nacionalista, tivesse boas relações com o general Humberto Castelo Branco. Isso porque sabia das restrições ao seu nome e da desconfiança com que o distinguiam elementos daquela organização militar. Vindo ao Rio, o governador Miguel Arraes consultou altas autoridades militares, inclusive o comandante do 1º Exército naquela época, general Osvino Alves, e, dessa consulta, resultou a escolha do coronel Humberto Freire de Andrade como sendo um oficial capaz de atender àquelas duas condições desejadas pelo governador. Aquele oficial tinha servido com o general Castelo Branco na diretoria de Ensino e Formação e foi, durante quatro meses, chefe de seu gabinete.

A escolha era uma surpresa para o coronel Freire de Andrade, que não quis aceitar, por motivo de saúde – uma afecção das coronárias que contraindicava a posição de secretário de Segurança num estado em período agitado. Recebeu vários apelos e foi chamado ao Palácio do Planalto, onde o presidente da República, pessoalmente, comunicou já haver feito sua designação, a pedido do governo de Pernambuco.

Chegando ao Recife no dia 30 de janeiro de 1963, procurou, imediatamente, o general Castelo Branco no seu QG, tendo este manifestado sua surpresa dizendo: "Não sabia que era amigo do Arraes". Ao que o coronel explicou: "Não, não sou amigo do governador Arraes, na verdade eu devo a minha designação ao senhor". O general replicou: "Mas eu não indiquei ninguém". Ao que esclareceu o coronel: "Não indicou, mas a situação é a seguinte: quiseram um oficial que não pertencesse à Cruzada Democrática e fosse seu amigo. E por isso fui escolhido".

O general Castelo Branco achou graça no episódio e mostrou-se satisfeito com a designação.

Realmente, o comando da região e a Secretaria de Segurança mantiveram boas relações enquanto o general Castelo Branco comandou o 4º Exército.

Quase que diariamente, o coronel Freire de Andrade visitava o QG, entendendo-se com o comando da região sempre que havia um assunto que interessasse a ambos.

Quando, já transferido para o Estado-Maior do Exército, o general Castelo Branco recebeu a comunicação de que o coronel Freire de Andrade havia sido agraciado com a Ordem Nacional do Mérito Militar, telefonou para sua casa fazendo questão de dar-lhe essa notícia em primeira mão. Apresentou-lhe o telegrama felicitando-o e dizendo que devia comparecer ao Ministério da Guerra, no dia 25 de agosto, para receber a comenda. O coronel Freire perguntou-lhe quem presidiria a solenidade do Dia do Soldado, em Pernambuco. Se o general ainda estaria lá, naquela data. Como obtivesse resposta afirmativa, pediu-lhe que solicitasse a remessa da condecoração para que lhe fosse entregue, naquela solenidade, pelo seu antigo chefe. Isso foi feito com a presença do governador, de todo o secretariado e oficialidade do 4º Exército.[12]

Eram amplas as perspectivas que se abriam ao governador de Pernambuco. Idealizou uma Frente Unida de governadores do Nordeste, para a qual procurou atrair os governadores Seixas Dória, de Sergipe, Lomanto Júnior, da Bahia, Petrônio Portela, do Piauí, Pedro Gondim, da Paraíba, e Aluísio Alves, do Rio Grande do Norte.

A projeção de Miguel Arraes no cenário nacional vinha afetar duas lideranças populistas já estabelecidas e entre si conflitantes: o deputado Leonel Brizola, ex-governador do Rio Grande do Sul, e seu cunhado João Goulart, presidente da República.

O ponto alto, e também controvertido e nevrálgico, das mudanças de estruturas era a reforma agrária. Porque cada um dos três pregava uma forma de execução mais ou menos radical.

---

12. Entrevista com o coronel Humberto Freire de Andrade, em julho de 1974.

Em outros setores de Pernambuco, as lutas de classes se traduziam por greves portuárias, de motoristas, de operários. O patronato se reuniu, procurando impressionar a oficialidade do 4º Exército.

Era essa a situação, em 4 de setembro de 1963, quando chegou o general Justino Alves Bastos, nomeado para comandar o 4º Exército, em substituição ao general Humberto de Alencar Castelo Branco, designado para a chefia do Estado--Maior. A agitação no Nordeste preocupava as autoridades militares.

Do seu primeiro contato com o governador Miguel Arraes, o general Justino Alves Bastos guardou a seguinte impressão: "Difícil saber-se se era bom ou mau, parecendo ausente e desinteressado de quanto não se relacionasse com ele e com seus planos". Em suas memórias, o general confirma que foi difícil sua convivência com o governador e que Arraes "tudo fez, junto ao presidente e nos apoios políticos com que contava, para obter meu afastamento do 4º Exército".

Essa situação tendia a agravar-se. O general Justino Alves Bastos relata uma movimentação de tropa reunindo, nas proximidades do quartel-general, um forte agrupamento, a fim de impedir um comício programado para as 13 horas do dia 6 de outubro de 1963, ao qual deveriam comparecer trinta mil camponeses, vindos do interior, para uma marcha sobre o Recife, conduzindo foices, enxadas e outros instrumentos de trabalho. Era uma demonstração pacífica, sugerindo manobra de maior envergadura, com objetivos políticos radicais. O comando do 4º Exército considerou que a súbita presença na cidade de tão elevado número de adventícios constituiria um perigo para a ordem pública, a segurança da propriedade e a população em geral.

Havia severas instruções do Ministério da Guerra limitando o emprego da tropa federal. O general Justino Alves Bastos resolveu consultar o ministro, enviando-lhe rádios descrevendo a situação e pedindo autorização para agir preventivamente. As consultas ficaram sem resposta. O comandante do 4º Exército tomou a iniciativa da ação protegendo, por sólidos dispositivos de segurança, o quarteirão onde se encontram o QG da região, o Hospital Militar e outros estabelecimentos militares e alguns pontos-chave da cidade.

Cumprindo as ordens, colunas vindas da Vila do Socorro (14ª RI) e de Olinda (1/7º RO) convergem sobre o Recife passando, ostensivamente, pelo centro da cidade e pela frente do palácio do governo, ocupando as pontes e as ruas que fazem a comunicação da praça fronteira do palácio com o centro e os bairros da cidade. A movimentação da tropa amedrontou camponeses e populares que pensavam comparecer ao comício. Das 13 às 16 horas durou aquela vigília, após o que a tropa desfilou em continência ao comandante da região, retornando aos quartéis.

Narra o general Justino o entendimento, ou melhor, o desentendimento que teve com o governador Arraes: "Volto ao QG e atendo o governador pelo telefone.

Bastante atrevido, ele indaga sobre a causa da movimentação de tropa ocorrida naquela oportunidade, que deveria ter visto por trás dos vidros de suas janelas. Respondi-lhe: 'Governador, diante do anúncio de uma grande movimentação de gente e reunião de estranhos da cidade, julguei a ordem pública ameaçada e resolvi tomar as medidas que me pareceram necessárias'. Ao que ele, da outra extremidade do fio, ensaia uma censura por não ter sido avisado, 'sendo ele também um responsável pela manutenção da ordem'. Disse-lhe imediatamente: 'Não o preveni porque também não fui avisado do reforçamento da guarda de seu palácio desde a noite de ontem'. E, 'quanto à responsabilidade pela ordem, a minha é muito maior do que a sua, pois enquanto o senhor dispõe de quatro mil policiais eu comando mais de vinte mil soldados'. Arraes retorna, doutrinário: 'Devemos nos unir, general, para ambos defendermos o nosso presidente'. 'O senhor defenderá o presidente, governador; eu cumpro meu dever, mantendo a ordem, e garanto a segurança de meus patrícios. Boa tarde...', disse-lhe eu, para terminar".[13]

No dia 23, o general Justino Alves Bastos vai a Brasília receber a Comenda do Mérito Aeronáutico. Avista-se com o ministro da Guerra, general Jair Dantas Ribeiro, que se reporta aos acontecimentos de 6 de outubro, dando-lhe plena aprovação: "Errado estaria se agisse diferentemente".

É recebido pelo presidente da República, a quem descreve a situação de Pernambuco. É ouvido atentamente pelo presidente, que reitera sua aprovação por ter o 4º Exército impedido o comício do dia 6. Aconselha, ainda, a pensar em novas ações de contenção política de Arraes, em Pernambuco, que ali mantinha um foco de agitações inconvenientes.[14]

Não era apenas com o presidente João Goulart e com o ministro da Guerra, Jair Dantas Ribeiro, que o comandante do 4º Exército conversava em Brasília e no Rio de Janeiro. Porque ele se havia ligado à rede de conspiradores que se estendia pelo Brasil. Outro elemento de ligação era o deputado federal coronel José Costa Cavalcanti, articulado, por sua vez, com os generais Humberto de Alencar Castelo Branco e Artur da Costa e Silva.

Esboçava-se, em Pernambuco, um movimento de resistência das classes conservadoras. Comerciantes e industriais recusavam-se a pagar impostos. Em fevereiro, chegou a ser tentado um *lock-out*. Começaram as manifestações populares e marchas femininas. Era nesse clima de inquietação que chegava o mês de março.

Por essa época, o governador Miguel Arraes ausentou-se de Recife para tomar parte no Comício das Reformas, no Rio de Janeiro, no dia 13 de março.

Enquanto o governador vinha ao Rio de Janeiro, visitava Belo Horizonte, Juiz de Fora e Brasília, o general Justino completava o seu dispositivo, assessorado

---
13. Joaquim Justino Alves Bastos. *Encontro com o tempo*. Porto Alegre: Globo, 1965, p. 330-331.
14. Bastos, op. cit., p. 331 a 334.

por outros elementos que se tinham destacado, mais ostensivamente, nesse trabalho: coronel Hélio Ibiapina, coronel Bandeira, major Sílvio Cau, major Viloque e mais outros oficiais. Aguardava informações de Denys e Cordeiro de Farias.

A escuta do Palácio das Princesas anotava as comunicações telefônicas com o Rio, em uma linguagem ambígua, com referências a doenças, pessoas que estavam doentes, o amigo que não queria comprar o terreno... Mas o governador só tardiamente chegou à conclusão de que o comandante do 4º Exército estava contra ele.

O general Justino Alves Bastos considerava fora de dúvida que o presidente da República estava na linha direta de um golpe ditatorial ou da própria revolução socialista. Consequentemente, tomou providências. Cria o serviço de superior de dia, feito por elementos da maior confiança. Faz rondar, externa e discretamente, os quartéis do Exército e das outras Forças Armadas, quartéis de polícia, praças e ruas urbanas ou suburbanas de importância estratégica. Inicia a Operação Enlace, com patrulhas saindo de cada cidade em direção à localidade vizinha, encontrando-se a meio caminho. Estabelece o Plano Captura, para ser desencadeado na hora H, com um corpo de agentes de segurança, informações e detenções (Os Intocáveis) relacionado com cerca de quinhentos camponeses, usando armas e viaturas próprias. Ao mesmo tempo, dois majores, Fernando Luiz Vieira Ferreira e Waldir Pereira da Rocha, encarregam-se, sem que ele próprio soubesse, de estabelecer a segurança pessoal do comandante do 4º Exército.

Os acontecimentos de 25 de março com marinheiros e fuzileiros navais na Guanabara e sua sequência repercutiram no Recife. A 28, o general Justino convoca o chefe do Estado-Maior da 6ª RM, coronel Humberto de Sousa e Melo, para uma reunião com oficiais do seu Estado-Maior, a fim de estudar as hipóteses possíveis da atuação daquela região nos acontecimentos já previstos. No dia seguinte, em novo encontro com o chefe de seção do seu Estado-Maior e mais o comandante da guarnição de João Pessoa, foi preparado o plano para desencadeamento do controle integral da área do 4º Exército nas atitudes impostas pelos acontecimentos.

Nesse mesmo dia, domingo, 29, estava anunciado um comício em Maceió, no qual falariam os governadores Miguel Arraes e Seixas Dória e o líder Gregório Bezerra. Consultado pelo general Luis Cavalcanti, governador de Alagoas, o general Justino autorizou-o a proibir a reunião e determinou ao comandante do 20º BC que desse apoio a essa iniciativa.

O dia 29 marcaria a chegada do aviso da revolução. O coronel Dario Gomes de Araújo telefonou-lhe do Rio dizendo, textualmente: "General, aquele pretendente com quem o senhor se encontrou em minha casa informa que comprará o seu apartamento". O general Justino não tinha nenhum apartamento à venda. O encontro em casa do coronel fora com o marechal Denys. Percebendo tratar-se de linguagem figurada, perguntou: "Pagarão bem?". Resposta: "Sim, senhor. À vista, porém nunca antes de quarta-feira". "Muito bem, aceito o negócio com satisfação."

Estava claro que o marechal Denys informava que o movimento sairia em boas condições. Nunca antes, porém, de quarta-feira. Na verdade, saiu na terça-feira, 31.

Depois do comício de 13 de março, intensificou-se a agitação nas classes conservadoras de Pernambuco. A campanha que vinha sendo feita pelos jornais estendeu-se ao rádio e à televisão. Em uma reunião havida no Clube Internacional, o senhor Francisco Falcão declarou que estavam gastando dinheiro na aquisição de armas para fazer a revolução. Ausente o governador, o vice-governador, Paulo Guerra, interpelou o secretário de Segurança, perguntando por que não agia, prendendo os conspiradores. O secretário respondeu que considerava aquela declaração uma provocação.

O governador Miguel Arraes regressou ao Recife preocupado com os acontecimentos. No dia 29 de março, chamou o coronel Freire de Andrade e lhe disse: "De qualquer forma, hoje ou amanhã, tem que ir ao Rio". Queria que fosse portador de uma carta ao presidente da República. Reuniu, em seu gabinete, o secretário de Segurança e o chefe da Polícia, ambos militares, e debateu com eles a gravidade da crise que começava a afetar a disciplina das classes armadas.

Foi assim que, no avião da Cruzeiro do Sul, embarcou para o Rio no dia 30 o secretário de Segurança de Pernambuco, trazendo uma carta do governador Miguel Arraes para o presidente da República.

Aconteceu que o avião atrasou, chegando ao aeroporto do Rio um minuto depois da meia-noite. Pelo rádio, o coronel Freire de Andrade ouviu os discursos proferidos no Automóvel Clube. Só no dia 31 entregaria no Palácio das Laranjeiras a carta de que era portador.

Grave denúncia

"Cumpro o dever de alertar a nação para o complô que se organiza contra o regime. Prepara-se um golpe de Estado que tem por objetivo derrubar as instituições democráticas, e o chefe da conspiração chama-se João Belchior Marques Goulart. O movimento subversivo que ora se articula não é o primeiro que o senhor João Goulart procura fazer deflagrar visando ao fechamento do Congresso Nacional e à destruição da Constituição."

ESSA GRAVE DENÚNCIA foi feita em 22 de novembro de 1963, em entrevista dada, simultaneamente, ao *Jornal do Brasil* e a *O Estado de S. Paulo* pelo deputado federal Armando Falcão. E, como se não bastasse a ampla divulgação dos dois matutinos de maior circulação no Rio de Janeiro e em São Paulo, aquele deputado fez imprimir um folheto, que era distribuído com uma advertência: "Por favor, circule este folheto".

A rudeza do ataque e a liberdade de sua propagação bem retratam o panorama político desse final de ano. Armando Falcão era um experimentado parlamentar com estágio no Ministério da Justiça. A acusação que fez continuava com um depoimento objetivo em que o ministro da Justiça do presidente Juscelino Kubitschek acusava o então vice-presidente da República, João Goulart, de articular um plano para afastar a candidatura Lott. Contava que, em princípio de 1960, fora informado, pelo chefe de polícia do DFSP, de que o governador Leonel Brizola, do Rio Grande do Sul, convidara o comandante do 3º Exército, general Osvino Ferreira Alves, para um encontro no Palácio Piratini, em Porto Alegre, a que estivera presente João Goulart. O plano visava à implantação de um governo *de fato*, representado por uma junta militar, chefiada pelo general Osvino. A informação do chefe de polícia acrescentava que Goulart ouvira, calado, a proposta do governador do Rio Grande do Sul ao comandante do 3º Exército e que este não aceitara as sugestões de Brizola, exprimindo a intenção de manter-se fiel à candidatura de seu colega, marechal Lott.

Interessado no esclarecimento desse plano, Armando Falcão autorizou o coronel Jacques Júnior, que era amigo do chefe do Serviço de Informações do 3º Exército, coronel Argemiro Assis Brasil, a convidá-lo para vir à capital federal, onde o recebeu em sua residência ouvindo, de viva voz, a confirmação do informe que lhe dera o chefe de Polícia. Algum tempo depois desse acontecimento, o governador do Rio Grande do Sul veio ao Rio de Janeiro e convidou o ministro da Justiça para um almoço, que se realizou no restaurante Night and Day e a que compareceu João Goulart. Nessa ocasião, ambos insistiram que o marechal Lott estava antecipadamente derrotado. Diz, em sua entrevista, Armando Falcão:

"Se vocês deixarem que haja eleição, Jânio está eleito e toma posse. Golpe depois da eleição não se faz mais. Temos que evitar o pleito. Vamos aproveitar a oportunidade e mudar tudo isso que aí está. Essa estrutura não presta para mais nada."

A denúncia de Armando Falcão prossegue relacionando a viagem que o presidente Kubitschek tinha de fazer a Portugal. Inicialmente ficara estabelecido o licenciamento do vice-presidente, que assim não se incompatibilizaria para a disputa eleitoral, pois já era o companheiro de chapa do marechal Lott. Pediria uma licença e se deslocaria para o Uruguai durante a ausência de Kubitschek, assumindo a Presidência da República o deputado Ranieri Mazzilli:

"De repente, faltando poucos dias para a partida do senhor Kubitschek com destino a Lisboa, o senhor João Goulart me procurou em minha residência e fez uma declaração surpreendente: não concordava mais em ser candidato à vice-presidência, desistia da viagem a Montevidéu e queria assumir a Presidência da República: 'Com a candidatura Lott, vamos todos para a desgraça. A solução é esta: assumo o governo, você, Falcão, neutraliza o ministro Denys; faz-se uma greve geral no Rio e em São Paulo e o Brizola vem do Sul com o general Osvino à frente da tropa. Aqui instalamos uma junta militar amiga. Fazemos as reformas de base e dentro de uns dois ou três anos o Juscelino pode voltar'."

Segundo a declaração do ministro da Justiça, ele comunicou, sem perda de tempo, os fatos ao presidente da República. Este cancelou a viagem a Portugal, causando um impacto porque o Brasil era anfitrião das comemorações henriquinas. Foi, também, o motivo da viagem de Goulart à Europa, representando o Brasil numa conferência internacional em Genebra, a fim de desmontar o esquema.

Argumentando com esse precedente, Armando Falcão denunciava o presidente da República propenso à solução golpista. Insistindo na denúncia, Armando Falcão declarou que, no episódio do estado de sítio, Jango imaginou uma manobra que se desdobrava em cinco pontos: 1º) obtenção do estado de sítio em 48 horas; 2º) intervenção federal nos Estados da Guanabara e São Paulo; 3º) fechamento do Congresso Nacional; 4º) expedição de decretos-leis instituindo as reformas agrária, urbana e bancária; 5º) expedição de decretos-leis convocando um plebiscito para dentro de trinta dias e de uma Assembleia Constituinte para dentro de sessenta dias.

A denúncia de uma intenção golpista do presidente da República revelava, ao mesmo tempo, a conspiração política de que Armando Falcão era um dos tecelões. Toda a resistência das cúpulas partidárias ao programa reformista de Jango corporificava-se na conspiração civil que começa a somar-se à movimentação dos militares. Carlos Lacerda, na Guanabara, Ademar de Barros, em São Paulo, Magalhães Pinto, em Minas Gerais, vão nucleando a cadeia dos governadores temerosos dos rumos dos acontecimentos. Para piorar, Arraes, em Pernambuco, e seu próprio cunhado Brizola, no Rio Grande do Sul, tinham idênticos rumos, mas não palmilhavam os mesmos caminhos. Assim, tornava-se possível e seria cada vez mais fácil desenvolverem-se os focos de conspiração na Guanabara, em São Paulo, em Minas Gerais, em Pernambuco e até no Rio Grande do Sul, onde Brizola não era mais governador, quando seu sucessor, Ildo Meneghetti, confabularia com os chefes militares da conspiração em seu estado, generais Adalberto dos Santos e Poppe de Figueiredo, se não pessoalmente, através do seu secretário do Interior, Poty Medeiros.

Na Guanabara, havia uma situação singular. Se o governador Carlos Lacerda se constituíra o mais poderoso aríete verbal contra Jango, os seus notórios antecedentes, a derrubada de dois presidentes – Getúlio Vargas e Jânio Quadros –, focalizavam demasiado sua figura, tornando-o indesejável ao segredo de qualquer conspiração. Por isso, o governador Carlos Lacerda não toma parte, pessoalmente, nas articulações finais de que terá conhecimento poucas horas antes do desfecho.

1964: Golpe ou contragolpe?

Na cidade do Rio de Janeiro, a conspiração militar tem como principal articulador uma figura novelesca que usa disfarce e varia de nomes, de domicílios, viaja pelos meios mais imprevistos e atrai os chefes mais categorizados. É um velho revolucionário dos 5 de julho, legionário da Coluna Prestes, comandante da FEB, participante dos golpes de 1945, 1954, 1955 e 1961. Se não pôde assumir, em 1961, o comando do 3º Exército, a fim de neutralizar a ação do general Machado Lopes, o então chefe do Estado-Maior, general Osvaldo Cordeiro de Farias, entrou em uma disponibilidade aparente. Porque o general sem comando nunca se empenhou mais afanosamente em organizar comandos. O general Osvaldo Cordeiro de Farias, que não foi o primeiro, foi mais ativo e itinerante revolucionário. Não só no Rio de Janeiro como em São Paulo.

Não era somente o general Osvaldo Cordeiro de Farias que conspirava na Guanabara. O descontentamento de muitos chefes e a ameaça da quebra de disciplina e da hierarquia, com as manifestações dos sargentos, inquietavam a oficialidade.

A Guanabara era a sede de uma grande unidade do 1º Exército. O problema militar apresentava importante característica. A cadeia de comando pertencia ao presidente João Goulart, seguindo-se o ministro da Guerra, general Jair Dantas Ribeiro, o comando do 1º Exército, os comandos das grandes unidades, todos os elementos de confiança do presidente da República e a ele ligados afetivamente e por identificação política. Uma conspiração só poderia minar essas bases conquistando elementos do segundo escalão para baixo, na medida em que eles fossem fugindo do controle dos seus chefes imediatos. Os chefes da conspiração sabiam que não era aconselhável agir provocando um movimento que eclodisse no Rio de Janeiro. Era preciso que a revolução começasse em um grande estado, Minas ou São Paulo, com propagação imediata no Nordeste e Norte, no Paraná e em Santa Catarina. Só então surgiria a possibilidade de começar a ação militar na Guanabara.

A atuação do governador Carlos Lacerda, entrincheirado no Palácio Guanabara, poderia deslocar grandes contingentes para atacá-lo. A descida das tropas de Minas e de São Paulo determinaria o envio de forças legalistas nessas duas direções. A perturbação da ordem criaria necessidade de manutenção de tropas para a proteção de distúrbios que pudessem ocorrer.

Os conspiradores previam que as tropas ficariam libertas das pressões imediatas dos seus chefes, podendo agir e passar para o outro lado na medida em que se afastassem do comando efetivo.

Assim se explica que os principais articuladores da revolução na Guanabara não ocupassem comando algum. Primeiro, porque o governo só dava comandos àqueles em quem tinha confiança ou ao menos de quem não desconfiava. Assim, os generais que aparecerão nos dias 31 de março e 1º de abril não comandavam tropas, mesmo os que não haviam antes incorrido na suspeita do governo, como o chefe do Estado-Maior, general Humberto Castelo Branco, e o diretor do Departamento de Produção e Obras, general Artur da Costa e Silva.

Estavam sem comando o general Orlando Geisel, preterido várias vezes como general de brigada e só promovido muito depois. Sem comando, estavam os generais Ernesto Geisel, José Pinheiro de Ulhoa Cintra, Moniz de Aragão, José Honório da Cunha Garcia, Paulo Torres, Álvaro Alves da Silva Braga.

Uma consequência dessa política de concentração na Guanabara de elementos de confiança, porque no Rio estava aquartelada a tropa mais numerosa e de maior poder de fogo, era que os comandos fora do Rio nem sempre estavam ocupados por elementos solidários a Jango. Assim, à última hora, houve necessidade de substituir o comando do 3º Exército, general Benjamim Galhardo. E os comandantes do 2º Exército, general Amauri Kruel; do 4º Exército, general Justino Alves Bastos; da 4ª Região Militar e 4ª DI, general Olympio Mourão Filho; da 4ª DI, general Carlos Luís Guedes, formaram decisivamente ao lado da revolução.

O general Antônio Carlos Muricy encontrava-se na subdiretoria da reserva, onde o trabalho de natureza burocrática lhe deixava horas de lazer para conspirar. Ele tivera evidência no incidente de Natal, quando foi atacado pelo deputado Leonel Brizola. O episódio tem singular importância porque ensejou a primeira manifestação coletiva dos militares de alta patente contra a orientação governamental. Embora o presidente João Goulart não tivesse acedido à solicitação de seu cunhado e transferido o general comandante da ID 7, o fato capitalizou para a revolução.

Quando o general Muricy chega ao Rio, em setembro de 1963, já encontra vários caminhos no labirinto da conspiração. Liga-se a esses grupos e a seus chefes: Cordeiro de Farias, Nélson de Melo, Ademar de Queirós, Orlando Geisel, Ulhoa Cintra, Golbery e Costa e Silva.

Conta, nas palestras pronunciadas na TV canal 2[15], que, em dezembro, foi procurado pelo general Olympio Mourão, que se achava acompanhado pelo major Virgínio Vargas Brasiliano. O general Mourão ia convidá-lo para comandar a vanguarda das suas tropas quando chegasse a ocasião. Em seu diário, o general Mourão justifica essa iniciativa como uma reparação ao chefe militar atacado por Brizola. Assim agindo, Mourão assegurava, para seu movimento, a solidariedade de todos os grupos já vinculados a Muricy. Porque esse general, antes de aceitar, consultou aqueles chefes com os quais confabulava e deles ouviu o assentimento.

Já então começava o trabalho de coordenação. As áreas militares de todo o Brasil entravam em ebulição. Por intermédio de um dos mais ativos conspiradores, general João Pinheiro de Ulhoa Cintra, o marechal Dutra, seu padrasto, participava do movimento dando a ele o aval da sua presença. A autoridade do antigo ministro da Guerra e ex-presidente do Brasil iria, oportunamente, dar um sentido

---

15. General Antônio Carlos Muricy. *Os motivos da revolução democrática brasileira*, palestras pronunciadas na TV canal 2 em 19 e 25 de maio de 1964, Recife, Imprensa Oficial.

de unidade e responsabilidade à grande maioria da oficialidade que o respeitava como o mais categorizado chefe do Exército.

Mas não é na fase da conspiração que o marechal Dutra vai quebrar o silêncio de treze anos que mantivera desde quando deixara a Presidência da República. Apenas os observadores atentos anotariam a maior frequência de certas visitas à casa da rua Redentor, 317. Porque o almirante Sílvio Heck, o marechal Odílio Denys, os generais Cordeiro de Farias e Nélson de Melo, os governadores Carlos Lacerda, Ademar de Barros e Magalhães Pinto eram mais do que suspeitos em suas atividades. Já então, nada de importante se faria sem o conselho de Dutra.

Se Dutra, com sua presença, galvanizava o movimento, os diversos grupos precisavam de uma liderança, e, finalmente, convergem e se aglutinam em torno de um chefe que reunia um alto posto de comando – o segundo na hierarquia militar, a chefia do Estado-Maior do Exército – e também o consenso dos conspiradores para a liderança. O general Humberto Castelo Branco, a esse tempo, beneficiava--se de uma atitude de expectativa dos setores governamentais em relação à sua pessoa. Ainda não caíra no índex. Por isso mesmo sua atuação vai se caracterizar por uma extrema prudência e uma discrição absoluta.

O general Ademar de Queirós, amigo e correligionário de Castelo Branco, nos deu um depoimento sobre o procedimento do general durante o desenvolvimento das articulações conspiratórias:

"Castelo, cuja posição, publicamente, já se evidenciara desde a célebre entrega da 'Espada de Ouro' a Lott, quando a este dirigiu sua carta-repúdio – publicada em *O Globo* – ao convite que lhe fora endereçado para comparecimento ao ato, muito antes da eclosão do movimento de março de 1964, fez, oficialmente, na qualidade de chefe do Estado-Maior do Exército, vários pronunciamentos em que advertia o ministro da Guerra, como esclarecia e orientava aos generais e demais oficiais seus subordinados, alertando-os contra as graves ameaças de subversão comuno-sindicalista que, cada vez mais, se agravavam e punham em perigo a coesão do Exército e o próprio regime.

Assim foi que, em setembro de 1963, seis meses antes da vitória do movimento de 31 de março de 1964, se externou ele em discurso que proferiu, com autoridade, ao assumir o alto cargo de chefe do Estado-Maior do Exército, em solenidade presidida pelo ministro da Guerra:

'A estrutura tem que estar sempre adequada às mutáveis necessidades militares do país, para que o Exército bem possa, com atualidade, cumprir sua destinação e mesmo para resistir às tentativas de desvios de organização e mentalidade. Ele é permanente e nacional dentro das instituições políticas e, portanto, com estas evolui, para garantia delas e da soberania nacional.

Há reformadores oportunistas que querem substituí-la, por meio de um solapamento progressivo e antinacional, e instituem o Exército Popular, arremedo de milícia, com uma ideologia ambígua, destinado a agitar o país com exauridos pronunciamentos verbais e a perturbar com subversões brancas e motins a vida do povo. Em seu processo de destruição, empenhava-se no desprestígio dos padrões profissionais, em tornar marginais os que cuidam da profissão e menosprezar a seleção de valores, além de trazer, pela discriminação, a cizânia no meio militar.

Não tem absolutamente as características de uma estrutura revolucionária, e sim de uma desejada organização para a tomada do poder, a serviço de quem possa custeá--los e apoiá-los.'

Além disso – e por várias vezes –, fez ver, francamente, a Jair, ministro da Guerra, seu colega de turma e amigo, sobre os perigos que nos ameaçavam.

Em 22 de outubro de 1963, em ofício dirigido ao ministro da Guerra a propósito de estado de sítio, então solicitado pelo governo e ao qual formalmente se opunha, apresenta Castelo, como chefe do Estado-Maior do Exército, uma visão sobre o momento militar, decorrente de fatores militares e da situação política que se vinha desdobrando há mais de dois anos.

Nesse documento, faz, com franqueza, lealdade e autoridade, importantes e oportunas revelações e presta informações graves, como as que seguem e que evidenciam os perigos que nos ameaçavam:

'1 – A crescente radicalização de posições no campo político-militar se reflete entre os militares, sobretudo pelo fato de elementos em luta desejarem que as atividades militares tomem a feição miliciana.

2 – Oficiais, ainda em número reduzido, que dão a políticos pseudorrevolucionários ou oposicionistas a solidariedade de suas posições ou de sua qualidade militar, participando de pressões, comprometendo os mandos e oferecendo a impressão de que o Exército se transforma num arremedo de milícia ou vive o estágio inicial de força popular.

3 – Paralelamente, sargentos, em número reduzido, coesos através de suas associações, se lançam na aventura da formação subversiva de uma classe ilegal, com fins de apoiar grupamentos políticos que, por sua vez, pregam processos que levam esses militares à rebeldia.

4 – Os políticos interessados, hoje, começam a dar mais importância ao apoio dos sargentos do que ao que lhes é dado por oficiais, julgando-os até com mais prestígio na tropa do que estes.

5 – Constituem (os políticos) elementos agressivamente contrários à coesão do Exército, à sua vida profissional e à sua estrutura regular, as chamadas Forças Populares, dentro das quais avulta o Comando Geral dos Trabalhadores (CGT), organização ilegal e subversiva.

6 – Há, no país, um grupo político possuidor de uma ideologia ambígua, que quer dominar o poder, ora invocando reformas, ora pleiteando o desaparecimento das forças que lhe sejam opostas, e que procura aproveitar-se da ação comunista.

7 – Há, sim, uma aparência de conluio de civis que procura envolver trabalhadores, elementos das Polícias Militares, pouquíssimos oficiais e sargentos das Forças Armadas, para uma posse total do governo, para fechar o Congresso Nacional e para estabelecer no Brasil um regime extralegal.

8 – Um dos mais expressivos representantes da chamada política de renovação nacional, membro do PTB, ex-ministro de Estado e um dos líderes do governo, deputado Almino Afonso, opina que o presidente da República age com uma política de conciliação que gera crises sucessivas e que levará o país à saída golpista ou à revolução social.

9 – Segundo declara ainda o referido deputado, conta com as Forças Populares que são constituídas do CGT, UNE, FPN, UBES, PUA, sargentos, cabos e soldados, oficiais nacionalistas, lideranças políticas de vanguarda, ligas camponesas etc.

10 – Em conclusão, declara Castelo que não há, para a ordem militar, propriamente, um mal-estar, e sim um perigo, configurado sobretudo pela desejada e procurada dissociação de seus elementos constitutivos e permanentes, pela quebra definitiva da coesão das Forças Armadas.

11 – Procura-se, indisfarçavelmente, estabelecer o cerco das instituições militares.

12 – E, por fim, o chefe do Estado-Maior do Exército apresenta várias sugestões, entre as quais: Vitalização do Alto Comando visando a que os seus membros se esclarecessem e opinassem individualmente sobre a situação militar e político-militar'."

Que providências tomou o ministro, ante tão graves revelações feitas em caráter reservado e urgente? As anotações feitas de próprio punho por Jair, à margem das páginas 6 e 7 do documento que lhe foi endereçado, revelam, no mínimo, a sua tibieza, se não conformismo ou complacência.

De qualquer maneira, não atuou como ministro.

Em 25 de fevereiro, ao ensejo da abertura dos cursos da Escola de Aperfeiçoamento de Oficiais, na Vila Militar, ainda como chefe do Estado-Maior do Exército, fez uma conferência sobre *A Escola de Aperfeiçoamento de Oficiais na Atualidade Militar*, da qual destacamos:

"As vossas indagações se dirigem primeiramente sobre a luta ideológica. E fazeis muito bem em desejar vê-la em pauta."

"O mundo atual vive a época mais aguda da luta ideológica deste século. Quer se queira, quer não se queira, duas ideologias estão em destaque e em conflito inarredável, a democrática e a comunista."

"[...] agita o continente americano e se processa no Brasil."

"Desconhecê-lo é viver muito longe do mundo e é negligenciar o futuro do nosso país."

"O necessário, então, para qualquer cidadão, é *tomar posição, não flutuar, não ser ambíguo, não escapar da luta que procura penetrar por toda parte*."

"Nós, das Forças Armadas, estamos vinculados ao compromisso de defender as instituições democráticas."

"O oficial do Exército de hoje não pode mais se alhear a essa luta ou contornar a adoção de uma ideologia, e isto tem que orientar o seu comportamento: a opção do dever militar na democracia ou afastamento do serviço para a adoção de uma outra conduta."

"O oficial deve pairar acima dos conflitos partidários, sobretudo de injunções e compromissos. *Não estamos obrigados a tomar partido, quer no setor do governo, quer no de oposição*."

"Para se defender as instituições é imperioso tomar a ofensiva na luta ideológica. Mas, *para se defender os poderes constitucionais da República, não há razão para se imiscuir na luta partidária*."

Já em 2 de março, sempre na qualidade e com a autoridade de chefe do Estado-Maior do Exército, proferiu magistral aula inaugural da Escola de

Comando e Estado-Maior do Exército, que versou sobre o tema bastante oportuno *Destinação constitucional e finalidades do Exército*.

Culminou as suas advertências quando, às vésperas, e até mesmo horas antes de efetivar-se, condenou a realização do Comício da Central como mais um ato ameaçador e de provocação de Jango.

Tudo fez, como outros colegas, inclusive eu, para que Jair, então ministro da Guerra, não comparecesse ao comício, o que, se se efetivasse, comprometeria o Exército. Jair terminou por prometer que não compareceria. No entanto, na hora, lá estava no palanque, junto a Jango e aos chefes da baderna.

A conduta de Jair, antes sempre benquista por seus camaradas, já não lhes inspirava confiança.

O tempo corria e Castelo, que já não mais podia confiar em Jair, permaneceria sempre vigilante e atuante. O ministro, com seu gesto, definiu-se solidário com Jango; já, então, não havia a menor dúvida: estava, lamentavelmente, identificado com a subversão.

No dia 20 de março, onze dias, portanto, antes da eclosão do movimento, Castelo dirigiu um incisivo documento aos generais e demais oficiais seus subordinados, pertencentes ao Estado-Maior do Exército e às diretorias que lhe eram dependentes. O documento, de início, por ele classificado como "reservado", passou, mais tarde, por determinação dele próprio à condição de ostensivo, em virtude de haver sido levianamente levado ao conhecimento de pessoa não credenciada a conhecê-lo por um de seus destinatários.

As simples citações e atitudes acima, acrescidas de sua atuação corajosa e enérgica anterior, no comando do 4º Exército, que exerceu de 1962 a setembro de 1963, antes de assumir a chefia do Estado-Maior do Exército, põem em evidência a sua firmeza e coerência de atitudes e a posição de incontestável liderança por ele exercida no movimento, desde os seus preparativos, durante o seu desenrolar e a sua vitória.

Conclui-se que, muito antes de março de 1964, Castelo, com sua inquestionável autoridade de chefe militar experimentado, na paz como na guerra, de raro preparo, respeitado e admirado, perfeitamente consciente da gravidade da situação que atingira o país, tornara-se um paladino em defesa das instituições militares e da democracia, sempre alertando e se opondo à anarquia que já nos atingira, e o que é pior, comandada por aqueles a quem deveria incumbir a nossa segurança e tranquilidade."[16]

Emergência prevista

AO SER CONVIDADO pelo governador Ildo Meneghetti para as funções de secretário de Segurança, Poty Medeiros fez-lhe ver a inconveniência da sua nomeação, pois era deputado pela UDN, partido político em oposição aberta ao governo central. Sua investidura, naquele cargo, poderia ser considerada ato de

---

16. Depoimento de Ademar de Queirós, julho de 1974.

hostilidade com as consequências decorrentes. O governador contestou, dizendo: "Examinei todos os efeitos possíveis da nomeação. Acato o governo federal somente enquanto se mantiver na legalidade. Assuma logo a secretaria".

Apresentava-se, claramente, a conjuntura política que levaria aos acontecimentos de março. Por isso, Poty Medeiros logo estabeleceu contatos e procurou acertar providências com o comandante do 3º Exército, general Benjamim Galhardo, e com o general Adalberto Pereira dos Santos, comandante da 6ª DI. Este tinha, como chefe do seu Estado-Maior, o coronel Carlos Alberto da Fonseca e, como auxiliares imediatos, o tenente-coronel Ângelo Irulegui Cunha e os majores Washington Bermudez e Scasela. Era uma convivência quase diária, encontros sucessivos, nos mais diversos pontos da cidade, para os despistes aconselháveis na conspiração que se desenvolvia.

De tudo o secretário de Segurança dava ciência ao governador. Numa reunião no Palácio Piratini, da qual participaram os chefes da Casa Civil e Militar do governo, Plínio Cabral e o coronel Orlando Pacheco, o governador reiterou "que a sua experiência autorizava reconhecesse que o governo federal estava empurrando o país para o comunismo. Não sei se poderemos resistir, mas sei que é nosso dever lutar contra esta pretendida esquerdização do Brasil. Para isso vamos nos preparar criando, inclusive, um ambiente popular e social de reação. Minha posição é séria. Não posso romper com o governo do centro sem que dele parta um atentado frontal às instituições. Ao doutor Poty cabe iniciar as ligações com as autoridades militares".

O Círculo Militar, em Porto Alegre, era presidido pelo general Ibá Ilha Moreira e reunia um núcleo de oficiais da ativa e da reserva das Forças Armadas, inclusive o major Leo Etchegoyen, a quem Poty Medeiros sucedeu na Secretaria de Segurança. O Círculo Militar desempenhava intensa atividade, numa sintonia perfeita com os conspiradores. Foi essa organização que fez publicar o opúsculo *Livro branco sobre a guerra psicológica*, escrito pelo coronel Carlos Maia Assis, que assinou com o pseudônimo de Pedro Brasil.

À medida que se agravavam os acontecimentos, tornavam-se mais frequentes as reuniões e concentrações de elementos integrados na conspiração. Já faziam parte dela oficiais da Brigada Militar, sob o comando do coronel Otávio Frota e chefia do Estado-Maior do coronel Raul Oliveira, e também elementos da Polícia Civil. Uma dessas conferências atraiu cem representantes dos mais diversos municípios. Outra, realizada numa chácara de sacerdotes, em Belém Velho, durou dois dias. Essas atividades eram coordenadas pelo próprio Palácio Piratini, através do doutor Plínio Cabral e do coronel Orlando Pacheco, os quais, para maior desembaraço das suas atividades pró-revolução, alugaram um apartamento na avenida Salgado Filho. O governador Ildo Meneghetti compareceu ao encerramento do encontro em Belém Velho, onde falou enfatizando a necessidade de se resistir aos que desejavam comunizar a nação. Compareceu também o padre

Brentano, fundador dos Círculos Operários, apelando a todos para lutarem por Deus e pela democracia. Nessa reunião, foram tomadas as seguintes deliberações:

"1. Criação da Legião Gaúcha Democrática;
2. armamento da população civil para resistir ao comunismo;
3. movimento popular de resistência aos ataques dos chamados sem-terra;
4. informar todos os movimentos dos adversários, especialmente dos comunistas, e mantê-los sob vigilância;
5. realizar reuniões regionais para esclarecer sobre a tática comunista;
6. reunir fundos, contribuições de todos, para que o movimento tivesse recursos;
7. estabelecer um código;
8. organizar os 'Grupos dos Vinte' para enfrentar os denominados 'Grupos dos Onze'."

A mobilização civil atingiu os círculos femininos que constituíram a ação da mulher democrática. Elas se reuniam numa das salas do Colégio Nossa Senhora do Rosário e preparavam a Marcha da Família quando eclodiu a revolução.

A 17 de março, os presidentes da Federação das Indústrias, da Federação das Associações Comerciais, do Sindicato dos Bancos e da Farsul manifestaram-se contra o clima de agitação que dominava a vida pública brasileira.

O comício de 13 de março, no Rio de Janeiro, havia repercutido no Rio Grande do Sul, provocando um pronunciamento do governador Ildo Meneghetti e um telegrama aos presidentes do Senado e da Câmara:

"Neste momento em que a nação assiste alarmada e inquieta a tantos e tão graves ataques às instituições, dirijo-me a vossa excelência, em nome do Rio Grande do Sul e no meu próprio, para hipotecar irrestrita solidariedade ao Congresso, que agora reabre os seus trabalhos. A adoção de medidas que vierem a modificar a estrutura econômica do país, a fim de que ele possa atender aos legítimos anseios do povo, pode e deve ser feita ao amparo das leis e da Constituição, pois a democracia constitui exatamente o meio e o caminho para a solução de todos os conflitos. Ante os ataques ao Congresso Nacional, lamentavelmente feitos na presença de autoridades responsáveis pela salvaguarda da lei e da legalidade, não posso deixar de exprimir a indignação e o protesto do povo rio--grandense. A inquietação e a insegurança que vêm solapando todos os setores da vida nacional põem em grave risco as instituições democráticas."

A atitude do governante gaúcho provocou manifestações de solidariedade de governadores e líderes políticos. O governador Magalhães Pinto lhe telegrafou dizendo: "Minas Gerais tudo fará no sentido da preservação da democracia e da tradição cristã, lutando pela justiça social". Do governador Nei Braga, do Paraná: "Meus cumprimentos pela sua atitude. Sou inteiramente solidário com o seu pronunciamento em defesa da ordem constitucional". Do senhor Bilac Pinto: "A União Democrática Nacional, pelo seu diretório, congratula-se com o eminente governador pela sua ação patriótica na defesa das instituições, elo poderoso na cadeia de mobilização da consciência nacional em favor do regime democrático".

Estiveram em Porto Alegre, dias após a mensagem de Ildo Meneghetti, acompanhados de parlamentares, os governadores de São Paulo e da Guanabara, Ademar de Barros e Carlos Lacerda. Resolveram promover um encontro de chefes dos executivos estaduais naquela cidade: seria apresentada uma proposição, por Ildo Meneghetti, de apoio às instituições democráticas do país. Para essa reunião, marcada para o dia 29 de março, transferida depois para 2 de abril, e que seria secreta, já se haviam inscrito onze governadores. Ela não se realizou pelo motivo óbvio do irrompimento do surto revolucionário de 31 de março.

O comício de 13 de março recebeu a seguinte crítica do general Adalberto, em ofício ao comandante do 3º Exército:

"1. Seriamente preocupado com a situação geral do país, e, em particular, com o desenrolar do comício realizado em 13 do corrente no Rio de Janeiro, já teve este comando oportunidade de externar verbalmente a vossa excelência, na presença do excelentíssimo senhor general Décio Palmeiro Escobar, na tarde de ontem, 16 de março, sua opinião a respeito;

2. Ao fazê-lo, tornei clara a lealdade do procedimento que movia este comando, lealdade essa indispensável entre os chefes militares e particularmente àqueles que detêm comando direto de tropas, das quais exigem procedimento análogo;

3. Na oportunidade, disse este comando: 'No aludido comício, tendo sido pregada a dissolução do poder Legislativo por um dos oradores participantes, não mais padece dúvida de que se atentava contra a Constituição vigente'. Acrescentou mais este comando: julgar que caberia como linha de ação plausível – aconselhassem as Forças Armadas ao senhor presidente da República – por intermédio dos senhores ministros militares, seus assessores diretos e naturais – a mudança de rumo, sob pena de marchar o país, inapelavelmente, para a comunização;

4. De outro passo, não tem sido outra a orientação, emanada de vossa excelência, no sentido altamente patriótico do respeito à Lei Magna pelos poderes legitimamente constituídos. Tal orientação se harmoniza perfeitamente com o pensamento dominante nos círculos militares, facilitando sobremodo as relações entre este comando e seus subordinados da 6ª Divisão de Infantaria."

Avolumavam-se os preparativos para a emergência prevista. A brigada policial preparou planos e adotou medidas tendentes a fazer face às tentativas de perturbação da ordem e convocou oficiais da reserva, distribuindo-lhes missões, junto aos fazendeiros que se propunham a cooperar na resistência democrática. Foram designados para essas tarefas, de fundo secreto, os coronéis da reserva Alencastro Braga Meneses, Nei Gomes Câmara, Ivo Garcia Vasconcelos, José Rodrigues da Silva, Gonçalino Carvalho e major Telmo Azambuja.

O decreto da Supra e as ameaças de invasão de propriedades pelos sem-terra alarmaram o meio rural. Os familiares de muitos fazendeiros transferiram residência para a cidade. Algumas estâncias ficaram sob a guarda da Brigada Militar. Em Tapes, em Bagé, os sucessos tiveram uma relevância maior, determinando a ação pronta das autoridades. Falando à imprensa, o governador Meneghetti declarou: "O governo do Rio Grande garantirá a ordem, a tranquilidade e os direitos da propriedade privada em todo o Estado". O presidente da Farsul enviou às entidades filiadas a mensagem seguinte: "Face crescente ameaças, invasão terras particulares comandadas por comunistas dentro plano agitação nacional, julgamos absoluta conveniência essa associação advirta proprietários rurais sentido defenderem qualquer maneira suas terras contra essas invasões que atentam diretamente direito propriedade garantido Constituição. Lembramos ainda essa associação organize grupos defesa bem ordenados para colaborar governo do estado manutenção ordem qualquer ponto município. Salientamos urgência essas providências face disposição agitadores aproveitarem promulgação decreto Supra anunciado dia 13 corrente para promoverem invasões terras todas zonas declaradas utilidade social".

A situação tornava-se dramática. Ao mesmo tempo em que aconselhava ao presidente da Farsul que desse ao seu despacho caráter confidencial, para torná-lo mais incisivo e emprestar-lhe maior importância, o secretário de Segurança informou-lhe que haviam sido recolhidos os contingentes da Brigada Militar, sediados para policiamento em diversos municípios, deixando-se, em cada um deles, reduzido número de praças porque se tornara conveniente reunir o maior número de soldados nas respectivas unidades, para que estas pudessem atuar no caso de perturbação da ordem.

Esgotaram-se os estoques nas casas que negociavam armas porque estas foram adquiridas pelos fazendeiros.

Em Caçapava do Sul e em Camaquã, os ruralistas realizaram duas importantes concentrações. Induzido a empregar o Exército na dissolução daqueles comícios, o general Galhardo deu ciência do ocorrido ao secretário de Segurança: "Queriam transformar-me num instrumento de atrito entre a União e o Rio Grande. Recomendei que procurassem as autoridades policiais. Não lhes dei pretexto...".

O manifesto do general Humberto Castelo Branco, chefe do Estado-Maior do Exército, a 20 de março, foi levado ao Rio Grande pelo major Jaime Ehlers. A resposta veio pelo tenente-coronel Irulegui. As cópias foram entregues ao governador Meneghetti, que comentou: "Temos, agora, um chefe".[17]

---

17. Entrevista com Poty Medeiros, em abril de 1974.

QUARTA PARTE

O mês de março

Atraso dos relógios

No dia 1º de março de 1964, todos os relógios brasileiros foram retardados em uma hora: o governo revogava o decreto da *hora de verão*.

No entanto, os acontecimentos iam se precipitar, avançando mais rapidamente do que os ponteiros que foram atrasados nos mostruários do tempo.

Nesse início de março, 6.500 trabalhadores da indústria do fumo entraram em greve, exigindo um aumento salarial de 45%. Em Pernambuco, trezentos mil camponeses e trabalhadores de usinas de açúcar recorriam à greve, em protestos contra o ato do governo federal que nomeara um novo delegado para o Instituto de Aposentadoria e Pensões dos Industriários. Ainda em Pernambuco, o embaixador dos Estados Unidos, Lincoln Gordon, representando o presidente John Fitzgerald Kennedy, escolhido para a formatura dos novos economistas, aproveitou o ensejo para anunciar ajuda maior e mais rápida da Aliança para o Progresso à América Latina. Evocando Kennedy, suas lutas e as suas ideias, lembrou que o presidente, assassinado em Dallas, "via, com ceticismo, a classificação política convencional de direita e esquerda, por saber que nos extremos ambas se tornam formas indistintas de tirania".

Na Guanabara, a Delegacia de Ordem Política e Social do governo Carlos Lacerda apreendia a cartilha *Viver é lutar*, aprovada e recomendada por uma conferência nacional de bispos. Aquela delegacia policial convocava para depor o arcebispo de Aracaju, dom José Távora, um dos defensores daquela cartilha, editada pelo MEC para alfabetização de camponeses, porque os filósofos da polícia política do governador carioca sentenciavam que ela "feria, também, o método de ensinamento da gramática".

As dificuldades políticas e econômicas do país preocupavam o FMI. Um grupo de investigadores, chefiado por David Finch, informava-se de todas as minúcias da situação econômico-financeira do Brasil e das providências tomadas pelo governo para conter a espiral inflacionária.

Também contra o Banco do Brasil investia o governador da Guanabara, ajuizando uma ação na 16ª Vara Cível, denunciando a falência daquela instituição.

Em Belo Horizonte, o Congresso da Cutal e a tentativa de concentração da Frente de Mobilização Popular, mesmo com as garantias policiais oferecidas pelo governo do estado, frustraram-se diante da reação agressiva de manifestantes, ocupando o auditório da Secretaria de Saúde para evitar o pronunciamento de Brizola. Mulheres desfilando com rosários na mão impediram que aquele líder pudesse realizar a programada conferência.

Tornava-se difícil a posição do governador Magalhães Pinto, defendendo e exercitando a política aberta do diálogo na área estadual, apoiando o programa de reformas de base para o Brasil, enquanto a maioria de seu partido, a UDN, atacava aquele programa como comunizante. O PTB, com secretários no governo, apoiava o governador.

Candidato à Presidência da República, Magalhães Pinto disputava, com Carlos Lacerda, a indicação do seu partido. Assim, torna-se compreensível que Lacerda, embora tenha tido sempre dois bons e permanentes informantes – Júlio de Mesquita Filho e Armando Falcão –, não estivesse dentro do plano do movimento que descia de Minas. Ele mesmo declararia, mais tarde, referindo-se à revolução que teve em Magalhães Pinto o seu chefe civil: "Na verdade havia coisas que eu não sabia, pois não me contavam, e havia coisas que eu não queria saber".

No dia 4 de março, em uma reunião secreta, um grupo de generais favoráveis ao governo manifesta o receio de um atentado contra o presidente. Esse temor vai justificar a montagem de um dispositivo de segurança espetacular que marcará o Comício das Reformas, já programado para o dia 13, na Praça da República, entre a Estação Pedro II e o Palácio da Guerra.

Por isso Jango teria, naquela sexta-feira dia 13, a *segurança vertical*, o novo dispositivo inspirado no assassinato de Kennedy: três mil homens e uma unidade de elite – Polícia do Exército – executariam a manobra. Todos os prédios, nas imediações, seriam ocupados preventiva e estrategicamente. Enquanto durasse o comício, a decolagem e o pouso de aviões particulares nos aeroportos do Rio estariam proibidos. Proibido seria, também, o céu da praça do comício à rota da aviação comercial. Naqueles dias de março, quem quisesse comprar uma arma de detonação, mesmo uma espingarda de ar comprimido, precisaria obter, antes, autorização especial no Ministério da Guerra. O chefe da Polícia do Exército, coronel Domingos Ventura, destacado para o comando executivo desse esquema de segurança, que não podia falhar, porque comprometia o nome do Exército, advertia: "Qualquer provocação será rechaçada com a maior energia".

O ministro da Guerra, general Jair Dantas Ribeiro, justificava os cuidados do Exército, da Marinha e da Aeronáutica, recordando que "é obrigação das Forças Armadas cuidar da proteção pessoal do presidente da República em todo o território nacional".

Não deixavam de ter razão os que preconizavam a necessidade de fortalecer a segurança do presidente João Goulart. As crises se renovavam, nos desafios constantes da oposição. Em Pernambuco, as representações sindicais não acatavam as indicações políticas para os setores administrativos. A disputa, conflitante e permanente, turbava o ambiente regional. Não obstante, o governador Miguel Arraes tranquilizara-se com a solução pacífica encontrada para a greve de trezentos mil camponeses e trabalhadores das usinas de açúcar e transitava entre os aeroportos e os estúdios de televisão do Rio, de Belo Horizonte e de São Paulo.

Foi na Pauliceia que um grupo de católicos exaltados postou-se ajoelhado, impedindo a entrada no estúdio do governador pernambucano, convidado especial de um programa de entrevista. Arraes penetrou pela porta dos fundos, falando hora e meia, em pronunciamento favorável a uma emenda constitucional para a reforma agrária: "Pretende-se, outra vez, implantar a agitação, a anarquia e a desordem em Pernambuco e, com isso, justificar-se a intervenção federal em nosso estado. Lamentavelmente, no episódio recente da greve de trezentos mil trabalhadores, alguns setores do governo federal serviram aos interesses e objetivos da minoria inconformada e revolucionária que mais trabalha pela intervenção em Pernambuco. Felizmente, a consciência popular novamente esteve ao lado do governo, ajudando-o a eliminar o novo pretexto. No momento em que os patrões tentaram configurar o estado do caos, decretando o *lock-out*, os trabalhadores puseram fim à greve de protesto e voltaram, pacificamente, ao trabalho".

O choque iminente era denunciado na Câmara dos Deputados, na sessão de 6 de março, pelo líder do PTB, deputado Almino Afonso: "No instante em que o processo brasileiro ganha vida porque nele ingressou o povo; enquanto nós podemos saudar esse momento como um dos instantes mais belos da vida nacional, aqueles que, acostumados a viver de privilégios de uma estrutura política superada, escandalizam-se ante a perspectiva de vir a perder, dentro de pouco tempo, tais privilégios e, mais do que isso, ver o povo assumir o poder".

Na tarde desse mesmo dia, o ministro Abelardo Jurema debatia, com alguns juristas, a intervenção federal no Estado da Guanabara. Quando a reunião terminou e os jornalistas indagaram o resultado do conclave, o ministro declarou que haviam concluído pela inconveniência da medida: "Serviria, apenas, para tumultuar".

No domingo, 7 de março, João Goulart completava 46 anos. Foi homenageado pela guarnição militar de Brasília, no Palácio do Planalto, tendo o comandante, general Nicolau Fico, feito um discurso em que afirmou: "É com imensa alegria que festejamos o aniversário do chefe".

As edições dominicais dos jornais abriam seus espaços para mais um dos manifestos do governador Magalhães Pinto: "Áreas enormes, sobretudo da classe média brasileira, estão sendo submetidas a um processo de hipnose, que arrasta as camadas da população a um anticomunismo irracional e fanatizado. Dois grandes males põem em risco a paz e a liberdade de nossa pátria na conjuntura atual. São eles a inflação financeira e o radicalismo político. O medo de perder gera a mesma fúria agressiva que a cobiça de ganhar. Em breve, se não houver possibilidade de uma solução equilibrada, o destino da maioria dos brasileiros estará à mercê dos grupos extremistas minoritários que, por um misto de ambição e medo, se atiram à ação direta, para a revolução ou para o golpe de Estado".

Nesse mesmo tom e com essa mesma preocupação, reuniam-se, na Associação Comercial do Rio de Janeiro, trezentos representantes do comércio, da indústria, dos bancos e fazendeiros de todo o país, decidindo-se a pressionar politicamente o governo federal.

No dia 9 de março, o presidente discursava com o objetivo de responder às pressões do empresariado, reunido na Associação Comercial: anunciava um plano para saneamento das finanças e contenção do processo inflacionário, além do reescalonamento para o pagamento das dívidas externas. Esse discurso atingiu seu objetivo: serenou os ânimos, embora por muito pouco tempo. Seu autor, Jorge Serpa, considerado a *eminência parda* do governo, vibrou com seu resultado.

Por essa época, deixa a secretaria do governo mineiro o deputado udenista da chamada *bossa nova*, José Aparecido de Oliveira. A interpretação da época era de que a sua saída teria contribuído para deixar livre o caminho para as articulações conspiratórias do governador de Minas.

Sob esse clima, ultimavam-se os preparativos para o Comício das Reformas.

Sexta-feira, 13

EM JANEIRO, o presidente João Goulart havia decretado a revisão dos novos níveis do salário mínimo. Após a assinatura do documento, Jango reuniu-se, no Palácio das Laranjeiras, com as lideranças sindicais. Nasceu, nesse encontro, a ideia da convocação de um ato público para que o presidente fizesse a "prestação de contas" ao povo e ao mesmo tempo buscasse o apoio popular para o seu programa de reformas de base. Essa manifestação serviria para pressionar o Congresso na votação dos respectivos projetos.

O comício seria promovido pelas lideranças sindicais. Foi criada uma comissão organizadora, composta de Osvaldo Pacheco da Silva, presidente da Federação Nacional dos Estivadores e representando a CGT e a PUA; o deputado Hércules Correia, ex-presidente do Sindicato dos Têxteis da Guanabara e secretário da CPOS; deputado José Talarico, secretário do PTB/GB e assessorando o presidente da República nas atividades sindicais. A data provável seria fixada na primeira quinzena de março. O local foi desde logo escolhido, satisfazendo as exigências das grandes concentrações populares com fácil acesso e escoamento para os subúrbios e os estados vizinhos: Praça Duque de Caxias, ao lado da Estação Pedro II, fronteiriça ao Ministério da Guerra e ao Campo de Santana. O mesmo local marcado pelas grandes concentrações populares no Império e no início da República.

No dia 25 de fevereiro, às 19h30, houve uma reunião preparatória na sede do Sindicato dos Trabalhadores das Indústrias. Foram organizados os planos de trabalho, propaganda, mobilização e concentração popular com as indicações e meios de desenvolvimento.

Desde logo, considerou-se como objetivos da mobilização os seguintes pontos: 1º) assinatura do decreto da Supra de desapropriação de terras e outras medidas de reforma agrária; 2º) preservação do monopólio estatal do petróleo e fortalecimento da Petrobras; 3º) direito de voto ao analfabeto soldado, marinheiro e cabo; elegibilidade para todos os eleitores; 4º) concretização das reformas de base: administrativa, agrária, bancária, universitária e eleitoral no ano de 1964; 5º) anistia aos civis e militares indiciados por crimes políticos.

Foi noticiado terem sido confeccionadas três mil faixas, três milhões de manifestos volantes, duzentos mil tabloides sobre reformas, duas mil bandeirolas e outros meios de propaganda escrita e falada.

As entidades organizadoras dirigiram a seguinte conclamação "aos trabalhadores e ao povo em geral":

"As entidades sindicais e organizações que subscrevem esta convocação, na qualidade de autênticas e legítimas representantes de todas as categorias profissionais de trabalhadores da cidade e do campo, dos servidores públicos civis e militares, dos estudantes e das demais camadas e setores populares, juntamente com a Frente Parlamentar Nacionalista, convocam os trabalhadores e o povo em geral para participarem da CONCENTRAÇÃO POPULAR que será realizada no próximo dia 13 de março (sexta-feira), com início às 17h30, na Praça da República (lado da Central do Brasil), e para a qual está convidado, e comparecerá, o senhor presidente da República.

Os trabalhadores e o povo em geral demonstrarão, nessa oportunidade, que estão decididos a participar ativamente das soluções para os problemas nacionais e manifestarão sua inabalável disposição a favor das reformas de base, entre as quais a agrária, a bancária, a administrativa, a universitária e a eleitoral, que querem ver concretizadas neste ano de 1964.

De igual forma, manifestando em praça pública a defesa das liberdades democráticas e sindicais, exigiremos também a extensão do direito de voto aos analfabetos, soldados, marinheiros e cabos e elegibilidade para todos os eleitores, bem como a necessidade da imediata anistia a todos os civis e militares indiciados e processados por crimes políticos e pelo exercício de atividades sindicais.

Conclamamos os trabalhadores e o povo em geral para essa demonstração cívica de unidade e patriotismo, na defesa das soluções populares e nacionalistas para os problemas brasileiros, certos de que ao povo compete, legitimamente, traçar os rumos definitivos dos destinos nacionais e de que, de sua mobilização, depende o êxito de qualquer programa que vise ao atendimento das necessidades sociais e dos supremos interesses da nação, como a reformulação da política econômico-financeira e de medidas outras que conduzam ao fortalecimento do monopólio estatal do petróleo e à ampliação da Petrobras, e à efetivação da reforma agrária como a declaração de utilidade pública ou de interesse social para efeito de desapropriação e entrega aos camponeses sem-terra das áreas inaproveitadas situadas às margens dos açudes, ferrovias e rodovias cujo decreto deverá o presidente da República assinar na oportunidade daquele ato público.

Tudo pela concretização das Reformas de Base.

Tudo pelas liberdades democráticas e sindicais.

Todos à concentração popular do dia 13 de março, às 17h30, na Praça da República.

Rio de Janeiro, 9 de fevereiro de 1964.

Dante Pellacani – Comando Geral dos Trabalhadores; Clodsmidt Riani – Confederação Nacional dos Trabalhadores na Indústria; Alfredo Pereira Nunes – Confederação Nacional dos Trabalhadores em Transportes Marítimos, Fluviais e Aéreos; Aluísio Palhano – Confederação Nacional dos Trabalhadores em Estabelecimentos de Crédito; Lindolfo Silva – Confederação Nacional dos Trabalhadores na Agricultura; Dante A. Menezes – Confederação Nacional dos Trabalhadores no Comércio; João Ayrton Gomes – Confederação Nacional dos Trabalhadores em Transportes Terrestres; Carlos Taylor – Confederação dos Servidores Públicos do Brasil; Carlos Alberto Costa Pinto – Confederação Nacional dos Jornalistas; Wilson Reis – Confederação Nacional dos Trabalhadores em Empresas Telegráficas, Radiotelegráficas e Radiotelefônicas; Rafael Martinelli – Federação Nacional dos Ferroviários; Ênio Silveira – Comando dos Trabalhadores Intelectuais; José Paulo da Silva – União dos Portuários do Brasil; Marcelo Cerqueira – União Nacional dos Estudantes; Bisneier Maiani – União dos Previdenciários do Brasil; Osvaldo Pacheco da Silva – Pacto de Unidade e Ação; Hércules Correia dos Reis – Comissão Permanente das Organizações Sindicais; Olímpio Mendes – União Brasileira dos Estudantes Secundários; Sérgio Magalhães – Frente Parlamentar Nacionalista; Anna Montenegro – Liga Feminina da Guanabara; José Manoel de Melo – União Brasileira dos Servidores Postais e Telegráficos."

Ao mesmo tempo em que se organizava o comício, o governo Carlos Lacerda e os diversos setores da oposição mobilizaram-se contra a sua realização. Mas não eram somente os adversários ostensivos do governo que assim agiam. As anunciadas presenças do governador de Pernambuco, Miguel Arraes, e do ex-governador do Rio Grande do Sul, Leonel Brizola, sintomatizavam as divisões internas do bloco governamental. Porque tratava-se de confrontar Jango com esses outros dois líderes que disputavam, com ele, o domínio das massas populistas. A tal ponto chegou a efervescência política que se propalou que a Frente de Mobilização Popular iria levantar um palanque especial para Leonel Brizola e frontal ao que seria ocupado pelo presidente da República.

Na madrugada de 12 para 13, houve uma tentativa de incendiar o palanque armado. Essa primeira investida confirmava as denúncias de que grupos provocadores da extrema direita impediriam o comício. A atitude hostil do governo da Guanabara iria ensejar toda uma série de atritos com as autoridades da Guanabara para o trânsito, principalmente dos ônibus, vindos dos subúrbios e dos estados vizinhos. Um grupo suspeito e não identificado colocou faixas pregando a reeleição de Jango, em uma manobra que seria prematura se não fosse altamente provocadora. Tanto assim que o próprio presidente, informado do que se passava, determinou a retirada dessas faixas. Mais tarde, uma representação da Frente de Mobilização Popular e da Liga Feminina colocou-se defronte ao palanque, estendendo faixas com slogans considerados extremados e inoportunos. Foi necessária a intervenção do coronel Domingos Ventura, comandante da PE, e do major Ari Ellis, da Casa Militar do presidente, para reprimir o que se considerou manobra de provocação, comprovando infiltração de elementos perturbadores.

Agentes provocadores, infiltrados na massa, estimulavam a queima e destruição dos painéis, faixas e cartazes. Foi assim que a chegada da representação dos trabalhadores da Petrobras, que portavam archotes acesos e deveriam ficar fora da concentração, registrou pânico e uma dezena de feridos. Depois disso, ainda ressurgiram faixas e cartazes condenados pelos promotores, que haviam estabelecido que, em vista da presença do presidente da República, de ministros de Estado e outras autoridades, não haveria slogans dessa natureza. Em lugar inacessível para os organizadores, depois de iniciado o comício, apareceram os dizeres: *Legalidade para o* PCB, *Força para os gorilas*, *Lacerda traidor da Pátria*, *Reeleição de Jango*, *Fora os yankees*, *Gordon lacaio do imperialismo*.

Ao palanque, cercado de aparato militar, compareceram os ministros militares, outros ministros, senadores, deputados, autoridades e dirigentes de classe.

A presença de dona Maria Tereza Goulart foi solicitada pelos organizadores com o sentido de descaracterizar o acontecimento do rígido aspecto político.

Os oradores situaram seus pronunciamentos dentro do tema preconizado: a necessidade das reformas. O presidente, no seu discurso, referiu-se às reformas concebidas pelo governo em caráter prioritário. Reformas estruturais que se convencionou chamar de reformas de base: eleitoral, administrativa, tributária, agrária, urbana, bancária, cambial e universitária. Jango dá mais ênfase à reforma agrária e anuncia a encampação das refinarias particulares de petróleo. O Congresso é conclamado a concretizar as reformas.[1]

O comício obteve sucesso total. Durante oito horas e 45 minutos uma multidão, calculada por uns em 250 mil e por outros em 150 mil pessoas, permaneceu na praça esperando a palavra do presidente, que só foi ouvida depois de treze discursos.

Mas, na zona sul da Guanabara, velas acesas nas janelas se consumiam no protesto silencioso da classe média, que não fora ao comício e assistia a tudo pela televisão.

---

1. Discurso na íntegra *in* Anexos.

No seu discurso, Jango anunciava a próxima mensagem ao Congresso, a ser entregue no dia 15. Seu pronunciamento recebeu a seguinte interpretação: era a vitória dos radicais que cercavam o presidente.

Falando à *Tribuna da Imprensa*, logo após o comício da Central, o governador Carlos Lacerda acusou o senhor João Goulart de ter, dessa vez, furado a barreira da Constituição e conclamou o Congresso a "levantar-se e defender o que resta da liberdade e da paz neste país".

"O comício foi um assalto à Constituição, ao bolso e à honra do povo. O discurso do senhor João Goulart é subversivo e provocador, além de estúpido. O candidato furou ontem a barreira da Constituição. O pavor de perder o controle sobre as negociatas e os escândalos de toda a ordem, que abafa com sua autoridade presidencial, fê-lo perder a cabeça. Esse homem já não sabe o que faz.

A simulação da briga com o cunhado ficou ontem desmascarada. Um simula estar mais à esquerda para fingir que me situa na direita, e assim, no centro, no falso centro, com o apoio dos comunistas e dos oportunistas não 'radicalizados', ele conta ficar no poder. As máscaras ontem caíram.

A guerra revolucionária está desencadeada. Seu chefe ostensivo é o senhor João Goulart, até que os comunistas lhe deem outro. Triste foi ver as forças de segurança nacional, a pretexto de que o senhor João Goulart é o seu comandante em chefe, ficarem de sentinela para o ato totalitário de ontem.

Acho que o Congresso deve levantar-se e defender o que resta da liberdade e da paz neste país. Então as Forças Armadas compreenderão o que o povo já sentiu: que acima das ambições e leviandades de uma pessoa ocasional estão a Constituição e a paz do povo brasileiro."[2]

A última mensagem

NO DIA 15 DE MARÇO, o presidente João Goulart enviou ao Congresso Nacional a sua última mensagem, na abertura da sessão legislativa do ano de 1964. Era e seria, face aos acontecimentos posteriores, a derradeira tentativa de realizar o anunciado programa de reformas de base com a colaboração do parlamento.

O presidente anunciara, dois dias antes, no Comício das Reformas, a radicalidade de seu programa, conclamando o povo para apoiá-lo. Agora se dirige aos deputados e senadores, dividindo com eles as responsabilidades da realização ou do malogro do seu programa de governo.

A mensagem que o presidente da República dirigiu, no exercício da prerrogativa, contida no artigo 87, inciso XVIII, da Constituição, era uma

---

2. *In Tribuna da Imprensa*, Rio de Janeiro, 1964.

prestação de contas e um pedido de providências "necessárias ao desenvolvimento, à preservação da tranquilidade e da segurança do povo brasileiro e à definitiva erradicação dos obstáculos institucionais e estruturais que impedem a aceleração e a consolidação do nosso programa".

Era "uma conclamação a todos os brasileiros, lúcidos e progressistas, para que, cada vez mais unidos e determinados, nos coloquemos à altura do privilégio que a história nos reservou, de realizar a nobre tarefa de transformação de uma sociedade arcaica em uma nação moderna, verdadeiramente democrática e livre".

Examina o momento nacional, os contrastes que a sociedade brasileira apresentava naquela fase do seu desenvolvimento, cujas contradições "só poderão ser resolvidas mediante reformas capazes de substituir as estruturas existentes por outras compatíveis com o progresso realizado e com a conquista dos novos níveis de desenvolvimento e bem-estar". E declara: "Optei pelo combate aos privilégios e pela iniciativa das reformas de base, por força das quais se realizará a substituição de estruturas e instituições inadequadas à tranquila continuidade do nosso progresso e à instauração de uma convivência democrática plena e efetiva".

Aceita o desafio que lhe propõe a realidade brasileira. Considera o grande problema do nosso tempo não "apenas na desigualdade entre países ricos e pobres que, tão flagrantemente, caracteriza o cenário mundial, mas no fato de que o fosso entre uns e outros tende a aprofundar-se, progressivamente, por força da maior velocidade de capitalização das nações industrializadas". Por isso "a política externa independente do Brasil na interpretação e na projeção do exclusivo interesse nacional não poderia, consequentemente, deixar de prestigiar, por todos os meios, essa cruzada histórica em prol da eliminação das desigualdades que violentam o próprio conceito de soberania nacional". Sustenta o princípio da não intervenção no processo político das demais nações; a autodeterminação dos povos; a igualdade jurídica dos estados; a solução pacífica das controvérsias; o respeito aos direitos humanos e a fidelidade aos compromissos internacionais. Fala da obra administrativa e da atenção especial concedida às obras de infra estrutura, a construção e ampliação de usinas hidrelétricas e termoelétricas, de rodovias e ferrovias, do equipamento de portos e da disseminação de escolas e hospitais. Afirma ter podido controlar, de modo positivo, a execução orçamentária do exercício de 1963, reduzindo em cerca de 40% o déficit potencial:

"As despesas de caixa, registradas por intermédio do Banco do Brasil, ascenderam a 1.415 bilhões de cruzeiros, enquanto o montante líquido da arrecadação atingiu a importância de 915 bilhões. Infere-se daí que o desequilíbrio, em 1963, correspondeu a um déficit de caixa de 500 bilhões de cruzeiros. As emissões de papel-moeda elevaram-se, no período, a 351,1 bilhões de cruzeiros.

Mediante o estabelecimento de um orçamento monetário, procurou o governo conter, dentro de limites razoáveis, a expansão monetária global e a despesa pública, adequando o crescimento dos gastos públicos e privados à estrutura da produção, com o que foram evitadas distorções em alguns setores.

No que concerne ao comércio exterior, registrou-se em 1963 uma receita de exportação da ordem de 1,37 milhão de dólares, cerca de 155 milhões de dólares a mais do que a obtida em 1962, enquanto as importações se situaram em torno de 1,25 milhão de dólares.

As estimativas preliminares do balanço de pagamento indicam, para 1963, um déficit de cerca de 284 milhões de dólares. Comparativamente a 1962, o período revela resultado menos desfavorável, pois naquele ano o déficit atingiu 343 milhões de dólares.

As dificuldades financeiras não impediram, todavia, a ação do governo, dedicada à promoção do desenvolvimento nacional."

Os outros capítulos tratam de siderurgia e energia elétrica, transportes e comunicações, recursos minerais, petróleo, educação e saúde, habitação, agricultura e abastecimento, saneamento e desenvolvimento regional, Brasília, planejamento. Focalizando o reescalonamento da dívida externa:

"Quando assumi a Presidência da República, sabem vossas excelências, senhores congressistas, eram vultosos e de liquidação penosa os encargos do país no exterior. As sucessivas prorrogações de vencimento vinham comprometendo o nosso crédito, ao mesmo tempo em que se acumulavam as obrigações externas, as quais atingiam um total de 3,8 bilhões de dólares. Com vencimentos previstos para o biênio de 1964-1965, esses compromissos elevavam-se a quantia superior a 1,3 bilhão de dólares, para a quitação dos quais estaríamos obrigados a reservar a maior parcela da receita de nossas exportações.

Empenhou-se, pois, o governo, no propósito de obter melhor compreensão internacional para recompor o processo de resgate dos compromissos no exterior, não só para o desafogo financeiro interno, mas também, e sobretudo, para a elevação dos que sempre mantiveram conosco intensas relações comerciais.

Tive recentemente a satisfação de prestar contas ao povo brasileiro das gestões conduzidas com êxito que, como presidente da República, promovi para o reescalonamento da nossa dívida externa. Tenho agora o orgulho de anunciar ao Congresso Nacional a concordância de nossos principais credores com os elevados termos propostos pelo meu governo, que ajustaram os vencimentos dos débitos do país à sua efetiva capacidade de pagamento, sem a menor lesão de nossa soberania e sem entravar o nosso desenvolvimento emancipador, já que os acordos financeiros, em vias de conclusão, permitirão ao governo, que disporá de maior soma de divisas para as importações essenciais, liberar mais recursos para acelerar o crescimento da economia nacional.

Obtivemos o reescalonamento da dívida externa do país pouco tempo após regulamentar a execução da Lei de Remessa de Lucros, medida destinada a pôr cobro à sangria ilimitada e indiscriminada dos ganhos aqui havidos pelo capital alienígena e ao extorsivo sistema de pagamento de *royalties*.

Ninguém ignora tampouco o vulto das lesões que vínhamos sofrendo em razão das manipulações incontáveis, que proporcionam rendimentos e lucros ilícitos, e das fraudes que são praticadas nos super e nos subfaturamentos, especialmente quando envolvem negociações entre empresas estrangeiras, aqui localizadas, e suas matrizes no exterior.

Todo esse processo de espoliação será, de agora em diante, combatido, com a aplicação das medidas previstas na regulamentação que baixei sobre a remessa de lucros."

Os outros capítulos da mensagem versam sobre a defesa do patrimônio mineral, o monopólio de importação, a Supra, a reforma administrativa, a reforma universitária. Nesse capítulo, sugere a conveniência de integrar, no texto constitucional, os seguintes princípios: "É assegurada ao professor de qualquer dos níveis de ensino plena liberdade docente no exercício do magistério; é abolida a vitaliciedade da cátedra, assegurada aos seus titulares a estabilidade na forma da lei; a lei ordinária regulamentará a carreira do magistério, estabelecendo os processos de seleção e provimento do pessoal docente de todas as categorias, e organizará a docência subordinando os professores aos respectivos departamentos; às universidades, no exercício da sua autonomia, caberá regulamentar os processos de seleção, provimento e acesso do seu pessoal docente, bem como o sistema departamental *ad referendum* do Conselho Federal de Educação".

Em sua mensagem, o presidente João Goulart defendia a delegação legislativa, acentuando que "o cumprimento dos deveres do Estado moderno não se concilia com uma ação legislativa morosa e tarda. São incompatíveis, sobretudo, nos instantes de crise social, a presença atuante e responsável do poder público e as normas anacrônicas de uma ação legislativa, que são frutos de um sistema econômico ultrapassado e ainda se vinculam a uma concepção abstencionista do Estado, apenas espectadores do desenvolvimento e das atividades sociais". Por isso, "a suprimir o princípio da indelegabilidade dos poderes, cuja presença no texto constitucional só se deve aos arroubos de fidelidade dos ilustres constituintes de 1946 a princípios liberais do século XVIII. A emenda poderia ter, caso assim decida o Congresso Nacional, a seguinte redação: "fica revogado o parágrafo segundo do artigo 36 da Constituição Federal".

Outra sugestão para a aprovação das reformas de base seria "a consulta popular para a apuração da vontade nacional, mediante o voto de todos os brasileiros maiores de dezoito anos, para o pronunciamento majoritário a respeito das Reformas de Base".

Terminando, pede o exame desapaixonado das diretrizes formuladas para as modificações do texto constitucional, visando à consecução pacífica e democrática das Reformas de Base:

"Estou certo de que os nobres parlamentares do Brasil, deste ano de 1964, guardam fidelidade às honrosas tradições dos nossos antepassados, que, em conjunturas semelhantes da vida nacional, como a Independência, a Abolição da Escravatura, a Proclamação da República e a Promulgação da Legislação Trabalhista, tiveram a sabedoria e a grandeza de renovar instituições básicas da nação que se haviam tornado obsoletas, assim salvaguardando o desenvolvimento pacífico do povo brasileiro.

O desafio histórico repete-se outra vez. Agora, nossa geração é que está convocada para cumprir a alta missão de ampliar as estruturas socioeconômicas e renovar as instituições jurídicas, a fim de preservar a paz da família brasileira e abrir à nação novas perspectivas de progresso e de integração de milhões de patrícios nossos numa vida mais compatível com a dignidade humana."

Derradeiros contatos

Depois do comício do Rio, Arraes seguiu para Juiz de Fora. No domingo à noite, ele devia comparecer a uma concentração política da Frente de Mobilização Popular. Havia ameaças de que seriam repetidas as demonstrações de Belo Horizonte, onde Leonel Brizola fora impedido de falar.

O general Mourão Filho pusera de prontidão a guarnição federal. Em seu diário, o então comandante do 4º RM e da 4ª DI assim registrou aquela passagem:

"Para cúmulo da infelicidade, Magalhães resolveu garantir o comício de Miguel Arraes, em Juiz de Fora, para *quebrar a castanha* dos mineiros que não deixaram realizar nem o congresso da Cutal, nem o comício de Brizola em Belo Horizonte.

Era de estarrecer a atitude deles: Arraes, governador de Pernambuco, deixava as suas funções para vir fazer comício subversivo em Juiz de Fora, garantido por Magalhães, que nem sequer me deu a honra de ligar-se comigo. Basta dizer que os dois secretários mandados a Juiz de Fora nem se preocuparam em me avisar de sua presença. Como não queria perder meu comando, preferi suportar aquela ofensa.

O general Bragança foi a Juiz de Fora no próprio dia do comício e esteve em minha casa, em companhia do deputado Olavo Costa, que estava muito agitado. Tinha convicção de que o Magalhães era um homem valente e estava disposto a derrubar Goulart. Apenas, como político mineiro, usava processos tortuosos para desviar a atenção de sua pessoa.

Resolvemos, eu, o delegado regional Jair Fortes e o coronel Falcão, comandante do batalhão da força pública, que o comício seria realizado, exclusivamente, dentro de um velho cinema onde cabiam, no máximo, umas trezentas pessoas. A rua foi bloqueada antes e depois do cinema, e a faixa, assim limitada, foi interditada ao público.

Riani ficou furioso e foi ao QG me falar. Respondi-lhe que se ele não estava satisfeito poderíamos suspender totalmente o policiamento. Ele tremeu na base e desistiu, pois sabia que o povo os estralhaçaria, tamanha a reação que o comício estava provocando.

Mandei padre Wilson agitar a multidão. À noite, antes da chegada de Arraes, procurou-me em casa um coronel Coelho, que logo identifiquei como tendo sido apresentado pelo Ademar de Barros. Desta vez, ele estava com o Goulart e me disse que viera em missão deste para me pedir que garantisse o comício.

Respondi-lhe que o Magalhães tinha deslocado para a cidade o secretário de Justiça e o de Segurança Pública e que esse comício estava mais do que assegurado."

Na segunda-feira, 16 de março, durante três horas, os governadores de Pernambuco e de Minas Gerais conferenciaram no Palácio da Liberdade, em Belo Horizonte. O pretexto oficial da visita era agradecer a "Magalhães as garantias oferecidas pelas autoridades estaduais à realização da concentração nacionalista".

Na verdade, Magalhães e Arraes, cada um com uma intenção e uma razão, manifestaram reservas quanto ao rumo que a situação nacional estava levando. Magalhães conferia, com um elemento que atuava na área governamental, as suas apreensões. Arraes sentia o golpe no ar e tinha certeza de que, viesse de onde viesse, ele seria uma de suas vítimas.

Nessa mesma segunda-feira, à noite, há uma tentativa de conferência do superintendente da Supra no Centro Acadêmico XI de Agosto, em São Paulo. Depois de um enorme tumulto no Largo de São Francisco, envolvendo estudantes de direita, estudantes organizadores da conferência, choques da Força Pública e a Polícia Civil – com rajadas de metralhadoras e bombas de gás lacrimogênio –, João Pinheiro Neto vai direto à casa do general Amauri Kruel, comandante do 2º Exército. No diálogo, o general esclarece que as garantias que o superintendente solicitava deviam ser dadas pela Polícia Civil e que ele não podia lançar o Exército numa briga de estudantes.

Ainda nesse primeiro dia útil, depois do comício da Central, os líderes do CGT de vinte estados se reúnem para traçar um programa de ação imediata. Voltam aos seus respectivos estados levando a decisão do CGT: promover assembleias em todos os sindicatos e organizações de trabalhadores. Tratava-se de mobilizar o povo diante da possibilidade de *impeachment* do presidente da República, o que resultaria numa greve geral que pararia o país em poucas horas.

No dia seguinte, nova conferência no Centro Acadêmico XI de Agosto, esta realizada com o ministro Abelardo Jurema falando sobre a reforma dos códigos, desta vez garantida pela polícia civil.

Arraes, que de Belo Horizonte segue para Brasília, depois de tentar, sem êxito, conferenciar com figuras da esquerda parlamentar, consegue um encontro com Jango, com quem conversa por duas longas horas.

Ainda em Brasília, no apartamento de Brizola, os deputados da Frente Parlamentar Nacionalista, depois de uma noite inteira reunidos, constatavam que o país vivia uma situação profundamente delicada. Observavam a existência de condições semelhantes às que justificaram o golpe de 1937. Oferecia-se a Goulart a oportunidade, segundo observação deles, de perpetuar-se no poder, comportando-se da mesma forma que Vargas em relação ao integralismo em 1937. Isto é: ficar dentro e deixar seus aliados fora do governo. Tratava-se, então, também para eles, de evitar um golpe de Jango. Nessa reunião, ficou sepultada a tese brizolista de convocação de uma Constituinte.

A essa reunião compareceu Arraes, que, depois de transmitir suas apreensões aos deputados presentes, seguiu diretamente para o aeroporto, fazendo seu último voo como governador para Recife.

Quem também perambulava pelos palácios e aeroportos era o governador Magalhães Pinto. Depois de conferenciar com Nei Braga, governador do Paraná, Arraes, de Pernambuco, Petrônio Portela, do Piauí, e Seixas Dória, de Sergipe, seguia para São Paulo para se encontrar com Ademar de Barros. Embora sem falar em termos de conspiração, Magalhães levava, como tema, a busca urgente de um entendimento acima das distinções partidárias para a defesa das instituições. Após conversar com Ademar, Jânio Quadros e Carvalho Pinto, Magalhães achava necessário que estes três dessem uma demonstração pública de que se aliavam. Magalhães segue para Belo Horizonte, onde diz: "A todos reiterei a certeza de que a minha única preocupação é a de ver Minas continuar a cumprir o seu destino histórico, cooperando com a experiência, o patriotismo e o bom senso dos seus homens públicos para salvar as instituições e promover as reformas, pelos meios constitucionais capazes de possibilitar melhores condições de vida para a grande massa humana que sofre, antes de se revoltar".

O que Magalhães Pinto de fato pretendia é que todos os governadores assinassem um único manifesto contra o governo. Mas seu plano falhou, tanto que, nos momentos da deflagração da revolução, os manifestos foram lançados, quando lançados, isoladamente.

Mas não só na esfera política havia descontentamento e articulação. Em São Paulo, no dia 19 de março, uma grande manifestação popular contra o governo vai ser um marco importante daqueles "idos de março".

32 + 32 = 64

"A MARCHA DA FAMÍLIA com Deus pela Liberdade foi, realmente, o ponto de partida para a Revolução de 1964. Não ponho, absolutamente, em dúvida a disposição de um significativo número de militares do mais alto escalão que estavam já dispostos a fazer qualquer coisa a fim de impedir que o país continuasse marchando aceleradamente para o caos. Entretanto, pela observação que tenho feito de episódios históricos do Brasil, as Forças Armadas, em geral, só se decidem a atuar quando elas estão absolutamente seguras de poderem contar com o respaldo da opinião pública." Essa afirmação é do deputado Antônio Sílvio da Cunha Bueno, um dos mais ativos organizadores daquele movimento.

Às 10 horas da noite do dia 13 de março de 1964, realizava-se, no Rio de Janeiro, o Comício das Reformas na praça em frente à Central do Brasil. Em São Paulo, era inaugurada a Feira de Couro, no Parque do Ibirapuera. "Nessa noite", conta Cunha Bueno, "eu cheguei exatamente às 9 horas para assistir à inauguração da feira. Os comentários que antecediam o ato de inauguração eram todos violentos contra o senhor João Goulart". Estavam presentes, além do deputado, Edgar Batista Pereira, Oscar Thompson Filho, secretário da Agricultura de São Paulo, e José Carlos Pereira de Sousa, da Confederação Nacional do Comércio. Nas suas conversas, o comício do Rio aparecia como uma ameaça, e, no seu discurso, Oscar Thompson Filho referiu-se, em tom inflamado, à situação.

O propalado comparecimento de 150 mil pessoas ao comício e o teor dos discursos que foram feitos eram o comentário desses elementos já comprometidos na conspiração, que desejavam revidar àquela manifestação populista, atalhando os seus efeitos.

O presidente Goulart, em seu discurso, havia feito referência às mulheres de Belo Horizonte que de terço na mão tinham impedido um comício de Leonel Brizola: "Não é com rosários que se combatem as reformas". Essa declaração inspirou Cunha Bueno:

"Disse-me o doutor Edgar Batista Pereira: 'Por que você e o Oscarzinho e outros que estávamos conversando não procuram a minha irmã Lucila, que agora é irmã Ana de Lourdes? Ela é freira, mas eu sei que ela está preocupadíssima com os problemas brasileiros e, principalmente, com a marcha ascensional do comunismo em nosso país'." Essa freira era médica psiquiatra do Hospital de São Paulo, neta de Rui Barbosa.

Desse encontro resultou outra realização. A irmã Ana de Lourdes sugeriu que se fizesse uma Marcha de Desagravo ao Santo Rosário pela ofensa que tinham constituído as palavras de Goulart na Guanabara. Estavam presentes as irmãs Cristo Redentor e Áurea da Cruz, além do deputado Cunha Bueno, Augusto Inácio Bravo e José Carlos Pereira de Sousa. Os três homens regressaram dali ao Ibirapuera, onde ainda encontraram Oscar Thompson Filho e Edgar Batista Pereira com suas respectivas esposas. Todos aceitam a ideia da marcha, e os preparativos começam na mesma noite.

Naquela madrugada houve uma primeira reunião em casa do deputado Cunha Bueno. As donas da casa, dona Edy e sua filha Dora Sílvia, dona Sebastiana de Almeida Prado, dona Beatriz Thompson e dona Pituca, chefe das bandeirantes, iniciavam a campanha telefônica. A essa altura, já havia chegado o vice-governador do estado, Laudo Natel, também com sua esposa. Daí a pouco Augusto Inácio Bravo trazia o proprietário de uma tipografia, que saiu de lá encarregado de imprimir um volante sobre a Marcha do Desagravo ao Santo Rosário. No meio dos preparativos, chegou o jornalista Maurício Loureiro Gama, do *Diário de São Paulo* e da TV Tupi, canal 4.

Eram 3 horas quando se resolveu suspender os trabalhos e marcar-se outra reunião para o dia seguinte, em casa de dona Rosita Pedutti Nogueira. Cunha Bueno apanha um avião e vai para Minas Gerais e Bahia solicitar adesões que transformassem em acontecimento nacional a manifestação.

Cerca de cinquenta pessoas estiveram presentes à segunda reunião, representando entidades cívicas masculinas e femininas: Fraterna Amizade Urbana e Rural (FACUR), Sociedade Rural Brasileira (SRB), União Cívica Feminina (UCF), entre outras. Dirigiu os trabalhos dessa reunião José Carlos Pereira de Sousa, e as seguintes resoluções foram tomadas:

1 – Articulação de um movimento de âmbito nacional, em defesa do regime e da Constituição; 2 – Realização de uma manifestação cívico-religiosa, de que participariam elementos de todos os credos, a levar a cabo no dia 19 (dia de São José, padroeiro da família). Às 16 horas, partindo da lápide dedicada aos primeiros mártires da revolução de 1932, na Praça da República, e dirigindo-se à Praça da Sé; 3 – Dada a participação de elementos não católicos, José Carlos Pereira de Sousa propôs que a denominação da manifestação passasse a ser Marcha da Família de Deus pela Liberdade, tendo sido aprovada a proposta da deputada estadual Conceição da Costa Neves no sentido de outra modificação, para Marcha da Família com Deus pela Liberdade; 4 – A manifestação deveria constituir reafirmação dos ideais de liberdade do povo brasileiro e de seus propósitos de impedir a qualquer custo a comunização do Brasil; 5 – Seriam designadas comissões para tomarem imediatamente contato com as autoridades civis, eclesiásticas e militares e com a imprensa, rádio e televisão a fim de obter, das primeiras, ampla colaboração, e das outras a maior divulgação possível dos propósitos da Marcha; 6 – Seriam endereçados apelos a todos os municípios do estado e do país para que se fizessem representar por delegações na manifestação; 7 – Uma comissão, constituída por dona Ana Soares Pinto, dona Vally Levy, dona Regina Silveira e dona Beatriz Thompson, encarregar-se-ia de solicitar ao governador do estado e secretariado o possível apoio para a iniciativa; 8 – Convocar nova reunião para o dia seguinte, às 18 horas, no mesmo local.

A partir dessa reunião, em que ficou assentado que o que se ia fazer era um protesto monstro, e não uma afirmação de um credo ou de um partido específico, as comissões e organizações começaram a trabalhar.

Na reunião do dia seguinte, presidida por Cunha Bueno, compareceram mais de duzentas pessoas, inclusive a esposa do governador, dona Leonor Mendes de Barros, com a promessa de que seriam concedidas, pelas autoridades estaduais, todas as facilidades necessárias à articulação da marcha. Essa reunião foi tão concorrida e acabou se transformando em verdadeiro comício, em que a presidente da mesa, deputada Conceição da Costa Neves, Arnaldo Cerdeira e Roberto Abreu Sodré pronunciaram discursos. O entusiasmo era incontrolável. A ponto de quando, finalmente, se tratou de marcar nova reunião para o dia seguinte, ter de ser escolhido um outro local porque ali não cabia mais ninguém. Um estudante presente, Sérgio Villela, aluno de Agronomia em Piracicaba, ofereceu a casa de seus pais: Odete e Francisco Villela.

Enquanto isso, uma intensa campanha telefônica convocava todas as mulheres de São Paulo: "Eu estou telefonando da parte de dona Leonor Mendes de Barros, a esposa do governador de São Paulo. Dona Leonor lhe pede que esteja na quinta-feira próxima, dia 19, na Praça da República, para tomar parte na Marcha da Família com Deus pela Liberdade".

Centenas de telefones estiveram ocupados durante cinco dias, por senhoras que pediam apenas isto: faça três telefonemas convidando três pessoas para a marcha de quinta-feira. E não só donas de casas eram convocadas. Em frente às fábricas, oradores e oradoras da União Cívica Feminina convocavam operários.

O movimento mobilizava tanto a opinião pública paulista que não se sabe bem como, na segunda-feira, 16 de março, compareceram mais de 1.500 pessoas à casa do doutor Villela, e nas imediações da casa havia cartazes indicando o caminho.

A cada reunião, tornava-se possível imaginar o que seria a marcha, pois se transformava em verdadeiro comício, com vários oradores, dos mais inflamados aos mais moderados, a presença das mais diversas delegações. A reunião da segunda-feira se estendeu até as 3 horas. Impunha-se um recinto mais amplo porque, a concluir pela assistência que se multiplicava a cada novo encontro, as reuniões finais de terça e quarta-feira não poderiam mais se realizar em residências de organizadores. Foi quando o secretário do Conselho das Entidades Democráticas, Osvaldo Breyno Silveira, obteve do Rotary Club autorização para que fosse utilizado o seu auditório.

Nos dias 17 e 18, nesse auditório, a assistência ultrapassou as 2.500 pessoas. Em outros estados, também se realizavam reuniões acertando detalhes para o envio de delegações e para organização de movimentos semelhantes que se seguiriam à marcha de São Paulo.

Finalmente chegou o dia marcado, quando os organizadores da marcha, apesar de todo o sucesso dos preparativos, ainda não podiam avaliar como as coisas iam se passar.

A hora marcada para a concentração era 16 horas, mas desde o meio-dia estava chegando gente. Atendendo ao apelo dos promotores, os cinemas não funcionavam. Comércio, indústria e repartições estaduais fecharam às 15 horas. Exatamente às 16 horas começou o desfile.

À frente, cavalarianos Dragões da Força Pública em clarinadas. Os manifestantes marcham ombro a ombro, ocupando toda a largura da rua, uma massa compacta. O jornalista Eurilo Duarte contou, em seu artigo do livro *Os idos de março e a queda em abril*, que durante 55 minutos ele assistiu de uma janela à massa desfilar.

Na primeira fila, estão os deputados Herbert Levy, Conceição da Costa Neves, Jairo Albuquerque, Cunha Bueno, o general Nélson de Melo e o senador padre Calazans. Há uma pequena clareira num dos lados: um grupo de homens e mulheres de braços dados formam um anel de proteção para dona Leonor Barros.

Bandeiras do Brasil e de São Paulo aparecem em profusão. Papéis cortados são atirados dos edifícios. Aos que estão nas janelas, a massa grita em coro: "Desce, desce". Faixas lembram: "32 + 32 = 64", numa alusão à revolução constitucionalista. A multidão repetia em coro: "Um, dois, três, Brizola no xadrez"; "Tá chegando a hora de Jango ir embora".

O fecho da marcha é a banda da Guarda Civil executando *Paris Belfort*, hino da revolução de 1932.

Os cálculos mais pessimistas falam em quinhentas mil pessoas e os mais otimistas, em oitocentas mil. Diante dessa massa, discursam o senador padre Calazans, o deputado Cunha Bueno, o senador Auro de Moura Andrade, o deputado Herbert Levy, a deputada Conceição da Costa Neves, o deputado Plínio Salgado e outros.

Um helicóptero passava, com frequência, sobre a multidão. Ao lado do piloto, Ademar de Barros. Uns dizem que ele, candidato à Presidência da República, não quis dar toque político à marcha. Outros argumentam que Ademar não estava na primeira fila porque não tinha certeza do sucesso.

Com o espetacular resultado da Marcha da Família em São Paulo, cogitaram seus promotores de estimular a realização de demonstrações semelhantes em outros estados. Foram tomadas providências nesse sentido quanto ao Rio de Janeiro (Guanabara), Belo Horizonte (Minas Gerais), Porto Alegre (Rio Grande do Sul).

No dia 21, o deputado Cunha Bueno embarcava para Porto Alegre em companhia de duas senhoras da sociedade paulista que tinham participado dos preparativos de São Paulo. Houve a primeira reunião, numa congregação mariana, muito concorrida. Foi projetada uma marcha a realizar-se no dia 3 de abril.

Em outras cidades, foram planejadas outras marchas, algumas das quais se transformaram em Marchas da Vitória, depois de 1º de abril.

Pronunciamentos dos chefes militares

NÃO SÓ A OPINIÃO pública se manifestava. O ex-presidente da República, marechal Eurico Gaspar Dutra, aos 79 anos, rompendo um silêncio de treze anos, faz um pronunciamento que é considerado uma grave advertência ao governo Goulart.

Dizia o marechal Dutra ao *Jornal do Brasil*, de 19 de março de 1964, apelando para a "lucidez e o tradicional bom senso dos compatriotas":

"Afastado da vida pública desde 1951 – quando findou o meu mandato presidencial –, tenho me conservado numa atitude de deliberado silêncio, recusando-me, sempre, a formular qualquer pronunciamento capaz de provocar polêmicas ou agravar dissensões. Em face, porém, do reiterado e insistente pedido do *Jornal do Brasil*, e considerando a gravidade das circunstâncias que caracterizam a atual situação brasileira, não me posso furtar a fazer um apelo à lucidez e ao tradicional bom senso dos meus compatriotas, no sentido de que se unam os democratas, enquanto é tempo, com o pensamento só voltado para o bem do país, a fim de evitar o advento de condições que lancem o Brasil no desastre da irremediável secessão interna. O respeito à Constituição é a palavra de ordem dos patriotas. A fidelidade à lei é o compromisso sagrado dos democratas perante a nação. Não se constrói na desordem nem se prospera no sobressalto. Nada de bom se resolve no clima do desentendimento, e é impossível sobreviver democraticamente na subversão. O regime tem remédio natural e certo para todos os nossos problemas, inclusive os da autêntica justiça social. A fé na liberdade, a perseverança no esforço construtivo, a superior e imparcial inspiração do interesse público, o exato cumprimento do dever de cada um, a independência e a harmonia dos três poderes constitucionais da República são a garantia essencial de um Brasil firme na perenidade do seu destino cristão, livre do comunismo e tranquilo quanto ao futuro."

A 20 de março, o general de exército Humberto Castelo Branco, chefe do Estado-Maior, fez outro pronunciamento:

"Ministério da Guerra – Estado-Maior do Exército – Rio, 20 de março de 1964. Do general excelentíssimo Humberto Alencar Castelo Branco, chefe do Estado-Maior do Exército. Aos excelentíssimos senhores generais e demais militares do Estado-Maior do Exército e das organizações subordinadas – VEDADO À IMPRENSA.

Compreendo a intranquilidade e as indagações de meus subordinados nos dias subsequentes ao comício de 13 do corrente mês. Sei que não se expressam somente no Estado-Maior do Exército e nos setores que lhe são dependentes, mas também na tropa, nas demais organizações e nas duas outras corporações militares. Delas participo, e elas já foram motivo de uma conferência minha com o excelentíssimo senhor ministro da Guerra.

São evidentes duas ameaças: o advento de uma Constituinte como caminho para a consecução das reformas de base e o desencadeamento em maior escala de agitações generalizadas do ilegal poder do CGT. As Forças Armadas são invocadas em apoio a tais propósitos.

Para o entendimento do assunto, há necessidade de algumas considerações preliminares.

Os meios militares nacionais e permanentes não são propriamente para defender programas de governo, muito menos a sua propaganda, mas para garantir os poderes constitucionais, o seu funcionamento e a aplicação da lei.

Não estão instituídos para declararem solidariedade a este ou aquele poder. Se lhes fosse permitida a faculdade de solidarizar-se com programas, movimentos políticos ou detentores de altos cargos, haveria, necessariamente, o direito de também se oporem a uns e a outros.

Relativamente à doutrina que admite o seu emprego como força de pressão contra um dos poderes, é lógico que também seria admissível voltá-la contra qualquer um deles.

Não sendo milícia, as Forças Armadas não são armas para empreendimentos antidemocráticos. Destinam-se a garantir os poderes constitucionais e a sua coexistência.

A ambicionada Constituinte é um objeto revolucionário pela violência com o fechamento do atual Congresso e a instituição de uma ditadura.

A insurreição é um recurso legítimo de um povo. Pode-se perguntar: o povo brasileiro está pedindo ditadura militar ou civil e Constituinte? Parece que ainda não.

Entrarem as Forças Armadas numa revolução para entregar o Brasil a um grupo que quer dominá-lo para mandar e desmandar e mesmo para gozar o poder? Para garantir a plenitude do grupamento pseudossindical, cuja cúpula vive na agitação subversiva cada vez mais onerosa aos cofres públicos? Para talvez submeter a nação ao comunismo de Moscou? Isso, sim, é que seria antipátria, antinação e antipovo.

Não, as Forças Armadas não podem atraiçoar o Brasil. Defender privilégios de classes ricas está na mesma linha antidemocrática de servir a ditaduras fascistas ou síndico-comunistas.

O CGT anuncia que vai promover a paralisação do país no quadro do esquema revolucionário. Estará configurada, provavelmente, uma calamidade pública. E há quem deseje que as Forças Armadas fiquem omissas ou caudatárias do comando da subversão.

Parece que nem uma coisa nem outra. E, sim, garantir a aplicação da lei, que não permite, por ilegal, movimento de tamanha gravidade para a vida da nação.

Tratei da situação política somente para caracterizar a nossa conduta militar.

Os quadros das Forças Armadas têm tido um comportamento, além de legal, de elevada compreensão face a dificuldades e desvios próprios do estágio atual da evolução do Brasil. E se mantido, como é de seu dever, fiéis à vida profissional, à sua destinação e com continuado respeito a seus chefes e à autoridade do presidente da República.

É preciso aí perseverar, sempre 'dentro dos limites da lei'. Estar pronto para a defesa da legalidade, a saber, pelo funcionamento integral dos três poderes constitucionais e pela aplicação das leis, inclusive as que asseguram o processo eleitoral, e contra a revolução para a ditadura e a Constituinte, contra a calamidade pública a ser promovida pelo CGT e contra o desvirtuamento do papel histórico das Forças Armadas.

O excelentíssimo senhor ministro da Guerra tem declarado que assegurará o respeito ao Congresso, às eleições e à posse do candidato eleito. E já declarou também que não haverá documentos dos ministros militares de pressão sobre o Congresso Nacional.

É o que eu tenho a dizer em consideração à intranquilidade e às indagações oriundas da atual situação política e a respeito da decorrente conduta militar. General de exército Humberto de Alencar Castelo Branco – chefe do Estado-Maior do Exército."

A posição do general Humberto Castelo Branco era da maior importância. Chefe do Estado-Maior do Exército e, consequentemente, a segunda autoridade na hierarquia militar, ele ainda era, nesse momento, depositário da confiança do presidente da República e do ministro da Guerra. Por isso, nos meios oficiais, seu pronunciamento causou forte impressão, mas foi admitido, apesar da dureza de seus conceitos, como um toque de reunir e um sinal de alerta. Nos círculos da conspiração, todavia, já o chefe do Estado-Maior era tido como o polo do movimento e o agente catalisador dos vários movimentos preparatórios. Assim, sua fala foi tida como o sinal de que a revolução ia ser deflagrada.

Não só os militares se manifestavam. Pela última vez se dirigia ao público o professor San Tiago Dantas, através da Rádio Ministério da Educação. Anunciava para os *próximos dias* o documento definitivo da Frente Ampla para garantir a sustentação parlamentar a Jango e aprovar as reformas no Congresso. No entanto, esse pronunciamento estava em desacordo com a esquerda, porque propunha uma forma de conciliação.

Enquanto se formava a tempestade revolucionária, ainda há aparências de normalidade democrática. O PSP realizara a sua convenção nacional, a 24 e 25 de fevereiro, indicando Ademar de Barros e João Calmon para candidatos à Presidência e Vice-Presidência da República. Na verdade, o eterno candidato tornara-se um dos chefes civis da conspiração, convencido de que só conquistaria a Presidência com a modificação violenta da situação dominante. A lição do último pleito, em que alcançara apenas dois milhões de votos, desestimulava uma competição sem que se alterassem as regras do jogo eleitoral.

A UDN tinha o problema da sua divisão interna entre as candidaturas Lacerda e Magalhães Pinto. O governador da Guanabara fizera publicar uma carta aberta, dirigida a todos os governadores, em que se apresentava "não apenas candidato, mas governador no exercício de um mandato que interessa a todos os demais ver defendido e respeitado, dirijo-me ao prezado colega para pedir que, juntos, formemos essa união de todos os interessados na defesa da liberdade, inclusive da liberdade de divergir".

O governador de Minas, já a essa altura chefe civil da conspiração que mobilizava todos os recursos administrativos e militares do seu estado, sustentava, no plano político federal, a posição de candidato à Presidência, naturalmente incrédulo de que se realizasse uma eleição naquele clima. De qualquer forma, a UDN programava a convenção nacional, para a escolha do seu candidato, no mês de abril.

Eram mais positivos os chefes do PSD marcando uma posição na conjuntura política. No dia 20 de março, começa a funcionar, na verdadeira capital política do país, o Rio de Janeiro, a Convenção Nacional do Partido Social Democrático para consagrar o *slogan JK-65*, lançado no próprio dia em que Juscelino entregou a faixa presidencial a Jânio. Foram 2.849 votos contra 1 para Dutra e 39 abstenções.

Evidenciava-se a separação de rumos do PSD e do PTB, que haviam assegurado a estabilidade de vários governos. Mesmo porque João Goulart permanecia como uma incógnita. Enquanto uma corrente ponderável pugnava pela sua candidatura, *O Globo* anunciava que ele vetara a propaganda da ideia proibindo as faixas preparadas para o comício do dia 13: *"JG/65:* Coragem para as Reformas", o que não impediu que, naquele encontro, grupos interessados estendessem aqueles dísticos em lugares de difícil acesso, impossibilitando a sua retirada pelos promotores do comício.

Já era muito tarde para se cogitar de eleições. A conspiração, com suas mil cabeças, ou as mil cabeças da conspiração, estendia seus tentáculos por vários estados da federação, tomando corpo notadamente em Minas Gerais, São Paulo, Rio Grande do Sul, Pernambuco e Rio de Janeiro.

Repetindo a situação de 1930, em três unidades era o governo quem conspirava, e a subversão desenvolvia seus planos à sombra da autoridade constituída, utilizando os recursos administrativos. São Paulo tornara-se um foco de conspiração, primeiro no próprio palácio governamental dos Campos Elísios e depois em várias residências onde se multiplicavam os encontros de representantes do governo, elementos do empresariado e oficiais revolucionários. A Marcha da Família com Deus pela Liberdade conscientizara a população paulistana. Só faltava a deflagração do movimento, em outra unidade, para que São Paulo, seu governo, sua população e forças militares aderissem, avolumando a caudal, tornada irresistível. Porque São Paulo não repetiria o 9 de julho de 1932, quando partiu primeiro e ninguém o acompanhou.

Minas desenvolvera a tal ponto o esquema revolucionário que parecia conformar e comportar a própria revolução. Na verdade, havia outras revoluções além da Revolução de Minas. Elementos ativos tinham desenvolvido uma ação subversiva subterrânea, mais destacadamente nos dois estados onde lideravam o populismo, e as duas figuras que disputavam a Jango esse tipo de liderança: Pernambuco, com Miguel Arraes, e Rio Grande do Sul, com Leonel Brizola.

No Estado da Guanabara, o governo local era revolucionário. Mas aqui permanecia a força considerável do 1º Exército, que todos prognosticavam fiel a Jango, com o ministro da Guerra, general Jair Dantas Ribeiro, o comandante da Vila Militar, general Oromar Osório, e o comandante da 1ª DI, general Luís Tavares da Cunha Melo.

A situação especial da Guanabara determinara uma tática mais cautelosa, seguida pelos conspiradores que não se ligavam, ostensivamente, àquele que terminaria como o verdadeiro chefe, mas não podia aparecer como tal, porque ocupava o segundo lugar na hierarquia militar: a chefia do Estado-Maior do Exército.

A semana era santa...

Os ACONTECIMENTOS do Sindicato dos Metalúrgicos foram acompanhados com grande interesse por todos os núcleos conspiratórios. O general Olympio Mourão Filho voltava às pressas de Ouro Preto, onde fora passar a Semana Santa. Conta o general Guedes: "Mourão estava em Ouro Preto. Chamei-o por telefone e pedi sua presença imediata em Belo Horizonte. Instei-o para o levante imediato, até porque, praticamente, eu já estava sublevado. Na Polícia Militar, o coronel José Geraldo já havia determinado o recolhimento de todos os destacamentos. Mourão, entretanto, mostrava-se hesitante sobre a oportunidade. Minha decisão, porém, estava tomada."

Magalhães Pinto envia seus emissários – José Monteiro de Castro e Osvaldo Pieruccetti – para o Rio a fim de se encontrarem com seu sobrinho e representante nas articulações na Guanabara, José Luís Magalhães Lins, para estabelecerem os contatos militares previstos. Eles partem para procurar o general Castelo Branco e os marechais Dutra e Denys.

O primeiro a ser visitado é o marechal Eurico Dutra em sua residência na rua Redentor, em Ipanema. Os emissários de Magalhães são recebidos à porta pelo enteado do marechal, general João Pinheiro de Ulhoa Cintra. A disposição do velho marechal surpreende os enviados do governador de Minas: "É preciso reagir imediatamente. Não há tempo a perder".

A segunda visita, também em Ipanema, rua Nascimento Silva, é para o general Humberto de Alencar Castelo Branco. Castelo está de acordo com o governador de Minas, que acha que chegou a hora, no entanto adverte: "Em Estado-Maior admite-se o risco calculado, jamais a aventura. Sem a adesão de Kruel, tudo será uma aventura".

A terceira visita foi ao marechal Odílio Denys, que é quem conta:

"Na quarta-feira de cinzas, 25 de março de 1964, chegaram à noite à minha casa os doutores Pieruccetti, Monteiro de Castro e José Luís de Magalhães Lins; os dois primeiros eram secretários do governo do estado, e o último, sobrinho do doutor Magalhães Pinto. Queriam saber como eu encarava a situação do momento, em face das ocorrências havidas. Disse-lhes que a situação era grave e ameaçadora. Soube que tinham entrevistado outras pessoas, que não lhes teriam dado essa impressão pessimista. Depois que saíram, pedi ao doutor Antonio Neder, amigo pessoal do doutor Magalhães Pinto, que dele conseguisse um encontro em que eu pudesse pessoalmente informá-lo. Foi marcado o encontro, em Juiz de Fora, no dia 28 de março de 1964, no aeroporto, às 17 horas. É um local que não tinha movimento, onde desceu o avião do governo do estado, com o doutor Magalhães Pinto; depois da reunião, daí mesmo, voltou para Belo Horizonte.

Na reunião, além do doutor Magalhães Pinto e do general Mourão Filho, comandante da região, estavam presentes o doutor Pieruccetti, o doutor Monteiro de Castro, o doutor Neder, o doutor Alkmin e o comandante da Polícia Militar de Minas Gerais, coronel José Geraldo.

Fui para essa reunião no carro Gordini de meu genro, capitão do Exército Gustavo Manoel Fernandes Júlio, que o dirigia. Tomamos a estrada de Petrópolis para passar pelo contorno. Em Petrópolis, almoçamos, eu e meu genro, com o doutor Neder, que iria conosco a Juiz de Fora, e aí aguardamos um pouco a chegada de minha filha, Gizélia, esposa do capitão Gustavo, que veio no meu carro Chevrolet trazer os documentos de motorista do marido, que tinham sido esquecidos.

Ao chegar a Juiz de Fora, pouco antes das 17 horas, passamos em casa do general Mourão, que lá não se achava e não informaram onde estaria.

O general Mourão estava em Ouro Preto, acompanhando os ofícios da Semana Santa. O general Guedes, em Belo Horizonte, ao saber da reunião marcada para Juiz de Fora, telefonou-lhe dizendo que fosse para lá, pois o marechal Denys iria se encontrar com o governador Magalhães Pinto e ele não devia estar ausente. Veio imediatamente.

Paramos com o carro no aeroporto, justamente às 17 horas, e lá estavam todos reunidos numa sala, com alguma segurança nas imediações.

Na reunião, tomei a palavra e disse que, conforme adiantara aos emissários que me foram procurar na quarta-feira de cinzas, a situação era muito perigosa para o país. Os elementos que influíam no governo para a implantação do regime sindicalista estavam apressando as providências que julgavam necessárias para preparação do desfecho final que queriam Assim, as greves políticas se sucediam, e os comícios eram promovidos com o cunho de provocação; tinha vindo agora um acontecimento de maior importância, que importava na disciplina militar. Era uma baderna promovida por um marinheiro de primeira classe, chamado de cabo Anselmo, numa reunião de operários que teve consequências lamentáveis pela impunidade em que ficou depois da grande repercussão que teve sua atitude insolente e insubordinada. Havia um trabalho para incentivar a indisciplina de soldados, cabos e sargentos em todas as corporações militares. Era a preparação da Milícia do Partido, que fizeram nos países que soçobraram no comunismo. Para culminar, sabia-se que ia ser realizado, na noite de 30 para 31 de março de 1964, no Automóvel Clube do Rio, um banquete oferecido por soldados e marinheiros, cabos e sargentos, ao presidente da República, doutor João Goulart; nesse banquete, seria homenageado como herói da causa o cabo Anselmo."

A reunião do dia 28 no aeroporto de Juiz de Fora foi o encontro decisivo: tratava-se de marcar o dia D. Mais uma das muitas versões que essa reunião recebeu é a do general Mourão Filho:

Às 15 horas, fui para o local indicado e lá encontrei o Denys. Levei comigo o Antonio Neder. O avião chegou, dele desembarcando o Magalhães, o coronel José Geraldo, comandante geral da Força Pública, e os doutores Osvaldo Pieruccetti e Monteiro de Castro. Compareceu também o coronel Falcão, comandante do 2º BI da PMMG.

Eu supunha que Magalhães viera me trazer a cópia do manifesto e marcar a data, conforme combináramos. Mas, com grande desapontamento meu, Magalhães queria somente conversar.

Naquele local aberto, indiscreto, abriram uma grande carta, e o Denys passou a indicar as cidades sedes de unidades, dizendo coisas como esta: 'Aí comanda fulano, que eu promovi; é meu amigo, podemos contar com ele; o 2º Exército é nosso, Kruel já garantiu sua participação; Justino, no 4º Exército, também é nosso'.

....
....

Perguntei a Magalhães se ele queria que eu assinasse também o manifesto. Ele respondeu energicamente que não.

Então, retomei a palavra e declarei: 'O Manifesto deve conter uma frase decisiva do afastamento do ex-presidente, e sua sucessão de acordo com a Constituição vigente, a de 1946; a data do início do desencadeamento deve ser fixada pelo governador, e a hora de publicar o manifesto – cuja cópia dever-me-á ser submetida – será dada por mim'. Essas duas exigências constituíam, em matéria de necessidade, o *óbvio ululante*. A segunda era indispensável à segurança da tropa de Juiz de Fora, em consequência de toda a revolução, visto essa cidade guardar do Rio menos de duzentos quilômetros de distância. A primeira era devido às atitudes do governador Magalhães Pinto e do general Guedes, que frequentemente falavam em 'cercar Minas e depois negociar'.

Em primeiro lugar, do ponto de vista estratégico, a ideia contém um absurdo.

Minas é uma peneira de tantos buracos por onde pode, com o tempo que trabalha sempre a favor do governo, ser invadida pelo mesmo. Nossos recursos militares eram modestíssimos. Dispúnhamos, na verdade, de uma força federal de grande aparência – (Comando de Região e de DI e seus órgãos, três Regimentos de Infantaria, um Regimento de Artilharia e no território regional estavam sediadas a ESA (Escola de Sargentos das Armas, que tinham um efetivo de mais de milhar de alunos, além do contingente de cerca de duzentas praças e armamento de primeira qualidade), uma bateria CAN de 75mm do CPOR, o Destacamento de Base Aérea de Belo Horizonte e a Escola de Aeronáutica de Barbacena.

Mas a realidade era muito outra. O único regimento de dois batalhões era o 12º RI de Belo Horizonte. O Regimento de Obuses 105 possuía dois grupos somente: o de Juiz de Fora e o de Pouso Alegre. Este eu inspecionara não muitos dias antes do início da revolução e estava em péssimas condições de pessoal e dotação de material e munição. O general comandante da AD havia organizado uma formatura *sui generis*, colocando no lugar onde deveria estar uma fração de unidade (Bia, Peça etc.) cartazes com a denominação. O que havia de tropa real mesmo era quase nada, frente à quantidade de cartazes colados em estacas, fincadas no chão. Quando acabou aquela ridícula revista, disse, gracejando, ao general Ivan Pires Ferreira que ele, general de brigada, era o comandante de dois grupos de artilharia, um deles de cartolina.

Em resumo, o conceito de manobra do Guedes era irrealizável devido à extrema pobreza de meios.

Tem sido o mau vezo no Exército formar unidades fantasmas, em busca de vagas para os quadros, e desperdiçar dinheiro da nação. Comandado, quando devia ser apenas administrado, por ministros que se sucediam a jato, sem planejamento de espécie alguma, cada qual candidato em potencial à Presidência da República, vem a instituição sofrendo séria erosão depois da administração Calógeras, o grande ministro, assessorado pelo inteligente homem de visão, general Halan D'Angrogne. Calógeras foi o único ministro que, desde 1889, teve formulado um plano de administração e o executou. Não fora a infeliz revolução de 1930, na qual o 12º RI escreveu a mais brilhante página de defesa da democracia da República, e a obra admirável do grande Calógeras teria prosperado.

Depois daquela conversa sem pé nem cabeça, sem finalidade alguma, tomaram o avião que decolou rumo a Belo Horizonte. Ficou em Juiz de Fora o coronel José Geraldo.

Ouvi Magalhães dizer ao Denys: 'Espero, marechal, que o senhor dê seus experimentados conselhos ao general Mourão'.

Denys saiu-se muito bem: 'Doutor Magalhães, o coronel Mourão não precisa de meus conselhos. Sabe o que vai fazer e tem um ótimo Estado-Maior'.

De útil, da reunião, ficou o seguinte:

1 – Ao Magalhães compete marcar o dia, que terá de ser o mais próximo possível, do contrário, acabamos invadidos pelas forças do governo e presos, porque a reunião àquela hora, naquele local, cheio de cidadãos passeando, era uma total imprudência.

2 – Magalhães mandará uma cópia do manifesto que conterá uma *frase taxativa* da deposição do doutor João Goulart. Sem isso, não deporemos armas; o manifesto somente será publicado depois que eu der o pronto, porque não quero que sua publicação coincida com a irrupção do movimento. Quero, ao contrário, que o manifesto seja dado ao público quando já tiver partido. (Aqui havia malícia natural minha, deixaria o Everaldo com a incumbência de dar o pronto às 4 horas da manhã, quando já deveria estar entrando no Ministério da Guerra, no Rio de Janeiro.)

Quando se discutiu o dia da partida, eu disse que supunha poder partir dia 28 e que o Magalhães vinha trazer o manifesto combinado. Alguém opinou o dia 1º de abril. Dia 28, faltavam quatro dias para o dia 1º. Não é possível demorar tanto, depois daquela reunião escandalosa. Estaríamos sendo denunciados *in actu*. O dia 1º de abril teria somente uma vantagem, acrescentei, chocarreiro: ninguém iria acreditar. Magalhães declarou que precisava de dois dias para reorganizar seu secretariado. Calculei, pois, que partiríamos na segunda-feira, dia 30, à noite. Iríamos estourar a bomba!!!

No mais, além dos dois pontos fixados, de nada foi aproveitável a reunião. A uma hora dessas, estaríamos todos denunciados.

Resolvi aumentar a vigilância. As unidades do destacamento estavam praticamente sobre rodas. O Grupo de 105 (fui visitá-lo três vezes nas últimas 24 horas) estava inteiramente sobre rodas. Os quartéis estavam guardados. Não entrava ninguém neles fora da hora do expediente.

Quando o Magalhães decolou para Belo Horizonte (eram precisamente 17 horas), perguntei ao Denys: 'Marechal, qual foi sua impressão de tudo isto?'.

Ele me respondeu: 'Achei que o Magalhães veio fiscalizar você'.

Acrescentei:

'Não, marechal, o senhor se engana. O mineirão é duro na queda. É homem como o diabo. Eu sei o que o atormenta'.

'O que, Mourão?'.

'Simplesmente ele quer evitar a Operação Popeye. Magalhães quer (como o Guedes) cercar Minas e *negociar*. E ele já sentiu que eu não aguento isso. Mas medo o diabo não tem. Não alimento dúvidas. Se ele fosse medroso, não chegaria ao que chegamos: 'na hora *irreversível* de partir'. Note o que esse homem tem a perder: o governo, uma fortuna e uma idade ótima. Não podemos nos comparar com ele, pois somos velhos e pobres, com uma missão terminada na terra.'

Denys sorriu e não me contestou mais."

Crise na área militar

A CRISE MILITAR agravava-se. O comício do dia 13 de março marcando, decisivamente, a orientação do governo para a realização das reformas de base repercutia violentamente nos meios conservadores. Na Escola Superior de Guerra, na Escola de Comando e Estado-Maior e no Estado-Maior do Exército, faziam-se acerbas críticas à diretriz governamental. A imprensa, em sua maioria, comentava desfavoravelmente aquele comício e os discursos proferidos. No depoimento que temos, do general Ladário Pereira Telles, ele relata que, no dia 22 de março, compareceu a um almoço oferecido ao ministro da Justiça, Abelardo Jurema, a que assistiram vários oficiais generais partidários do governo.

Foi examinado o momento político e a situação que se criaria com a própria intervenção cirúrgica a que seria submetido o ministro da Guerra, general de exército Jair Dantas Ribeiro. Ladário, comandante da 1ª Região Militar, foi de opinião de que o general Jair, diante da gravidade da situação e do seu estado de saúde, deveria ser substituído no Ministério pelo general Oromar Osório, então no comando da Vila Militar.

Na verdade, o general Jair Dantas Ribeiro ignorava o seu verdadeiro mal. Supunha que se tratava de uma pequena intervenção e, por isso, queria aproveitar os dias da Semana Santa, acreditando que logo depois reassumiria o cargo. Por sua vez, o presidente João Goulart não quis substituir o seu ministro para não desgostá-lo.

Nessa ocasião, foi examinada a situação do 3º Exército porque não tinham certeza da posição que assumiria o seu comandante, general Benjamim Rodrigues Galhardo, face a uma eventual perturbação da ordem. É quando surge a possibilidade de ser nomeado para aquele comando o general Ladário. Este declarou, desde logo, que aceitaria a designação e precisava da requisição da Brigada Militar do Rio Grande do Sul para ficar sob seu comando. Manifestou ainda ao ministro Jurema sua preocupação sobre a situação política do Estado de São Paulo e a convicção que já tinha de que o general Amauri Kruel abandonaria o presidente João Goulart.

No dia 24, o general Ladário era notificado pelo tenente-coronel Pinto Guedes para comparecer a uma reunião de generais com o presidente da República, às 20 horas, no seu apartamento. Houve essa reunião e a ela compareceram os generais Oromar Osório, Antônio Henrique Almeida de Moraes, Luís Tavares da Cunha Melo, Anfrísio da Rocha Lima e Argemiro de Assis Brasil. Foi lida, na reunião, a cópia do ofício do general Humberto Castelo Branco dirigido aos seus subordinados, comentando o comício do dia 13.

O presidente João Goulart deu conhecimento que decidira exonerar o general Castelo Branco da chefia do Estado-Maior do Exército por não merecer mais a sua confiança. Informou, também, que iria nomear o general Benjamim Rodrigues Galhardo para substituí-lo. O general Ladário Pereira Telles seria nomeado comandante da 6ª DI para assumir, como o general mais antigo, o comando do 3º Exército. Essa nomeação visava afastar do comando da 6ª DI o general Adalberto Pereira dos Santos, que não merecia mais a confiança do governo, pois havia informações de que conspirava.

Nessa reunião, o general Ladário repetiu ao presidente João Goulart as observações que fizera ao seu ministro da Justiça sobre a situação política de São Paulo. Jango estava igualmente preocupado com as manifestações do empresariado e da população paulista. Ladário comentou a declaração do governador Ademar de Barros de que "a guerra já começara". E acrescentou: "Enquanto nós estamos de armas ensarilhadas". Por isso, sugeriu que o presidente determinasse ao chefe da Casa Militar, general Assis Brasil, as medidas para que o dispositivo militar do 1º e do 3º Exércitos fosse cerrado sobre São Paulo, na expectativa de uma rebelião pelo governador daquele estado.

No dia 26, Quinta-Feira Santa, o general Ladário foi chamado de Friburgo, onde se encontrava, pelo chefe de seu Estado-Maior, coronel Carneiro. Ocorrera grave indisciplina na Marinha, determinando a prontidão das tropas no Rio. Regressou tomando conhecimento da gravidade dos acontecimentos. Por isso telegrafou ao presidente João Goulart, que se encontrava em São Borja, encarecendo a necessidade de seu regresso imediato.

O abalo da hierarquia militar

Era o segundo grande abalo na hierarquia militar, inquietando a oficialidade. No dia 3 de setembro de 1963, houvera um levante em Brasília, quando seiscentas praças da guarnição militar do Distrito Federal insurgiram-se contra a cassação dos mandatos eletivos dos sargentos pelo Supremo Tribunal Federal. O movimento foi prontamente sufocado, e os sargentos e os soldados que os acompanharam foram presos numa sala do Ministério da Guerra e posteriormente trazidos para o Rio de Janeiro em aviões da FAB. Depois foram recolhidos aos porões do navio Raul Soares. Aí permaneceram cinco dias, ao cabo dos quais 84 graduados da Marinha foram transferidos para o navio Almirante Alexandrino. Os restantes foram distribuídos em bases da Aeronáutica e do Exército.

No dia 14 do mesmo mês, o deputado Adão Pereira Nunes apresentou à mesa da Câmara dos Deputados um projeto para que fosse concedida anistia geral aos implicados na rebelião. O projeto de anistia não teve andamento. Daí figurar como uma das reivindicações dos sindicatos no comício de 13 de março a anistia para presos políticos militares e civis.

A revolta dos sargentos tinha objetivos definidos. A legislação eleitoral, permitindo o alistamento como eleitores dos sargentos, não reconhecia taxativamente sua elegibilidade. Resultou que os sargentos Garcia Filho e Aimoré Zoch Cavaleiro foram eleitos deputados. Posteriormente, a questão foi levada aos tribunais, e os mandatos foram cassados por decisão do Supremo Tribunal Federal. Essa era a primeira reivindicação, aquela que desencadeava o movimento. Os sargentos pleiteavam ainda melhoria de vencimentos, provento de natividade, gratificação especial e quinquênios, possibilidade de acesso e outras condições referentes ao casamento e ao uso de roupa à paisana.

As ocorrências de Brasília foram consideradas o prenúncio de acontecimentos ameaçadores da disciplina militar e atentatórios à sua hierarquia. Por isso, a presença de praças em atos políticos e concentrações populares inquietava a oficialidade.

As praças da Marinha haviam se reunido em uma Associação de Marinheiros e Fuzileiros Navais, cuja legalidade, face aos dispositivos dos regulamentos militares, era discutida. Os oficiais que combatiam a associação reclamavam contra o seu relacionamento com a UNE e outras entidades consideradas subversivas e o caráter político de suas atitudes, entre as quais, a escolha da deputada Adalgisa Nery como madrinha.

Comemorando o segundo aniversário, a associação programou uma solenidade que reuniria marinheiros, fuzileiros e operários na sede da Petrobras. Estavam programados discursos do marechal Osvino Ferreira Alves, presidente daquela autarquia, e do almirante Cândido Aragão, comandante dos Fuzileiros Navais. O ministro da Marinha, almirante Sílvio Mota, telegrafou ao marechal Osvino alertando-o sobre a inconveniência daquele ato político e de seu pronunciamento na sede da empresa que presidia. Com o almirante Aragão, seu subordinado, o ministro foi mais incisivo: ameaçou prendê-lo.

Um incidente ocasional, a gripe do general Osvino, adiou a solenidade para a quarta-feira seguinte, já agora no Sindicato dos Metalúrgicos.

Contavam com a presença do presidente da República, ministros de Estado, do chefe da Casa Militar. O ministro da Justiça deveria comparecer para falar aos marujos sobre suas reivindicações, entre as quais o reconhecimento de sua associação, o direito de casamento, a permissão de vestir roupa à paisana fora do serviço e a melhoria de vencimentos. Essa previsão contrariava o ministro da Marinha e a oficialidade, que alegavam desrespeito às autoridades superiores e quebra da disciplina. O atendimento das reivindicações, no entender do ministro da Marinha, deveria se processar sem atropelos e sem arranhar os dispositivos disciplinares.

Nenhuma daquelas altas autoridades compareceu. O presidente embarcou para São Borja. O general Assis Brasil, por ele designado para contornar os problemas que surgissem, seguiu para Porto Alegre. O ministro da Justiça não foi, alegando que sua presença poderia agravar ainda mais a crise.

A solenidade teve início sob um clima de severa expectativa. O ministro da Marinha havia decretado a prisão de quarenta marinheiros e cabos que tinham organizado a solenidade. Ao tomarem conhecimento da ordem do ministro, os marinheiros e fuzileiros rebelam-se sob a liderança de José Anselmo dos Santos, cabo da Marinha, terceiro-anista de Direito e sobre quem já existiam dúvidas de ser um elemento infiltrado para provocar.

Outra ordem é expedida pelo ministro da Marinha: cercar e invadir o Sindicato dos Metalúrgicos – o Palácio do Aço – e retirar os amotinados, mortos ou vivos. Essa ordem foi dada para o almirante Aragão, que não teve forças, segundo declarou mais tarde, para cumpri-la. Mas o contingente de fuzileiros que chega até o sindicato adere à rebelião, agravando mais a situação. O ministro da Marinha quer a intervenção do Exército. O ministro da Guerra está hospitalizado. Entendimentos são feitos com o comandante do 1º Exército, general Morais Âncora, que opina pela não intervenção do Exército por se tratar de um problema disciplinar da Marinha.

O presidente João Goulart é chamado em São Borja e chega ao Rio com o general Assis Brasil, que ele apanha em Porto Alegre. Ao desembarcar no Aeroporto Santos Dumont, tudo que diz é: "Vim para tomar pé". O almirante Sílvio Mota apresenta a sua demissão, e depois de várias reuniões o presidente nomeia o novo titular da pasta, almirante reformado Paulo Mário Rodrigues, e envia o ministro do Trabalho, Amauri Silva, o brigadeiro Francisco Teixeira, o coronel Ciro Labarthe e o deputado José Talarico para um entendimento com os fuzileiros rebelados. O presidente não podia permitir que a rebelião prosseguisse, e, depois de muitos debates, os seus emissários conseguem convencer os marinheiros a aceitar a solução governamental: os praças seriam removidos para uma unidade do Exército, presos, e seria aberto um inquérito policial-militar para apurar os acontecimentos.

Após várias horas detidos no Batalhão de Guardas, em São Cristóvão, os marinheiros foram libertados e saíram em passeata em direção ao Ministério da Marinha. Jango envia o general Assis Brasil para impedir essa manifestação, mas ele não consegue. Os almirantes Pedro Paulo de Araújo Suzano e Cândido Aragão também vão ao encontro dos marujos, já próximos à Candelária, tentando demovê-los de chegar até o Ministério da Marinha. Mas foi em vão.

A crise estava se instalando definitivamente e, desse episódio até a comemoração dos sargentos no Automóvel Clube, no dia 30, ela só faz se desdobrar.

A interrogação Kruel

A ESTA ALTURA dos acontecimentos, todas as atenções começaram a se dirigir para São Paulo, para o comandante do 2º Exército, general Amauri Kruel.

Depois das visitas no Rio ao general Castelo Branco e aos marechais Dutra e Denys, os emissários de Magalhães Pinto, Osvaldo Pieruccetti e José Monteiro de Castro, seguiram para São Paulo para uma visita ao general Kruel. Conta Monteiro de Castro:

"A viagem a São Paulo foi extremamente acidentada, sob um terrível mau tempo. O encontro com Kruel se realiza de madrugada, cerca de uma hora da manhã. Em nome do governador, asseguramos ao comandante do 2º Exército a unidade de Minas e lhe oferecemos o comando da ação militar. O general invocou, honradamente, seus deveres de lealdade pessoal e amizade ao presidente João Goulart. Estava, evidentemente, diante de um drama de consciência, que não o diminui, antes o dignifica, acentuando que, ao mesmo tempo em que lhe repugnava um ato de deslealdade, não podia compactuar com os desmandos do governo. Golpeando a mesa com gesto forte, disse, mais ou menos textualmente, o seguinte: 'Esse Jango está levando o país para o caos. Não posso ficar contra ele, mas não posso me acumpliciar com a desordem, a aventura comunista, a quebra da hierarquia e tudo quanto está acontecendo'. Referiu-se, expressamente, às provocações do almirante Aragão, mas concluiu pela solução de chamar Jango a uma retificação de conduta.

Voltamos a Belo Horizonte, onde informamos a Magalhães que Kruel não se comprometeu com o levante, mas que, uma vez eclodido o movimento em Minas, tudo indicava que se podia contar com o 2º Exército, cujo comandante saberia colocar os deveres para com a nação acima dos deveres da amizade pessoal."

Já o governador Magalhães Pinto conta o seguinte sobre Kruel:

"Falei várias vezes com o general Kruel no dia e na noite de 31, além de enviar, como meus emissários, o doutor José Monteiro de Castro e o doutor Osvaldo Pieruccetti, nos últimos dias do mês de março. Encontrei, sempre, um homem angustiado pelo conflito que vivia: de um lado, estava o seu dever para com o presidente, e de outro, o seu desejo de lutar pelo restabelecimento da ordem e da democracia no Brasil."

Esse conflito moral domina toda a atuação do general Kruel no mês decisivo que fecharia com a revolução. Kruel refletia as contradições que marcaram o governo de João Goulart.

Quando o vice-presidente da República, posto em xeque com a renúncia de Jânio Quadros, chega a Porto Alegre, manda seu amigo Ruben Berta convocar dois homens, cujo conselho e assistência lhe são necessários, naquela hora conturbada em que as forças da Brigada e as tropas do 3º Exército estiveram a ponto de travar combate. Um era o antigo embaixador nos Estados Unidos, que seria o seu ministro da Fazenda, Walter Moreira Sales, o homem que avalizaria o seu governo nos meios financeiros e governamentais de Nova York e Washington. O outro era um chefe militar provado na guerra, de prestígio inconteste na sua classe. O general Amauri Kruel acabou de acertar as providências militares com os comandantes do 3º e do 2º Exércitos e acompanhou o novo presidente até Brasília, correndo os riscos da projetada Operação Mosquito.

Naturalmente, o general que desembarcou fardado com o novo presidente seria o chefe da sua Casa Militar e receberia de seu colega, general Ernesto Geisel, a difícil incumbência de ser o elemento de ligação e a forma de entendimento entre o presidente da República e as Forças Armadas.

Mas o presidente da República não tinha apenas um compromisso a cumprir com os chefes militares que haviam concordado com a emenda parlamentarista. Porque era também o presidente do PTB, e as forças populares que o haviam elevado, duas vezes, à Vice-Presidência da República tinham travado uma batalha decisiva e vitoriosa no Congresso e cobrariam o preço da vitória.

Essas contradições entre a concordância das forças conservadoras e, principalmente, da corrente militar que as fortalecia e as massas populares e as lideranças sindicais exigentes de programa de reformas de base iriam pôr em xeque, várias vezes, a posição do chefe da Casa Militar, até levá-lo à demissão. Nesse episódio, Kruel e Brizola são os personagens de um enredo em que eram atores, e não autores.

Pela segunda vez, o general Kruel é convocado, quando substitui seu colega, o general Nélson de Melo, na pasta da Guerra. Ainda é o chefe militar de prestígio que vai fortalecer o governo. É oportuno lembrar que Kruel, quando é levado à segunda demissão, em consequência das mesmas causas, teve em seu desembarque no Rio, vindo de Brasília, uma das mais consagradoras manifestações de apoio dos seus colegas generais. Kruel poderia ter polarizado, então, a reação que se avolumava nos meios militares e constituir-se o chefe da conspiração incoercível.

A terceira convocação de Jango, designando o general Kruel para substituir o general Peri Constant Bevilácqua no comando do 2º Exército, continua e confirma aquele conflito. Porque São Paulo ameaçava se tornar o grande centro da agitação sindicalista. A presença de Kruel era o sinal de que as correntes de esquerda teriam de recuar.

A mesma conjuntura conflitante estabelecia-se, porém, em São Paulo, no seu povo, marcado de 1932; no seu empresariado, descontente com a política financeira; no seu governador, desencantado de chegar à Presidência num pleito normal.

Dentro desse quadro, é fácil visualizar e compreender as ligações de Kruel com os generais Artur da Costa e Silva e Humberto Castelo Branco, enquanto conservava o posto de confiança que lhe fora dado pelo presidente da República. As conversas reticentes, marcando seus vários contatos com emissários ou com os próprios governadores; chefes militares em quem confiava e aqueles com quem mantinha reservas, às vezes recíprocas; atitudes aparentemente contraditórias, mas que levariam ao desfecho que as premissas exatas de sua conduta predeterminavam.

A festa dos sargentos

Ainda não havia sido superada a crise da Marinha e um outro acontecimento iria tornar a situação ainda mais delicada. Era uma festa do Clube dos Sargentos a que o presidente João Goulart compareceria como convidado de honra. O ato fora coordenado entre os representantes dos sargentos e o general Assis Brasil.

Essa festa deixa os amigos do presidente preocupados. Dizia-se que essa solenidade teria a representação de todos os setores – Exército, Marinha e Aeronáutica, das milícias estaduais e dos Corpos de Bombeiros e a presença maciça de mais de cinco mil sargentos do Exército.

Mas ao mesmo tempo corriam as mais variadas versões sobre efervescências entre oficiais.

Já não eram mais veladas as hostilidades dos governadores de Minas e São Paulo contra o governo federal. As notícias de reuniões de generais, almirantes e brigadeiros eram insistentes. Parecia que apenas os responsáveis pela segurança do governo federal estavam tranquilos. O general Assis Brasil, aos que manifestavam receios, dizia que qualquer atitude de hostilidade ou revolta seria esmagada. "Cortaria a cabeça" de quem se atrevesse a desafiar o dispositivo militar.

A festa estava marcada para o dia 30 de março, às 19 horas, nos salões do Automóvel Clube, na Guanabara. Nesse dia, por volta das 16 horas, os deputados Tancredo Neves e Doutel de Andrade, em ligações telefônicas com o Palácio das Laranjeiras, pediam ao presidente que não comparecesse àquele ato. Solicitaram depois ao deputado José Talarico, líder do PTB/GB, que reiterasse ao presidente as apreensões existentes em Brasília em torno da manifestação dos sargentos. As versões recolhidas no Congresso, as novas notícias de Minas Gerais e São Paulo, as impressões de oficiais fiéis ao governo eram de que a situação era grave. A festa, na opinião dos líderes do PSD e do PTB, poderia resultar na gota d'água que transbordaria o copo... como resultou.

O deputado José Talarico, antes de se dirigir ao Palácio das Laranjeiras, passa pelo Automóvel Clube. Observa uma presença compacta já por volta das 18 horas. A diretoria do Clube dos Sargentos, representações dos demais setores, da Polícia Militar, do Corpo de Bombeiros, os optantes da Polícia Federal, delegações de marinheiros e fuzileiros e numerosos civis lotavam aquelas dependências. No entanto, pouquíssimos sargentos do Exército compareceram: não haviam sido liberados naquele dia nas suas unidades, especialmente na Vila Militar, e estavam de serviço nos seus quartéis.

Quem também estava presente era o cabo Anselmo, que, no entanto, tendo em vista os acontecimentos da Marinha, ficara convencionado de que não compareceria.

Quando Talarico chega ao Palácio das Laranjeiras para transmitir ao presidente suas ponderações e suas observações, ouve de Jango que comparecia à festa porque assumira o compromisso de prestigiá-la. Mostra-se, no entanto, preocupado com a ausência dos sargentos da Vila Militar e com a presença do cabo Anselmo, o que o faz convocar a seu gabinete o general Assis Brasil. O chefe da Casa Militar, ao ser interpelado a respeito, alega que falara momentos antes com o general

Oromar Osório, comandante da Vila Militar, e que os sargentos já estavam se dirigindo para o local da festa. Com referência ao cabo Anselmo, diz que seriam tomadas providências para que a manifestação não sofresse deturpações.

Jango pede a Talarico que volte ao Automóvel Clube para sentir mais uma vez o ambiente. Ao retornar ao palácio, na antessala do gabinete presidencial, encontra com o deputado Tenório Cavalcanti insistindo em falar com João Goulart. Quando consegue, lhe faz um veemente apelo para que não compareça à festa dos sargentos. Diz que havia recebido informações de oficiais, inclusive de comandantes de unidades do Exército, dizendo que a presença do presidente àquela solenidade poderia marcar a eclosão de um movimento militar. Tenório falava nervoso e pateticamente com as mãos sobre os ombros do presidente. Nesse momento, se aproxima o general Assis Brasil e diz: "Presidente, tudo pronto. O esquema já entrou em execução. Devemos sair imediatamente porque já nos esperam".

O presidente ainda indagou pelo pessoal da Vila Militar (referindo-se aos sargentos), ao que o general Assis Brasil respondeu: "Tudo em ordem, segundo comunicou o Oromar".

João Goulart seguiu para a festa dos sargentos. Discursaram vários oradores, entre eles o ministro Abelardo Jurema e o cabo Anselmo. No final, o presidente Goulart. Levara um discurso escrito, mas acabou falando de improviso. Situou o sargento como um elo dos mais expressivos entre as Forças Armadas e o povo, um artífice dessa união, e pela primeira vez referiu-se às campanhas difamatórias e às dificuldades criadas por seus adversários.

Mas na plateia não havia a presença maciça dos sargentos da Vila Militar.

A preocupação de todos era a repercussão da solenidade. No dia seguinte, os jornais estamparam amplamente a festa, de acordo com as suas tendências. A presença do cabo Anselmo e do almirante Aragão mereceu destaque. *Correio da Manhã*, *Diário de Notícias*, *Tribuna da Imprensa*, *O Estado de S. Paulo* traziam um noticiário hostil, com duras críticas e ataques ao governo Jango.

QUINTA PARTE

Vem de Minas a revolução

Depõe o governador

DEPÕE o governador Magalhães Pinto:
"Assim, a 28 de março, reunido no aeroporto de Juiz de Fora com os chefes militares e auxiliares do meu governo, na presença do marechal Odílio Denys, que se fazia acompanhar do doutor Antonio Neder e do seu genro capitão Gustavo Fernando Júlio, determinamos a data de 31 de março para o início da revolução. E, no mesmo dia 28, autorizei, desde logo, o comandante da Polícia Militar, coronel José Geraldo de Oliveira, a colocar os seus vinte mil homens em condições de iniciar a luta do dia 31, ao lado das unidades federais. Com precisão profissional, esse oficial, que se esmerara no preparo técnico e cívico da corporação, executou os planos prefixados, pois o estado, com a unidade militar assegurada sob o comando dos generais Olympio Mourão Filho e Carlos Luís Guedes, estava preparado para deflagrar o movimento de março.

Aos dois mencionados chefes, juntou-se, enviado a Minas pelo general Castelo Branco, o general Antônio Carlos Muricy, que assumiu o comando da vanguarda revolucionária.

Visando a dar unidade política a Minas para a sustentação do movimento que se iniciava, procedi, ao mesmo tempo, a uma profunda reforma de governo, incorporando ao secretariado homens com a ressonância e experiência de Milton Campos, Afonso Arinos e José Maria Alkmin. Tratava-se, de fato, de um verdadeiro ministério para enfrentar quaisquer acontecimentos e facilitar, se necessário, o reconhecimento internacional da condição de nação beligerante para Minas e para os estados que com ela formavam, se a guerra civil fosse o preço inevitável a pagar. Ressalte-se, nesse momento, a firmeza com que se houveram outros companheiros de luta, mais especificamente os governadores Ademar de Barros, Correia da Costa, Lacerda de Aguiar, Mauro Borges, Nei Braga e Carlos Lacerda, a quem tanto a nação fica a dever.

A antiga e consciente posição dos chefes militares convergia para o momento crucial, sendo decisivas na oportunidade as atividades dos generais Castelo Branco (cuja circular de chefe do Estado-Maior estabelecendo os limites constitucionais da obediência militar foi um verdadeiro toque de reunir), Costa e Silva (a quem incumbiria ocupar o Palácio da Guerra) e Garrastazu Médici (comandante da Escola Militar de Agulhas Negras, onde houve o encontro do ministro da Guerra interino, general Morais Âncora) e o general Amauri Kruel, comandante do 2º Exército.

Em outras áreas também teve atuação o general Castelo Branco, que tinha a ajudá-lo a prestigiosa colaboração do general Ernesto Geisel.

A 31 de março, já com o apoio do general Amauri Kruel, comandante do 2º Exército, a ação conjugada das forças militares cortou finalmente o passo à aventura cuidadosamente montada durante dois anos e meio de governo Goulart, cuja última sortida rebelde contra as instituições foi a tumultuada reunião com sargentos no Automóvel Clube.

Nunca será demasiado enaltecer as figuras tradicionais como as dos marechais Odílio Denys, Eurico Gaspar Dutra, Cordeiro de Farias, Ademar de Queirós, Nélson de Melo e brigadeiro Eduardo Gomes, para lembrar apenas alguns dentre tantos que se empenharam naqueles dias difíceis.

Depondo sobre os acontecimentos que ocorreram há dez anos, limitei-me a alinhar cronologicamente os fatos que explicam meu comportamento como governador de Minas e que me levaram à ação revolucionária. Em outro depoimento, espero oportunamente completar, com maiores detalhes, a história da articulação daquele movimento.

Quero, finalmente, render o tributo da minha admiração e minha homenagem aos ilustres militares e aos meus companheiros do histórico episódio de 1964."[1]

O general Olympio Mourão Filho não lograra fazer vitoriosa a proposta da Operação Popeye. Ela consistia em partir no próprio dia 28 à noite, utilizando o destacamento da vanguarda de modo a atingir a Guanabara, entre 4 e 5 horas do dia 29. Era um audacioso golpe de mão, de um comando de dois batalhões, um grupo de artilharia e um esquadrão mecanizado de reconhecimento.

Na tarde de domingo, houve uma reunião, na residência do general Mourão, com o comparecimento do general Carlos Guedes, que veio de carro de Belo Horizonte, e do comando e Estado-Maior da polícia de Minas. Além do coronel José Geraldo, tomaram parte na reunião coronel Antônio Carlos Serpa, tenente-coronel Uri, major Matos e o tenente-coronel Falcão. A segunda-feira transcorreu em novos preparativos de mobilização.

Na noite do dia 30, chegou a Juiz de Fora, vindo de Brasília, o general subchefe do gabinete do ministro da Guerra. Quando entrou no QG da região, sua presença alarmou os conspiradores. Havia o receio de que viesse, em visita de inspeção, certificar-se dos rumores do movimento revolucionário prestes a eclodir. Quando falou, houve o alívio geral. Viera de Brasília; passara por Belo Horizonte, sem perceber a movimentação das tropas do general Carlos Guedes e do coronel José Geraldo de Oliveira, e parara em Juiz de Fora para abastecer o carro de gasolina e óleo, antes de seguir para o Rio.

Assim anoiteceu o dia 30. A esposa do general Mourão ligou a televisão, que irradiava a homenagem no Automóvel Clube. O episódio é registrado no diário do general:

---

1. Entrevista com o governador Magalhães Pinto, março de 1974. (Proclamação do governador Magalhães Pinto *in* Anexos).

"Deixei Maria na sala e me retirei. Não queria ouvi-lo. Não me convinha, pois eu ia partir contra ele às 4 horas do dia 31 e já eram quase 22 horas do dia 30.

Mas minha senhora insistiu comigo, alegando que eu devia ouvi-lo, precisamente porque ia me revoltar. Desse modo, fiquei.

Ao término do discurso, cerca de 1h30 do dia 31, acendi meu cachimbo e pensei comigo mesmo que dentro de três horas eu iria revoltar a 4ª RM e a 4ª DI contra ele. Se eu tivesse iniciado o deslocamento para o Rio às 20h30, estaria a três horas da Guanabara, e Goulart, sua gente e os generais todos iriam levar o maior susto de suas vidas."

....
....

"No dia 31, fiz desencadear o movimento geral entre 4 e 5 horas. Às 11 horas, o chefe do Estado-Maior do 1º Exército, general Milton, telefonou-me para dizer que na Guanabara corriam boatos de que eu estava movimentando tropas. Não tive outro remédio senão desmentir.

Cerca de meia hora depois veio novo telefonema, desta vez do gabinete do ministro, e o decano dos jornalistas acreditados no ministério, de nome Oscar de Andrade, fez a mesma pergunta do general Milton e obteve a mesma negativa.

Insistiu, indagando se podia dar o desmentido, e eu o autorizei, evidentemente. E mais.

O general Peri Bevilácqua achava-se em audiência com o doutor João Goulart, a pedido do general Castelo Branco, chefe do EME, e brigadeiro Correia de Melo, chefe do EMAC, *exatamente entre 17 e 18 horas do dia 31.*

Aconselhava vivamente o ex-presidente, em nome das duas autoridades citadas, a tomar as medidas capazes de inspirar confiança à nação, que se achava temerosa com a crise desencadeada na Marinha.

Cerca de 18 horas o ministro da Justiça, Abelardo Jurema, pediu licença e deu ao doutor Goulart um bilhete escrito que ele leu. Finda a leitura, antes que o general Peri recomeçasse, o doutor Goulart lhe disse: "General, o general Mourão revoltou a 4ª Região Militar em Minas e exige a minha renúncia. O senhor acha isso direito?". Somente naquele momento o ex-presidente *ficou sabendo* que eu me revoltara e *exigira sua substituição.*

A Guanabara somente veio a ser esclarecida em definitivo pela irradiação do meu manifesto, a qual foi feita exatamente às 17 horas. *Nesse momento, o Destacamento Vanguarda já havia tomado posição na região da Estação Paraibuna, articulado para progredir em direção da Guanabara.*"

O general Carlos Luís Guedes, na expressão usada em seu depoimento[2], "foi dos que madrugaram na convicção da inconveniência de entregar o governo do país ao senhor João Goulart". Mesmo depois que o general Denys se conformou com a emenda parlamentarista, manifestou-lhe suas reservas objetando que melhor seria lutarem, enquanto tinham a superioridade de posição e de meios. Nesse estado de espírito, recebeu o comando da ID 4 em Belo Horizonte. Ia substituir o general Punaro Bley após episódio lamentável, característico da crise que se desenvolvia no país.

---

2. Depoimento prestado em novembro de 1973.

Desde o início, sua posição em Minas não sugeria muita tranquilidade ao sistema Goulart. Foi sempre, de certa forma, um general sob vigilância. Não o surpreendeu, portanto, um recado de Brasília, transmitido por uma de suas filhas, então ali residente, dando conta de que o general Nairo Vilanova Madeira já tinha sido chamado de Manaus, onde servia, para substituí-lo no comando de Belo Horizonte. Isso ocorreu a 18 de março.

Conta o general Guedes que confidenciou ao coronel José Geraldo, comandante da Polícia Militar de Minas Gerais: "Preciso que me arranje um quarto confortável para alojar um preso de categoria que deverá permanecer incomunicável. Tive notícia de que vou ser substituído por um general que sei janguista incondicional. Irei recebê-lo amistosamente, oferecerei um cafezinho e prendê-lo". O general Guedes comunicou a sua decisão ao governador Magalhães Pinto e mandou reforçar a guarda do QG por um grupo de combate de armas ensarilhadas, para reagir a qualquer tentativa de acesso do substituto e de sua possível comitiva. Simultaneamente começaram as pressões para a substituição, também, do coronel José Geraldo, do comando da PMMG. A notícia provocou um movimento de irrestrita solidariedade dos oficiais da corporação àquele oficial e o envio ao governador de um memorial de apoio à permanência daquele comandante da chefia da PM, com assinaturas de todos os oficiais superiores.

No dia 20 de março, às 21 horas, o governador emitia, através de uma cadeia de rádio e televisão, uma declaração formal:

"Este é um pronunciamento do povo de Minas Gerais. De Minas parte esta conclamação ao país. Esperamos uma atitude clara e consequente das Forças Armadas, pois a Lei Maior faz delas não defensoras de parcialidades do país, mas de toda a pátria; não garantidoras de um, mas dos poderes constitucionais; servidoras não de situações e eventualidades, mas da lei e da ordem."

Ligado ao marechal Denys, o general Guedes recebia informações sobre os aspectos do quadro militar em todo o país. Jango não contava com comandos militares suficientes. O 1º Exército estava praticamente acéfalo. O general Oromar Osório, que era fiel ao governo, não contaria com a tropa em virtude do intenso trabalho desenvolvido junto aos oficiais pelo major Travassos. Em São Paulo, também, o comando teria de se condicionar à tendência da oficialidade. No 3º Exército – entendia o marechal –, se os janguistas predominavam na guarnição de Porto Alegre, eram minoria no interior do estado.

O plano estabelecia que, "em Belo Horizonte, far-se-ia a união principal das forças existentes e das que iriam ser mobilizadas. Os abastecimentos seriam feitos através da Estrada de Ferro Vale do Rio Doce, com o porto de Vitória, assegurado ao recebimento de ajudas em armas e munições, adquiridas no exterior, eventualidade sobre a qual eu mantivera conversas com o adido militar da embaixada norte-americana, coronel Walters, e com o agente consular dos Estados Unidos, Mr. Lawrence. Isso, evidentemente, salientando-lhes que o problema era nosso, brasileiro, que nós mesmos o solucionaríamos e não queríamos a presença de nenhum soldado estrangeiro. Precisávamos de armas e munições para a eventualidade de neutralizar o fornecimento que, nesse sentido, os esquerdistas iriam buscar na União Soviética.

O marechal Denys aprovou todos os meus planos, mas insistiu: 'Procure mobilizar toda Minas; ainda que sem armamento, cada cidade deve mobilizar seu batalhão. O espírito que deve ser imitado é o que empolgou São Paulo em 1932'.

Na reunião do dia 29 na casa do general Mourão, o general Guedes já estava decidido. Ao doutor Antonio Neder, que tivera grande atuação em todas as articulações e que trouxera a Juiz de Fora, no dia 29, as apreensões dos almirantes no Rio, respondeu: 'Diga aos almirantes que Minas sai amanhã'.

O general Mourão teria dito, demonstrando ainda ter problemas: 'Amanhã, não'. O general Guedes fez-lhe ver um pouco humoristicamente que não podia esperar mais, dizendo: 'Olha Mourão, amanhã é o último dia da lua cheia e eu, no minguante, não faço nada'."

Com a palavra, o marechal Denys

CONFIRMADA A DATA de 31 de março, ficara estabelecido para as 6 horas o início do movimento. O general Mourão antecipou-se àquele momento, dando a partida, segundo sua palavra, entre 4 e 5 horas. Depõe o marechal Odílio Denys:

"Nada faltou à tropa, que foi movimentada na direção da ponte do rio Paraibuna, onde se achava a testa da vanguarda do Destacamento Tiradentes, que tinha como comandante o general Muricy. Durante o dia, começaram a chegar telegramas e rádios de solidarização de vários pontos do país, que conseguiam romper o bloqueio que o governo procurava fazer para impedir esses despachos. Pela manhã muitos telefonemas do Rio pediam informações, e a todos se respondia que nada havia; o mesmo acontecia com Belo Horizonte. A surpresa no Rio de Janeiro foi completa, pois custaram muito a acreditar na responsabilidade do movimento. Isso nos deu vantagem no deslocamento de unidades.

Em Juiz de Fora, depois do meio-dia, soube-se que o 1º Batalhão de Caçadores, de Petrópolis, tinha sido deslocado para a região de Entre Rios, procurando barrar a progressão da tropa de Minas. Ora, pelo plano que estava sendo observado, a vanguarda do destacamento do general Muricy não ultrapassaria o rio Paraibuna no primeiro período de operações. Assim, seus elementos mais avançados estavam na ponte do Paraibuna, da estrada de rodagem Rio-Minas. Esse batalhão não nos preocupava muito; nosso interesse era em relação ao destacamento organizado no Rio para nos atacar. O coronel João Batista da Costa, chefe do Estado-Maior da 4ª Região Militar, prevendo a vinda do mesmo, mandou com antecedência um seu filho, civil, ficar em Três Rios atento, para informar, pelo telefone, o volume da tropa que viria do Rio e o nome de quem a comandava. Essa providência foi acertada, pois lá pelas 22 horas ele chama o coronel e diz-lhe pelo telefone de uma garagem, de lá, que a tropa era composta de muitas unidades sob o comando de um general e que tinha como vanguarda o 1º Regimento de Infantaria, sob o comando do então coronel Raimundo Ferreira de Sousa. Aí o coronel diz ao filho que pedisse ao coronel Raimundo para se entender com ele pelo telefone e me avisa para atender por ele, e isso por saber que o coronel Raimundo foi durante longos anos meu assistente secretário, quando no comando do Exército e como ministro da Guerra. Feita a ligação de Três Rios, atendi ao telefone. Disse o coronel Raimundo: 'É o coronel Batista?'. Respondi: 'Não, Raimundo, é o marechal Denys'. E ele: 'Não sabia que o senhor estava aí em Juiz de Fora'. Respondi-lhe que me achava ali com a tropa e com mineiros para depor o governo e acabar a ameaça de comunismo que havia para o país. Dei-lhe mais informações que pediu e disse-me, por fim: 'Marechal Denys, eu e toda a minha tropa nos solidarizamos com o movimento revolucionário'. Aí respondi-lhe felicitando-o pela sua corajosa e patriótica atitude, dizendo que logo em seguida iria ao seu encontro, para pô-lo em contato com o general Muricy, comandante do nosso Destacamento Vanguarda, que tinha seu posto de comando junto à ponte da estrada de rodagem, pouco acima de Serraria. Fui em meu carro, guiado por meu sobrinho Rogério Silva Denys, até o quartel-general da região, de onde, noutro carro, acompanhado do major de engenharia Alísio Sebastião Mendes Vaz, segui para a ponte do Paraibuna, onde me encontrei com o general Muricy, que estava com seu Estado-Maior numa grande casa, de 1757, ao lado da estrada de rodagem. Dei--lhe a informação do avanço do destacamento vindo do Rio e que o coronel Raimundo Ferreira de Sousa, comandante da vanguarda desse destacamento, tinha se solidarizado conosco, depois de um entendimento comigo pelo telefone de uma garagem de Três Rios, e que eu estava ali para pô-lo em contato com ele. Foram logo enviadas as ligações para a vanguarda do coronel Raimundo, que se achava mais adiante na direção de Três Rios. Isso foi realizado imediatamente. Com a satisfação de que estava possuído em face daquele acontecimento decisivo, exclamei: 'General Muricy, estamos com a vitória. Todo esse destacamento vai acompanhar o Regimento Sampaio! Não temos mais inimigos! Ao senhor cabe agora tomar a ofensiva'. Foi o que aconteceu. Tomou o general Muricy disposições tais que incorporou todas as unidades do Destacamento Cunha Melo ao seu; permitiu que aquele general se retirasse de automóvel para o Rio, aonde levaria a notícia da vitória do movimento revolucionário. O Destacamento Cunha Melo era composto de unidades do Rio de Janeiro e de grande poder. A solidarização dele ao movimento revolucionário desequilibrou a resistência do governo, pois ela nos deu praticamente a vitória."[3]

O dia D

AMANHECIA O DIA 31 de março. A estação telefônica de Juiz de Fora fora ocupada pelo Exército revolucionário. O general Olympio Mourão Filho tinha

---

3. Depoimento do marechal Odílio Denys, março de 1973.

prioridade absoluta para as ligações. Uma delas foi para o Rio de Janeiro, para o Edifício Caparaó, acordando o deputado Armando Falcão. Era o aviso prometido, da eclosão do movimento revolucionário. Falcão tinha algumas comunicações urgentes a fazer. A primeira delas foi para o general Humberto Castelo Branco, chefe do EME.

A notícia surpreendeu o general. A data escolhida era o dia 2 de abril. Dentro do esquema estabelecido é que deveria seguir para Minas o general Antônio Carlos da Silva Muricy, para comandar a vanguarda revolucionária. Castelo Branco queria a confirmação da notícia inesperada. Telefona para José Luís Magalhães Lins, sobrinho e representante do governador Magalhães Pinto no Rio de Janeiro. Ao mesmo tempo, adverte que a precipitação do levante, sem estarem completas as articulações, poderia comprometer o seu êxito. Por isso apelava para o bom senso do governador de Minas, a fim de que sobrerrestasse a ação, se ainda possível. A resposta de Magalhães Pinto através de José Luís foi negativa. Daí uma ligação direta de Castelo para o governador de Minas, quando este lhe declarou que não era possível travar a ação desencadeada e que as tropas só voltariam para os quartéis com a derrota ou com a vitória.

Novamente Falcão se comunica com Castelo e, dessa vez, para dirigir-se em seguida à residência do chefe militar, onde começam a chegar outros elementos destacados da conspiração, entre os quais o marechal Ademar de Queirós. Começam a se desenvolver as linhas de ação revolucionária. Castelo ainda virá, nesse dia, ao gabinete do Estado-Maior do Exército, retirando-se daí mais tarde para o apartamento do advogado Edmundo Falcão, na avenida Rui Barbosa, 460, 7º. Não se demorará nesse local. Há um ponto mais seguro que vai funcionar como o QG revolucionário durante algumas horas. É um apartamento em Copacabana, em um prédio que faz esquina com as ruas Duvivier e Nossa Senhora de Copacabana. Mais precisamente: são três apartamentos conjugados numa área de quinhentos metros e, dispondo de cinco saídas, dois elevadores sociais em alas diferentes, dois elevadores de serviço, três escadas. Nos andares inferiores, havia duas embaixadas – da Espanha e da Finlândia –, que funcionaram de portas abertas, com pessoal de plantão, nesses dias revolucionários. Esse apartamento pertence ao doutor Aurélio Ferreira Guimarães, oficial médico da reserva do corpo de saúde do Exército, cujos serviços à revolução foram premiados no dia de Caxias, patrono do Exército, a 25 de agosto de 1954, com a Medalha do Mérito Militar.

A chefia desse Estado-Maior revolucionário estava sob a responsabilidade do general de divisão Sizeno Sarmento, e dele participaram os seguintes oficiais: coronéis Teotônio de Vasconcelos, Luís de Alencar Araripe, Raul Lopes Munhoz, Omar Diógenes de Carvalho, Esson de Figueiredo, Ramiro Tavares Gonçalves, Jaime Portela de Melo; majores Paulo Biar e Hilton do Vale e doutor Aurélio Ferreira Guimarães. Desse local, do seu telefone, partiram as ordens determinantes das primeiras providências.

"Quais são as ordens?"

O TELEFONE TOCOU insistentemente na casa de Herman de Morais Barros. Eram 5 horas de 31 de março de 1964. Do outro lado, a voz tranquila de Paulo Egídio: "O nosso radioamador, de Juiz de Fora, acaba de informar que o general Mourão partiu. Quais são as ordens?".

"Providencie a mobilização geral. Seguiremos para o nosso posto de comando imediatamente, para determinar, de acordo com as informações, as demais providências."

Prossegue, em sua narrativa, Herman de Morais Barros:

"Sem perda de tempo, entramos em contato com o coronel Cid Osório, general Aldévio e Saldanha da Gama. Depois nos comunicamos com o general Agostinho, chefe das informações, cuja residência se transformara, de há muito, em verdadeiro centro de operações. Dentre muitos de seus colaboradores, destacamos o saudoso Jorge Saraiva, Caio Kiehl e Francisco Ramalho. Na escola da rua Avanhandava, se instalara nosso centro de transportes, que passou a atender a todas as necessidades desse setor.

Cerca das 17 horas, todo o dispositivo civil a nosso cargo estava mobilizado, e os elementos da logística em condições de atender a qualquer requisição. Nessa altura já havíamos entregue vultosos fornecimentos ao 2º Exército.

As notícias nessa hora davam a impressão de que o 1º Exército estava indeciso, persistindo a ameaça de invasão do Palácio Guanabara pela gente do almirante Aragão. Quanto ao 3º Exército, permanecia em silêncio absoluto. Em Minas, os generais Mourão e Guedes, coadjuvados por contingentes da polícia, progrediam em duas colunas sobre o Rio de Janeiro. Urgia, pois, uma manifestação de São Paulo. O 2º Exército deveria partir o mais breve possível.

Pela manhã já havíamos informado ao coronel Cid Osório que não fora possível arranjar as 'jamantas' para o transporte dos carros de assalto e artilharia pesada, uma vez que não existiam no estado senão cerca de meia dúzia daqueles veículos. Insistimos que providenciaríamos composições ferroviárias para o transporte. Foi-nos objetado que isso constituiria grave erro, pois uma granada que atingisse a composição inutilizaria toda uma unidade. Esse debate pelo telefone, em ligações sucessivas, foi até depois das 19 horas, quando, afinal, os oficiais responsáveis resolveram correr o risco. Já agora se lastimando pelo atraso, pois até se formarem as composições se perderia tempo precioso. Respondemos que as composições estavam prontas e que dentro de trinta minutos encostariam nos pátios para recebimento das unidades dos diversos corpos aquartelados no interior do estado. Algumas dessas composições começaram a rodar antes das 20 horas e às 22 horas já atingiam o Vale do Paraíba. Até hoje não pudemos saber se o general Kruel, então comandante do 2º Exército, tinha conhecimento do fato àquela hora. Esse simples incidente realça a capacidade, presteza e coragem dos nossos companheiros engenheiros, assim como dos seus colegas encarregados da direção do movimento das estradas de ferro.

Ao mesmo tempo, recebíamos com entusiasmo a informação sigilosa de que o general Garrastazu Médici, então comandante da Escola de Cadetes das Agulhas Negras, já se antecipara, ocupando o entroncamento de Resende com forte contingente de alunos da escola, garantindo a ligação com as forças de Minas e o caminho em direção da Guanabara.

A essa altura era dramática a situação do governador Carlos Lacerda, que se entrincheirara no palácio com um punhado de adeptos, entre eles o nosso ex-governador Roberto de Abreu Sodré, que para lá seguiu corajosamente, a correr a mesma sorte do seu amigo de tantas lutas.

Poucas horas antes chegaram a São Paulo, procedentes de Belo Horizonte, os generais Cordeiro de Farias e Nélson de Melo, conduzidos pelo incansável doutor Soares Brandão, em demanda do Paraná, onde iriam assumir o comando e organizar a frente para fazer face ao 3º Exército, que ainda não se decidira. Demo-lhes toda a assistência e diversos carros de escolta para que aqueles destemidos chefes tivessem o conforto e a segurança indispensáveis.

O general Agostinho relata, nessa altura, que ali pelas 22 horas o governador do estado deveria, conforme combinação anterior, fazer a proclamação solidarizando-se com o movimento. Posteriormente, o general Kruel faria o mesmo. Como a proclamação tardasse, telefonou lembrando-o. Minutos depois a proclamação foi feita, causando grande decepção. Era uma manifestação evasiva. À vista disso, ficou resolvido o envio de uma comissão para entender-se com o governador. Fizeram parte da mesma marechal Inácio Rolim, general Ivanhoé Martins, doutor Nemésio Bailão e coronel Antônio Carlos de Andrada Serpa, que, servindo em Minas, veio comunicar o início antecipado do movimento, tendo ficado escondido na residência do general Agostinho. Chegados ao palácio, ali pelas 23 horas, foram recebidos pelo governador, que, depois de certa relutância, aquiesceu com os termos da nova proclamação. Quando a mesma foi irradiada, já eram quase 24 horas, e nessa ocasião já se tinha a grande nova de que os carros de combate, sob o comando dos irmãos Etchegoyen, já haviam se solidarizado com o governador da Guanabara e posto a correr a gente do almirante Aragão.

A proclamação do general Kruel só saiu cerca de uma hora mais tarde.

Prevendo uma resistência das prováveis forças fiéis a Goulart, já havíamos providenciado a publicação de um aviso de que o voluntariado se abriria às 7 horas da manhã no Departamento Estadual de Esportes, à rua Germaine Burchard, depois de entendimentos com o seu diretor e nosso companheiro, marechal Sílvio de Magalhães Padilha, que seria coadjuvado pelo saudoso coronel Homero da Silveira, nosso ex-subcomandante da Coluna Romão Gomes em 1931. Na manhã seguinte, apresentaram-se cerca de cinco mil voluntários.

Atravessamos o resto da noite, madrugada adentro, acompanhando o desenrolar dos acontecimentos. No dia seguinte, 1º de abril, as notícias eram desencontradas, admitindo-se resistência de Goulart no Rio Grande do Sul. Mais tarde, soube-se da declaração de vacância da Presidência, tendo assumido o presidente da Câmara dos Deputados, quando o então coronel Meira Matos, que partira de Mato Grosso, já chegava a Brasília."[4]

O coronel Antônio Carlos de Andrada Serpa chegou a São Paulo na manhã de 31, em mais uma daquelas repetidas viagens de ligação entre conspiradores paulistas e mineiros, civis e militares. Trazia, desta vez, a notícia pessoal da eclosão do movimento de Minas.

---

4. Entrevista com Herman de Morais Barros, abril, 1974.

O advogado André de Faria Pereira, um dos elementos mais atuantes na Marcha da Família, almoçava diariamente no Jockey Club. Para lá convergem o general Agostinho Côrtes e o coronel Diegues, que era o chefe da segunda seção, precisamente aquela encarregada da segurança e informação do 2º Exército. A entrada de Serpa, com seu físico estranho de homem alto, magro, de costeletas e bigodes caídos, chamava a atenção na sala de almoço no clube paulistano. Por isso André de Faria Pereira obteve a sala reservada da diretoria, onde se realizou a reunião. Dali saem cada qual com a sua tarefa. À noite, reúnem-se em casa do general Agostinho Côrtes, quando têm conhecimento, por uma leitura prévia, pelo telefone, do primeiro texto do manifesto do governador Ademar de Barros, com o qual não se conformam.

Dirigem-se ao palácio. O Morumbi está cercado por um cinturão de segurança. O acesso é vedado. Mas da comissão já mencionada no relato de Herman de Morais Barros faz parte o médico de dona Leonor de Barros, doutor Nemésio Bailão, e ele tem acesso, e com ele seus companheiros. O governador Ademar de Barros está em um salão, onde há numerosas pessoas. Conseguem atraí-lo para uma sala menor. Ademar não conhece o coronel Serpa e mostra curiosidade pela sua figura. Todos falam pedindo uma atitude mais enérgica, que o governador ainda não teve, julgando-a prematura. Serpa se exalta, exigindo uma definição imediata. Sua atitude choca o governador, que pergunta: "Quem é aquele maluco?". Informam que é um coronel altamente envolvido nas ligações com a oficialidade de São Paulo. Serpa prossegue, dizendo o que viu em Minas e a ação que se preparara em São Paulo, inclusive a missão do 4º RI, de Itaúna, sob o comando do coronel Carlos Alberto de Cabral Ribeiro, encarregado de efetuar a prisão do general Amauri Kruel, comandante do 2º Exército, caso não se manifeste a favor da revolução. Encarece a urgência do pronunciamento de São Paulo para que Minas não se apresente isolada perante o país, como aconteceu com São Paulo em 1932.

Ademar ouve e dá-lhe inteira razão. Ali mesmo se redige o pronunciamento definitivo do governador de São Paulo.

Contam que Ademar de Barros teria dito, com seu *sense of humour*: "Eu vi aquele homem, que não conhecia, apontando o dedo para a minha barriga e disse comigo: ele é capaz de furar a minha barriga".[5]

No 2º Exército

O AGRAVAMENTO DA CRISE político-militar e os acontecimentos que se desenrolaram no Estado da Guanabara a partir do comício do dia 13 de março e se

---

5. Depoimento de Herman Morais Barros, abril de 1974.

seguiram com as manifestações dos marinheiros e assembleias dos sargentos, no Automóvel Clube do Brasil, repercutiram em São Paulo, gerando uma onda de boatos. Os jornais anunciavam a substituição do comandante do 2º Exército, que teria sido chamado pelo presidente da República.

No dia 28 de março, às 19h30, a oficialidade do 2º Exército, em número de 42 oficiais, representando todas as suas unidades, compareceu à residência do general Kruel para apresentar-lhe solidariedade, ocasião em que ouviram dele que, mesmo exonerado, não passaria o comando. Houve elementos exaltados que preconizaram um levante imediato. O general Kruel respondeu que a hora justa seria proclamada pelo chefe. Alertou que o levante geral seria marcado na semana seguinte.

A eclosão do movimento em Juiz de Fora alterou os planos iniciais.

No dia 31 de março, o general Amauri Kruel dirigiu-se ao QG do 2º Exército, às primeiras horas da manhã, como de costume. Seriam 7 horas quando o general Lindolfo Ferraz, em gozo de férias na estância mineira de São Lourenço, telefonou-lhe para anunciar movimento anormal de tropas e a saída do Batalhão da Polícia Militar, sediado naquela cidade. Kruel compreendeu que o movimento revolucionário, em Minas Gerais, fora antecipado.

À mesma hora, pelo telefone, obteve confirmação da antecipação do movimento geral de Minas pelo general Riograndino Kruel, que às 6 horas recebeu a comunicação do general Castelo Branco, e este, apesar de surpreendido, pedia-lhe para comunicar ao comandante do 2º Exército que o levante de Minas estava confirmado.

Nessa manhã, outras notícias chegaram ao conhecimento do comando do 2º Exército. As tropas da 4ª RM, da 4ª DI e da polícia mineira deslocavam-se para as divisas do Rio de Janeiro. A expectativa geral perdurou até as 15 horas, quando foram conhecidas as proclamações do governador daquele estado e as do comando da 4ª RM e da 4ª DI.

Ainda na manhã de 31, o comando do 2º Exército enviou à Guanabara um oficial com a missão de informar aos comandantes do 5º e 6º Regimentos de Infantaria, localizados no Vale do Paraíba, o levante de Minas. Deveriam, tão somente, receber ordens dele, comandante do 2º Exército, e colherem, *in loco*, informes relativos ao alcance dos fatos que ocorriam em Minas. Paralelamente a essas providências, esse mesmo oficial realizou ligações com os comandos do 1º Exército, 4ª RM/4ª DI e chefia do EME.

Às 17 horas, o general Kruel transferiu o seu QG do quartel da rua Conselheiro Crispiniano para o QG da 2ª DI. Nesse QG recebeu um telefonema do presidente da República, que, já preocupado com o possível alastramento do movimento iniciado em Minas, procurava apoiar-se no comando do 2º Exército e nas forças sob o seu comando, no sentido de enfraquecer ou fazer abortar a revolução.

Não foi possível ao chefe da nação localizar o general Kruel em suas primeiras tentativas. Atendendo afinal ao chamado, aquele militar apelou para o presidente como seu amigo pessoal e repetindo advertências anteriores, para que se libertasse do cerco das forças populares. Essas ponderações não encontraram acolhida.

A transferência do comando do 2º Exército para o QG da 2ª DI obedecera a razões táticas e políticas. Os generais Aluísio de Miranda Mendes e Armando Bandeira de Morais, comandantes, respectivamente, da 2ª DI e 2ª RM, não concordaram, no primeiro momento, com a participação na revolução deflagrada.

O general Euriale de Jesus Zerbini, da ID de Caçapava, também não comparecera à convocação de Kruel. Este chegou a dirigir-se, pessoalmente, aos comandados da 2ª DI, certificando-se de que seu comando seria obedecido. Só então regressou ao QG da rua Conselheiro Crispiniano. Estava assegurado o apoio total dos seus generais, com exceção de Zerbini, que se retirou para o Rio de Janeiro.

Ordem de Operações Número Um

Em seu depoimento e na documentação que o acompanha, Kruel apresenta a Ordem de Operações Número Um, redigida previamente e posta em execução no dia 31 de março, logo que se consolidou a posição do seu comando:

"1. SITUAÇÃO GERAL

a. *(1)* – Políticos inescrupulosos e reconhecidos entre comunistas, através de campanhas demagógicas e destrutivas, procuram a cizânia das FA subvertendo seus princípios básicos que constituem a sua própria essência, a fim de, em curto prazo, conseguirem a derrocada do regime democrático com a implantação de uma república sindicalista.

As praças, particularmente os sargentos, altamente politizados, têm-se constituído no seu principal elemento de desintegração das forças vivas que se antepõem a esse desígnio programado.

A intentona de Brasília e a crise que recentemente comprometeu a nossa gloriosa Marinha retratam e evidenciam esses propósitos subversivos, como fases de guerra revolucionária a que cumpre pôr termo, antes que inoperante o regime democrático.

(2) – O inimigo pode:

– paralisar a vida do país, através de greves gerais, comandadas pelo CGT.

– realizar atos de sabotagem nos pontos sensíveis e instalações vitais, destacados a impedir ou retardar os movimentos militares e de lançar o pânico na população.

– instalar focos de resistência valendo-se dos grupos altamente doutrinados, visando perturbar ou retardar qualquer operação militar.

– interferir nos transportes e nos combustíveis com o objetivo de anular ou retardar os movimentos militares e criar um clima de caos na corrente de suprimento.

– opor-se às ações militares, particularmente com tropas do 1º Exército.

– as 4ª DC e 9º RM hipotecaram seu apoio a qualquer iniciativa do 2º Exército.

– há indícios de acentuadas possibilidades de se contar com a adesão da 4ª RM/4ª DI e parte do 1º Exército.

– pouco se deve contar com o apoio da 4ª ZAE e de seus elementos subordinados, ainda que seja possível a colaboração de grande parte da oficialidade.
– é de se supor que os elementos da Marinha deem seu integral apoio às iniciativas do 2º Exército.

2. MISSÃO
– conclamar todas as forças da nação para a luta pela preservação do regime democrático e pelo restabelecimento do respeito aos princípios de autoridade.
– dominar, pela força, a guerra revolucionária ora em curso.

3. EXECUÇÃO
a. Concepção da operação
Em uma 1ª fase:
– com a 2ª DI, atuar, rapidamente, pela BR/2 para atingir a região de Barra Mansa, coberta, se necessário, em Cruzeiro, e simultaneamente se apossar de Guará.
– com tropas do Exército reforçadas, dominar Cumbica e Campo de Marte.
– Com a 9ª RM, atuar rapidamente na direção de Brasília para, inicialmente, atingir a região de Jataí.
Em uma 2ª fase:
– Em Barra Mansa, em condições de prosseguir seja para a Guanabara, seja para a região de Viúva da Graça.
Em Jataí, em condições de prosseguir para Brasília.

b. 2ª DI
Reforços: 2 G Can 40, 2 G Can 90 (-) e 1 Cia. CC/1 BBCL.
– atuar rapidamente pela BR/2 para atingir inicialmente a região de Barra Mansa. Simultaneamente, deverá apossar-se de Guará.
– Em Barra Mansa, estar em condições de, mediante ordem, prosseguir, seja para a Guanabara, seja para a região de Viúva da Graça.
– Estar em condições de, se necessário, reforçar as ações sobre Cumbica e Marte ou tomar atribuídas a 7ª Cia. GB e 2ª Cia. PE.
Reforços: 2 DC, FPESP e Guarda Civil.
– Em coordenação com a Secretaria de Segurança Especial assegurar a manutenção da ordem interna no Estado de São Paulo, em particular nas subáreas A e E.
– assegurar o apoio logístico para as operações, em particular no Vale do Paraíba.
– assegurar o funcionamento dos serviços essenciais à população, em particular os serviços de luz, água e combustíveis.
– assegurar, em Registro, a ligação N-S.

d. 9ª RM
– atuar com rapidez, pela BR/51, para atingir inicialmente a região de Jataí.
– ficar em condições de, mediante ordem, prosseguir para Brasília.

e. 7ª Cia. Guarda
Reforços 1 Pel CC/1 DCCL
1 Awx Zae/2 G Can 90
Isolar Cumbica, impedindo que seus elementos interfiram nos movimentos da Presidente Dutra e operem o campo de pouso.

f. 7ª Cia. Guarda
Reforços: 1 Pel CC/1 DCCL

1 Sec AAé/2 G Can 90
Isolar o Campo de Marte, impedindo a sua utilização por aeronaves.
g. Reserva
Em condições de, mediante ordem, deslocarem-se para São Paulo, seja para reforçarem a 2ª DI, seja para reforçarem a 2ª RM.
4. PLANO ADMINISTRATIVO
A ser elaborado pela 2ª RM.
5. PLANO DE LIGAÇÕES E COMUNICAÇÕES
Anexo nº 1.

Proclamação do 2º Exército

Eram aproximadamente 20 horas do dia 31 quando se iniciou a reunião do general Kruel e os demais generais sob seu comando. A esse encontro, que se prolongou até 23h30, deixaram de comparecer os comandantes efetivos da ID/2, general Euriale de Jesus Zerbini, e general Lindolfo Ferraz Filho, da AD/2, este em gozo de férias.

Ao seu término, determinou o comandante do 2º Exército que fosse reunido o Estado-Maior para transmitir sua decisão. Já, então, as ordens de movimentação tinham sido expedidas.

À zero hora do dia 1º de abril, o general Kruel lançou a seguinte proclamação:

"O 2º Exército, sob meu comando, coeso e disciplinado, unido em torno de seu chefe, acaba de assumir atitude de grave responsabilidade com o objetivo de salvar a pátria em perigo, livrando-a do jugo vermelho.

É que se tornou por demais evidente a atuação acelerada do Partido Comunista para a posse do poder, partido agora mais do que nunca apoiado por brasileiros mal-avisados que nem mesmo têm consciência do mal que se está gerando.

A recente crise, surgida na Marinha de Guerra, que se manifestou através de um motim de marinheiros e contou com a conivência de almirantes nitidamente da esquerda e a complacência de elementos do governo federal, à qual se justapôs a intromissão indébita de elementos estranhos para a solução de problema interno daquela Força Armada, persistiu ficasse bem definido o grau de infiltração comunista no meio militar.

O intenso trabalho do Partido Comunista no seio das Forças Armadas, desenvolvido principalmente no círculo das praças e objetivando induzi-las à indisciplina, traz em seu bojo um princípio de divisão de forças que reflete enfraquecimento do seu poder reparador na garantia das instituições.

A atitude assumida pelo 2º Exército está consubstanciada na reafirmação dos princípios democráticos prescritos pela Constituição vigente. Inteiramente despida de qualquer caráter político-partidário, visa exclusivamente neutralizar a ação comunista que se infiltrou em alguns órgãos governamentais e principalmente nas direções sindicais, com o único propósito de assalto ao poder.

O 2º Exército, ao dar este passo de extrema responsabilidade para a salvação da Pátria, manter-se-á fiel à Constituição e tudo fará no sentido da manutenção dos poderes constituídos, da ordem e da tranquilidade. Sua luta será contra os comunistas, e seu objetivo será o de romper o cerco do comunismo que ora compromete a autoridade do governo da República."

RESUMO DAS OPERAÇÕES

1ª Fase:

a – *Operação Vale do Paraíba*

A 2ª DI recebeu ordens de se deslocar rapidamente, por escalões, inicialmente para a região de Queluz, posteriormente para a de Barra Mansa, em coordenação com a AMAN.

De acordo com a localização de suas sedes, foi articulado o seguinte dispositivo inicial, que deveria ser reajustado em Queluz ou Barra Mansa, pelo comandante da 2ª DI:

– 5 RI
– 2 BE Cmb
– 6 RI
– 2 Esq Rec Mec
– 2 RO 105
– 1Bia 105 do CPOR/SP
– 1Bia do 1 BCCL

– O 4º RI cerrou sobre São Paulo, inicialmente como reserva, em condições de atuar também no Vale do Paraíba.

– 4 BC, 17 RC e o 1 BCCL receberam ordens de se deslocar para São Paulo, a fim de constituírem a reserva do 2º Exército. Uma Cia. do 1 BCCL deslocou-se, por via férrea, para integrar a 2ª DI, atingindo, nas primeiras horas da 2ª jornada do dia 1º, a região de Cruzeiro.

– O 5º RI, por se encontrar mais próximo da fronteira Rio-São Paulo, e tendo em vista a rapidez das operações, deveria, em Queluz, ligar-se ao comando da AMAN, a fim de integrar-se no destacamento organizado por aquele comando.

b) – *Operação Brasília*

A 9ª RM recebeu ordens de atuar na direção Cuiabá-Brasília, devendo atingir rapidamente a região de Jataí, ficando em condições de, mediante ordens, prosseguir para Brasília.

Coube ao 16º BC, com sede em Cuiabá, iniciar o cumprimento dessa missão.

Completamente motorizada, deslocou-se aquela unidade pela BR/31, tendo na jornada do dia 1º atingido a região de primeiro destino, onde recebeu ordem de prosseguir sobre Brasília.

Operação Sul

Com a evolução dos acontecimentos e a adesão de todas as tropas do 1º Exército, as atenções do comando do 2º Exército voltaram-se para o Sul, onde pareciam recrudescer sérios conflitos no Rio Grande do Sul, particularmente em Porto Alegre.

O comandante do 2º Exército foi nomeado comandante das operações naquele teatro, contando com o apoio integral do comandante da 5ª RM/DI, que havia lançado suas tropas para o interior do território gaúcho.

Em consequência, foi organizado o GT/4, constituído dos 4º RI, 2 Gcan 40, 2 GO 155, sob o comando do coronel Carlos Alberto Cabral Ribeiro, para, atuando pela BR/2, atingir rapidamente Curitiba. Iniciando o movimento às primeiras horas do dia 2, o GT atingiu a região determinada às 23 horas, em excelentes condições.

Término das operações

Com o esfacelamento de toda e qualquer tentativa de oposição, terminaram no dia 3 as operações com pleno êxito e feliz desfecho, pois não houve derramamento de sangue.

Em consequência, foi determinado o regresso, no dia 2, de todas as tropas que se encontravam atuando no Vale do Paraíba e, no dia 4, daquelas que se encontravam no Paraná.

Repercussão na 9ª RM

Ao general comandante da 9ª RM, o general Amauri Kruel, comandante do 2º Exército, enviou o seguinte radiograma:

"Acabo de lançar manifesto Forças Armadas e nação, contrário ação comunista, fim libertar poderes constituídos cerco nefasto órgãos governo."

Como consequência, respondeu o comandante da 9ª RM a sua excelência nos seguintes termos:

"Comandante 9ª RM está inteiramente solidário a vossa excelência.

A ordeira e operosa população de Campo Grande e de todo o Estado de Mato Grosso pode confiar na ação patriótica do Exército brasileiro, mantendo-se calma, prosseguindo em seus afazeres normais, certa de que a tropa da 9ª RM lhe garantirá a tranquilidade a que todos almejamos. Entretanto, se elementos mal-avisados tentarem perturbar a ordem, todas as medidas necessárias serão tomadas com o máximo rigor."[6]

A posição do general Zerbini

O general Euriale de Jesus Zerbini passara a Semana Santa em Campos do Jordão. Acabava de assumir o comando da Infantaria Divisionária da 2ª Divisão de Infantaria, cuja sede é em Caçapava. Era uma situação de tomada de contato com a sua nova grande unidade, que não conhecia ainda e que não comandara. "Tinha, praticamente, um dia de comando" – declara em sua entrevista, e prossegue:

"A manhã correu calma, no dia 31 de março, mas, após o almoço, as informações vinham, não oficializadas, mais como boato, de que alguma coisa de muito grave estava acontecendo em Minas. Esse muito grave se relacionava a um levantamento da guarnição federal, apoiada pela Polícia Militar e pelo governo de Minas e chefiada pelo general Mourão, que já servira em São Paulo no tempo em que eu era chefe do Estado-Maior do 2º Exército, comandado pelo general Peri Constant Bevilácqua. Por volta de 4 horas da tarde, eu fui chamado a São Paulo pelo general Kruel, a fim de me entender com ele a respeito da situação. Todos os generais tinham sido convocados.

A minha grande unidade integrava a 2ª Divisão de Infantaria, que era comandada pelo general Aluísio de Miranda Mendes. Recebi, também, um aviso de que não deveria

---

6. Depoimento do marechal Amauri Kruel, março de 1974.

me encontrar com o general Kruel no QG do 2º Exército, à rua Conselheiro Crispiniano, no centro da cidade, e sim no QG da 2ª Divisão de Infantaria, no Ibirapuera. Dirigi-me e cheguei no QG da 2ª DI, mais ou menos 6h30 para 7 horas da noite. À porta do QG estava um major me esperando. O major me pôs a par de que meu comandante, general Aluísio de Miranda Mendes, me prevenia de que não entrasse no QG da 2ª Divisão, a não ser depois que falasse com ele. E que ele me esperava, em sua residência, à avenida brigadeiro Luis Antônio. Eu me dirigi para a residência do general Aluísio. Lá o encontrei, e também o general Aluísio me pôs a par de que Minas estava rebelada. E, em seguida, me pôs a par, também, que temia muito da conduta do general Kruel, isto é, temia que o general Kruel apoiasse a revolução, e que estava inclinado a crer que isso aconteceria. Perguntei ao general Aluísio qual seria a conduta dele, nesse caso, e ele me respondeu, sem dúvidas, que prenderia o general Kruel. Aprovei a conduta e perguntei que missão me daria. Ele me deu a missão de que voltasse imediatamente para Caçapava, assumisse o comando do Vale do Paraíba, quer dizer, 6º RI Caçapava, 5º RI Lorena e um batalhão de engenharia em Pindamonhangaba. E que ficasse em condições de me deslocar, quer para São Paulo, quer para o Rio de Janeiro. Saí, imediatamente. Ao passar por minha casa, já a encontrei vigiada por elementos da Guarda Civil e da Força Pública, mas me pus a caminho pela Via Dutra e cheguei, calculo, por volta de 9 horas ao meu QG em Caçapava. Eu não conhecia, praticamente, nem os comandantes dos regimentos que passara a comandar e, muito menos, a oficialidade. Mas sabia que a situação, há algum tempo, estava trabalhada pela revolução de 1964. Encontrei-me, pessoalmente, com o comandante do 6º Regimento, coronel Sousa Lobo, meu antigo companheiro da revolução de 1932, ao lado de São Paulo. Garantiu que me apoiaria e receberia minhas ordens. Telefonei para Lorena, 5º RI, coronel Lacerda, que tinha sido meu aluno, e me lembro do diálogo que tivemos. O coronel Lacerda desejava saber em que situação eu estava. Declarei que estava na defesa do governo legal, uma posição constitucional. O coronel me respondeu que era exatamente isso que desejava ouvir e que obedeceria minhas ordens. Nesse caso fiquei em condições de ir para o Rio, com a minha tropa, ou de vir para São Paulo; e, por medida de segurança, determinei que o 6º RI de Caçapava se formasse na direção de Campos do Jordão, que vai dar a Minas, e que ocupasse a ponte do Paraíba, na altura de Jacareí, na Dutra. Determinei ao 5º RI que se formasse na direção de Itajubá, onde há um batalhão de engenharia, guarnição de Minas, e que se formasse na direção do túnel, onde tanto se sofrera em 1932. Passado algum tempo, recebi o resultado do reconhecimento do 5º RI de Lorena. Ele dizia que tinha entrado em contato com o batalhão de Itajubá e que nada de anormal havia, que o batalhão estava de prontidão, mas dentro dos quartéis. Idênticas informações recebi da parte do 6º RI, na direção de Campos do Jordão e da ponte do Paraíba. Aguardei, então, que os acontecimentos se esclarecessem. Por mais que tentasse falar e me entender com o meu comandante, comandante da 2ª DI, aqui em São Paulo, não conseguia. Afinal, por cerca de 10h30 da noite consegui me entender com o general Aluísio. O general foi reticente nessa ligação. Ele me disse que a situação mudara, que eu estava sendo chamado insistentemente pelo general Kruel e que eu devia vir a São Paulo. Eu me neguei ao general de vir a São Paulo. O general Aluísio nesse caso ficou reticente e suspendemos a ligação.

    Cerca de 11 horas da noite, o general Assis Brasil, chefe da Casa Militar, do gabinete militar, me telefonou e pediu informações. Dei como informação que a minha situação local não era ruim. Os comandantes de regimentos estavam me obedecendo, a situação estava calma. Mas que eu não tinha forças para enfrentar o 2º Exército, caso todo ele se sublevasse. O general Assis Brasil me informou que o presidente me passara à disposição o Grupamento de Unidades Escolas do Rio, reforçado por um batalhão de carros. Era uma força potente, com a qual era possível oferecer resistência. Passado algum tempo, talvez às 11h30, ou antes das 11h30, o próprio presidente me telefonou. Eu repeti a ele as mesmas informações sobre a situação que tinha dado ao general Assis Brasil. E ele me reafirmou que eu tinha sido reforçado e que essa tropa viria do Rio, o mais rápido possível, e passaria à minha disposição. Perguntou-me, também, se eu tinha notícias de São Paulo, e eu o informei de que não tinha informações sobre o general Kruel e que achava que havia ambiguidade no ar. O presidente nada me disse e desligamos. À uma hora da madrugada, já do dia 1º, telefonei, procurando ligação com o 5º RI de Lorena, e, para surpresa minha, me informaram que não havia ninguém dentro do quartel, que o regimento saíra em caminhões e desaparecera. Mandei uma patrulha motorizada, mas essa patrulha parece que até hoje está andando, nunca eu tive notícias dela. A noite se passou em completo desassossego e sem informações. Foi uma noite chuvosa. O comandante da zona aérea de São Paulo me avisou que tentaria aterrar em Caçapava e não conseguiu aterrar. Era uma noite tempestuosa. Eu vi e senti que também o 6º RI seria uma questão de tempo, e eu não tinha força para poder dominar a situação, caso isso acontecesse. O que me restava de possibilidade era esperar a chegada do reforço que me tinha sido passado pelo presidente, inclusive apoiado por carros blindados. Se isso acontecesse, era possível restabelecer a situação. Continuei pedindo ligação para o general-comandante da 2ª DI, mas não conseguia. Às 6 horas, mais ou menos, o comandante do 6º RI me comunicou que recebera ordens diretas do general Kruel para se concentrar em Resende. O reforço não chegara. Não havia mais solução, a não ser ganhar tempo de qualquer maneira ou ser preso. Eu preferi ganhar tempo para ver se a sorte me propiciava alguma solução. O 6º RI, às 6 horas, se deslocou. E consegui, entre 6 e 7 horas, uma informação da situação do general Aluísio, por intermédio de sua senhora, por telefone. Ela me disse que o general tinha vindo para a região de Resende, escoltado pelo esquadrão de Reconhecimento Motorizado de São Paulo. Decidi interceptar esse Esquadrão e ter um encontro com o general Aluísio. Tivemos esse encontro entre Caçapava e São José dos Campos, a talvez dois quilômetros de Caçapava. O general Aluísio me declarou que fora premido a noite inteira pelo general Kruel e que tinha aderido à manobra do general Kruel. Nesse caso me sobrava uma saída: solicitei ao general que me desse passagem para o Rio de Janeiro, porque eu não concordava com a situação e não considerava a situação acabada e encerrada. Ele me prometeu e me disse que fosse até Resende, e ele me daria passagem para o Rio de Janeiro.

  Fui a Caçapava e escrevi uma carta ao general Kruel, dando as minhas razões. E fui para Resende. Depois de uma série de acontecimentos desagradáveis, eu esperei e soube que o general-comandante do 1º Exército, general Âncora, viria à Academia Militar. Eu o esperei no salão, onde já estavam, talvez, duas centenas de oficiais. Quando o general Âncora chegou, e antes que alguém se expressasse, disse a ele que não me conformava e não aprovava a situação e pedia a ele que me levasse para o Rio e me desse um comando, seja onde fosse. O general Âncora me declarou, e publicamente, que o governo estava acéfalo e que o presidente não estava mais no Rio de Janeiro e não era mais presidente, e que eu não tinha mais nenhuma conduta a tomar, ou decisão. Decidi esperar o general

Kruel, já que os dois tinham marcado uma entrevista em Resende, na sede da AMAN. Quando o general Kruel chegou, eu lhe perguntei se tinha recebido minha carta e recebi uma resposta negativa. Em todo caso, o general marcou o dia seguinte, 2 de abril, para que eu me entendesse com ele em São Paulo, em seu QG. Voltei de Resende, passei a noite de 1 para 2 em Caçapava. Na madrugada de 2, vim a São Paulo. Fui informado de que se resistia no Rio Grande. Tentei tomar um avião no Campo de Marte. Ou conseguir um avião. O comandante da Base de Marte disse que era inútil, estava cercado e não tinha avião, mesmo que tivesse, não poderia levantar voo; e pelo rádio procurou uma notícia, e nós ouvimos que o presidente tinha deixado o governo e tinha deixado Porto Alegre. Então nada mais me restava. Fui à procura do general Kruel. O general Kruel me esclareceu de que até as 11h30 da noite de 31 de março ele instara com o presidente para que se desembaraçasse de elementos que o cercavam, e de cor e situação de extrema esquerda. Me repetiu a resposta do presidente. Dizia: 'Nunca tive o apoio nem das forças políticas, nem das Forças Armadas durante o meu governo. Só tive dificuldades. Se agora, nesta hora cruciante, eu me livro dos que me cercam, equivale a um suicídio'. O general Kruel me disse que eu viesse para a minha casa e esperasse. No dia seguinte, 3, recebi um aviso, que devia me apresentar ao ministro da Guerra. Segui, cheguei à meia-noite ao Rio, mas só fui apresentado na manhã seguinte, dia 4. O ministro da Guerra, general Costa e Silva, mandou que eu me apresentasse ao 1º Exército. Lá eu recebi um aviso de que tinha sido preso e devia me encaminhar ao Forte de Copacabana.

Essa é a história dos acontecimentos, simples, nua e crua, dos dias 31 de março, 1, 2, 3 e 4 de abril."

No Palácio das Laranjeiras

O PRESIDENTE JOÃO GOULART recebeu a primeira notícia do levante através de um telefonema do ex-presidente Juscelino Kubitschek, avisado por José Maria Alkmin, de Belo Horizonte. Juscelino ligou várias vezes para o palácio e ninguém atendia, até que já pela terceira ou quarta vez atendeu um empregado do palácio, que por ordem de Juscelino foi chamar o oficial de dia, que ouviu de Juscelino: "Aqui está falando o senador Juscelino Kubitschek. Anote no seu livro de ocorrências que eu estou tentando telefonar para o presidente João Goulart há várias horas e ninguém atende".

Pouco depois toca o telefone na casa de Juscelino. Era Jango, que acabou convidando o senador para uma conversa em palácio. Jango mostra-se incrédulo.

No entanto, essa incredulidade começa a se dissipar quando lê, logo cedo, o editorial do *Correio da Manhã*: "Basta".

A situação se agravara rapidamente. A enfermidade do general Jair Dantas Ribeiro abalara o dispositivo militar de sustentação do governo. A não designação de um ministro interino deixou o ministério da Guerra praticamente acéfalo. Os problemas nas áreas militares andavam confusos desde o episódio da frustrada decretação do estado de sítio.

Quando Jango visitou o general Jair Dantas Ribeiro, no HSE, entrou sozinho no quarto. Houve um diálogo sem testemunhas. Voltando para o Palácio das Laranjeiras, encontrou um estranho movimento dos caminhões do serviço de limpeza pública atravancando a rua Gago Coutinho. Um dos motoristas, interrogado por um oficial da guarda do palácio, denunciou os planos do general Salvador Mandim, secretário de Segurança do governo do estado e, naquele momento, constituído pelo governador Lacerda comandante da praça do Palácio Guanabara. Esse plano consistia em impedir os acessos ao Palácio das Laranjeiras. Em consequência, foram deslocados guardas para manterem abertas aquelas vias de acesso para o Largo do Machado.

O propalado "dispositivo militar" do chefe da Casa Militar, general Argemiro de Assis Brasil, não funcionava. Esse oficial, em declarações posteriores, negaria a existência desse dispositivo. Mas era o único que deveria existir para manter a segurança do presidente da República. Também o serviço secreto do Exército não fornecia ao presidente da República relatórios circunstanciados das agitações dos conspiradores. Só tardiamente Jango foi informado de que o centro de conspirações, no Ministério da Guerra, era o gabinete do chefe do Estado-Maior, general Castelo Branco, quando então determinou sua prisão. A ordem não foi imediatamente cumprida. Alegou-se ser necessária a designação de um general de exército para executá-la. Foi dada a ordem para o comandante do 1º Exército, general Morais Âncora, alegando este constrangimento pessoal para prender seu amigo e contemporâneo, preferindo que outro cumprisse a determinação presidencial. Reiterada a ordem, submeteu-se, mas a demora fez com que não mais encontrassem o general Castelo em seu gabinete.

No Palácio das Laranjeiras, o presidente Jango Goulart mantinha conferências com ministros de Estado e chefes militares.

O general Luís Tavares da Cunha Melo comandava a 1ª DI, sediada em Niterói. Na manhã de 31, esteve na Vila Militar, entrevistando-se com seu colega, general Oromar Osório. Ainda não havia movimentação de tropas na Guanabara. As ligações telefônicas feitas com Juiz de Fora eram respondidas com um impreciso e tendencioso *tudo vai bem*.

O general Cunha Melo regressou a Niterói, onde à tarde recebeu um chamado do Palácio da Guerra, apresentando-se ao general Armando de Morais Âncora. Então, teve conhecimento oficial do levante em Minas e foi avisado de que comandaria uma força destinada a barrar a progressão da coluna revolucionária no rumo do Rio de Janeiro. Pediu e obteve as instruções por escrito. Delas constavam a composição de uma força com os 1º, 2º e 3º RI, uma formação blindada, artilharia e engenharia. O general Cunha Melo, considerando a tropa posta à sua disposição e, notadamente, a formação dos blindados, teria comentado:

"A força de Minas não dispõe de blindados modernos. Com essa tropa, poderei ir até Juiz de Fora."

Ao que o Gen. Âncora teria objetado:

"Não será necessário. Basta impedir a progressão da tropa. O resto logo se resolverá."

O general Cunha Melo retirou-se para tomar as providências necessárias. Deslocou-se para o local das operações e aí teve a primeira surpresa desagradável, quando procurou contato com a formação de blindados. Essa tropa fora retirada de seu comando e desviada para uma possível ação no caso da descida do 2º Exército. Prosseguiu em suas determinações e tentou contato com sua vanguarda. Os dois primeiros regimentos de infantaria deviam ter partido da Vila Militar. O 1º RI, o Regimento Sampaio, constituiria a vanguarda da tropa legalista. Tentou estabelecer ligação com seu comandante. Informaram que havia passado para o *outro lado*. Quis pormenores. Teve a confirmação de que o comandante, coronel Raimundo Ferreira de Sousa, atendendo a um apelo telefônico de seu antigo chefe, marechal Odílio Denys, solidarizara-se, com toda a sua tropa, com o movimento revolucionário.

O comandante legalista não tinha mais condições para uma ofensiva. Dispôs o restante da tropa, isto é, dois regimentos de infantaria e as baterias de artilharia restantes, bloqueando o desfiladeiro por onde deveria passar a tropa vinda de Minas. Apesar de contar com efetivos reduzidos e numericamente inferiores à tropa revolucionária, o general Cunha Melo tinha uma excelente posição defensiva e nela pretendia manter-se. Para isso, inspecionou a tropa sob seu comando, certificando-se da sua fidelidade. Houve, apenas, dois casos de recusa, um capitão e um tenente que foram presos e retirados dos seus comandos. Nessa situação, o general Cunha Melo recebeu a visita de um emissário do general Muricy, que vinha parlamentar, informando que a revolução estava vitoriosa e o presidente da República havia renunciado. Apelava para Cunha Melo no sentido de evitar o inútil derramamento de sangue e concitava a retrair suas linhas, evitando o embate. Cunha Melo não aceitou essa condição e mandou um representante parlamentar com o general Muricy. Ficou estabelecido, nesse encontro, que as tropas antagônicas mantivessem suas posições, sem se hostilizarem, enquanto aguardavam informações completas do Rio de Janeiro.

Foi quando o general Cunha Melo procurou ligação com o QG a fim de falar com o general Âncora, de quem recebera a missão. Disseram-lhe que o general Âncora tinha ido para a AMAN. Procurou ligação com o general Assis Brasil, chefe do gabinete militar de Jango. O general Assis Brasil disse-lhe, claramente, em termos crus, que o general Âncora havia ido negociar a pacificação, e o presidente Goulart tinha deixado o Rio de Janeiro. Ele, Assis Brasil, também ia se retirar. Como Cunha Melo perguntasse o que devia fazer, foi-lhe respondido que fizesse o que quisesse. Sua missão estava terminada. Diante dessa revelação, o general Cunha Melo determinou que a tropa sob seu comando regressasse aos quartéis. Comunicou-se, de Petrópolis, com sua residência e voltou a Niterói. No dia seguinte, apresentou-se ao quartel-general.[7]

Na manhã do dia 31, no Palácio das Laranjeiras, João Goulart reuniu-se com seus chefes militares para fazer um balanço da situação. Estiveram presentes os ministros da Marinha, Aeronáutica, comandantes do 1º Exército, da Vila Militar e o chefe da Casa Militar da Presidência.

Fora do palácio, os meios janguistas se mexiam, mas também sem êxito. Era ocupada a sede da Federação Nacional dos Estivadores, na rua Santa Luzia, e detidos Osvaldo Pacheco, Hércules Correia e outros dirigentes sindicais. Esta era uma das bases do CGT. Um contingente da 1ª Zona Aérea interveio para libertar os detidos.

Registrava-se a presença ostensiva da Polícia Militar do Estado da Guanabara nos pontos estratégicos e de acesso da cidade, nas estações ferroviárias, rodoviárias e nos aeroportos. Turmas de policiais postavam-se nas proximidades das sedes das principais organizações sindicais.

Nessa inesperada situação, ainda os dispositivos populares, o CGT – PUA – CPOS, União dos Portuários do Brasil, Sindicato dos Ferroviários da Leopoldina de um lado, UNE-UME-UBES-CACO de outro, os optantes da Polícia Federal e um grupo de ex-pracinhas planejavam ações de apoio ao governo federal. Mas todas as tentativas de entrar em contato com o Palácio das Laranjeiras se frustraram. Ninguém era encontrado, e os que ali permaneciam não davam qualquer orientação, nem mesmo uma palavra de esclarecimento.

O dispositivo sindical decidiu deflagrar uma paralisação geral do trabalho. Entretanto, nessa altura, já não dispunha da rede de comunicações para transmitir a palavra de ordem a outros pontos do território nacional. A perda do controle das comunicações representou um dos fatos mais danosos para o governo Goulart.

Uma área que orientou as ações na cidade e passou completamente despercebida aos partidários de João Goulart era composta pelos estabelecimentos militares da Praia Vermelha – Escola de Estado-Maior, Escola Superior de Guerra e Escola Técnica do Exército. Os oficiais dessas instituições, chefiados pelo general Jurandir Bizarria Mamede, tinham tomado posição nos primeiros instantes do levante em Juiz de Fora.

Na manhã de 1º de abril, quarta-feira, o general Morais Âncora e dois outros generais vão ao Palácio das Laranjeiras. Levavam um quadro da situação e sugeriram ao presidente que deixasse a Guanabara pela falta de segurança. As unidades ainda subordinadas ao esquema presidencial – a Polícia do Exército e o Batalhão de Guardas – não dispunham de condições para enfrentar as demais unidades. O corpo de Fuzileiros Navais já estava enquadrado pelo almirantado.

---

7. Depoimento do general Luís Tavares da Cunha Melo, março de 1974.

Conta Raul Ryff, assessor de imprensa e amigo pessoal do presidente João Goulart:

"O Jango abandonou o Laranjeiras na maior calma, pelo menos aparente. Embarcou no Mercedes, que não tinha chapa do corpo diplomático, mas uma chapa fria de carro particular. Em sua companhia, estava seu secretário particular, Eugênio Caillard Ferreira. Além deste, só o motorista e seu ajudante. Não havia guarda pessoal. O Jango não determinou nenhuma providência no sentido de sua segurança pessoal. Seguindo seu carro, fui eu no meu, isto é, no carro da Secretaria de Imprensa da Presidência, este sim com chapa do corpo diplomático, porque pertencia à garagem do Itamaraty e fora posto à disposição da Presidência, que não dispunha de carros próprios no Rio. Antes de entrar no Mercedes, o Jango me disse:

'Vamos. Vou sair daqui. Vou para Brasília. Isso aqui está se transformando em uma armadilha'.

No Santos Dumont, na parte militar do aeroporto, subi com o Jango e o Caillar no *Viscount* presidencial. Perguntou-me o presidente se queria ir com ele ou permanecer no Rio. Respondi-lhe que iria para onde pudesse ser mais útil. Respondeu:

'Então ficas no Rio para ajudar o Assis Brasil a controlar a situação aqui'.

Desci as escadas do *Viscount*. Assisti à decolagem do aparelho e regressei ao Laranjeiras, tendo antes passado por meu apartamento no Leblon para tomar um banho e ver como andavam as coisas lá em casa.

Quando entrei no Laranjeiras, o general Assis Brasil estava falando pelo rádio do palácio com Brasília. O Jango já havia chegado ao Planalto. Disse-me então o general que ele também iria para Brasília.

Cumprindo o combinado, fiquei no Rio até o momento em que o presidente deixou o Brasil, viajando para o Uruguai. Depois também fui a Brasília."[8]

A decretação de uma greve geral tinha atingido apenas áreas da Guanabara e Estado do Rio, devido às dificuldades de comunicação. A paralisação foi parcial. Restou a resistência popular no Rio de Janeiro. A greve decretada acabou constituindo um empecilho à mobilização, uma vez que os trabalhadores permaneceram em suas casas, não acorrendo às sedes de suas entidades nem ao centro da cidade.

Os optantes da Polícia Federal, reunidos nos jardins do Palácio do Catete, aguardaram até o fim da tarde instruções e ordens que ali não chegaram, o mesmo tendo acontecido em relação aos ex-pracinhas no Campo de São Cristóvão. Os portuários e marítimos acabaram se dissolvendo pela falta de comunicação.

Os únicos que iniciaram uma resistência foram os estudantes, reunidos a partir das 15 horas na Cinelândia, defrontando-se com pelotões da Polícia Militar enviados para garantir a sede do Clube Militar e a do Clube Naval. Por volta das 16 horas, quando passaram a ser divulgadas as versões de que o presidente João Goulart já não se encontrava no Laranjeiras, um forte contingente da Polícia do Exército chegou à Cinelândia, fazendo retirar os pelotões da PM. A massa aglome-

---
8. Depoimento de Raul Ryff, abril de 1974.

rada irrompeu em aplausos, julgando que os soldados haviam ido para garantir a concentração. Em posição militar, do final da avenida Rio Branco, através dos jardins do Monroe, áreas fronteiriças do Clube Militar, Cinelândia, Teatro Municipal e até a rua Almirante Barroso, marcharam soldados para dispersar a aglomeração.

Com a saída do presidente da Guanabara, anunciada como a vitória da revolução, a Associação dos Marinheiros e Fuzileiros Navais, o Clube dos Sargentos, alguns sindicatos, a redação da *Última Hora*, o mais janguista dos jornais do Rio, foram depredados pelos mais exaltados. As rádios Nacional, Mayrink Veiga, Mauá, Ministério da Educação e outros setores subordinados ao governo federal foram ocupados.

Em pouco tempo, a UNE estava em chamas. As faixas que diariamente desafiavam quem passasse pela praia do Flamengo viravam cinza. Centenas de automóveis desfilavam pela avenida Atlântica e praia do Flamengo buzinando, sob uma chuva de papel picado que era lançado dos edifícios. Em Copacabana, a tomada do Forte de Copacabana pelo general Montagna era transmitida, pela televisão, pelo repórter Flávio Cavalcanti.

No Palácio das Laranjeiras, Jango continuava com seus contatos com ministros e assessores. Por volta do meio-dia de 1º de abril, ele fala, pela última vez, com seu ministro da Guerra, general Jair Dantas Ribeiro, internado no Hospital dos Servidores do Estado e que ele insistia em não substituir. O general Jair, de seu quarto, acompanhava pelo rádio a mobilização sindical e estudantil para a resistência. Impressionado com o rumo dos acontecimentos, comunica a Jango que estava em condições de garanti-lo na Presidência, mas exigia que o CGT fosse extinto. Goulart respondeu, como o fez a todos que lhe fizeram essa exigência, que não podia abrir mão de força alguma que o estivesse apoiando.

Diante dessa resposta do presidente, o general Dantas Ribeiro não hesitou: "A partir desse momento, presidente, não sou mais seu ministro da Guerra".

E o diálogo prossegue assim:

"O senhor está me abandonando, general?"

"Não, presidente. O senhor é quem está fazendo uma opção."

Esse era o nível de resposta que Jango dava a todos que lhe exigiam uma atitude. Aos civis que lhe pediam armas, dizia que não daria armas a quem não sabia utilizá-las, e aos militares que queriam agir, ele pedia calma, pois, a seu ver, ainda não havia chegado o momento.

Aliás, desde o dia anterior, quando obteve a confirmação da revolução em Minas, a impressão que dava a todos era de calma e expectativa. Foi com esse estado de espírito que João Goulart recebeu a visita do general Peri Bevilácqua, chefe do Estado-Maior das Forças Armadas.

Depõe o general Peri Bevilácqua:

"No Boletim Especial número 1, de 3 de abril de 1964, do Estado-Maior das Forças Armadas, assim digo: 'Na oportunidade da ocorrência dos fatos graves que vêm abalando o país, no sentido da restauração do primado dos poderes constitucionais, da lei e da ordem e da hierarquia e disciplina militares, esta chefia sente-se na obrigação de expor a atitude e o comportamento desenvolvidos pelo Estado-Maior das Forças Armadas, não só junto à Presidência da República, no seu papel de assessor militar, como em ligação com as Forças, através de entendimentos com as respectivas Chefias de Estado-Maior, e os órgãos subordinados.

No dia 31 de março último, fui recebido no Palácio das Laranjeiras pelo então presidente João Goulart, em audiência especial que solicitara para levar-lhe informações sobre o estado moral e disciplinar das Forças Armadas, as repercussões sobre elas das ocorrências político-militares e uma impressão sobre a situação no tocante à segurança interna, que hoje sobreleva como parte principal da segurança nacional.

Nessa oportunidade, mostrou esta chefia, verbalmente, a necessidade de o presidente fazer uma opção imediata entre as Forças Armadas e os sindicatos dominados pelos comunistas quanto ao apoio do seu governo, por não parecer compatível a coexistência do poder militar com o poder sindical, ideologicamente antagônicos, considerando que ainda seria possível restabelecer a unidade moral entre o comando Supremo das Forças Armadas e estas, mediante atitudes afirmativas que sensibilizassem a opinião pública e, especialmente, a militar; deveria o presidente governar com os partidos políticos – em vez dos sindicatos representados por ajuntamentos espúrios – e apoiado pelas Forças Armadas, às quais abriria um crédito amplo de confiança.

Entreguei, então, em mãos daquela autoridade, documento por mim assinado sobre tal assunto, elaborado com prévia consulta e concordância dos chefes dos Estados--Maiores do Exército e da Aeronáutica, bem como dos oficiais generais das três Forças Armadas a mim diretamente subordinados.

Para o conhecimento da totalidade dos integrantes do Estado-Maior das Forças Armadas transcrevo, a seguir, o documento acima referido e, nesta oportunidade, faço baixar sua classificação sigilosa 'CONFIDENCIAL' para 'OSTENSIVO'."

Continua o chefe do Estado-Maior das Forças Armadas:

"Afirmo que, ao chegar ao Palácio das Laranjeiras, encontrava-se em audiência com o presidente João Goulart o ex-presidente Juscelino Kubitschek. Esperei bastante tempo o fim dessa audiência para, então, ser recebido pelo presidente João Goulart. Realmente, durante minha palestra com sua excelência, o ministro Abelardo Jurema pediu licença e interrompeu nossa conversa e depositou em mãos do senhor João Goulart um pedaço de papel. Sua excelência leu e virou-se para mim dizendo: 'O general Mourão acaba de publicar um manifesto exigindo a minha renúncia. Estará isso direito?'. Eu respondi dizendo: 'Sou muito amigo do general Mourão. Ele foi meu substituto em Santa Maria no comando da 3ª DI e serviu sob minhas ordens no 2º Exército, como comandante da 2ª Região Militar, por pouco tempo, cerca de seis meses, apenas. Foi transferido por perseguição do ministro da Guerra'. A seguir, eu disse: 'O general Mourão é de Diamantina, da mesma terra do ex-presidente da República Juscelino Kubitschek. Ambos foram muito amigos. O general Mourão aprendeu a ler com a mãe do presidente Juscelino. E o senador Juscelino aprendeu o bê-á-bá com a mãe do general Mourão'. A palestra com o João Goulart prolongou-se, e eu fiz sentir ao presidente que ainda era possível uma solução política para aquela situação grave e, mais tarde, eu vim a saber pelo senador Juscelino que ele tratara do mesmo assunto com o presidente. À noite, depois do jantar, recebi um chamado telefônico. Era o senador, que me disse, em resumo, o seguinte: 'General, esta tarde eu estive com o presidente João Goulart, propondo-lhe uma solução política para a grave crise política em que está imerso o país. Urge uma substituição do gabinete, dos ministros e também de algumas pessoas da própria Presidência por pessoas marcadamente anticomunistas. Sua excelência declarou-me que já era tarde, que o general Mourão já tinha levantado Minas e que pareceria um recuo, uma covardia. Eu resolvi procurar novamente o presidente, insistir sobre o assunto, depois de conversar com alguns generais, e é esse o motivo de meu telefonema para o senhor, general Peri'.

Quando eu conversei com sua excelência, eu propunha que ele adotasse uma decisão pronta e que assumisse, perante a nação, um compromisso formal de não consentir na greve política anunciada pelo CGT, de que iria intervir nos sindicatos e punir, de acordo com a lei, aqueles que a transgredissem. Assim, também, que ele assumisse o compromisso, perante a nação, de passar a governar com os partidos políticos em vez dos sindicatos e que se apoiasse nas Forças Armadas. Lamentavelmente, sua excelência não quis adotar, como também não aceitou a solução semelhante, política, que lhe havia proposto, momentos antes, o senador Juscelino. E se sua excelência tivesse condições para tomar uma decisão rápida, embora de muita responsabilidade, estou certo de que ele teria evitado o pior. Bastava que nesse momento, ouvindo de mim, que era amigo do Mourão e também de Juscelino, que era amigo de infância do Mourão, ele tivesse me dito: 'General, eu lhe peço que viaje imediatamente para Minas Gerais, vá se entender com seu amigo Mourão e convide para ir em sua companhia o senador Juscelino'. Eu estou certo de que teria sido obtida imediatamente uma suspensão e, em menos de 24 horas, teria sido encontrada uma solução política para aquela gravíssima crise política em que estava submersa a República. Teria sido evitado que se quebrassem os padrões da legalidade, e a experiência mostra que, uma vez que esses padrões são quebrados, é muito difícil, depois, voltar ao regime ideal do respeito meticuloso à lei, ao regime da fidelidade à Constituição e às leis do país. Tenho certeza de que teria sido solucionada politicamente a questão, pois que, mais tarde, no Supremo Tribunal Federal, na mesa do chá, contei ao general Mourão o que tinha ocorrido na tarde e na noite do dia 31, a conferência que tinha tido com o presidente, a tentativa de encontrar uma solução legal, pacífica, para a crise, e depois o telefonema que tinha recebido do ex-presidente Juscelino Kubitschek. E o general interrompeu-me, dizendo: 'Mas eu iria impor condições, eu iria exigir a substituição de alguns ministros'. Mas eu disse que o ex-presidente propunha a substituição de todo o gabinete, conforme ele disse ao presidente: 'É normal, nos regimes democráticos, em ocasiões difíceis, em crises políticas graves, a substituição de todo o gabinete'. E propunha justamente isso, a substituição de todo o gabinete e mais ainda, de algumas pessoas não pertencentes propriamente ao ministério, mas da própria Presidência da República. E então o Mourão me declarou: 'Ah, bom, então a questão estaria resolvida'. Mas, depois, não sei se para me ser gentil, pois o Mourão era muito meu amigo, me disse: 'Mas nem precisava disso, bastava que o presidente te nomeasse ministro da Guerra'. Bem, eu não tenho dúvida de que se o presidente tivesse prestado mais atenção à sugestão do ex-presidente Juscelino, presidente do PSD, que era o partido majoritário, que lhe daria toda a cobertura política e da solução que eu lhe sugeria, eu estou certo de que o general Mourão teria retirado suas forças. Se ele realmente me fizesse ministro da Guerra, eu, pelo telefone, teria feito, já, o general Mourão abandonar a luta, porque ao general Mourão eu disse que, para aceitar o Ministério da Guerra, eu apresentaria como condições as três condições que eu havia apresentado ao presidente. Primeiro: não consentir em greves políticas; daí por diante não haveria mais CGT; o fechamento do CGT era uma das condições para eu ser ministro da Guerra; segundo: ele passaria a governar com os partidos políticos, em vez dos sindicatos; terceiro: ele abriria um crédito amplo à lealdade e à honra das Forças Armadas, obrigadas pela Constituição, pelo seu juramento, a dedicar-se inteiramente ao serviço da pátria, cuja honra, integridade e instituições defenderão com o sacrifício da própria vida. As Forças Armadas, reintegradas na sua missão constitucional, garantiriam o seu governo pacificamente, que se desenvolveria pacificamente até o término de seu mandato, que já havia sido conferido pelo povo pela soberania de seu voto."[9]

Numa reunião para exame da situação no Palácio das Laranjeiras, o presidente João Goulart estudava com alguns assessores nomes que poderiam ser indicados para a intervenção federal em Minas. Foi nesse instante que o professor Clementino San Tiago Dantas interveio: "Não devemos nos deixar perturbar pelas emoções. É hora de manter a cabeça fria. Não podemos nos dar ao luxo de sermos mais imprudentes; como o senhor deve saber, presidente, o Departamento de Estado norte-americano hoje não sofre mais a influência da política de Kennedy, sofre outras influências, bem diversas. Não é impossível que esse movimento de Minas venha a ser apoiado pelo Departamento de Estado. Não é impossível que ele tenha se deflagrado com o conhecimento e a concordância do Departamento de Estado. Não é impossível que o Departamento de Estado venha a reconhecer a existência de um outro governo em território livre do Brasil".

O presidente quis saber se o professor estava só especulando.

"Não", respondeu o professor.

Um atraso do avião da Cruzeiro que o trazia do Recife retardou o encontro do coronel Humberto Freire de Andrade com o presidente João Goulart. Quando entregou a carta do governador Miguel Arraes, no dia 31 de março, no Palácio das Laranjeiras, já havia começado a revolução em Minas Gerais. Deslocado da capital de Pernambuco, que seria o seu centro de ação, tornou-se uma das testemunhas dos últimos momentos do presidente João Goulart no Rio de Janeiro. Assistiu ao diálogo telefônico do presidente falando para o comandante do 4º Exército. Desse primeiro contato, o presidente lhe comunicou a solidariedade do comando e da tropa federal do Recife. O general Justino Alves Bastos faz referência a uma ligação com o presidente Goulart às 2 horas do dia 1º. Seria a mesma, com engano de hora, ou teriam sido feitas duas comunicações? Questão irrelevante. Porque o diálogo transcrito pelo general não invalida a impressão que o presidente transmitiu ao secretário de Segurança de Pernambuco.

Ainda no Palácio das Laranjeiras, o coronel Freire de Andrade comunicou-se com o governador Miguel Arraes. Mas começava um movimento anormal,

---

9. Entrevista de Peri Constant Bevilácqua em março de 1974.

e ele tentou voltar para o Recife para assumir seu posto. Ocorrera a greve dos transportes, que dificultou seu intento. Pleiteou com o chefe da zona aérea um lugar no avião militar que deveria levar de regresso o governador Seixas Dória, do Recife. Quando chegou ao aeroporto, porém, o avião havia decolado. Só no dia 2 de abril, restabelecidos os voos, conseguiu comprar passagem para viajar em companhia de sua esposa. Foi avisado de que seria preso no aeroporto. Resolveu telefonar diretamente para o Estado-Maior do Exército. Quem o atendeu foi o próprio general Castelo Branco, indagando quem falava. Informou: "É Humberto quem está falando". O general perguntou: "Que Humberto?". Ele identificou-se: "Humberto Andrade". E o general indagou: "Você está por aqui?".

"Estou."

"E onde é que está D. Helena?"

"Está aqui, também."

"Mas o que é que há?"

"Eu quero lhe avisar que eu vou tomar um avião, agora, lá para o Recife, e vou com a Helena, mas eu soube que estou sujeito a ser preso, e então eu quero a sua ordem. Eles que me prendam lá no Recife, e não aqui."

"Não, você não vai para o Recife, eu não sei como é que estão as coisas lá, e você não vai para lá."

Como o coronel insistisse, o general Castelo Branco deixou o tratamento íntimo que estava tendo com ele e disse:

"Coronel, a ordem é a seguinte: o senhor permaneça em casa e aguarde a sua sorte".

Em seguida, desligou o aparelho, razão pela qual o secretário de Segurança não retornou ao Recife nessa ocasião.

O ex-deputado Artur de Lima Cavalcanti, do PTB de Pernambuco, tinha uma audiência marcada com o presidente João Goulart para o dia 2 de abril. Aquele parlamentar, arquiteto e urbanista, teve atuação destacada na Frente Parlamentar Nacionalista, notadamente na reforma urbana. Seu trabalho, que serviria de base depois de março para iniciativas governamentais, inclusive o Banco Nacional da Habitação, despertara o interesse do presidente da República. E não só dele, mas também de arquitetos e urbanistas do Rio e de São Paulo com os quais tinha uma reunião marcada no Rio de Janeiro, depois da qual seriam recebidos pelo presidente da República no dia 2 para a cerimônia de assinatura da criação do Conselho Nacional de Reforma Urbana. Isso seria feito por um decreto executivo, que daria início às medidas preliminares da reforma urbana, já que o projeto legislativo estava parado no Congresso, que tinha barrado qualquer iniciativa da Frente Parlamentar Nacionalista, naquela fase de luta entre o brizolismo – desmoralizando o Congresso, lutando contra ele por fora, embora dele participando – e as forças de resistência que pretendiam a defesa do nome e da integridade da instituição – que eram a UDN e uma grande parcela do PSD não engajada na frente do governo Goulart –, não encaminhando as reformas e evitando até mesmo sua discussão no plenário.

Os acontecimentos de 31 de março e 1º de abril surpreenderam o deputado Artur de Lima Cavalcanti, já que um trem com cerca de trezentos técnicos, arquitetos e engenheiros viria de São Paulo e, juntamente com os arquitetos do Sul e de todo o Brasil, urbanistas, engenheiros, estudantes, representações estudantis e sindicatos participariam da solenidade da assinatura do decreto do dia 2.

Quando o deputado Lima Cavalcanti chegou ao Palácio das Laranjeiras, cerca das 11 horas do dia 1º, já ali não se encontrava o presidente da República. Ainda estavam presentes o ministro da Agricultura, Osvaldo Lima Filho, o ministro da Saúde, Wilson Fadul, o deputado federal Tenório Cavalcanti, o presidente da Supra, João Pinheiro Neto, o assessor de imprensa Raul Ryff e mais poucas pessoas. Havia a ausência de qualquer símbolo de autoridade. Os contínuos desapareciam, não se servia mais café e os presentes sentaram-se à mesa para um almoço frio e malservido. Em certo momento, o deputado Tenório Cavalcanti percebeu que dois tanques de guerra saíam do Palácio das Laranjeiras, desguarnecendo a residência presidencial e levando, inclusive, caixas de munição. Comentou irônico: "Estão tirando a nossa alimentação".

Ao entardecer, aquelas últimas pessoas foram se retirando. Fora dos portões do palácio, nas alamedas do parque, na rua das Laranjeiras, gente aglomerada, em atitude hostil, vaiava os carros que saíam do palácio.

A prisão de Arraes

"O DIA D seria 31, na seguinte ordem: Minas, São Paulo e Nordeste. As demais guarnições viriam a seguir."

A 31 de março, todas as organizações militares do 4º Exército entraram em prontidão. Estavam proibidos comícios, reuniões públicas, passeatas ou manifestações sindicais. O Palácio das Princesas e o governador Miguel Arraes estavam sob vigilância.

O plano de capturas, começado no dia anterior, foi ultimado no dia 31, com um total aproximado de mil prisioneiros, entre os quais Gregório Bezerra.

Conta o general Justino Alves Bastos, comandante do 4º Exército:

"Já à tarde desse dia 31, eu via a necessidade de lançar, como é de regra, uma proclamação, e arrematar o movimento com a deposição de Arraes. Transferi por algumas horas, porém, tais medidas, primeiro porque desejaria que o documento básico da revolução fosse assinado pelos comandantes das três Forças Armadas, em Recife. Um deles estava ausente, no Rio, de onde chegaria de momento a outro. Era meu grande amigo, meu instrutor de pilotagem aérea em épocas anteriores, o major-brigadeiro Homero Souto de Oliveira, sereno e forte, que ligara estreitamente a 2ª Zona Aérea, de seu comando, ao 4º Exército. Eu achava quase indispensável aquela assinatura. Por outro lado, Arraes estava docilmente confinado em seu palácio, já quase impossibilitado de nos trazer perturbações. Sua empáfia anterior, o mito de seu grande prestígio, a ilusão da força de que se julgava possuidor já estavam desfeitos. Pareceu-me preferível firmar a solução política, consequente à deposição, antes de realizá-la. Nossa escolha já se definira pelo vice-governador Paulo Guerra, em ligação conosco desde antes da revolução. Mas sempre há minúcias a acertar em problemas políticos importantes como o que ali nos estava a desafiar. Procurei dar algum tempo ao tempo. Enquanto isso, naquela noite de 31 para 1º de abril, nossas tropas lançavam-se pelo interior do Nordeste, atingindo com surpreendente rapidez os pontos de maior teor comunista e subversivo, caindo de surpresa sobre aqueles patrícios que havia tempo vinham sendo preparados para um levante generalizado. Colhidos nas malhas desapontadoras do inopinado, nem Arraes, nem Julião, nem Gregório Bezerra, nem os numerosos presidentes e diretores de sindicatos, ninguém pôde opor-se às armas do 4º Exército, presentes por toda aquela vasta região do Brasil, como se seu destino grandioso as tivesse feito cair do céu..."[10]

O Estado-Maior do comandante do 4º Exército era assim formado: chefe, general Isaac Nahon; 1ª seção, tenente-coronel Hélio Ibiapina Lima; 2ª seção, tenente-coronel Antônio Bandeira; 3ª seção, coronel Dácio Vassimon; e 4ª seção, tenente-coronel Galdion Tavares de Sousa.

Mais ou menos às 2 horas toca o telefone no QG do 4º Exército. Era o presidente João Goulart. Procurava o general Justino.

– General, como está o 4º Exército?
– Bem, presidente.
– Em que situação?
– De rigorosa prontidão. E por aí, como vão as coisas?
– Por aqui tudo dominado, tudo bem.
– Por aqui estamos de prontidão.

O diálogo, embora curto, foi demorado, porque as linhas estavam muito ruins. Ouvia-se pouco, havia interrupções. Mas às 3 horas, por um radioamador, uma comunicação clara e precisa chega ao QG: o major Waldir dizia que o 4º Exército podia começar a sua ação.

A primeira atitude do general Justino Alves Bastos foi o lançamento do seu manifesto:

"O 4º Exército, por seus generais, oficiais, subtenentes, sargentos e praças, cumpre o importante dever de manifestar sua solidariedade aos companheiros da 4ª Região Militar e 4ª Divisão de Infantaria, dos 2º e 3º Exércitos e aos demais combatentes pela legalidade democrática em nosso país.

---

10. Joaquim Justino Alves Bastos. *Encontro com o tempo*. Ed. Globo, 1966.

Não seria possível que a evidência de uma infiltração comunista insólita e consentida pelo governo, culminada com os lamentáveis acontecimentos do dia 26 passado, deixasse de provocar a revolta generalizada a que estamos assistindo, revolta que, partida do coração de todos os brasileiros, lhes armou o braço para esta ação brava e consciente, que há de constituir um dos maiores serviços prestados ao Brasil por suas Forças Armadas.

Estão com o 4º Exército, lado a lado, o chefe e todos os componentes do 3º Distrito Naval, de nossa gloriosa Armada. E, nessa oportunidade, ainda nos cerca, com seus aplausos e seu entusiasmo, a brava população destes estados nordestinos, que, de tão longa data, testemunha os nobres sentimentos e o patriotismo acendrado dessas guarnições de soldados e de marinheiros que se sucedem nas glebas do imenso Nordeste brasileiro.

Atitude inteiramente apolítica, e inspirada no mais sincero sentido legalista, saberá respeitar os mandatos de quantos se inscreveram nesses ideais e que assim vierem colaborar para a segurança e tranquilidade do povo. Recife, 1º de abril de 1964. General de exército Joaquim Justino Alves Bastos, comandante do 4º Exército. Vice-almirante Augusto Roque Dias Fernandes, comandante do 3º Distrito Naval."[11]

Simultaneamente ao lançamento da proclamação, o general Justino começa a tratar do problema governamental. Determina então que o 14º RI e o 7º RO fechassem o cerco do Palácio das Princesas e que seus dois comandantes, o almirante Dias Fernandes e o coronel João Dutra de Castilho, intimassem o governador a substituir seus auxiliares por homens de confiança do 4º Exército.

Para Arraes, a posição de Justino não constituiu nenhuma surpresa. A do almirante Dias Fernandes, sim, pois lhe parecera um "fiel legalista". Em certo momento, chegou a pensar em pedir ao almirante para que guarnecesse o palácio. Quando o coronel Dutra de Castilho chegou, ainda encontrou a Polícia Militar, a quem mandou embora pacificamente.

Os representantes do 4º Exército voltam ao QG, fazem uma ligeira refeição e recebem do general Justino a ordem de voltar ao Palácio e depor o governador. Afastam-se, mas o coronel Castilho diz preferir ir para junto de seu regimento, frente ao palácio, e lá esperar a hora de retomar a missão. O comando da Polícia Militar a esta altura já passara às mãos do coronel Sílvio Cahu, e a Secretaria de Segurança já estava em mãos do tenente-coronel Ivan Rui Andrade de Oliveira.

Um pouco mais tarde, um telefonema do coronel Castilho informa ao general Justino: "General, desculpe-me, mas encontrei aqui o governador querendo sair do palácio, precipitei o cumprimento da missão, o depus e o tenho prisioneiro".

O que houve é que, ao entrar no palácio, o coronel Castilho encontrou Arraes abandonando o palácio:

– Vossa excelência está preso e deposto. Está preso em sua residência, para onde deverá recolher-se.

– Não tenho casa. Moro no palácio.

Foi então dada ordem para que Arraes se recolhesse aos seus aposentos.

---

11. Bastos, op. cit.

Quando os militares se retiraram pela primeira vez, Arraes telefonou para Brasília e se comunicou com o general Assis Brasil, que lhe recomendou: "Resista, governador, porque estamos vencendo em todas as frentes".

O coronel Castilho afirmou mais tarde, em depoimento, que Arraes se portou serenamente ao saber da sua deposição. Apenas lhe disse: "Estranho esse desfecho".

Mas parece que o que houve realmente de "estranhável não foi a sua queda, mas a apatia popular. Somente um reduzido grupo de estudantes saiu às ruas em protestos. O major Hugo Coelho, que se disse por eles 'atacado a bombas', mandou abrir fogo: dois sucumbiram. No porto, um começo de greve foi abortado pela Marinha. Gregório Bezerra foi o único a tentar o 'levante' dos camponeses no sul do estado. Preso pela polícia particular do usineiro José Lopes, o subtenente da PM Rego Barros salvou-o do 'princípio de linchamento'. Fortemente amarrado, foi exibido pelas ruas, num caminhão aberto, à curiosidade popular. Afora isso, só reações esporádicas – ocupação de uma rádio em Vitória, tomada de uma estação de estrada de ferro em Caruaru –, muito pouco para o que parecia ser o 'Apocalipse'."

Arraes, após a deposição, foi conduzido preso ao quartel do 14 RI, no automóvel do seu primo Waldir Ximenes. Pretenderam dar-lhe o palácio como menagem, mas, como tentou uma ligação telefônica para o Rio, presumivelmente para o presidente Goulart, a custódia se impôs. E, como o local de sua prisão se espalhasse na massa, conduziram-no para o arquipélago de Fernando de Noronha, onde passou um ano. O Supremo Tribunal Federal concedeu-lhe ordem de soltura em maio de 1965, mas, temendo não obtivesse a ordem de cumprimento, asilou-se no Rio, na embaixada da Argélia. O Itamaraty concedeu-lhe passaporte. Acompanhou-o a segunda esposa, dona Madalena Fiúza Arraes.

Em carta enviada aos seus advogados, Roque e Antônio Brito Alves, afirmava, em 18 de dezembro de 1965:

"Estou preso, desde primeiro de abril, sem saber que crime cometi, pois, até meia hora antes do cerco do palácio do governo, mantive entendimentos cordiais com as autoridades militares que me prenderam.

Minha posição, nos acontecimentos políticos que se desenrolaram naquela oportunidade, era a de procurar manter a ordem pública e de interferir no sentido de que o Nordeste fosse envolvido e contaminado pelos acontecimentos do Sul. Essa posição tinha um duplo objetivo: 1) o resguardo da paz na região; 2) influir no sentido de um entendimento tanto com o ex-presidente como com o governador Magalhães Pinto, que surgia como chefe civil do movimento de Minas."

O ataque que não houve

A NOTÍCIA DO LEVANTE em Juiz de Fora chegou ao Palácio Guanabara pelo telefone. Armando Falcão, depois de ser informado pelo general Mourão Filho da eclosão do movimento, telefonou para o palácio. Não conseguindo falar com o governador Carlos Lacerda, que estava dormindo, dá a notícia a seu secretário particular, Hugo Levy: as tropas de Minas já começavam a deslocar-se em Juiz de Fora.

Logo depois de saber o que estava acontecendo, Lacerda liga para São Paulo, entrando em contato com Roberto de Abreu Sodré: "Sodré, é o Carlos. As tropas de Minas se sublevaram. Tome as providências aí em São Paulo". Abreu Sodré se espanta: "Não é possível, Carlos! Você tem certeza? Estava tudo marcado para o dia 2!". Responde Lacerda: "O Falcão me confirmou. Tome providências e não discuta ordens".

De São Paulo, por um avião da ponte aérea, partiu o deputado Abreu Sodré em companhia do tenente-coronel Rubens Restel. Uma das incumbências que ele trazia de São Paulo era coordenar as medidas necessárias a uma eventual destruição da base de Santa Cruz. Essa base seria o único grande obstáculo ao 2º Exército. Restel e Sodré, assim que chegaram ao Rio, foram diretamente para o Estado-Maior das Forças Armadas. E o que os surpreendeu mais foi que os oficiais que lá se encontravam discutiam, sem segredos e a altas vozes, a revolução e a necessidade de deposição do presidente.

Às 10 horas, Sodré foi para o Palácio Guanabara, enquanto Restel regressava a São Paulo. O clima no palácio era de grande tensão. O coronel Gustavo Borges comunicara ao governador que o almirante Heitor Lopes de Sousa interceptara um telegrama do ministro da Justiça, Abelardo Jurema, mandando o almirante Aragão, comandante do Corpo de Fuzileiros Navais, atacar a Guanabara. Confirmando, em parte, essa informação, chegou ao palácio a notícia de que os dois batalhões de fuzileiros, aquartelados na Ilha do Governador, o Humaitá e o Riachuelo, estavam se deslocando pela avenida Brasil. Essa notícia estourou como uma bomba. Conta Marcelo Garcia, chefe da Casa Civil do governador Carlos Lacerda: "Sabíamos da absoluta superioridade do inimigo em poder de fogo. Segundo o general Salvador Mandim, que comandava a defesa ao palácio, não teríamos condições de resistir mais do que duas horas".

Lacerda saiu do gabinete vestindo uma japona preta, para evitar que sua camisa branca o transformasse num alvo fácil. O general Mandim dá ordens: "Quem não tiver missão é favor ir para o salão verde, rápido, rápido".

De fato, quatro caminhões, tendo à frente um carro de assalto carregando fuzileiros fortemente armados, passaram pela Cinelândia, tomaram a direção da Glória e dirigiram-se à entrada da rua Farani. Ficaram por ali algum tempo e depois voltaram para a Praia do Flamengo. Chegaram até a praça José de Alencar, detiveram-se. Afinal, foram para o Largo do Machado e, finalmente, pararam junto às tropas que defendiam o Palácio das Laranjeiras.

Mas enquanto não se definiu esse trajeto, o Palácio Guanabara se preparou para o primeiro combate. Conta Marcelo Garcia:

"O governador fazia dramáticos apelos pelo rádio, retransmitidos por São Paulo e pelos alto-falantes, instalados na frente do palácio. Foi grande o número de pessoas que acorreram ao palácio para dar o seu apoio moral. Emocionante foi a chegada dos generais e marechais reformados. A essa altura, já não havia mais fuzis nem metralhadoras. Houve distribuição de pistolas. O brigadeiro Eduardo Gomes apareceu dizendo ter sido informado pelo almirante Amorim do Vale de que Aragão iria atacar o palácio. Lembro-me bem do desembargador Faria Coelho, presidente do Tribunal de Justiça, que estava acompanhado do seu filho. Seria impossível enumerar todas as pessoas que passaram a noite no Guanabara. Lembro-me de toda a família Nabuco, Demóstenes Madureira de Pinho, Bernardino Madureira de Pinho, Edgar Maciel de Sá, Eugênio de Almeida e Silva, Stanley Gomes, Roberto Gomes, Carlos Eduardo Gomes, Maurício Bebiano, Carlos Leonam, Flávio Cavalcanti, Hélio Fernandes, Celso Mendonça e Alfredo Machado. Por volta das 2 horas da manhã, tivemos uma comunicação do coronel Gustavo Borges de que o general Âncora dera a sua palavra de militar de que os fuzileiros não atacariam o Guanabara. Pouco antes, ele se comunicara com o coronel Quaresma, seu amigo particular e chefe do Estado-Maior da PM, para saber o que significara a movimentação de tropas da PM (Borges, em face da ameaça ao Guanabara, determinara a tomada de posição da PM na linha de defesa afastada do palácio). O coronel Quaresma explicara que a movimentação era meramente defensiva, que não havia intenções de agredir ninguém."

A defesa do palácio era constituída pelo Batalhão da PM, do QG da rua São Clemente e comandada pelo general Salvador Mandim, herói da FEB. Na escola Anne Frank, vizinha ao palácio, ficaram os voluntários que usaram os famosos lenços azuis e brancos, as cores da Guanabara.

Foi nessa escola que Lacerda teve uma grata surpresa: o coronel Burnier, de relações interrompidas com Lacerda desde o episódio de Aragarças, comandava a resistência civil. O grupo de Burnier era um grupo de choque. Conseguiram montar, sobre jipes, um conjunto de bazucas cujo disparo, simultâneo ou não, era controlado por um sistema de *relay*. Burnier confiava no seu dispositivo de choque: "Se vierem seis tanques, nós os rechaçaremos".

Já no dia 1º de manhã, depois do hasteamento da bandeira, Lacerda voltou a advertir a todos do perigo dos boatos, alarmes falsos: "Pode ser uma das táticas de guerrilha. Anunciam-se ataques que não ocorrem, e, quando surge o verdadeiro sinal, não se lhe dá nenhuma importância. Muito cuidado que os golpes de mão às vezes dão resultado".

O coronel Borges, para maior tranquilidade dos sitiados do palácio, usou de um estratagema para saber o que estava ocorrendo no Arsenal de

Marinha, onde se localizaram os batalhões de fuzileiros. Mandou sair um rabecão, cheio de pedaços de corpo humano, com dois investigadores vestidos de enfermeiros que, chegando ao Arsenal de Marinha, se apresentaram à sentinela, dizendo que vinham apanhar um cadáver. A sentinela, depois de inspecionar o interior do rabecão, permitiu a entrada do carro, que percorreu toda a Ilha das Cobras, constatando que os soldados dormiam tranquilamente.

Mas, mesmo após essa sindicância, o temor continuava. Na manhã do dia 1º, notícias que chegavam davam conta de que os fuzileiros estavam tomando posição nas encostas dos morros atrás do palácio. Lacerda, que falava por uma cadeia de emissoras de Minas, por telefone, clamava: "Meus amigos de Minas, meus patrícios, ajudem-me, ajudem o governo da Guanabara, sitiado mas indômito, cercado mas disposto a todas as resistências. Ajudem-me a propagar para todo o Brasil o que há de verdade contra a calúnia e a infâmia, ajudem-me, todos os soldados livres do Brasil, para que se possa restaurar a liberdade contra a qual esses homens conspiravam. Brasileiros, mineiros, falta pouco, um arranco a mais e nós podemos voltar a trabalhar em paz. O Brasil não quer Caim na Presidência da República. Que fizeste de teus irmãos? De teus irmãos que iam ser mortos por teus cúmplices comunistas, de teus irmãos que eram roubados para que tu te transformasses no maior latifundiário e ladrão do Brasil? Abaixo João Goulart!".

Continuando nos seus ataques, Lacerda tinha agora como alvo o almirante Aragão: "O Palácio Guanabara está sendo atacado, neste momento, por um bando de desesperados. Fuzileiros, deixem suas armas, porque vocês estão sendo 'tocados' por um oficial inescrupuloso. Aragão, covarde, incestuoso, deixe os seus soldados e venha decidir comigo essa parada. Quero matá-lo com o meu revólver! Ouviu, Aragão? De homem para homem. Os soldados nada têm a ver com isso".

Mas o ataque afinal não houve. O que aconteceu foi que as fardas dos pretensos fuzileiros atacantes se pareciam muito com as dos soldados da Polícia Militar, que tomavam posição de defesa no alto do morro atrás do palácio.

Mas Lacerda continuava querendo falar ao povo carioca. E, por volta das 16 horas do dia 1º, acaba conseguindo. Chega ao palácio o presidente do Banco do Estado da Guanabara. Conseguira uma transmissão pela TV Rio:

"Não tenho, contra João Goulart, já lhes disse, nenhum ódio pessoal. Tudo que me tenham feito, tudo o que fizeram a este meu pobre estado, toda a perseguição, nada disso me impediria de atuar até o fim desse malfadado mandato para não quebrar o ritmo da vida democrática. Mas quando o Brasil está sendo traído, quando esse homem tem a coragem de falar em Cristo, nesse dia ele usava as palavras do Papa para entregar o Brasil ao comunismo, para destruir a Marinha de Guerra, usando um cabo datilógrafo, que nunca conheceu a guerra em sua vida e que da Marinha só conhecia o lado *sopa*, entregando a esse cabo datilógrafo a triste missão de trair seus camaradas e de trair a sua corporação no Brasil."

De repente, o seu discurso é interrompido bruscamente. Lacerda começa a chorar e clama: "Obrigado, meu Deus, muito obrigado!".

Três tanques que se encontravam no Palácio das Laranjeiras, do Rec--Mec, aderiam naquele instante ao Guanabara. Encerrava-se assim a resistência e a transmissão.

Mas toda a tensão do Guanabara havia sido em vão: um poderoso núcleo de resistência na Marinha se mobilizara desde cedo, sob a chefia do almirante Arnold Hassemann Fairbairn, e impediu que o almirante Aragão descesse da Ilha das Cobras com o Batalhão de Fuzileiros.[12]

1º de abril em Brasília

TAMBÉM EM BRASÍLIA a eclosão do movimento em Juiz de Fora surpreendeu a todos. Porque os partidários do governo consideravam ainda forte a sua posição. Enquanto aqueles, melhor informados sobre o andamento das conspirações, aguardavam notícias para os primeiros dias de abril. Por isso, os boatos tinham curso forçado, e os receptores de rádio traziam até a torre de marfim do Planalto as notícias mais desencontradas, aumentando a confusão. Uma dessas fontes eram as proclamações do ministro da Justiça, em flagrante contradição com os informes filtrados, primeiro de Minas e depois de São Paulo. O PTB tomou posição de combate em um Congresso transformado em palco de diálogos ríspidos, veementes, mas ainda enquadrados nas normas parlamentares. Enquanto nos caminhos de São Paulo, Minas e do Rio de Janeiro, tanques, canhões e metralhadoras desfilavam em confronto, os políticos tentavam equacionar o problema em termos de descompasso entre o Congresso e as aspirações populares.

A noite de 31 transcorreu agitada. As primeiras notícias de que São Paulo aderira ao movimento revolucionário e o governador Ademar de Barros e o comandante do 2º Exército, Amauri Kruel, haviam lançado manifestos foram festejadas, na Câmara, aos gritos de "São Paulo aderiu", com que a bancada da UDN, de pé, anunciou o acontecimento.

Amanheceu o dia 1º num clima de tensão e expectativa. Foi assim, enquanto o Congresso se mantinha reunido, que o senador Auro de Moura Andrade chamou a seu gabinete o general Nicolau Fico, comandante da guarnição de Brasília. Convidou, para estarem presentes à reunião, o presidente do Supremo Tribunal Federal, ministro Álvaro Ribeiro da Costa, o presidente da Câmara dos Deputados, deputado Ranieri Mazzilli, e o arcebispo de Brasília, dom José Newton de Almeida.

---

12. Depoimento do almirante Arnold Hassemann Fairbairn.

Declara o senador Auro de Moura Andrade:

"Ao chegar o general Nicolau Fico, à presença das referidas pessoas, fiz-lhe as seguintes observações:

1º – que uma revolução eclodira no país;

2º – que numerosos grupos estavam reunidos no Teatro Municipal e na sua avenida fronteiriça, para o fim de organizar a luta armada de resistência antirrevolucionária em Brasília;

3º – que o fato se agravava de instante a instante, especialmente porque a Rádio Nacional de Brasília estava em poder dos antirrevolucionários e promovia uma grande excitação popular e o incitamento dos militares, particularmente sargentos e suboficiais, através de discursos, inclusive de cunho comunista, e por meio de marchas militares e apelos aos sentimentos de revolta popular;

4º – que a capital estava desguarnecida, não tendo a tropa da 11ª Região Militar sido mobilizada para impedir desordens, atentados, depredações ou deflagração de guerra civil.

Que, assim, exigia dele, à presença e em nome dos poderes desarmados da República, a saber, do poder Legislativo e do poder Judiciário, com a solidariedade que julgava ter a Igreja, ali representada por dom Newton, as seguintes medidas:

1ª – providências imediatas no sentido de policiar a concentração do Teatro Municipal;

2ª – imediata providência para fazer silenciar a campanha radiofônica antirrevolucionária;

3ª – providências no sentido de guarnecer o Congresso Nacional, o Supremo Tribunal Federal e demais tribunais, as igrejas, os edifícios públicos, as farmácias, os hospitais e as casas de gêneros alimentícios, tudo através de policiamento ostensivo, inclusive com o grupo de tanques, para manter a ordem e garantir a Constituição;

4ª – que, como presidente do Congresso Nacional, entendia que o seu dever de militar era o de compreender que, diante dos acontecimentos, deveria ficar obediente às decisões do Congresso, que iria assumir, no curso do dia, atitudes decisivas objetivando criar as condições indispensáveis a evitar derramamento de sangue, assegurando-lhe que essa ação do Congresso se faria de forma apropriada, pois o país não poderia suportar, sem irreparáveis prejuízos, uma situação de fato de uma luta armada de trágicas consequências ou de uma dispendiosa mobilização que se prolongasse no tempo.

O general Fico ouviu com atenção essas e outras observações e declarou que se retirava para tomar as providências.

Na verdade, não as tomou."[13]

Corria o boato de que o então chefe da Casa Civil da Presidência da República, Darci Ribeiro, havia concentrado no Teatro Experimental de Brasília um grande número de candangos e trabalhadores e mandado distribuir armas. Corria, também, a notícia de que os apartamentos dos deputados que eram contra o governo João Goulart seriam atacados por esses homens armados.

---

13. Entrevista com o senador Auro de Moura Andrade, abril de 1974.

Já a essa altura, fora interditado o Aeroporto Internacional de Brasília, bloqueadas as rodovias que conduzem aos estados, tornando impossíveis a vinda e a saída dos parlamentares. Igualmente havia sido estabelecida uma censura, na TV e no rádio, em virtude da qual não fora transmitido o pronunciamento do presidente do Congresso à nação. Esses fatos foram levados ao conhecimento do comandante da guarnição militar, a fim de que mandasse restaurar os direitos constitucionais do poder Legislativo, fazendo respeitar as inviolabilidades de que se achavam investidos os seus membros.

Já chegavam a Brasília as notícias da adesão da vanguarda legalista, sob o comando do coronel Raimundo Ferreira de Sousa, o que assegurava a vitória da revolução.

O chefe da Casa Civil, professor Darci Ribeiro, e o procurador-geral da República, Waldir Pires, estavam em contato permanente com o presidente João Goulart e os ministros que se encontravam no Rio de Janeiro, no Palácio das Laranjeiras. Ainda não era certa a transferência para Brasília, o que aconteceria depois. As ligações desses próceres com as lideranças do Congresso assinalavam uma preparação dos elementos hostis ao governo para a tentativa de votar o *impeachment*. Temerosos de que essa manobra viesse a ter êxito, na medida em que as forças militares, realmente, se inclinassem para a deposição, os elementos janguistas procuravam compor-se para atuar no Congresso. Porque, em 31 de março, a expectativa desses elementos não era pessimista, antes, contavam com uma resistência militar razoável e que a essa resistência militar se somariam as diversas mobilizações populares que sustentariam o governo constitucional. Essa era a ideia dominante nas bases janguistas de Brasília, no dia 31 de março.

O 1º de abril foi o dia decisivo no Rio de Janeiro. Por volta das 9 horas, o presidente da República comunicou, do Palácio das Laranjeiras para o Palácio do Planalto, que ia viajar para Brasília. Foi sugerido, então, que nomeasse o general Henrique Lott ministro da Guerra. Já àquela altura, porém, a situação militar no Rio de Janeiro se deteriorara inteiramente, e o presidente não tinha como ficar, sob pena de ser preso.

João Goulart chegou a Brasília no Avro presidencial, sendo recebido pelo general Nicolau Fico e membros de seu governo. De lá foi, de helicóptero, ao Palácio do Planalto. Pouco se demorou, seguindo para a Granja do Torto, onde permaneceu a tarde inteira. Foi aí que tiveram lugar as conferências com Darci Ribeiro, Waldir Pires, Doutel de Andrade, Almino Afonso, Tancredo Neves e vários outros. Lá se encontrava, também, o general Argemiro de Assis Brasil.

O deputado Tancredo Neves recorda o encontro com o presidente, a quem pediu notícias dos acontecimentos. Jango respondeu: "Tranquilo, tranquilo mesmo, só tenho o Rio Grande. Com o mais não posso contar".

Estava cansado. Dizia que a revolução não era contra ele, mas contra as reformas. Se renunciasse a elas, continuaria. Se quisesse restringir as prerrogativas dos trabalhadores, ficaria. A lei que regulamentou a remessa de lucros para o exterior estava na base do movimento. Com a presença de Almino Afonso e Doutel de Andrade, João Goulart pediu que os três – Tancredo, Almino e Doutel – preparassem um documento, uma declaração ao povo, dizendo que ele lutaria enquanto lhe restassem forças. Denunciassem o caráter reacionário do movimento. Comentou que a CIA estava inspirando tudo.

Os autores do documento redigiam sem tranquilidade e no desconforto. Não havia datilógrafo. Resolveram que Almino deveria escrever porque sua letra era a mais legível. Quando mostraram o documento a Goulart, ele achou muito parecido com a carta-testamento de Getúlio e sugeriu modificações. No final, sem que houvesse tempo para passar o documento a limpo, o presidente gravou o texto escrito.

Essa gravação deveria ser transmitida pela Rádio Nacional. Na confusão daquelas horas, há quem diga que ouviu a gravação, mas também quem afirme que não chegou a ser irradiada.

Discutia-se se o presidente devia permanecer em Brasília, resistindo, na sede do governo, ou ir para o Rio Grande, onde teria melhores condições militares. Jango mandou chamar o general Fico, indagando sobre a sustentação militar de Brasília. Queria saber do general qual seria, realmente, a sua posição: se continuava fiel ao governo e à ordem constitucional ou se aderira ao processo subversivo. Depõem pessoas que assistiram a essa cena que o general Fico protestou, junto ao presidente, a mais absoluta fidelidade, tanto do ponto de vista legal quanto do ponto de vista da sua relação pessoal: "Eu sou seu amigo, presidente, eu fico com o senhor".

No entanto, as pessoas presentes já tinham algumas dúvidas sobre sua posição por ser ele um elemento vinculado ao general Kruel, a essa altura já um revolucionário. Foi assim que se pensou em fazer o general Assis Brasil assumir o comando militar de Brasília. Ao que este se opôs, achando que era seu dever acompanhar o presidente da República ao Rio Grande do Sul.

Na Granja do Torto, discutiam-se duas hipóteses. Aos que sugeriam o abandono de Brasília e a constituição de um núcleo de resistência no Rio Grande do Sul opunham-se os que, mesmo admitindo que Brasília não tinha condições militares e estratégicas de defesa da constitucionalidade do regime, era importante na medida em que preservava o caráter de legalidade do governo. Isto é, era preciso que o presidente não caísse, dentro das formas constitucionais da queda de um presidente, que previam fosse a manobra de *impeachment*. Era, portanto, preciso o apoio do comando militar de Brasília. O que se exigia dele era a não saída das forças militares de Brasília para a rua, deixando à polícia a manutenção da ordem pública. Acreditavam os líderes janguistas que essa posição do Exército não estimularia a votação do *impeachment* pelo Congresso.

Deliberada a saída para Porto Alegre, o presidente foi para o aeroporto, enquanto Darci Ribeiro e Waldir Pires iam para a TV comunicar à nação que o presidente voaria para o Rio Grande e não haveria nem suicídio, nem renúncia, mas a defesa e a resistência pelo poder legal. Também usou a televisão, naquele instante, o arcebispo de Brasília, que fazia um apelo de paz e de tranquilidade nacional.

No aeroporto, o presidente Goulart deveria embarcar num Coronado, da Varig, avião comercial de certo porte. Era uma precaução, face às notícias de que, no Rio de Janeiro, já havia caído o Ministério da Aeronáutica, e formações de caça da FAB interceptariam o avião presidencial e o fariam descer no Rio de Janeiro ou o derrubariam. O avião da Varig apresentou defeito, e durante horas tentaram repará-lo, sem resultado. Daí a versão corrente de uma sabotagem tendente a evitar a partida do presidente. Mas não houve sabotagem. O avião acusava defeito desde os Estados Unidos, como consta na companhia. Finalmente, o presidente embarcou num avião menor. Darci Ribeiro, Waldir Pires e o general Nicolau Fico regressaram.

Quando se aproximaram da Esplanada dos Ministérios, foi notada a presença do Exército, em posições tomadas ao longo dos ministérios, ao redor do Congresso, do Palácio do Planalto, ocupando a cidade. O pedido do presidente ao general Fico não fora atendido. Prevalecera a exigência do presidente do Congresso.

O Congresso todo iluminado denunciava uma convocação extemporânea. Iniciava-se o processo de luta parlamentar. Assim pensavam os elementos ainda fiéis a Jango, imaginando uma luta, segundo os dispositivos do regimento, em torno do *impeachment*.

Do aeroporto, o deputado Tancredo Neves dirigiu-se para o Congresso. Ali soube que o senador Auro de Moura Andrade estava reunido com a cúpula do PSD e da UDN. Seguiu para seu gabinete de líder da maioria e indagou se tinha sido convocado para a reunião. Não o fora. Transmitiu a elementos trabalhistas a suspeita de que o senador Auro de Moura Andrade pretendia consumar a deposição de Jango, talvez num ritmo parecido com o processo de impedimento vivido nos episódios de Café Filho e Carlos Luz. Então, haveria discussão e votação. O PTB devia preparar-se para sustentar a obstrução e ganhar tempo.

Como soubera que se declararia Jango em lugar incerto, ou fora do país, pediu a Darci Ribeiro que dirigisse um ofício ao presidente do Congresso comunicando, de ordem do presidente da República, sua ida para o Rio Grande do Sul, onde mobilizaria as tropas fiéis para vencer a rebelião contra o governo legítimo.

Darci Ribeiro estava no Palácio do Planalto quando recebeu a comunicação do deputado Tancredo Neves, levada por Doutel de Andrade, líder do PTB. Aproximava-se a meia-noite. Não havia mais datilógrafo no palácio, onde se encontravam as poucas pessoas que se dispunham a estar presentes numa hora tão difícil e conturbada. Waldir Pires redigiu, diretamente na máquina, o ofício para ser assinado por Darci Ribeiro, como chefe da Casa Civil.

A sessão do Congresso instalava-se em ambiente pesado. O deputado Adauto Lúcio Cardoso aproximou-se do presidente Auro de Moura Andrade, instando-o no sentido de que precipitasse os acontecimentos. O senador confidenciou-lhe que receava ocorresse tumulto no plenário logo que fizesse a declaração sobre a partida do presidente da República de Brasília. Foi assentado que se preparasse um dispositivo de segurança pessoal do presidente do Congresso, capaz de garantir-lhe o exercício da função. Adauto Lúcio Cardoso desceu do estrado da mesa para o recinto e cuidou de recrutar uma equipe de homens robustos para barrar a possível passagem de elementos interessados em uma eventual tentativa de tolher o presidente. Os deputados Brito Velho, do Rio Grande do Sul, Osvaldo Zanelo, do Espírito Santo, e mais três ou quatro homens, de grande vigor físico e disposição para qualquer emergência, foram colocados, de maneira pouco perceptível para os membros do PTB, no corredor do recinto até a mesa. Adauto Lúcio Cardoso fez sinal ao senador Auro de Moura Andrade, no sentido de que as disposições de segurança estavam adotadas.[14]

As listas de presença acusavam o comparecimento de 29 senadores e 183 deputados, num total de 212 congressistas. Declarando aberta a sessão conjunta do Congresso Nacional, o presidente Moura Andrade anuncia que ela fora convocada para que pudesse fazer uma comunicação e uma declaração. O deputado Bocaiúva Cunha pede a palavra. O senador Auro de Moura Andrade adverte que a Presidência não pode ser interrompida e lhe dará a palavra depois de haver encerrado a exposição. Bocaiúva Cunha insiste. Diz-lhe o presidente: "Não é possível. Antes de colocar o tema, vossa excelência não pode suscitar questão de ordem". Mas o deputado fluminense anuncia que o governador do Estado do Rio de Janeiro foi preso por oficiais da Marinha. Estabeleceu-se o tumulto. Soam as campainhas. Auro de Moura Andrade declara que é forçado a suspender a sessão "até quando a calma volte ao plenário, para que a Presidência possa cumprir o seu dever de fazer a declaração e a comunicação que lhe cabe formular".

Suspensa a sessão por vinte minutos, Auro reúne, para nova conferência, os dirigentes do PSD e da UDN. Tancredo Neves teve a informação de que Pedro Aleixo, nessa reunião, liderou a solução do golpe sumário. Simplesmente se declararia a vacância do cargo, encerrando-se a sessão do Congresso. Argumentou que os militares esperavam o gesto do Congresso e que o Congresso não poderia faltar às Forças Armadas.[15]

O presidente Auro de Moura Andrade reabre a sessão:
"Comunico ao Congresso Nacional que o senhor João Goulart deixou, por força dos notórios acontecimentos de que a nação é conhecedora, o governo da República.
(Aplausos prolongados. Protestos. Tumulto.)

---
14. Entrevista com o deputado Adauto Lúcio Cardoso, março de 1974.
15. Entrevista com Tancredo Neves, fevereiro de 1974.

Sobre a mesa, ofício do senhor Darci Ribeiro, chefe da Casa Civil da Presidência da República, que será lido pelo senhor primeiro secretário.

(É lido o seguinte:)

OFÍCIO
Brasília, 2 de abril de 1964
Senhor presidente,
O senhor presidente da República incumbiu-me de comunicar a vossa excelência que, em virtude dos acontecimentos nacionais das últimas horas, para preservar de esbulho criminoso o mandato que o povo lhe conferiu, investindo-o na chefia do poder Executivo, decidiu viajar para o Rio Grande do Sul, onde já se encontra à frente das tropas militares legalistas e no pleno exercício dos poderes constitucionais, com seu ministério.

Atenciosamente,
Darci Ribeiro – chefe do gabinete Civil."

O senhor Sérgio Magalhães:
"Senhor presidente, peço a palavra pela ordem, baseado no Regimento Comum."
O senhor presidente:
"Tem a palavra o nobre congressista Sérgio Magalhães."
O senhor Sérgio Magalhães:
(Pela ordem.) (Sem revisão do orador) – "Senhor presidente, minha questão de ordem se baseia, como disse, no Regimento Comum, cujo artigo 1º estabelece que o Senado Federal e a Câmara dos Deputados reunir-se-ão em sessão conjunta para:

1º – Inaugurar a sessão legislativa;

2º – Elaborar ou reformar o Regimento Comum;

3º – Receber o compromisso do presidente e do vice-presidente da República;

4º – Deliberar sobre veto aposto pelo presidente da República nos casos do parágrafo 1º do artigo 70 da Constituição;

5º – Eleger o presidente e o vice-presidente da República nos casos do artigo 79 parágrafo 2º da Constituição.

Nessas condições, senhor presidente, não vejo como enquadrar no Regimento Comum a convocação que vossa excelência fez com o fim de que o Congresso ouvisse uma comunicação. Essa comunicação é, portanto, antirregimental, como antirregimental, em consequência, é a convocação do Congresso para ouvi-la."

(Apoiados e não apoiados.)
O senhor presidente:
"Em 1961, vossa excelência não entendeu dessa forma. Vossa excelência presidia, então, a Câmara dos Deputados..."
(Palmas prolongadas. Muito bem. Muito bem. Não apoiados. Tumulto.)
O senhor Sérgio Magalhães:
"Senhor presidente, peço a palavra para outra questão de ordem."
O senhor presidente:
"Vossa excelência tem a palavra."
O senhor Sérgio Magalhães:

(Pela ordem) "De conformidade com os regimentos, não só da Câmara e do Senado, mas também com o Regimento Comum, uma vez proposta a questão de ordem, é obrigação do presidente respondê-la de forma conclusiva."

(Aplausos e não apoiados.)

"Não pode vossa excelência invocar quaisquer erros que tenham sido cometidos no passado para fugir à resposta à nossa questão de ordem que, por acaso, se baseia precisamente no artigo 1º do Regimento Comum.

Responda vossa excelência à questão de ordem para merecer o respeito dos congressistas."

(Apoiados e não apoiados. Protestos veementes.)

O senhor presidente:

"Desrespeito é o que ocorre quando o ímpeto do parlamentar que discorda do pronunciamento da mesa interrompe a resposta à questão de ordem."

(Palmas prolongadas. Muito bem. Muito bem. Protestos e não apoiados.)

O senhor Sérgio Magalhães:

"A resposta a essa questão de ordem está não apenas no regimento como nos fatos. Em 1961, para tomar conhecimento de situação gravíssima ocorrida na vida brasileira, o Congresso Nacional se reuniu seguidamente, permaneceu mesmo em sessões permanentes das duas Casas porque assuntos desta natureza só podem ser apreciados por Casas reunidas."

(Palmas prolongadas. Protestos.)

"A Presidência deve concluir a sua comunicação.

O senhor presidente da República deixou a sede do governo... (Protestos. Palmas prolongadas) deixou a nação acéfala numa hora gravíssima da vida brasileira em que é mister que o chefe de Estado permaneça à frente do seu governo. (Apoiados. Muito bem.)

O senhor presidente da República abandonou o governo." (Aplausos calorosos. Tumulto. Soam insistentemente as campainhas.)

O senhor presidente:

"A acefalia continua. Há necessidade de que o Congresso Nacional, como poder civil, imediatamente, tome a atitude que lhe cabe, nos termos da Constituição... (Palmas. Protestos.) para o fim de restaurar, na pátria conturbada, a autoridade do governo, a existência do governo. Não podemos permitir que o Brasil fique sem governo, abandonado. (Palmas. Protestos.)

Recai sobre a mesa a responsabilidade pela sorte da população do Brasil em peso. *Assim sendo, declaro vaga a Presidência da República.* (Palmas prolongadas. Muito bem. Muito bem. Protestos.) E, nos termos do artigo 79 da Constituição Federal, investido no cargo o presidente da Câmara dos Deputados, senhor Ranieri Mazzilli. (Palmas prolongadas. Muito bem. Muito bem. Protestos.)

Está encerrada a sessão."

(Encerra-se a sessão às 2 horas.)[16]

Havia o receio da invasão do Congresso pela multidão que se concentrara na estação rodoviária. O presidente Moura Andrade toma providências relativas

---

16. *Diário do Congresso Nacional*, sexta-feira, 3 de abril de 1964, p. 90 e 91.

à segurança. Obtivera do governador Mauro Borges, de Goiás, três metralhadoras, que foram colocadas em pontos estratégicos, e alguma munição. Dois congressistas militares, o marechal Zacarias de Assunção e o coronel Costa Cavalcanti, haviam sido designados para essa tarefa. Era deles um *croquis* em que assinalavam os pontos essenciais para a ação de defesa. Muniram-se, ainda, de plantas do Palácio do Planalto, obtidas através da Novacap, para facilitar o acesso.

O deputado Ranieri Mazzilli tivera informações dos acontecimentos no Rio de Janeiro por um telefonema do general Lira Tavares, que havia sido chefe da Casa Militar em uma das suas interinidades na Presidência da República. O general Lira Tavares era a pessoa mais indicada para um contato com Ranieri, o que foi feito a pedido do general Costa e Silva. Essa conversa realizou-se antes de qualquer entendimento político com as lideranças e com a presidência do Senado. O general Costa e Silva veio ao telefone e confirmou que havia assumido o Ministério da Guerra, como o general mais antigo, e estava, por isso, no comando da revolução. Confirmou a informação do general Aurélio de Lira Tavares, mas aconselhou que Ranieri não se precipitasse assumindo a Presidência da República prontamente, porque não havia, ainda, condições de segurança na capital da República. Ranieri respondeu que estavam sendo tomadas as providências legais para o dispositivo da substituição. Costa e Silva respondeu que as Forças Armadas concordavam, plenamente, com essa providência.

O deputado Ranieri Mazzilli ouvia, de seu gabinete, o tumulto aumentar no plenário. Entrou o deputado Teódulo de Albuquerque, com quem comentou: "Estou sentindo que está havendo um tumulto muito grande e acho que não devo permanecer aqui, para evitar qualquer dificuldade de assumir". Ouviu, pelo aparelho de som, a declaração da vacância. Chega um grupo de parlamentares, tendo à frente o senador Auro de Moura Andrade: "Vamos para o palácio, pois o senhor vai ter que assumir a Presidência, que já está vago o cargo, declarado pelo Congresso. Eu convidei o presidente do Supremo, ministro Ribeiro da Costa, que está vindo para aqui, para nos dirigirmos para lá".

Havia um carro, estacionado na saída dos fundos da Câmara, onde entraram Ranieri e Auro de Moura Andrade. Também estava no saguão, de chapéu na cabeça, como era de hábito, embora ninguém o usasse naquela época, o presidente do Supremo Tribunal Federal. Guarneceram o carro os deputados Cunha Bueno, Luís Fernando Freire, Anísio Rocha e Afonso Celso, armados, formando a segurança da comitiva, que entrou pela garagem do Palácio do Planalto.

Os deputados Anísio Rocha e Cunha Bueno empreenderam uma inspeção no edifício às escuras. Subiram até o terceiro andar, onde encontraram alguns contínuos repousando nas poltronas. Um deles, de nome Amaral, era conhecido do deputado Anísio Rocha, do tempo em que servira ao ex-presidente Eurico Gaspar Dutra. Foi a ele que o parlamentar se dirigiu, comunicando a presença das autoridades e pedindo que abrisse as portas, o que foi feito. Instalados no terceiro andar, o senador Auro de Moura Andrade, sabendo que o general Nicolau Fico se achava no quarto andar, em companhia de Waldir Pires e Darci Ribeiro, encarregou os deputados Anísio Rocha, Cunha Bueno e Afonso Celso de convocarem aquele militar para assistir à cerimônia da posse. O general Fico não quis descer.

Às 3h45, o deputado Ranieri Mazzilli foi empossado, pela quinta vez, na Presidência Provisória da República.

No terceiro andar, já se encontravam vários outros congressistas, entre os quais os deputados José Bonifácio, Nélson Carneiro, Ulisses Guimarães, João Agripino e o general André Fernandes. O senador Auro de Moura Andrade interpelou-o quanto à sua posição, e, como se manifestasse de acordo com a posse de Ranieri, foi designado para a chefia da Casa Militar. Sua primeira missão foi entender-se com o general Fico, que se retirou do palácio.

Pelo elevador privativo da Presidência, a última resistência janguista se retirava: Waldir Pires e Darci Ribeiro.

O presidente Ranieri Mazzilli fez nova ligação com o Palácio do Exército. Comunicou ao general Costa e Silva que havia sido empossado na Presidência da República e pediu garantias. Duas horas depois, um choque de paraquedistas descia na Praça dos Três Poderes, dando ao novo governo a garantia das forças revolucionárias vitoriosas.[17]

A Revolução no Rio Grande do Sul

O SECRETÁRIO POTY MEDEIROS se encontrava no gabinete do comandante da 6ª DI, na noite de 31 de março, quando ali chegou, à paisana, o major Confúcio Pamplona. Trazia mensagem para o general Adalberto Pereira dos Santos. Era do próprio punho do general Castelo Branco, num papel de coloração parda. Vinham ali os objetivos da revolução

a) restaurar a legalidade;
b) restabelecer a federação;
c) eliminar o plano comunista da posse do poder, em desenvolvimento;
d) defender as instituições militares que começavam a ser destruídas;
e) estabelecer a ordem para o advento das reformas legais.

A notícia da rebelião em Minas chegou a Porto Alegre durante a tarde, e o QG do 3º Exército entrou em prontidão às 16h30. Aprestou-se o governo do

---
17. Depoimento de Anísio Rocha, julho de 1974.

estado para a luta que as circunstâncias recomendavam em conjunção com as autoridades militares da capital e do interior. Foram ocupadas as estações de rádio e televisão. Requisitaram-se as reservas de combustíveis líquidos, existentes nas refinarias de petróleo e em todas as empresas distribuidoras. Pelos decretos 16.538 e 16.539, instituíram-se feriados bancário e escolar durante os dias 1, 2 e 3 de abril. O Decreto 16.540 abriu um crédito extraordinário no valor de quinhentos milhões de cruzeiros "tendo em vista a existência de comoção intestina grave e se atendendo à circunstância excepcional que atravessa o Estado".

Às 20h30, o general Benjamim Galhardo comunicou ao general Adalberto Pereira dos Santos que vinha do Rio o general Ladário Teles, de avião, para assumir o comando do 3º Exército. Mas que ele, Galhardo, não passaria o comando e prenderia aquele general, quando chegasse ao seu QG. Diante dessa comunicação, foram tomadas medidas de alcance militar e diligenciou-se o lançamento de um manifesto, assinado pelo general Galhardo e pelo governador Ildo Meneghetti, solidarizando-se com a revolução.

Ao mesmo tempo foram feitas ligações telefônicas com Paraná, São Paulo e Guanabara. Quando o governador Meneghetti falava com o deputado paulista Roberto de Abreu Sodré, que se achava no Palácio Guanabara, foram cortadas as linhas telefônicas.

Poty Medeiros aguardava, no gabinete do general Adalberto Pereira dos Santos, o resultado de uma entrevista com o general Benjamim Galhardo. O comandante da 6ª DI regressou, pela madrugada, revelando indignação, para pedir que transmitisse ao governador a notícia da mudança de atitude do comandante do 3º Exército. O general Galhardo resolvera passar o comando ao general Ladário e assumir a chefia do Estado-Maior, em substituição ao general Castelo Branco. Viajaria, naquela mesma noite, para o Rio de Janeiro.

Reuniram-se, no Palácio Piratini, com o governador do estado, secretários, o chefe de Polícia, o comandante da Brigada Policial e outras figuras de destaque para deliberarem em face da situação. No Rio Grande do Sul, eram numerosos os correligionários de João Goulart e Leonel Brizola, alguns ocupando cargos de prefeitos municipais, como em Porto Alegre, Bagé, Santa Maria e Uruguaiana. Em Porto Alegre, os três comandantes das principais unidades tinham sido classificados pelo ministro da Guerra como elementos de confiança do governo. Receava-se a manifestação de milhares de adeptos do Partido Comunista. Considerava-se o espírito de legalidade da oficialidade mais jovem, enquanto a legalidade fosse o presidente João Goulart. Os sargentos constituíam uma incógnita. Como exemplo, relatado pelo general Poppe de Figueiredo, o QG da DC em Bagé foi tomado pelos sargentos, que imobilizaram os oficiais, quase fazendo o mesmo com o seu comandante, general Hugo Garrastazu, que se transferiu para uma de suas unidades, onde se preparou para atacar os insubordinados. O chefe do Estado-Maior do

3º Exército era, sabidamente, homem do situacionismo e fora colocado naquela posição-chave sem que o general Galhardo sequer o conhecesse.

Os elementos integrados na conspiração haviam montado um esquema revolucionário no próprio QG do 3º Exército, com ação interna e externa confiada a Leo Etchegoyen, Domiciano Miller Ribeiro, Mário Tupinambá Coelho, Odílio Magalhães, Telmo Santana e outros. A vinda do general Ladário e a possibilidade de assumir o comando do 3º Exército constituíam a ameaça de um choque de unidades militares, talvez a desintegração do Exército, a guerra civil de longa ou curta duração. Assim, foi deliberado o que se chamou:

Operação Farroupilha

A transferência do governo para Passo Fundo ensejaria a criação de um foco de resistência, o qual apoiaria o general Adalberto Pereira dos Santos, que se retirou para Cruz Alta, assumindo o comando das unidades que se subordinavam à 6ª DI. Com isso, pretendia opor uma resistência a quaisquer forças que pretendessem sair do estado e atacar, ao norte, os revolucionários. O presidente do Partido Libertador, Orlando Carlos, foi dos que aconselharam Ildo Meneghetti a partir para Passo Fundo. Porque, "agindo como agiu, preservou a autoridade do governo, assumindo posição frontal de combate, no desencadear de possíveis operações militares". E que essas operações não constituíam uma suposição, basta conhecer as determinações do general Ladário no sentido de que se deslocassem, imediatamente, trens militares com tropas de Santa Maria, São Gabriel e Bagé para o norte do estado.

O governador Meneghetti, ao partir para Passo Fundo, dirigiu aos seus conterrâneos o seguinte manifesto:

"Atenção, Brasil; atenção, Rio Grande!
Rio-grandenses, brasileiros!
Nesta hora trágica e, ao mesmo tempo, gloriosa que vive o nosso povo, dirijo-me a todos os rio-grandenses para dizer-lhes que estou presente na luta que trava nossa pátria pela sobrevivência da democracia e da liberdade.

Os últimos acontecimentos que se verificaram neste estado demonstraram perfeitamente que aqui também se pretende instalar a violência, a ilegalidade e a ruptura da Constituição.

Requisitei as estações de rádio com o propósito honrado de impedir que através delas viessem a semear-se os elementos do ódio e da discórdia.

Essas rádios foram agora ocupadas pela força e entregues aos inimigos da democracia, que as estão utilizando para pregar a desordem, a indisciplina e a violação da Carta constitucional.

Não satisfeitos com isso, agora pretendem requisitar, por simples ofício, à margem da lei e da Constituição, a gloriosa Brigada Militar, força de tantas e tão nobres tradições,

esteio da democracia e da liberdade, pretendendo tirar do governo as condições de assegurar a ordem pública.
Rio-grandenses, brasileiros! Eu não poderia nesta hora fugir ao meu dever. Frente à ameaça clara e aberta de intervenção, cujo processo está em marcha, só tenho um caminho: incorporar-me àqueles que, em todo o Brasil, lutam para restaurar a Constituição e o direito, livrando a nossa pátria de uma agitação comunista! Poucas são as possibilidades de resistência na cidade de Porto Alegre, cujo bravo povo está ameaçado pelas forças da violência e da opressão.
Não cessará a nossa resistência, ela apenas começa.
Assim, como os bravos farroupilhas lutaram dez anos sem esmorecer, os gaúchos também saberão lutar até a vitória final, oferecendo seu sangue generoso pela causa da pátria e da Constituição.
Soldados e oficiais do bravo 3º Exército, soldados e oficiais da gloriosa Brigada Militar!
A vós apelo neste momento para que participeis de nossa luta, irmanando-nos aos bravos companheiros de Minas, Goiás, Mato Grosso, São Paulo e todo o Norte, que nesse momento marcham para libertar a nossa pátria da demagogia, da inflação e da miséria política em que nos encontramos.
Povo gaúcho!
Organizai a resistência democrática!
O vosso governo, eleito livremente, está presente nesta hora e luta pela pátria e pela democracia! Só quem tem alma de escravo é que não luta pela liberdade.
Viva o Rio Grande!"

Acompanharam o governador Ildo Meneghetti a Passo Fundo José Antônio Aranha, secretário da Fazenda, Plínio Cabral, chefe da Casa Civil, Orlando Pacheco, chefe da Casa Militar, capitão Jesus Linares Guimarães, ajudante de ordens do governador, e o deputado Augusto Muniz Reis. Mais tarde, tomadas as providências de emergência, seguiu o secretário do Interior, Poty Medeiros, acompanhado dos coronéis Martim Cavalcanti e Antônio Matos Ferreira, da Brigada Militar.

O movimento de solidariedade ao governador Meneghetti repercutia nas unidades militares de Santa Maria, Bagé, Uruguaiana, Livramento, São Gabriel, Pelotas, Quaraí, Bento Gonçalves, Caxias e Santa Cruz, sob a chefia do general Mário Poppe de Figueiredo, comandante da 3ª DI, que era o general de divisão mais antigo do 3º Exército. Ele determinou a convergência de suas forças sobre Porto Alegre.

Em Porto Alegre, partidários de Leonel Brizola e João Goulart fizeram manifestações nos dias 1º e 2 de abril. Na noite de 1º de abril, em frente à prefeitura, houve comício de apoio ao presidente Goulart. Os discursos eram inflamados e faziam apelos aos sargentos para que prendessem os oficiais do Exército e da Brigada contrários a Jango. Essas manifestações só terminaram depois que se retiraram de Porto Alegre o presidente João Goulart, o deputado Leonel Brizola e o general Ladário Teles.

Depoimento do general Ladário

"Ao chegar no dia 31, às 13 horas, ao meu gabinete, fui informado da situação intranquilizante existente no Ministério da Guerra, consequência da rebelião já deflagrada na 4ª Região Militar.

Movimento desusado no 1º Exército. Notava-se mesmo certo nervosismo. Dizia-se que nos 5º e 6º andares havia cerca de 200 oficiais armados, alguns em uniforme de campanha e prontos para atacar o QG da 1ª Região Militar e do 1º Exército, situados, respectivamente, nos 3º e 2º andares.

Diante dessas informações, determinei que se guarnecessem com tropa armada os corredores de acesso ao meu QG e proximidades dos elevadores, com ordem de fazer fogo em quem pretendesse nos atacar. Dizia-se que haveria um *putsch* no Ministério da Guerra.

Às 15 horas, recebi, pelo telefone, convocação para comparecer ao Palácio das Laranjeiras.

Atendi, imediatamente, ao chamado. Lá chegando, fui informado da situação da rebelião em Minas Gerais e em seguida recebido pelo presidente. Declarou-me sua excelência que acabara de me nomear para o comando da 6ª Divisão de Infantaria e, sendo o oficial-general mais antigo do 3º Exército, deveria assumir o respectivo comando. Determinou-me que seguisse destino imediatamente e que, para isso, já determinara que fosse posto à minha disposição um avião presidencial.

Incumbiu-me, ainda, de transmitir ao general Âncora, comandante do 1º Exército, e ao general Genaro, chefe do gabinete do ministro da Guerra, a ordem de prisão do general Humberto Castelo Branco, que deveria ser recolhido ao Forte da Laje, onde fora preso o marechal Lott em agosto de 1961.

Afirmei ao presidente que suas ordens seriam cumpridas e indaguei-lhe qual o tratamento que deveria dar ao governador do Rio Grande do Sul. 'Tratamento duro', redarguiu-me sua excelência, e 'faça-lhe sentir que o meu mandato é intocável, porque é delegação da maioria do povo brasileiro'.

Despedi-me do presidente e me dirigi ao Ministério da Guerra. No meu gabinete, encontrei o general Almeida de Morais, que fora por mim convocado. Informei-lhe os acontecimentos e que lhe passaria o comando da 1ª Região Militar. Encaminhamo-nos, às 16h30, ao gabinete do general Âncora. Dei conhecimento ao referido general da minha nova situação, solicitei-lhe autorização para passar o comando da 1ª Região Militar ao general Morais, meu substituto legal, e lhe transmiti a ordem do presidente da República para que efetuasse a prisão do general Humberto Castelo Branco.

Devo, desde já, esclarecer que a partir daquele momento comecei a sentir a hesitação do general Âncora e do seu chefe de Estado-Maior, general Milton Guimarães, no cumprimento da ordem do presidente. Várias vezes lhes fiz sentir que o tempo passava e que o general Castelo se retiraria do Ministério sem ser preso.

Somente por volta das 18 horas o general Morais teve ordem para subir ao gabinete do general Castelo Branco e o convidar a comparecer ao gabinete do general Âncora.

Resolvi, então, desde que me pareceu que a prisão seria efetuada, me dirigir para minha residência, a fim de arrumar as malas e empreender a viagem para Porto Alegre, estando a decolagem prevista a partir das 20 horas.

Antes de sair do Ministério da Guerra, entrei em ligação telefônica com o general Crisanto de Figueiredo, dando-lhe conhecimento da situação e determinando-lhe que seguisse comigo de avião, a fim de que eu o deixasse em Curitiba.

Fui, nessa ocasião, informado de que o general Silvino Castor da Nóbrega se encontrava também no Rio. Determinei ao general Crisanto que o convocasse para viajar conosco.

Às 20h30, dirigi-me, em companhia de minha esposa, do tenente-coronel José de Carvalho Figueiredo, meu assistente secretário, e do capitão Beltrão, ajudante de ordens, ao Aeroporto Santos Dumont, 3ª Zona Aérea, onde já nos aguardavam o general Silvino, comandante da 5ª Região Militar, e general Crisanto, comandante da ID/5.

Às 21h55, o avião decolou rumo a Curitiba. Cerca de 22h40 fui convidado pelo radiotelegrafista de bordo para ouvir a proclamação do governador Ademar de Barros, aderindo à rebelião de Minas Gerais.

Como em todas as arengas 'golpistas', o tema era o combate ao comunismo, em que, se afirmava, o país ia ser lançado.

Aqui devo deixar consignado o meu testemunho a esse respeito. Sendo um dos generais da confiança do presidente João Goulart, tendo participado de várias reuniões com sua excelência, cabe-me afirmar, peremptoriamente, em solene declaração para a História, que jamais me foi insinuado por sua excelência qualquer movimento ou tendência para ferir a legalidade ou as instituições. Sempre ouvi do preclaro presidente as afirmações mais categóricas de que seria intransigente defensor da legalidade, das instituições vigentes e da democracia.

Soldado do glorioso Exército de Caxias e Osório, fui, obstinada e intransigentemente, por convicção e até por temperamento, defensor da lei e das nossas instituições. Assim decorreram os meus hoje 45 anos de serviço ao Exército e à pátria. Nunca tive vocação para traidor. Filho de abastado estancieiro no Rio Grande do Sul, formei-me soldado em contato com o povo, sentindo suas agruras e as suas justas reivindicações sociais. Educado dentro dos princípios democráticos, formei o meu espírito e os meus sentimentos nesse ambiente. Sempre fui medularmente democrata. Jamais poderia defender um governo comprometido com o comunismo. Tenho hoje a perfeita certeza de que a invocação do combate ao comunismo, e a miserável campanha movida nesse sentido, é obra de alguns inconscientes, de muitos fanáticos e de uma malta de farsantes a serviço de políticos 'sem votos' e dos interesses de pessoas e grupos ligados à espoliação do povo brasileiro pelos interesses estrangeiros.

Às 23h45 sobrevoamos Curitiba, sem poder aterrissar devido ao nevoeiro. Rumamos, assim, para Porto Alegre.

2º – DIA 1º DE ABRIL

a) Chegamos a Porto Alegre à 1h20. Fomos aguardados no aeroporto pelo general Otomar Soares de Lima, chefe do Estado-Maior do 3º Exército, brigadeiro Otelo Ferraz, oficiais do Estado-Maior do 3º Exército, prefeito de Porto Alegre e outras autoridades civis.

b) Seguimos diretamente para o QG do 3º Exército.

Fui mal recebido pelo general Benjamim Rodrigues Galhardo, que, despido de bom humor, visivelmente irritado, pronunciava algumas frases que não chegava a compreender a verdadeira significação. Mais tarde, pelo *Correio do Povo*, no dia 2, constatei a razão da sua irritação: segundo se lê naquele jornal, o general Galhardo assumira o compromisso com o governador Ildo Meneghetti de não me passar o comando e, ao contrário, de me prender. A ser verdade o que publicou o jornal, e que me parece razoável, faltou coragem do general Benjamim Galhardo para cumprir o seu compromisso.

c) Presente no QG do 3º Exército, o general Adalberto Pereira dos Santos, comandante da 6ª Divisão de Infantaria, a quem eu devia, preliminarmente, substituir, procurei combinar com esse meu camarada e o general Galhardo a forma de como o faria. Ficou estabelecido que eu assumiria diretamente o comando do 3º Exército, devendo o general Adalberto passar o comando da 6ª DI ao seu substituto legal. Nesse momento, informei ao general Adalberto que, de acordo com ordem do senhor presidente da República, ele deveria regressar ao Rio juntamente com o general Galhardo, ainda no dia 1º. Respondeu-me o general Adalberto que, no momento, não desejava deixar Porto Alegre, pois uma sua irmã se encontrava gravemente enferma e a separação inopinada poder-lhe-ia ser fatal.

'Diante desta situação', redargui-lhe eu, respeitando a invocação de tão justo motivo, 'assumirei a responsabilidade de lhe deixar permanecer em Porto Alegre. Estou certo, entretanto, que o meu velho camarada saberá honrar minha responsabilidade.'

Nesse mesmo dia, o general Adalberto fugia de Porto Alegre para se dirigir a Passo Fundo ou Cruz Alta, onde aderiu à rebelião. Como se vê, foi para mim uma grande decepção constatar que um general podia, também, trair a sua palavra. Foi mais um farsante a deixar cair a máscara...

d) Às 2h50, em cerimônia formal, com a presença de todos os oficiais do Estado-Maior, o general de exército Benjamim Rodrigues Galhardo me passou o comando do 3º Exército. Pronunciamos, apenas, as palavras regulamentares.

O general Galhardo se despediu, a seguir, de todos os oficiais, e eu e o general Otomar Soares de Lima o acompanhamos até o automóvel.

e) Às 3 horas determinei ao general Adalberto que passasse o comando da 6ª DI ao seu substituto legal. O general Adalberto dava a impressão de querer criar dificuldade no cumprimento da ordem. Por volta das 5 horas, resolvi enviar ao seu QG o coronel José Codeceira Lopes para verificar se já havia passado o comando e, em caso negativo, para dizer-lhe que passasse *imediatamente* ao seu substituto. Só então o general Adalberto se decidiu a passar o comando que exercia com verdadeira traição aos poderes constituídos e à legalidade.

f) Imediatamente após assumir minha nova função, tratei de me inteirar do desenvolvimento dos acontecimentos em todo o país e, particularmente, nas grandes unidades do 3º Exército e respectivos estados em que se achavam sediadas.[18]

O general Silvino Castor da Nóbrega, comandante da 5ª Divisão de Infantaria, e o general Crisanto de Figueiredo, comandante da Infantaria Divisionária da 5ª DI, procuravam contato com a zona aérea para se deslocarem para Curitiba. Diante das más condições do tempo, que impediam a aterrissagem em Curitiba, procuraram ligação pelo rádio com o general Dario Coelho, comandante da Artilharia Divisionária da 5ª DI e no exercício

---

18. Ordem do dia do general Ladário, *in* Anexos.

do comando da 5ª RM e 5ª DI. O general Dario informou-lhes que havia aderido ao 2º Exército, do comando do general de exército Amauri Kruel, que, em proclamação, aderira à subversão de Minas Gerais.

O meu prognóstico ao ministro Abelardo Jurema, infelizmente, se realizava. A traição do general Amauri acabara de se caracterizar.

Os generais Silvino e Crisanto ainda tentaram entrar em ligação com comandantes de unidades de Santa Catarina, mas estes, também, já tinham aderido à rebelião.

g) Diante dessa nova situação, determinei que fossem organizados três grupamentos táticos, eixados pela estrada de ferro Porto Alegre-Vacaria-Lajes e pela rodovia BR (Porto Alegre-Araranguá-Criciúma-Florianópolis). Fixei a composição desses grupamentos com unidades da 3ª DI e da 3ª DC. Inicialmente, esses grupamentos, sob o comando do general Silvino, teriam como objetivo a fronteira do Rio Grande.

Determinei, ainda, que o coronel-engenheiro João Guerreiro Brito ocupasse, com o Batalhão Rodoviário sediado em Vacaria, o Passo do Locono, em condições de deter qualquer progressão das forças rebeldes que, segundo se informava, já estavam em marcha para o Sul. O coronel Guerreiro Brito cumpriu imediatamente essa missão.

Tive a preocupação de não empregar nenhuma unidade das guarnições de Porto Alegre e São Leopoldo, a fim de garantir, em qualquer caso, a posse da capital do estado e a região industrial, Caxias-Novo Hamburgo-São Leopoldo-Porto Alegre.

h) Por volta de 7 horas, ou pouco antes, compareceu ao meu gabinete o deputado Leonel de Moura Brizola, acompanhado do doutor Adjadil Lemos. O deputado Brizola me solicitou que fizesse a requisição das estações de rádio e de televisão que, sob sua direção e controle, passariam a fazer a propaganda da legalidade. Apresentou-me o doutor Adjadil como elemento altamente categorizado para assessorar-me em questões constitucionais e, ao mesmo tempo, desempenhar a função de meu secretário.

Determinei, imediatamente, a ocupação das estações de rádio e de televisão, entregando-as à direção do deputado Brizola.

Ordenei, em seguida, todas as providências relativas a combustíveis e lubrificantes. Solicitei ao presidente da Petrobras, marechal Osvino Ferreira Alves, a remessa de gasolina e óleos.

Devo aqui enaltecer a colaboração corajosa, decidida, serena e equilibrada que recebi do deputado Leonel Brizola e do doutor Adjadil Lemos. Foram, sem dúvida, excelentes e patrióticos colaboradores do meu comando.

i) Às 10 horas, redigi e fiz irradiar uma proclamação às unidades do meu comando e ao povo dos três estados (Rio Grande do Sul, Santa Catarina e Paraná) sob minha jurisdição militar.

Começam a chegar, de todos os pontos do estado, telegramas, rádios e ofícios de manifestações de solidariedade e apoio.

Diante de informações que chegavam de Santa Maria, a respeito de dificuldades que estariam sendo criadas pelo comandante da guarnição para movimentação de trens, entrei em entendimento telefônico com o general Mário Poppe de Figueiredo, comandante da 3ª Divisão de Infantaria e guarnição de Santa Maria, para me informar o que havia. Nessa ocasião, o general Poppe me deu conhecimento de que aderira ao movimento subversivo juntamente com os generais comandantes das 2ª e 3ª DC e me exortou a reunir-me a eles. Energicamente, perguntei-lhe se me achava capaz de trair o presidente da República e desliguei o telefone. Mais um traidor se incorporava aos demais.

Quinta parte – Vem de Minas a revolução

O general Poppe de Figueiredo, em entrevista que deu a *O Globo*, nos primeiros dias de abril, ao se referir a essa ligação telefônica, mentiu, lamentavelmente, ao declarar que me respondera: 'Traição era o que o governo estava fazendo ao pretender comunizar o país'. Ao focalizar a mentira do general Poppe, afirmo que lhe faltaria coragem, mesmo pelo telefone, para me responder com essa suposta altivez. O covarde queria se passar por herói...

j) Às 11 horas, o general Otomar Soares de Lima foi ao Palácio Piratini levar os ofícios que dirigi ao governador Ildo Meneghetti comunicando minha assunção de comando e de requisição da Brigada Militar, de ordem do presidente da República.

Diante da resposta do governador Ildo Meneghetti ao meu ofício de requisição da Brigada e dada a evolução da situação com as defecções do general Poppe de Figueiredo, general Joaquim de Melo Camarinha e general Hugo Garrastazu, conforme se dizia na proclamação do general Poppe, resolvi fazer novo ofício renovando a requisição. Ao mesmo tempo fiz irradiar uma proclamação à Brigada Militar do Estado do Rio Grande do Sul.

k) A fim de poder tomar contato direto com os comandantes de grandes unidades que eu ainda julgava leais ao governo, general Hugo Garrastazu, comandante da 3ª Divisão de Cavalaria, e general João de Deus Nunes Saraiva, comandante da 1ª Divisão de Cavalaria, convoquei esses generais a Porto Alegre, enviando-lhes, para isso, aviões da Força Aérea Brasileira.

O general Hugo Garrastazu respondeu-me em rádio, recebido às 17h10, que não cumpriria minhas ordens 'motivo participar causa preservação nacionalidade, manutenção instituições, contra ação deletéria implantada país'. De qualquer outro general eu poderia, naquele momento, admitir uma traição, mas do general Hugo não. Interessei-me diretamente, dado que era meu comandado, pela sua promoção a general. Intercedi junto ao presidente da República, por intermédio do então general de exército Osvino Ferreira Alves, comandante do 1º Exército, e do general Amauri Kruel, chefe do gabinete militar. Fui responsável pela sua promoção e, por isso, julguei-me duplamente traído por esse meu camarada que bem confirmou o péssimo caráter que me diziam, os seus companheiros, possuir. Enganei-me profundamente a seu respeito.

O general João de Deus Nunes Saraiva, como soldado leal que sempre foi, atendeu a minha convocação e à noite estava em Porto Alegre.

l) Às 15 horas, fui chamado à fonia do serviço de rádio pelo general Genaro Bontempo, chefe do gabinete do ministro da Guerra, para me pedir informações sobre o ambiente do 3º Exército e me comunicar o que se passava no Rio.

O general Genaro, nessa ocasião, me informou que a situação na Guanabara era de extrema gravidade, que as forças sublevadas já estavam intimando o Ministério da Guerra a se render. Tudo se esboroara. O presidente da República seguira para Brasília.

Dei conhecimento dessas informações aos generais que ainda estavam leais ao governo.

m) Às 16 horas, o general Assis Brasil, de Brasília, me chamava na fonia. Pedia informações sobre a situação no 3º Exército. Dei-as e declarei que, a despeito das defecções, ainda tínhamos meios para resistir. O presidente João Goulart desejou, pessoalmente, me honrar com a sua palavra. Ao lado dos meus cumprimentos, reiterei a sua excelência minha indefectível solidariedade e lhe afirmei que a situação do 3º Exército ainda permitia condições de resistência e que a isso eu estava disposto.

O presidente me anunciou que nessa noite ou na madrugada do dia seguinte teria oportunidade de me abraçar pessoalmente. Reafirmei a sua excelência nossa firme disposição de defender o seu mandato e que em Porto Alegre eu lhe aguardaria oferecendo plenas garantias.

n) Às 17 horas, o comandante da Brigada Militar, acompanhado do seu chefe de Estado-Maior, compareceu ao QG do 3º Exército para me declarar, tendo em vista a proclamação que eu fizera à Brigada, não ser possível, no momento, se colocar ao lado do 3º Exército diante dos seus compromissos de 'soldado' com o governador do Estado, e que apenas mediante um decreto do presidente poderia se colocar ao nosso lado. Afirmava, entretanto, que não atacaria tropa do Exército e que só reagiria se fosse hostilizado.

o) Às 18 horas, chega a Porto Alegre o general Newton Barra, comandante da Artilharia Divisionária da 3ª DI. Tentara atingir Santa Maria, não o conseguindo. Determinei que aguardasse em Porto Alegre.

p) Às 20 horas, mais ou menos, convoquei o general Floriano da Silva Machado, comandante da 3ª Região Militar, e general Otomar Soares de Lima, chefe do Estado-Maior do 3º Exército, para uma reunião. Compareceu, também, o general Silvino Castor da Nóbrega.

Nessa reunião, determinei ao general Floriano que me apresentasse, com a máxima urgência, o cômputo do armamento e munição disponíveis na 3ª RM, tendo em vista mobilizar outras unidades, e ao general Otomar ordenei que fizesse um levantamento das unidades que ainda se conservavam fiéis ao governo e, se possível, estivesse em condições de informar o presidente João Goulart da lealdade que poderíamos esperar dos seus comandantes.

Essas informações seriam apresentadas por mim ao presidente tão logo chegasse a Porto Alegre.

Informei ainda aos presentes que era minha intenção apresentar a todos os generais a oportunidade de manifestarem ao presidente suas impressões sobre a situação e seu possível desenvolvimento. O general Silvino, nesse momento, balanceando o dedo em sinal negativo, declarou que não compareceria à reunião com o presidente. Já tinha conhecimento do telegrama do general Costa e Silva comunicando que havia assumido, no Rio, o comando o Exército Nacional, e certamente já se inclinava a uma adesão.

q) Por volta das 21 horas, desloquei-me para o Aeroporto Salgado Filho, a fim de inspecionar o dispositivo de segurança para a chegada do presidente e para aguardar sua excelência, que devia chegar, ao que se informava, entre 22h30 e 23 horas. Ao mesmo tempo, determinei o preparo da residência do comandante do 3º Exército para hospedar o presidente e sua comitiva.

A partir de 22 horas, chegaram ao aeroporto muitas autoridades civis e amigos do presidente.

Nova informação fixava a chegada de sua excelência a Porto Alegre entre 3 horas e 4 horas da madrugada. O deputado Leonel Brizola convidou-me, então, para aproveitarmos as horas de espera para repousarmos no armazém de carga da Varig. Assim o fizemos.

3º – DIA 2 DE ABRIL

a) À 0h30, fui procurado no armazém de carga da Varig pelos generais Floriano Machado e Silvino Castor da Nóbrega, que me foram comunicar a chegada de rádio do general Costa e Silva anunciando sua investidura como ministro da Guerra. Respondi-lhes que não tomava conhecimento da comunicação e que estava aguardando o presidente da República. Os dois generais se retiraram.

b) Às 3h58, chegou a Porto Alegre o presidente João Goulart, acompanhado dos ministros Amaury Silva, Osvaldo Lima Filho, Wilson Fadul, general Assis Brasil, ministro Eugênio Caillard e ministro Oliveira, chefe do cerimonial da Presidência da República.

Sua excelência, após ser cumprimentado por mim, brigadeiro Otelo Ferraz, deputado Leonel Brizola, doutor Sereno Chaise, prefeito de Porto Alegre, deputados estaduais e muitos amigos, rumou para a residência do comandante do 3º Exército.

Após receber os cumprimentos de amigos e autoridades, sua excelência decidiu, por minha sugestão, fazer um pequeno repouso.

Aproveitei essa oportunidade para voltar ao QG do 3º Exército, a fim de me inteirar dos acontecimentos.

c) Às 8 horas, recebo convocação do presidente. Dirigi-me para a residência do comandante do 3º Exército e determinei que lá, também, comparecessem os generais Floriano da Silva Machado, Otomar Soares de Lima, Crisanto Miranda de Figueiredo e João de Deus Nunes Saraiva.

Reunimo-nos, os generais e o deputado Leonel Brizola, com o presidente, no aposento que a ele estava destinado.

Nesse momento, afirmei ao presidente que considerava a situação favorável a uma resistência e que pedira, entretanto, aos meus demais camaradas que, com integral franqueza, lhe expusessem as suas impressões pessoais.

O general Floriano Machado foi o primeiro a tomar a palavra. Disse ao presidente que julgava uma aventura qualquer resistência, pois que no Rio Grande já não dispúnhamos de meios suficientes e no resto do país a situação estava completamente controlada pelas forças revoltadas. Exortou sua excelência a não se lançar nessa luta, lembrando que o presidente era moço e tinha diante de si um grande futuro político.

O deputado Leonel Brizola interveio nas declarações do general Floriano para dizer que, a despeito da sua dialética, não julgava a situação como era descrita, que, a seu ver, havia condições e meios para a resistência.

Falou, depois, o general Saraiva, que também se externou pessimista quanto às possibilidades de resistência. O presidente ainda indagou do general Saraiva sobre a tropa de São Borja, ao que este respondeu estar ainda fiel, mas não representava o suficiente para uma resistência eficiente.

O general Otomar se pronunciou, também, pela impossibilidade de resistência dada a carência de meios.

Finalmente, coube-me a palavra. Afirmei ao presidente que discordava inteiramente dos meus camaradas. Julgava que dispúnhamos de meios suficientes para iniciar uma resistência.

As guarnições de Porto Alegre, São Leopoldo e Vacaria estavam fiéis, possivelmente no resto do estado poderíamos contar com outras unidades. A Brigada Militar, mediante decreto, se colocaria sob nosso comando. Ademais dispúnhamos de vinte mil armas e cerca de seis milhões de tiros, o que nos possibilitaria mobilizar muitas unidades. Perguntei, nesse momento, para o deputado Brizola em quanto tempo seria possível colocar à minha disposição cinco mil homens. Poderíamos, então, em seis horas, mobilizar dez corpos provisórios sob o comando de oficiais da Brigada Militar. 'Além disso', acrescentei, 'vossa excelência é um homem do povo, nossa resistência aqui levantará a opinião pública no resto do país e se tornará incontrastável. Convém, também, vossa excelência ouvir os comandantes de unidades de Porto Alegre que ainda estão leais.'

Foram, a seguir, convocados à residência do comandante do 3º Exército: brigadeiro Otelo Ferraz, coronel Jarbas Ferreira de Sousa, comandante do 6º BE e interino da 6ª DI, coronel Francisco Guedes Machado, comandante do 2º Regimento de Cavalaria Mecanizada, e coronel Lauro Almeida Bandeira de Melo, comandante do 18º Regimento de Infantaria.

O deputado Brizola toma então a palavra para, energicamente, dizer que estava plenamente de acordo comigo. Poderíamos e deveríamos resistir e, incisivo, acrescentou 'organize aqui o seu governo, presidente, nomeie o general Ladário ministro da Guerra e, quanto a mim, só desejo que me entregue a pasta da Justiça'. Vamos resistir, insistiu.

Continuei com a palavra para dizer: 'Presidente, devo, finalmente, afirmar-lhe que minha mentalidade de soldado é de que, enquanto se dispõe de um punhado de homens, se resista, até esperar que a vitória se conquiste por milagre...'

O presidente João Goulart já tinha sua decisão tomada, e atalhou: 'Agradeço sua lealdade, general Ladário. Não desejo derramamento de sangue em defesa do meu mandato. Seguirei para algum lugar do país, onde aguardarei os acontecimentos. Não renunciarei, entretanto. Mande tomar as providências para me dirigir ao aeroporto'.

Nesse momento, dei por encerradas minhas funções de comando no 3º Exército. Nada mais havia a fazer. Determinei as providências para a partida do presidente João Goulart e fui tomar café. Eram, então, 10 horas.

O presidente ficou atendendo a várias pessoas, amigos e autoridades. Não assisti sua entrevista com os comandantes de tropa. Sei, entretanto, que as informações não foram favoráveis à resistência.

Às 10h30, atendi a uma chamada telefônica do Rio. Era o major Carlos Alfredo Malan de Paiva Chaves que falava. Deu-me informações de minha família e da situação. Dizia estar a 'Revolução' vitoriosa e que o presidente João Goulart, já deposto, abandonara o país.

Bem se vê como os chefes tinham interesse em mistificar as informações, mesmo para os seus adeptos. Declarei ao major Paiva Chaves que o presidente estava em Porto Alegre, sob minha garantia, e em pleno exercício de seu mandato governamental.

d) Às 11 horas, o presidente João Goulart, acompanhado por mim e o tenente-coronel José de Carvalho Figueiredo, deixa a residência do comandante do 3º Exército rumo ao Aeroporto Salgado Filho.

e) Às 11h30, sua excelência, acompanhado do general Assis Brasil, ministro Eugênio Caillard, tenente-coronel Pinto Guedes, ajudantes de ordens e serviçais, deixa Porto Alegre em avião rumo ao interior do país.

f) Às 12h30 regressei ao QG do 3º Exército, onde, de acordo com as ordens do general de exército Artur da Costa e Silva, determinei todas as providências para que a ordem fosse assegurada em todo o estado e, sobretudo, na capital.

Informei ao general Costa e Silva, ministro da Guerra, em rádio, as providências que tomara e solicitei autorização para passar o comando do 3º Exército ao meu substituto legal e regressar ao Rio de Janeiro.

Recolhi-me, então, à residência do comandante do 3º Exército.

Seria, de minha parte, faltar a um dever de justiça se aqui não deixasse consignada a minha gratidão e admiração à ação do tenente-coronel José de Carvalho Figueiredo, meu assistente-secretário.

Desde 1959 me acompanhava o tenente-coronel Figueiredo. Oficial inteligente, soldado de alma e coração, caráter sem jaça, foi durante todo esse tempo um dos meus melhores auxiliares. Sua absoluta e integral lealdade nunca foi desmentida. Nos momentos difíceis, sua dedicação era insuperável. Foi uma felicidade tê-lo junto a mim nesses dias em que tantas decepções tivemos.

4º – DIA 3 DE ABRIL

a) Ao me acordar, às 4h30, para tomar o meu indispensável chimarrão, tive a grata surpresa de ver meu filho Ladário, oficial de chancelaria do Ministério de Relações Exteriores, lotado na embaixada de Buenos Aires, que, com permissão do embaixador, viera a mim se juntar na angustiosa situação político-militar que eu enfrentava. Viajou 48 horas, ininterruptamente, de Buenos Aires a Porto Alegre.

Confesso que tive orgulho de meu filho e vi-o com emoção.

b) Às 8 horas, nos dirigimos para o aeroporto a fim de viajar para o Rio em avião da FAB gentilmente cedido pelo brigadeiro Otelo Ferraz, comandante da 5ª Zona Aérea, que lá nos aguardava.

Devo, aqui, consignar a excelente impressão que me deixou o brigadeiro Ferraz. Sereno e equilibrado, soldado de têmpera e lealdade a toda prova, recebeu-me com cavalheirismo e perfeita camaradagem. Deu-me integral apoio no cumprimento de minha missão. É, sem dúvida, um oficial-general que honra nossa gloriosa FAB.

c) Estavam presentes no aeroporto o general Floriano Machado, general Crisanto de Figueiredo, general Newton Barra e alguns parentes.

Às 9 horas, partimos de Porto Alegre.

Vinham em nossa companhia: o general Otomar e seu ajudante de ordens, capitão Itiguassu, meu filho Ladário, o tenente-coronel José de Carvalho Figueiredo, meu assistente-secretário, e o capitão Beltrão, ajudante de ordens.

d) Às 13h30, chegamos ao Rio. Aguardavam-nos no aeroporto o coronel Carneiro, meu ex-chefe de Estado-Maior na 1ª Região Militar, e o tenente-coronel Veterinário Mozart.

e) Às 15h30, dirigi-me ao Ministério da Guerra a fim de me apresentar ao ministro."[19]

---

19. Arquivo Ladário Pereira Teles.

Anexos

Manifesto dos intelectuais

"Condenamos a intervenção de ministros militares no sentido de impor ao poder Legislativo qualquer forma de violação do texto constitucional, que assegura ao povo brasileiro a prerrogativa de ser governado pelos que foram eleitos nas urnas e diplomados na Justiça Eleitoral. Afirmamos, por consequência, que a ordem e a paz somente podem ser asseguradas com a posse do vice-presidente senhor João Goulart no cargo de presidente da República, uma vez que se acha consumada e irreversível a renúncia do senhor Jânio Quadros ao exercício da chefia do Estado.

Condenamos os sofismas e as manobras de todas as espécies, destinados a evitar que se execute um dispositivo constitucional que é indiscutível pela sua perfeita clareza, quando determina que o vice-presidente, eleito juntamente com o presidente da República, é o seu substituto efetivo em casos de ausência, vaga, renúncia ou afastamento definitivo. E afirmamos, por consequência, que isso se verifica porque, nos termos da Constituição, todo o poder emana do povo e em seu nome é exercido.

Condenamos os governos títeres de emergência, as intromissões indébitas nos pronunciamentos do Congresso e a censura – como um abuso de poder – contra a liberdade de expressão na imprensa, no rádio e na televisão. E afirmamos, por consequência, que uma democracia desse modo tutelada já é de fato uma ditadura disfarçada.

Condenamos o processo em marcha, em que alguns chefes militares se atribuem missão que não lhes compete, pois nenhum poder para isso lhes foi conferido pelo povo. E afirmamos que as classes militares, armadas pelo povo, contra ele e suas mais caras instituições não podem voltar-se, golpeando-o pelas costas.

Condenamos, como subversivas, todas as manobras de cúpula, que levaram à renúncia um presidente da República e tentam impedir a posse do seu substituto legítimo, uma vez que nenhum cidadão poderá sentir-se livre neste país se dois presidentes da República, eleitos pela soberania nacional em plenitude, se veem impedidos de exercer suas funções e prerrogativas constitucionais. E afirmamos, por consequência, a nossa esperança de que o poder Legislativo e o vice-presidente, agora presidente da República, se coloquem à altura da dignidade e soberania dos seus mandatos populares."

1964: Golpe ou contragolpe?

Assinam o documento:
Adalgisa Nery – Adalardo Cunha – Afrânio Coutinho – Agildo Ribeiro – Alceu de Amoroso Lima – Alex Viany – Alexandra Ortopan – Anna Paim – Álvaro Lins – Álvaro Moreyra – Amaral Gurgel – Antônio Carlos Sousa e Silva – Ari de Andrade – Aurélio Buarque de Holanda – Barbosa Melo – Campos Ribeiro – Carlos Heitor Cony – Carlos Lyra – Carlos Scliar – Cícero Costa – Cid Silveira – Delcídio Jurandir – Dante Costa – Darci Evangelista – Darcy Ribeiro – Dias Gomes – Dilermando Cox – Dinah Silveira de Queiroz – Rossé Cavaca – Edna Savaget – Eduardo Portela – Eliseu Maia – Elvira Foeppel – Eneida – Ênio Silveira – Fagundes de Meneses – Flávio Tambellini – Francisco de Assis Barbosa – Francisco S. Gomes – Gaspar Silveira Martins – Gasparino Damata – Geir Campos – Gumercindo Cabral de Vasconcelos – Haroldo Bruno – Haroldo Maranhão – Hélio Bloch – Henrique Olímpio da Fonseca – Hermes Lima – Hildon Rocha – Hugo Dupin – Ivan Lins – James Amado – Jece Valadão – Joel Silveira – Jorge Amado – Jorge Dória – Jorge Goulart – Jorge Sousa Santos – José Antônio Pessoa de Queiroz – José Carlos Oliveira – José Condé – José Guilherme Mendes – José Guimarães – José Honório Rodrigues – José Junqueira – José Mauro Gonçalves – José Nogueira Filho – José Renato dos Santos Pereira – Justino Martins – Leopoldo Teixeira Leite – Lúcia Benedetti – Luís Luna – Luís Santa Cruz – Marcelo Brasileiro de Almeida – Mário Barata – Mário Lago – Mauritônio Meira – Miécio Tati – Moacir Werneck de Castro – Moacyr Félix – Nazareno Tourinho – Nestor de Hollanda – Nora Nei – Norma Benguel – Oduvaldo Vianna – Oduvaldo Vianna Filho – Oliveira Bastos – Paulo Francis – Paulo Silveira – Pedro Gouvêa Filho – Pedro Lafayette – Rachel Pedro Moacyr – R. Magalhães Júnior – Reginaldo Guimarães – Ribamar Ramos – Ruy Medeiros – Santos Morais – Waldyr de Castro Manso.

Emenda Parlamentarista

Emenda Constitucional nº 4

ATO ADICIONAL
Institui o sistema parlamentar do governo

CAPÍTULO I
Disposição preliminar

Art. 1º – O poder Executivo é exercido pelo presidente da República e pelo Conselho de Ministros, cabendo a este a direção e a responsabilidade da política do governo, assim como da administração federal.

CAPÍTULO II
Do presidente da República

Art. 2º – O presidente da República será eleito pelo Congresso Nacional por maioria absoluta de votos e exercerá o cargo por cinco anos.

Art. 3º – Compete ao presidente da República:
I – nomear o presidente do Conselho de Ministros e, por indicação deste, os demais ministros de Estado, e exonerá-los quando a Câmara dos Deputados lhes retirar a confiança;

II – presidir as reuniões do Conselho de Ministros, quando julgar conveniente;
III – sancionar, promulgar e fazer publicar as leis;
IV – vetar, nos termos da Constituição, os projetos de lei, considerando-se aprovados os que obtiverem o voto de três quintos dos deputados e senadores presentes, em sessão conjunta das duas Câmaras;
V – representar a nação perante os Estados estrangeiros;
VI – celebrar tratados e convenções internacionais, *ad referendum* do Congresso Nacional;
VII – declarar a guerra depois de autorizado pelo Congresso Nacional ou sem essa autorização, no caso de agressão estrangeira verificada no intervalo das sessões legislativas;
VIII – fazer a paz com autorização e *ad referendum* do Congresso Nacional;
IX – permitir, depois de autorizado pelo Congresso Nacional, ou sem essa autorização no intervalo das sessões legislativas, que forças estrangeiras transitem pelo território do país, ou, por motivo de guerra, nele permaneçam temporariamente;
X – exercer, através do presidente do Conselho de Ministros, o comando das Forças Armadas;
XI – autorizar brasileiros a aceitarem pensão, emprego ou comissão de governo estrangeiro;
XII – apresentar mensagem ao Congresso Nacional por ocasião da abertura da sessão legislativa, expondo a situação do país;
XIII – conceder indultos e comutar penas, com a audiência dos órgãos instituídos em lei;
XIV – prover, na forma da lei e com as ressalvas estatuídas pela Constituição, os cargos públicos federais;
XV – outorgar condecorações ou outras distinções honoríficas a estrangeiros, concedidas na forma da lei;
XVI – nomear, com aprovação do Senado Federal, e exonerar, por indicação do presidente do Conselho, o prefeito do Distrito Federal, bem como nomear e exonerar os membros do Conselho de Economia (art. 205 § 1º).

Art. 4º – O presidente da República, depois que a Câmara dos Deputados, pelo voto da maioria absoluta de seus membros, declarar procedente a acusação, será submetido a julgamento perante o Supremo Tribunal Federal nos crimes comuns, ou perante o Senado Federal nos crimes funcionais.

Art 5º – São crimes funcionais os atos do presidente da República que atentarem contra a Constituição Federal e, especialmente, contra:
I – a existência da União;
II – o livre exercício de qualquer dos poderes constitucionais da União ou dos estados;
III – o exercício dos poderes políticos, individuais e sociais;
IV – a segurança interna do país.

CAPÍTULO III
Do Conselho de Ministros

Art. 6º – O Conselho de Ministros responde coletivamente perante a Câmara dos Deputados pela política do governo e pela administração federal, e cada ministro de Estado individualmente pelos atos que praticar no exercício de suas funções.

Art. 7º – Todos os atos do presidente da República devem ser referendados pelo presidente do Conselho e pelo ministro competente como condição de sua validade.

Art. 8º – O presidente da República submeterá, em caso de vaga, à Câmara dos Deputados, no prazo de três dias, o nome do presidente do Conselho de Ministros. A aprovação da Câmara dos Deputados dependerá do voto da maioria absoluta dos seus membros.

§ Único – Recusada a aprovação, o presidente da República deverá, em igual prazo, apresentar outro nome. Se também este for recusado, apresentará, no mesmo prazo, outro nome. Se nenhum for aceito, caberá ao Senado Federal indicar, por maioria absoluta de seus membros, o presidente do Conselho, que não poderá ser qualquer dos recusados.

Art. 9º – O Conselho de Ministros, depois de nomeado, comparecerá perante a Câmara dos Deputados, a fim de apresentar seu programa de governo.

§ Único – A Câmara dos deputados, na sessão subsequente e pelo voto da maioria dos presentes, exprimirá sua confiança no Conselho de Ministros. A recusa da confiança importará formação de novo Conselho de Ministros.

Art. 10º – Votada a moção de confiança, o Senado Federal, pelo voto de dois terços de seus membros, poderá, dentro de 48 horas, opor-se à composição do Conselho de Ministros.

§ Único – O ato do Senado Federal poderá ser rejeitado pela maioria absoluta da Câmara dos Deputados em sua primeira sessão.

Art. 11º – Os ministros dependem da confiança da Câmara dos Deputados e serão exonerados quando esta lhes for negada.

Art. 12º – A moção de desconfiança contra o Conselho de Ministros, ou de censura a qualquer de seus membros, só poderá ser apresentada por cinquenta deputados no mínimo, e será discutida e votada, salvo circunstância excepcional regulada em lei, cinco dias depois de proposta, dependendo sua aprovação do voto da maioria absoluta da Câmara dos Deputados.

Art. 13º – A moção de confiança pedida à Câmara dos Deputados pelo Conselho de Ministros será votada imediatamente e se considerará aprovada pelo voto da maioria dos presentes.

Art. 14º – Verificada a impossibilidade de manter-se o Conselho de Ministros por falta de apoio parlamentar, comprovada em moções de desconfiança, opostas consecutivamente a três Conselhos, o presidente da República poderá dissolver a Câmara dos Deputados, convocando novas eleições, que se realizarão no prazo máximo de noventa dias, a que poderão concorrer os parlamentares que hajam integrado os Conselhos dissolvidos.

§ 1º – Dissolvida a Câmara dos Deputados, o presidente da República nomeará um Conselho de Ministros de caráter provisório.

§ 2º – A Câmara dos Deputados voltará a reunir-se, de pleno direito, se as eleições não se realizarem no prazo fixado.

§ 3º – Caberão ao Senado, enquanto não se instalar a nova Câmara dos Deputados, as atribuições do Art. 66, número III, IV e VII da Constituição.

Art. 15º – O Conselho de Ministros decide por maioria de votos. Nos casos de empate, prevalecerá o voto do presidente do Conselho.

Art.16º – O presidente do Conselho e os ministros podem participar das discussões em qualquer das casas do Congresso Nacional.

Art. 17º – Em cada ministério, haverá um subsecretário de Estado nomeado pelo ministro, com aprovação do Conselho de Ministros.

§ 1º – Os subsecretários de Estado poderão comparecer a quaisquer das casas do Congresso Nacional e a suas comissões, como representantes dos respectivos ministros.

§ 2º – Demitido um Conselho de Ministros, e enquanto não se constituir o novo, os subsecretários de Estado responderão pelo expediente das respectivas pastas.

Art. 18º – Ao presidente do Conselho de Ministros compete ainda:
I – ter iniciativa dos projetos de lei do governo;
II – manter relações com Estados estrangeiros e orientar a política externa;
III – exercer o poder regulamentar;
IV – decretar o estado de sítio nos termos da Constituição;
V – decretar e executar a intervenção federal, na forma da Constituição;
VI – enviar à Câmara dos Deputados a proposta de orçamento;
VII – prestar anualmente ao Congresso Nacional, dentro de sessenta dias após a abertura da sessão legislativa, as contas relativas ao exercício anterior.

CAPÍTULO IV
Das disposições transitórias

Art. 20º – A presente emenda, denominada Ato Adicional, entrará em vigor na data da sua promulgação pelas mesas da Câmara dos Deputados e do Senado Federal.

Art. 21º – O vice-presidente da República, eleito a 3 de outubro de 1960, exercerá o cargo de presidente da República, nos termos desse Ato Adicional, até 31 de janeiro de 1966, prestará compromisso perante o Congresso Nacional e, na mesma reunião, indicará à aprovação dele o nome do presidente do Conselho e a composição do primeiro Conselho de Ministros.

§ Único – O presidente do Congresso Nacional marcará dia e hora para, no mesmo ato, dar posse ao presidente da República, ao presidente do Conselho de Ministros e ao Conselho de Ministros.

Art. 22º – Poder-se-á complementar a organização do sistema parlamentar de governo, ora instituído, mediante leis votadas, nas duas casas do Congresso Nacional, pela maioria absoluta dos seus membros.

§ Único – A legislação delegada poderá ser admitida por lei votada na forma deste artigo.

Art. 23º – Fica extinto o cargo de vice-presidente da República.

Art. 24º – As Constituições dos estados adaptar-se-ão ao sistema parlamentar de governo, no prazo que a lei fixar, e que não poderá ser anterior ao término do mandato dos atuais governadores. Ficam respeitados igualmente, até ao seu término, os demais mandatos federais, estaduais e municipais.

Art. 25º – A lei votada nos termos do artigo 22 poderá dispor sobre a realização de plebiscito que decida da manutenção do sistema parlamentar ou volta ao sistema presidencial, devendo, em tal hipótese, fazer-se a consulta plebiscitária nove meses antes do termo do atual período presidencial.

Brasília, em 2 de setembro de 1961.

A mesa da Câmara dos Deputados:	A mesa do Senado Federal:
Sérgio Magalhães	Auro de Moura Andrade
1º vice-presidente no	vice-presidente, no
exercício da Presidência	exercício da Presidência
Clélio Lemos	Cunha Melo
2º vice-presidente	1º secretário
José Bonifácio	Gilberto Marinho
1º secretário	2º secretário
Alfredo Nasser	Argemiro de Figueiredo
2º secretário	3º secretário
Breno da Silveira	Novais Filho
3º secretário	4º secretário
Antônio Baby	
4º secretário	

Discurso do general Muricy

"Comandados das três Forças Armadas aqui presentes, de todos os postos! Prezado amigo coronel Mendonça Lima!

Devido às circunstâncias de haver sido rudemente atacado quando em pleno exercício do comando, de forma inesperada, violenta, sem provocação de nossa parte e havendo sido levantada suspeição do agitador contra o Exército Nacional, quando diz que a espada de Floriano acoberta os exploradores, ter sabido da atitude espontânea de repulsa dos meus comandados, que poderia mesmo atingir a violência, e porque, acima de tudo, para bem do Brasil é necessário manter bem alto a honra militar e a dignidade da farda que vestimos, aceitei esta manifestação de desagravo que, de outra forma, não permitiria.

Não porque tenha sido eu pessoalmente vítima de injusta, inesperada e solerte acusação pública, mas sim porque o ataque foi feito ao comandante da guarnição, já que o ofensor evitou se referir ao meu nome, dizendo não fazer ataques pessoais, mas se referiu a um general em serviço nessa guarnição, que só pode ser uma pessoa – eu.

Moral comunista

É da técnica da guerra revolucionária, tal como foi concebida pelos técnicos comunistas, de Lênin a Mao Tsé-Tung, passando por Bukarine e outros, que, quando não se pode atrair as Forças Armadas, é necessário desagregá-las, fazer lavrar a indisciplina, desmoralizar seus chefes, dividi-las lançando oficiais contra oficiais, sargentos contra sargentos, sargentos contra oficiais. É porque sabem que elas são a única força capaz de destroçá-los.

E comunistas e simpatizantes adotam a moral comunista, segundo foi definida por Lênin: 'Moral comunista é tudo aquilo que tem interesse para o Partido Comunista. Não acredito na moral eterna'.

Através da pessoa do comandante da guarnição, procuram atingir o Exército, tentando a desmoralização de seus chefes, que, disciplinada e silenciosamente, cumprem com seu dever, sem medir sacrifícios, sem temores, sem demagogia, vivendo modesta, digna e honradamente sua vida, pois que para mais não dão seus vencimentos e só deles podem viver, ao contrário de alguns que usam o dinheiro público e o dinheiro sem nome, aos milhões, para agitar, para solapar a unidade nacional e as Forças Armadas, para tirar do povo brasileiro a liberdade, desrespeitando a dignidade humana e se dizendo defensores dos humildes, defensores dos pobres, quando só fazem se enriquecer por todos os meios, procuram vender o Brasil, ao mesmo tempo que dizem querer defendê-lo.

Homens sem fé, sem consciência, sem sentimentos de honra querem subverter o país, jogar irmãos contra irmãos, numa luta fratricida que ousam provocar porque ficam acobertados atrás das massas que tentam conduzir e manobrar.

Insinuação soez

Nunca, até então, um homem que devesse ter responsabilidade ousou, publicamente, atacar o Exército através do chefe militar que moureja na guarnição que visita, chamando-o pejorativamente de 'gorila' e de 'golpista' e depois fazendo insinuações de caráter ofensivo à dignidade do soldado e do homem, dizendo, sem mais esclarecimentos, que ele 'fugiu' do Rio Grande para não ser preso.

Sempre procurei trabalhar anonimamente, em meu quartel. Sempre me mantive dentro de nossa classe. Jamais cometi uma vilania, nem fraquejei no cumprimento do dever.

Aquela insinuação soez e despudorada, feita publicamente, obriga-me a um esclarecimento aos meus subordinados e aos meus amigos.

Em fins de 1961, tendo ido ao Rio por necessidade imperiosa do momento, fui, pelo ministro da Guerra, através do seu chefe de gabinete, autorizado a não regressar a Porto Alegre, uma vez que a situação havia se transformado e não desejava o meu sacrifício.

A dignidade do meu posto, a honra da farda que visto, impuseram que eu voltasse ao Sul, acontecesse o que acontecesse, mesmo que minha vida pudesse estar em jogo. Voltei só, acompanhado apenas do meu ajudante de ordens, para o centro dos tormentosos acontecimentos que então se realizavam. Por não concordar com a decisão de um chefe, a quem respeito, e após clara e leal posição de pontos de vista, tive, desse chefe, o desligamento de todos os compromissos que nos ligavam.

A partir desse tempo, era livre para agir de acordo com a minha consciência e a minha maneira de pensar. Não podendo apoiar a 'legalidade', tal como era apresentada no momento, só tinha um caminho: sair do Sul de forma a ficar em condições de, se necessário, agir futuramente. Preferi sair então, enfrentar todos os riscos, a ficar comodamente na situação de prisioneiro e observador bem situado.

Só aos meus chefes, aos meus pares, aos meus camaradas admito o direito de julgar as minhas atitudes militares, e não quem não tem condições morais de o fazer.

Páginas abertas

É lamentável que estejamos vendo a pregação revolucionária e de agitar por quem tinha o dever e a obrigação moral de defender a sua terra, por quem, empregando fortunas, usa todos os meios de difusão para agitar o país.

Meus companheiros, a minha vida pública, a minha vida particular são páginas abertas, claras, que podem ser mostradas a qualquer um. Podem acreditar no seu comandante. Podem confiar nas suas atitudes.

Meus camaradas das três Forças Armadas, oficiais e sargentos: a situação atual da nossa terra é delicada. Atravessamos uma crise grave, econômica e social, e o momento não é de lutas e ataques pessoais, é de união de todos os brasileiros, quaisquer que sejam suas condições sociais, seus credos, sua profissão.

O Brasil precisa de todos os seus filhos! Que todos trabalhem com desinteresse, altruísmo e, principalmente, com elevado espírito patriótico, unidos em torno dos princípios democráticos e cristãos que norteiam a nossa vida.

É preciso que todos os brasileiros se unam e ajam contra os coveiros da nossa terra. É preciso, para o bem do Brasil, que se diga bem alto: basta de agitação!

Compreendamos a hora que passa, trabalhemos pelas mudanças que venham melhorar as condições de vida das classes sofredoras e resolver as injustiças sociais. Mas que essas mudanças venham democraticamente e sem ofensa à liberdade. Somos cristãos e somos democratas, somos patriotas e somos brasileiros. Que Deus permita assim continuarmos."

Discurso do dia 13 de março

O presidente João Goulart fez o seguinte discurso no Comício das Reformas, no dia 13 de março de 1964:

"Devo agradecer às organizações sindicais, promotoras desta grande manifestação, devo agradecer ao povo brasileiro por esta demonstração extraordinária a que assistimos emocionados, aqui nesta cidade do Rio de Janeiro. Quero agradecer também aos sindicatos que, de todos os estados, mobilizaram os seus associados, dirigindo minha saudação a todos os patrícios, a este instante mobilizados em todos os recantos do país e ouvindo o povo através do rádio ou da televisão. Dirijo-me a todos os brasileiros, e não apenas aos que conseguiram adquirir instrução nas escolas. Dirijo-me também aos milhões de irmãos nossos que dão ao Brasil mais do que recebem e que pagam em sofrimento, pagam em miséria, pagam em privações o direito de serem brasileiros e o de trabalhar de sol a sol pela grandeza deste país. Presidente de oitenta milhões de brasileiros, quero que minhas palavras sejam bem entendidas por todos os nossos patrícios. Vou falar em linguagem franca, que pode ser rude, mas é sincera e sem subterfúgios. É também a linguagem de esperança, de quem quer inspirar confiança no futuro, mas de quem tem a coragem de enfrentar sem fraquezas a dura realidade que vivemos. Aqui estão os meus amigos trabalhadores, pensando na campanha de terror ideológico e de sabotagem cuidadosamente organizada para impedir ou perturbar a realização deste memorável encontro entre o povo e o seu presidente, na presença das lideranças populares mais representativas deste país, que se encontram também conosco nesta festa cívica."

Democracia

"Chegou-se a proclamar, trabalhadores brasileiros, que esta concentração seria um ato atentatório ao regime democrático, como se no Brasil a reação ainda fosse dona da democracia, ou proprietária das praças e das ruas. Desgraçada democracia a que tiver de ser defendida por esses democratas. Democracia para eles não é o regime da liberdade de reunião para o povo. O que eles querem é uma democracia de um povo emudecido, de um povo abafado nos seus anseios, de um povo abafado nas suas reivindicações. A democracia que eles desejam impingir-nos é a democracia do antipovo, a democracia da antirreforma, a democracia do antissindicato, ou seja, aquela que melhor atenda aos seus interesses ou aos dos grupos que eles representam. A democracia que eles pretendem é a democracia dos privilégios, a democracia da intolerância e do ódio. A democracia que eles querem, trabalhadores, é para liquidar com a Petrobras, é a democracia dos monopólios, nacionais e internacionais, a democracia que pudesse lutar contra o povo, a democracia que levou o grande presidente Vargas ao extremo sacrifício. Ainda ontem, eu afirmava no Arsenal de Marinha, envolvido pelo calor dos trabalhadores de lá, que a democracia jamais poderia ser ameaçada pelo povo, quando o povo livremente vem para as praças – as praças que são do povo. Para as ruas – que são do povo.

Democracia, trabalhadores, é o que o meu governo vem procurando realizar, como é do meu dever. Não só para interpretar os anseios populares, mas também para conquistá-los, pelo caminho do entendimento e da paz. Não há ameaça mais séria para a democracia do que a democracia que desconhece os direitos do povo. Não há ameaça mais séria à democracia do que tentar estrangular a voz do povo, dos seus legítimos líderes populares, fazendo calar as suas reivindicações."

Reformas

"Estaríamos, assim, brasileiros, ameaçando o regime se nos mostrássemos surdos aos reclamos da nação, desta nação e desses reclamos que, de Norte a Sul, de Leste a Oeste, levantam o seu grande clamor pelas reformas de base e de estrutura, sobretudo pela reforma agrária, que será o complemento da abolição do cativeiro para dezenas de milhares de brasileiros que vegetam no interior, em revoltantes condições de miséria. Ameaça à democracia, enfim, não é vir confraternizar com o povo na rua. Ameaça à democracia é empulhar o povo brasileiro, é explorar os seus sentimentos cristãos, na mistificação de uma indústria do anticomunismo, insurgindo o povo até contra os grandes e iluminados ensinamentos dos grandes e santos papas, que informam notáveis pronunciamentos, das mais expressivas figuras do episcopado nacional. O inolvidável papa João XXIII é que nos ensina, povo brasileiro, que a dignidade da pessoa humana exige, normalmente como fundamento natural para a vida, o direito e o uso dos bens da terra, ao qual corresponde a obrigação fundamental de conceder uma propriedade para todos. É dentro dessa autêntica doutrina que o governo brasileiro vem procurando situar sua política social, particularmente no que diz respeito à nossa realidade agrária. O cristianismo nunca foi o escudo para os privilégios condenados para o Santo Padre, nem também, brasileiros, os rosários podem ser levantados contra a vontade do povo e as suas aspirações mais legítimas. Não podem ser levantados os rosários da fé contra o povo, que tem fé numa justiça social mais humana e na dignidade das suas esperanças. Os rosários não podem ser erguidos contra aqueles que reclamam a discriminação da propriedade da terra, hoje ainda em mãos de tão poucos, de tão pequena maioria."

Ação repressiva

"Àqueles que reclamam do presidente da República uma palavra tranquila para a nação, àqueles que em todo o Brasil nos ouvem nesta oportunidade, o que eu posso dizer é que só conquistaremos a paz social através da justiça social. Perdem seu tempo aqueles que imaginam que o governo seria capaz de sufocar a voz do povo ou de abafar as suas reivindicações. Perdem seu tempo, também, os que temem que o governo passe a empreender uma ação subversiva na defesa de interesses políticos ou pessoais, como perdem também seu tempo os que esperam desse governo uma ação repressiva dirigida contra o povo, contra os seus direitos ou contra as suas reivindicações. Ação repressiva, trabalhadores, é a que o governo está praticando e vai ampliar cada vez mais e mais implacavelmente, aqui na Guanabara e em outros estados, contra aqueles que especulam contra as dificuldades do povo, contra os que exploram o povo, que sonegam gêneros alimentícios ou que jogam com seus preços. Ainda ontem, dentro de associações de cúpula de classes conservadoras, ibadianos de ontem levantavam a voz contra o presidente pelo crime de defender o povo contra os que o exploram na rua e em seus lares, através da exploração e da ganância."

Revisão da Constituição

"Mas não tiram o sono as manifestações de protestos dos gananciosos, mascaradas de frases patrióticas, mas que, na realidade, traduzem suas esperanças e seus propósitos de restabelecer impunidade para suas atividades antipopulares e antissociais. Por outro lado, não receio ser chamado de subversivo pelo fato de proclamar – e tenho proclamado e continuarei proclamando nos recantos da Pátria – a necessidade da revisão da Constituição. Há necessidade, trabalhadores, da revisão da Constituição da nossa República, que não atende mais aos anseios do povo e aos anseios do desenvolvimento desta nação. A Constituição atual, trabalhadores, é uma Constituição antiquada, porque legaliza uma estrutura socioeconômica já superada; uma estrutura injusta e desumana. O povo quer que se amplie a democracia, quer que se ponha fim aos privilégios de uma minoria; que a propriedade da terra seja acessível a todos; que a todos seja facilitado participar da vida política do país, através do voto, podendo votar e podendo ser votado; que se impeça a intervenção do poder econômico nos pleitos eleitorais e que seja assegurada a representação de todas as correntes políticas, sem quaisquer discriminações, ideológicas ou religiosas."

Liberdade de opinião

"Todos, todos os brasileiros, todos têm o direito à liberdade de opinião, de manifestar também sem temor seu pensamento. É um princípio fundamental dos direitos do homem, contido na própria Carta das Nações Unidas, e que temos o dever de assegurar a todos os brasileiros. Está nisso, trabalhadores, está nisso, povo brasileiro, o sentido profundo desta grande e incalculável multidão que presta, neste instante, sua manifestação ao presidente, que vem também prestar-lhe conta de seus problemas, mas também de suas atitudes e de suas convicções nas lutas que vem enfrentando, luta contra as forças poderosas, mas confiando sempre na unidade do povo e das classes trabalhadoras, unidade que há de encurtar o caminho da nossa emancipação. É apenas de se lamentar que parcelas ainda ponderáveis que tiveram acesso à instrução superior continuem insensíveis, de olhos e ouvidos fechados à realidade nacional. São, certamente, trabalhadores, os piores surdos e os piores cegos, porque poderão, com tanta surdez e com tanta cegueira, ser, amanhã, responsáveis, perante a História, pelo sangue brasileiro que possa ser derramado, ao pretenderem levantar obstáculos à caminhada do Brasil e à emancipação do povo brasileiro."

Processo pacífico

"De minha parte, à frente do poder Executivo, tudo continuarei fazendo para que o processo democrático siga o caminho pacífico, para que sejam derrubadas as barreiras que impedem a conquista de novas etapas e do progresso. E podeis estar certos, trabalhadores, de que juntos, governo e povo, operários, camponeses, militares, estudantes, intelectuais e patrões brasileiros que colocam os interesses da Pátria acima de seus interesses, haveremos de prosseguir, e prosseguir de cabeça erguida, a caminhada da emancipação econômica e de emancipação social do país. O nosso lema, o nosso lema, trabalhadores do Brasil, é progresso com justiça e desenvolvimento com igualdade. A maioria dos brasileiros já não se conforma com a ordem social imperfeita, injusta e desumana. Os milhões que nada têm impacientam-se com a demora, já agora quase insuportável, em receber os dividendos de um progresso tão duramente construído, mas construído também com o esforço dos trabalhadores e o sacrifício dos humildes. Vamos continuar lutando pela construção de novas usinas, pela abertura de novas estradas, pela implantação de mais fábricas, de novas escolas, de hospitais para o povo sofredor; mas sabemos, trabalhadores, que nada disso terá sentido profundo se ao homem não for assegurado o sagrado direito ao trabalho e a uma mais justa participação no desenvolvimento nacional."

Hora da reforma

"Não, trabalhadores; não, brasileiros. Sabemos muito bem que de nada vale ordenar a miséria neste país. Nada adianta dar-lhe aquela aparência bem-comportada com que alguns pretendem iludir e enganar o povo brasileiro. Meus patrícios, a hora é a hora da reforma, brasileiros, reforma de estrutura, reforma de métodos, reforma de estilo de trabalho e reforma de objetivo para o povo brasileiro. Já sabemos que não é mais possível produzir sem reformar, que não é mais possível admitir que essa estrutura ultrapassada possa realizar o milagre da salvação nacional, para milhões e milhões de brasileiros, da portentosa civilização industrial, porque dela conhecem apenas a vida cara, as desilusões, o sofrimento e as ilusões passadas. O caminho das reformas é o caminho do progresso e da paz social. Reformar, trabalhadores, é solucionar pacificamente as contradições de uma ordem econômica e jurídica superada, inteiramente superada pela realidade dos momentos em que vivemos."

Primeiro passo

"Trabalhadores, acabei de assinar o decreto da Supra. Assinei-o, meus patrícios, com o pensamento voltado para a tragédia do irmão brasileiro que sofre no interior de nossa Pátria. Ainda não é aquela reforma agrária pela qual lutamos.

Ainda não é a reformulação do nosso panorama rural empobrecido.

Ainda não é a carta de alforria do camponês abandonado.

Mas é o primeiro passo: uma porta que se abre à solução definitiva do problema agrário brasileiro.

O que se pretende com o decreto que considera de interesse social para efeito de desapropriação as terras que ladeiam eixos rodoviários, leitos de ferrovias, açudes públicos federais e terras beneficiadas por obras de saneamento da União é tornar produtivas áreas inexploradas ou subutilizadas, ainda submetidas a um comércio especulativo, odioso e intolerável.

Não é justo que o benefício de uma estrada, de um açude ou de uma obra de saneamento vá servir aos interesses dos especuladores de terra, que se apoderaram das margens das estradas e dos açudes. A Rio-Bahia, por exemplo, que custou setenta bilhões de dinheiro do povo, não deve beneficiar os latifundiários pela multiplicação do valor de suas propriedades, mas sim o povo.

Não o podemos fazer, por enquanto, trabalhadores, como é de prática corrente em todos os países do mundo civilizado: pagar a desapropriação de terras abandonadas em títulos da dívida pública e a longo prazo.

Reforma agrária com pagamento prévio do latifúndio improdutivo à vista e em dinheiro não é reforma agrária. Reforma agrária, como consagrado na Constituição, com pagamento prévio e a dinheiro é negócio agrário, que interessa apenas ao latifundiário, radicalmente oposto aos interesses do povo brasileiro. Por isso o decreto da Supra não é a reforma agrária.

Sem reforma constitucional, trabalhadores, não há reforma agrária autêntica. Sem emendar a Constituição, que tem acima dela o povo, poderemos ter leis agrárias honestas e bem-intencionadas, mas nenhuma delas capaz de modificações estruturais profundas."

Dentro de sessenta dias

"Graças à colaboração patriótica e técnica das nossas gloriosas Forças Armadas, em convênios realizados com a Supra, graças a essa colaboração, meus patrícios, espero que dentro de menos de sessenta dias já comecem a ser divididos os latifúndios das beiras das estradas, os latifúndios ao lado das ferrovias e dos açudes construídos com o dinheiro do povo, ao lado das obras de saneamento realizadas com o sacrifício da nação. E, feito isso, os trabalhadores do campo já poderão, então, ver concretizada, embora em parte, a sua mais sentida e justa reivindicação, aquela que lhes dará um pedaço de terra para cultivar. Aí, então, o trabalhador e a sua família irão trabalhar para si próprios, porque até aqui eles trabalham para o dono da terra, a quem entregam, como aluguel, metade de sua produção. E não se diga, trabalhadores, que há meio de se fazer a reforma sem mexer a fundo na Constituição. Em todos os países civilizados do mundo, já foi suprimido do texto constitucional aquela parte que obriga a desapropriação por interesse social, a pagamento prévio, a pagamento em dinheiro.

No Japão de pós-guerra, há quase vinte anos, ainda ocupado pelas forças aliadas vitoriosas, sob o patrocínio do comando vencedor, foram distribuídos dois milhões e meio de hectares das melhores terras do país, com indenizações *pagas em bônus com 24 anos de prazo, juros de 3,65% ao ano*. E quem é que se lembrou de chamar o general MacArthur de subversivo ou extremista?

Na Itália, ocidental e democrática, foram distribuídos um milhão de hectares, em números redondos, na primeira fase de uma reforma agrária cristã e pacífica iniciada há quinze anos. Cento e cinquenta mil famílias foram beneficiadas.

No México, durante os anos de 1932 a 1945, foram distribuídos trinta milhões de hectares, com pagamento das indenizações em títulos da dívida pública, vinte anos de prazo, juros de 5% e desapropriação dos latifúndios com base no valor fiscal.

Na Índia, foram promulgadas leis que determinam a abolição da grande propriedade mal aproveitada, transferindo as terras para os camponeses. Essas leis abrangem cerca de 68 milhões de hectares, ou seja, a metade da área cultivada da Índia.

Portanto, não existe argumento capaz de poder afirmar que no Brasil, uma nação jovem que se projeta para o futuro, não se possa também fazer a reforma da Constituição para a reforma agrária autêntica e verdadeira."

Imposição progressista

"A reforma agrária não é capricho de um governo ou programa de um partido. É produto da inadiável necessidade de todos os povos do mundo. Aqui, no Brasil, constitui a legenda mais viva da esperança do nosso povo, sobretudo daqueles que labutam no campo.

A reforma agrária é também uma imposição progressista do mercado interno, que necessita aumentar a sua produção para sobreviver.

Os tecidos e os sapatos sobram nas prateleiras das lojas, e as nossas fábricas estão produzindo muito abaixo de sua capacidade. Ao mesmo tempo em que isso acontece, as nossas populações mais pobres vestem farrapos e andam descalças, porque não têm dinheiro para comprar.

Assim, a reforma agrária é indispensável, não só para aumentar o nível de vida do homem do campo, mas também para dar mais trabalho às indústrias, e melhor remuneração ao trabalhador urbano.

Interessa, por isso, também a todos os industriais e aos comerciantes. A reforma agrária é necessária, enfim, à nossa vida social e econômica, para que o país possa progredir, em sua indústria e no bem-estar do seu povo.

Como garantir o direito de propriedade autêntica quando, dos quinze milhões de brasileiros que trabalham a terra, no Brasil, apenas dois milhões e meio são proprietários?

O que estamos pretendendo fazer no Brasil, pelo caminho da reforma agrária, não é diferente, pois, do que se fez em todos os países desenvolvidos do mundo. É uma etapa de progresso que precisamos conquistar e haveremos de conquistar."

Tranquilidade social

"Essa manifestação deslumbrante que presenciamos é um testemunho vivo de que a reforma agrária será conquistada para o povo brasileiro. O próprio custo da produção, trabalhadores, o próprio custo dos gêneros alimentícios está diretamente subordinado às relações entre o homem e a terra. Num país em que se pagam aluguéis da terra que sobem a mais de 50% da produção obtida daquela terra, não pode haver gêneros baratos, não pode haver tranquilidade social. No meu estado, por exemplo, o estado do deputado Leonel Brizola, 65% da produção de arroz é obtida em terras alugadas, e o arrendamento ascende a mais de 55% do valor da produção. O que ocorre no Rio Grande é que um arrendatário de terras para o plantio de arroz paga, em cada ano, o valor total da terra que ele trabalhou para o proprietário. Esse inquilinato rural desumano e medieval é o grande responsável pela produção insuficiente e cara que torna insuportável o custo de vida para as classes populares em nosso país.

A reforma agrária só prejudica uma minoria de insensíveis, que deseja manter o povo escravo e a nação submetida a um miserável padrão de vida.

E é claro, trabalhadores, que só se pode iniciar uma reforma agrária em terras economicamente aproveitáveis. É claro que não poderíamos começar a reforma agrária, para atender aos anseios do povo, nos estados do Amazonas ou do Pará. A reforma agrária deve ser iniciada nas terras mais valorizadas e ao lado dos grandes centros de consumo, com transporte fácil para o seu escoamento.

Governo nenhum, trabalhadores, povo nenhum, por maior que seja o seu esforço, e até mesmo o seu sacrifício, poderá enfrentar o monstro inflacionário que devora os salários, que inquieta o povo assalariado, se não forem efetuadas as reformas de estrutura e de base exigidas pelo povo e reclamadas pela nação."

Solução harmônica

"Tenho autoridade para lutar pela reforma da atual Constituição, porque essa reforma é indispensável e porque o seu objetivo único e exclusivo é abrir o caminho para a solução harmônica dos problemas que afligem o nosso povo. Não me animam, trabalhadores – e é bom que a nação me ouça –, quaisquer propósitos de ordem pessoal. Os grandes beneficiários das reformas serão, acima de todos, o povo brasileiro e os governos que me sucederem. A eles, trabalhadores, desejo entregar uma nação engrandecida, emancipada e cada vez mais orgulhosa de si mesma, por ter resolvido mais uma vez, e pacificamente, os graves problemas que a História nos legou.

Dentro de 48 horas, vou entregar à consideração do Congresso Nacional a mensagem presidencial deste ano.

Nela, estão claramente expressas as intenções e os objetivos deste governo. Espero que os senhores congressistas, em seu patriotismo, compreendam o sentido social da ação governamental, que tem por finalidade acelerar o progresso deste país e assegurar aos brasileiros melhores condições de vida e trabalho, pelo caminho da paz e do entendimento, isto é, pelo caminho reformista, pacífico e democrático.

Mas estaria faltando ao meu dever se não transmitisse, também, em nome do povo brasileiro, em nome destas 150 ou 200 mil pessoas que aqui estão, caloroso apelo ao Congresso Nacional para que venha ao encontro das reivindicações populares, para que, em seu patriotisrno, sinta os anseios da nação, que quer abrir caminho, pacífica e democraticamente, para melhores dias. Mas também, trabalhadores, quero referir-me a um outro ato que acabo de assinar, interpretando os sentimentos nacionalistas deste país. Acabei de assinar, antes de dirigir-me para essa grande festa cívica, o decreto de encampação de todas as refinarias particulares."

Patrimônio nacional

"A partir de hoje, trabalhadores brasileiros, a partir deste instante, as refinarias de Capuava, Ipiranga, Manguinhos, Amazonas e Destilaria Rio-Grandense passam a pertencer ao povo, passam a pertencer ao patrimônio nacional.

Procurei, trabalhadores, depois de estudos cuidadosos elaborados por órgãos técnicos, depois de estudos profundos, procurei ser fiel ao espírito da Lei nº 2004, lei que foi inspirada nos ideais patrióticos e imortais de um brasileiro que também continua imortal em nossa alma e nosso espírito.

Ao anunciar, à frente do povo reunido em praça pública, o decreto de encampação de todas as refinarias de petróleo particulares, desejo prestar homenagem de respeito àquele que sempre esteve presente nos sentimentos do nosso povo, o grande e imortal presidente Getúlio Vargas.

O imortal e grande patriota tombou, mas o povo continua a caminhada, guiado pelos seus ideais. E eu, particularmente, vivo hoje momento de profunda emoção ao poder dizer que, com esse ato, soube interpretar o sentimento do povo brasileiro.

Alegra-me ver, também, o povo reunido para prestigiar medidas como esta, da maior significação para o desenvolvimento do país e que habilita o Brasil a aproveitar melhor as suas riquezas minerais, especialmente as riquezas criadas pelo monopólio do petróleo. O povo estará sempre presente nas ruas e nas praças públicas para prestigiar um governo que pratica atos como esses, e também para mostrar às forças reacionárias que há de continuar a sua caminhada no rumo da emancipação nacional.

Na mensagem que enviei à consideração do Congresso Nacional, estão igualmente consignadas duas outras reformas que o povo brasileiro reclama, porque é exigência do nosso desenvolvimento e da nossa democracia. Refiro-me à reforma eleitoral, à reforma ampla que permita a todos os brasileiros maiores de dezoito anos ajudar a decidir dos seus destinos, que permita a todos os brasileiros que lutam pelo engrandecimento do país a influir nos destinos gloriosos do Brasil. Nessa reforma, pugnamos pelo princípio democrático, princípio democrático fundamental, de que todo alistável deve ser também elegível."

Reforma universitária

"Também está consignada na mensagem ao Congresso a reforma universitária, reclamada pelos estudantes brasileiros, pelos universitários, classe que sempre tem estado corajosamente na vanguarda de todos os movimentos populares e nacionalistas.

Ao lado dessas medidas e desses decretos, o governo continua examinando outras providências de fundamental importância para a defesa do povo, especialmente das classes populares.

Dentro de poucas horas, outro decreto será dado ao conhecimento da nação. É o que vai regulamentar o preço extorsivo dos apartamentos e residências desocupados, preços que chegam a afrontar o povo e o Brasil, oferecidos até mediante o pagamento em dólares. Apartamento, no Brasil, só pode e só deve ser alugado em cruzeiros, que é dinheiro do povo e a moeda deste país. Estejam tranquilos de que dentro em breve esse decreto será uma realidade.

E realidade há de ser também a rigorosa e implacável fiscalização para que seja cumprido. O governo, apesar dos ataques que tem sofrido, apesar dos insultos, não recuará um centímetro sequer na fiscalização que vem exercendo contra a exploração do povo. E faço um apelo ao povo para que ajude o governo na fiscalização dos exploradores do povo, que são também exploradores do Brasil. Aqueles que desrespeitarem a lei, explorando o povo – não interessa o tamanho de sua fortuna nem de seu poder, esteja ele em Olaria ou na rua do Acre –, hão de responder perante a lei pelo seu crime.

Aos servidores públicos da nação, aos médicos, aos engenheiros do serviço público, que também não me têm faltado com o seu apoio e o calor de sua solidariedade, posso afirmar que suas reivindicações justas estão sendo objeto de estudo final e que em breve serão atendidas. Atendidas porque o governo deseja cumprir o seu dever com aqueles que permanentemente cumprem o seu para com o país."

Reconfortado e retemperado

"Ao encerrar, trabalhadores, quero dizer que me sinto reconfortado e retemperado para enfrentar a luta que tanto maior será contra nós quanto mais perto estivermos do cumprimento do nosso dever. À medida que essa luta apertar, sei que o povo também apertará sua vontade contra aqueles que não reconhecem os direitos populares, contra aqueles que exploram o povo e a nação.

Sei das reações que nos esperam, mas estou tranquilo, acima de tudo, porque sei que o povo brasileiro já está amadurecido, já tem consciência da sua força e da sua unidade, e não faltará com o seu apoio às medidas de sentido popular e nacionalista.

Quero agradecer, mais uma vez, essa extraordinária manifestação, em que os nossos mais significativos líderes populares vieram dialogar com o povo brasileiro, especialmente com o bravo povo carioca, a respeito dos problemas que preocupam a nação e afligem todos os nossos patrícios.

Nenhuma força será capaz de impedir que o governo continue a assegurar absoluta liberdade ao povo brasileiro. E, para isso, podemos declarar, com orgulho, que contamos com a compreensão e o patriotismo das bravas e gloriosas Forças Armadas da nação.

Hoje, com o alto testemunho da nação e com a solidariedade do povo, reunido na praça que só ao povo pertence, o governo, que é também o povo e que também só ao povo pertence, reafirma os seus propósitos inabaláveis de lutar com todas as suas forças pela reforma da sociedade brasileira. Não apenas pela reforma agrária, mas pela reforma tributária, pela reforma eleitoral ampla, pelo voto do analfabeto, pela elegibilidade de todos os brasileiros, pela pureza da vida democrática, pela emancipação econômica, pela justiça social e pelo progresso do Brasil."

Documento Leex

Este documento deverá ser entregue, em cada um dos grupos de tropa, a *um só oficial*, da mais absoluta confiança.

Documento Leex
(Lealdade ao Exército)

Prezado camarada,

1 – Grande número de oficiais das Forças Armadas, constituído de militares de formação e convicções rigorosamente democráticas, isentos de quaisquer vinculações político-partidárias, equidistantes de extremismos de direita ou de esquerda, inteiramente dedicados aos afazeres profissionais e de comprovada experiência, alguns dos quais em elevados postos da hierarquia, diante da situação grave em que se debate o país, tomaram a resolução de coordenar os anseios e esforços que vêm sendo observados em vastas áreas das Forças Armadas.

Esse grande número de militares, com propósito de salvaguardar as instituições democráticas, defender as tradições cristãs do nosso povo e fazer respeitar os postulados fundamentais da Constituição livremente debatida, estruturada e promulgada em 1946 pelos legítimos representantes do povo brasileiro, decidiu agir para que possam ser evitadas ações e manifestações parciais e isoladas, que só viriam favorecer a minoria ativa e atrevida que procura agitar a nação em busca de uma oportunidade para a implantação de um regime político de feição nitidamente comunista.

O falso "nacionalismo" apregoado pelos agitadores não chega a encobrir a base marxista-leninista em que se apoiam suas convicções, impregnadas do bafio que de longe denuncia o materialismo dialético.

Lembremo-nos de que só depois de consumada a traição em Cuba e de miseravelmente abatidos os que se deixaram iludir, só depois de virtualmente extintas quaisquer possibilidades de reação, proclamou o ditador cubano o sentido marxista-leninista da revolução que encabeçara.

A dissimulação e a traição são as armas preferidas pelos criptocomunistas.

2 – Antes de mais nada, é essencial deixar bem claro que não é nosso intuito tramar a destituição do atual governo, nem substituí-lo por um regime de força extraconstitucional. O desejo que nos anima é o do mais absoluto respeito à ordem, à Constituição e às

liberdades nela consubstanciadas. Desejamos que os atuais dirigentes cheguem ao termo do mandato sem a conspurcação do regime democrático-representativo, sem a amputação das linhas mestras que caracterizam a forma de governo profundamente enraizada na índole e nas tradições do Brasil.

Propugnamos, como é de nosso dever, o respeito ao livre exercício dos poderes constitucionais que compõem a estrutura do regime, sem quebra das atribuições, dos deveres e das prerrogativas que lhe são inerentes.

Somos uma força ao serviço da pátria e temos bem presente as imposições contidas na letra e no espírito dos artigos 176 e 177 da Constituição Federal, que fixam a obediência das Forças Armadas ao presidente da República, *dentro, porém,* dos limites da lei, que expressamente determina:

"Destinam-se as Forças Armadas a defender a pátria,
poderes constitucionais, a lei e a ordem". (artigo 177 da Constituição da República.)

E os poderes constitucionais, além do Executivo, compreendem também o Legislativo e o Judiciário.

Não somos, pois, uma força inconsciente a serviço de minorias políticas esquerdistas que transitoriamente, e por sucessos imprevistos, se tenham infiltrado em um dos poderes e, acobertadas por ardis e facilidades que lhes proporcionam um falso e elástico exercício desse poder, pretendam subverter o regime social livremente escolhido e adotado pelo povo brasileiro, para substituí-lo por um outro de feição comunista, sindicalista, síndico-comunista, castrista ou "nacionalista".

O papel das Forças Armadas é o de assegurar os poderes constituídos dentro dos limites da lei e o pleno funcionamento das regras constitucionais que, com o jogo de pesos e contrapesos, regulam a independência e a harmonia entre os poderes.

É indispensável que a estrutura política da nação funcione em toda a plenitude, máxime nos momentos de crise em que se faz mister assegurar as liberdades democráticas e as tradições cristãs do nosso povo. E o próprio texto da Constituição consubstancia as medidas que em tais circunstâncias devem ser postas em prática.

Todos desejamos que o atual governo cumpra o seu mandato com o maior respeito às leis, às liberdades democráticas e à autonomia dos estados. Todos desejamos que as eleições se processem livremente nos prazos estipulados e que os novos mandatários de cargos eletivos sejam empossados na mais rigorosa forma da lei.

3 – O que há, porém, na consciência de todos os militares de formação democrática é o justificado receio de que certos setores governamentais, através de fraudulento e astucioso exercício de prerrogativas, venham por fim destruir a ordem social e a democracia representativa, de profundas raízes na vida brasileira.

E não se diga que se trata de receios infundados.

As manobras que vêm sendo postas em prática, sem quaisquer escrúpulos, deixam a nação atônita, estarrecida e angustiada.

A agitação dirigida das massas operárias dos centros urbanos e meios rurais com o propósito de arregimentá-las, aliciá-las, excitá-las e conduzi-las a seu bel-prazer; as ameaças aos poderes Legislativo e Judiciário, com o fim de torná-los dóceis aos seus desígnios, a pregação aberta de soluções revolucionárias, através da imprensa, do rádio e da televisão, por políticos de notórias vinculações extremistas, que chegam mesmo a prescrever minúcias de organização de forças sediciosas e recomendar as formas de luta a empreender; a omissão sistemática das autoridades responsáveis pela preservação da ordem social e do regime; a constante ameaça de intervenção em alguns estados, cujos Executivos constituem entraves ao processo de bolchevização do país; a tentativa de denegrir e empenhar a força militar na execução de missões ilegais e criminosas; o estímulo à baderna e à rebelião de inferiores e o ulterior procedimento de certas autoridades visando a tolher a ação do poder Judiciário; o prêmio imediato aos que tiveram a fraqueza de vencer as últimas resistências morais e perpretar os atos que lhes foram propostos ou insinuados; a subversão dos valores profissionais e morais, que mais se evidencia por ocasião das promoções e classificações; o ambiente de terror e de pânico que se procura semear no país com o desencadeamento de ilegais e generalizadas greves políticas, associadas à sonegação de alimentos e à paralisação de serviços públicos essenciais; todos esses fatos estão bem vivos na consciência da nação e dispensam digressões elucidativas.

O que há na consciência de todos é a repulsa à política do empreguismo e corrupção, aos desmandos administrativos e à malversação dos fundos públicos que, só nas negociatas de café, ampla e recentemente divulgadas, atingem cifras astronômicas.

O que há no íntimo de todos é o repúdio à entrega da gigantesca empresa estatal de petróleo aos comunistas, que a transformaram num monstruoso reduto de pregação revolucionária e cujos escândalos, de proporções inauditas, deixam o país estarrecido, numa antevisão da capacidade destruidora e da falta de escrúpulos dos que pretendem assaltar o poder.

O que as Forças Armadas sentem é o sorrateiro processo de desmoralização em que vêm sendo mergulhadas, já por efeito da afrontosa organização síndico-comunista – que até por autoridades de responsabilidade é cognominada de 5º Exército –, já em virtude de demagógica anarquia salarial que, com o sacrifício de muitos, elege novas e privilegiadas classes sociais, já pelas duras condições de vida que decorrem da galopante inflação e dos insuficientes reajustamentos de soldo, que acabaram por impor aos militares toda a sorte de privações e vexames.

O que as Forças Armadas repelem é o processo de decomposição a que vêm sendo submetidas com a conivência de maus brasileiros, que se sobrepõem aos interesses da nação e das instituições a que pertencem em troca da satisfação de interesses exclusivamente pessoais.

O que as Forças Armadas não aceitam é o jogo que se tenta pôr em prática para lançar a cizânia entre os seus componentes, solapar-lhes a disciplina, destruir-lhes a eficiência, aniquilá-las e, por fim, *substituí-las por um arremedo de exército vermelho ou de milícia cubana.*

4 – Soldados verdadeiramente democratas, estamos vivamente empenhados numa vigorosa ação de vigilância e determinados a reprimir, *com o sacrifício da própria vida*, quaisquer tentativas de implantação de um regime de força no país: comunista, sindicalista, síndico-comunista, castrista, "naciomunista" ou fascistoide.

Com essa finalidade, e para que possa haver uma ação conjunta e eficiente que nos assegure unidade de vistas e comunhão de esforços, procuramos agora ultimar criterioso levantamento dos meios com que poderemos contar na hora decisiva, se a tanto nos conduzirem as ambições de alguns, a concupiscência de outros, a insensatez e a irresponsabilidade de muitos.

Ao prezado camarada, cujas convicções democráticas são bem conhecidas, assim como os ideais e traços de ilibado caráter, a par da certeza de suas atitudes criteriosas, discretas e viris, pedimos a preciosa colaboração no sentido de nos auxiliar nessa reunião e articulação dos meios de que dispomos para enfrentar o processo revolucionário com que nos ameaçam.

Na discrição, na habilidade e no senso de responsabilidade do prezado camarada, repousa uma parcela do êxito de nosso empreendimento.

Agora, mais do que nunca, a nação tem necessidade de um corpo de oficiais do mais alto padrão moral, de espírito forte e decidido, cônscios das responsabilidades que o atual momento lhes faz pesar sobre os ombros. Da compreensão do perigo que se avizinha e da ação viril de seus oficiais dependerá o futuro dos nossos filhos, os destinos da nossa pátria.

A nação angustiada tem certeza de que o Exército cumprirá honradamente o seu dever.

SEGUNDA PARTE

O presente documento é para uso exclusivo do entrevistador, que poderá, entretanto, por solicitação do entrevistado, proporcionar-lhe a colheita de dados sob a forma de anotações pessoais de próprio punho. Deverá ser lido e comentado na ocasião da entrevista.

1 – Para evitar distorção ou errôneas interpretações do conteúdo desse documento, pedimos ao distinto camarada a devida cautela e a indispensável discrição que o trato do assunto está a exigir. Solicitamos que dele retire, de próprio punho, as anotações que se tornarem necessárias para a posterior troca de ideias com alguns camaradas da mais absoluta confiança, de tal sorte que lhe seja possível, em curto prazo, proporcionar-nos uma ideia de conjunto do ambiente militar em que convive e das possibilidades da unidade em que serve.

Entre outros dados que lhe possam ocorrer como úteis, oportunos e objetivos, solicitamos nos esclareça, da forma que lhe for possível, as questões abaixo formuladas.

A) Como a maioria dos oficiais de sua unidade encara o atual panorama político-social, econômico e militar do Brasil?

a.1 – mostram-se eles preocupados com o advento de graves acontecimentos? Já se organizaram contra alguma surpresa?

a.2 – estão convencidos de que certos setores do governo alimentam o propósito de subverter as instituições sociais e políticas para implantar no Brasil um regime de feição comunista? (Sindicalista, síndico-comunista, "naciomunista", castrista ou mesmo fascistoide?)

B) Caso positivo, estariam dispostos a reagir?

b.1 – em que circunstâncias, sob que condições?

b.2 – *terão a clara percepção de que, a partir de certo momento, já não será possível pensar em repressões com possibilidade de êxito? (Este aspecto exige judicioso julgamento)*

C) Que fatos ou circunstâncias poderiam configurar o momento exato para desencadear as ações democráticas repressivas?

c.1 – o fechamento de uma das casas do poder Legislativo?

c.2 – a prática de violências bem caracterizadas contra quaisquer ramos do poder Judiciário?

c.3 – assassínio ou comprovada tentativa de assassínio de notórios líderes democráticos – civis ou militares – com o evidente propósito de lançar a confusão e dela aproveitar-se para a deflagração do movimento?

c.4 – prisões indiscriminadas de líderes democráticos – civis ou militares – com evidente propósito de lançar a confusão e dela aproveitar-se para a deflagração do movimento?

c.5 – desencadeamento de greves políticas de caráter generalizado, visivelmente insufladas e estimuladas por órgãos governamentais com o intuito de lançar o pânico e o temor, paralisar a vida das populações e sujeitá-las, dessa forma, à aceitação de um regime comunista, síndico-comunista, "naciomunista" ou fascistoide? ("Uma greve geral poderá ser o toque de clarim da Revolução", são palavras do líder sindicalista Georges Sorel.)[1]

c.6 – atribuição a unidades das Forças Armadas (Exército, Marinha e Aeronáutica) de missões reconhecidamente inconstitucionais e cujo cumprimento, por parte desses elementos, poderia comprometer a eficiência material das corporações ou o conceito moral que ainda hoje desfrutam numa tentativa de solapar-lhes a coesão, o sentimento de confiança recíproca e os laços de solidariedade que entre elas deve existir?

c.7 – entre tais missões, deverão ser incluídos os movimentos de tropa de certo vulto, para diferentes pontos do território, desde que se tornem perceptíveis as intenções de hostilizar ou constranger frações de tropa que visivelmente se manifestem dispostas a não aceitar ordens ou missões caracterizadamente inconstitucionais?

c.8 – provocações, insuflação de greves, violências ou pressões sobre os poderes Legislativo ou Judiciário, através de notórios órgãos de agitação síndico-comunista, UNE, CGT, Fórum Sindical, PUA, Ligas Camponesas, FPN etc., com o propósito de ameaçá-los, constrangê-los e forçá-los à aceitação de deturpações na Constituição com a finalidade de conspurcar o regime social, proscrever o direito de propriedade, amputar as liberdades do Homem, desconfigurar o capítulo das inelegibilidades e sobretudo propiciar o advento da *Ditadura Plebiscitária* já anunciada por próceres esquerdistas?

c.9 – Intervenção inconstitucional em qualquer dos estados da federação com o intento de remover obstáculos que se oponham à deflagração da guerra revolucionária ou à comunização do país?

Observação – Em virtude das dificuldades que envolvem o julgamento ou a apreciação do instante exato em que uma decisão de tal responsabilidade e consequências tenha que ser tomada, julgamos conveniente submeter ao cuidadoso exame do prezado camarada o quesito a seguir:

D) O momento exato para a tomada de uma decisão, e o consequente desencadeamento das ações democráticas repressivas, não deverá ficar a cargo de um chefe militar da mais alta reputação, apolítico, que desfrute elevado conceito nos círculos militares, e que seria imediatamente secundado por outros chefes também de elevado gabarito?

Observação – É necessário refletir maduramente, tomar com serenidade uma decisão firme, consciente e definitiva. *Quanto mais unidos estivermos, mais fácil será a consecução dos objetivos finais.*

E) Seria de todo recomendável maior entrelaçamento com nossos camaradas da Marinha, Aeronáutica e Polícias Militares, aquartelados na mesma guarnição. Aproximações de família, reuniões sociais, encontros fortuitos deveriam ser aproveitados para troca de ideias, exame da situação, pondo-se em relevo a importância da unidade de vistas, de forma que, nos momentos de crise, possa haver *confiança recíproca*, ação uniforme, comunhão de ideias e atitudes. Todos os esforços deverão ser envidados com a finalidade de atrair

---

1. A Ditadura Plebiscitária outra coisa não seria senão a versão caricata do "Cesarismo Plebiscitário", que guindou ao trono da França o general Bonaparte.

nossos irmãos d'armas, e entre eles ressalta *o do efetivo auxílio que lhe puder ser prestado quando isso se tornar necessário.*

F) Particular atenção merece o quadro de sargentos. É preciso que oficiais de todos os postos se desvelem na assistência e *orientação* a esses dedicados auxiliares, contrapondo-se com inteligência e habilidade às insidiosas campanhas de indisciplina, travestidas de "nacionalismo" e "reivindicações de classe". E tudo isso deverá ser feito no mais salutar ambiente de legalidade. Os exemplos, a doutrinação, o trato correto e circunspecto, que necessariamente não repele a suavidade e a tolerância, o senso de justiça são os meios seguros de penetrar-lhes na alma, na consciência e no coração.

Anotações colhidas neste documento deverão ser condensadas em cadernos de folhas fixas, para que se não percam. Por mais inverossímil que pareça, a defesa das instituições e do regime terá de processar-se hoje de forma aparentemente clandestina, a fim de que sanções e transferências não venham recair sobre os militares corretos, limpos, anticomunistas, decididos ao cumprimento do dever na hora aprazada.

Proclamação do governador Magalhães Pinto

A proclamação dirigida à nação pelo governador de Minas Gerais foi redigida nos seguintes termos:

"Brasileiros:
Foram inúteis todas as advertências que temos feito ao país.
Contra a radicalização de posições e atitudes.
Contra a diluição do princípio federativo.
Pelas reformas estruturais, dentro dos quadros do regime democrático.

Finalmente, quando a crise nacional ia assumindo características cada vez mais democráticas, inútil também foi nosso apelo ao governo da União para que se mantivesse fiel à legalidade constitucional.

Tivemos, sem dúvida, o apoio de forças representativas, todas empenhadas em manifestar o sentimento do povo brasileiro, ansioso de paz e de ordem para o trabalho, único ambiente propício à realização das reformas profundas que se impõem, que a nação deseja, mas que não justificam, de forma alguma, o sacrifício da liberdade e do regime.

O presidente da República, como notoriamente o demonstram os acontecimentos recentes e suas próprias palavras, preferiu outro caminho: o de submeter-se à indisciplina nas Forças Armadas e de postular e, quem sabe, tentar realizar seus propósitos reformistas com o sacrifício da normalidade institucional e acolhendo planos subversivos que só interessam à minoria desejosa de sujeitar o povo a um sistema de tirania que ele repele.

Ante o malogro dos que, ao nosso lado, vinham proclamando a necessidade de reformas fundamentais, dentro da estrutura do regime democrático, as forças sediadas em Minas, responsáveis pela segurança das instituições, feridas no que mais lhes importa ao país – isto é, a fidelidade aos princípios de hierarquia garantidores da normalidade institucional e da paz pública –, consideraram de seu dever entrar em ação, a fim de assegurar a legalidade ameaçada pelo próprio presidente da República.

Move-as a consciência de seus sagrados compromissos para com a pátria e para com a sobrevivência do regime democrático. Seu objetivo supremo é o de garantir às gerações futuras a herança de patrimônio de liberdade política e de fidelidade cristã, que recebemos de nossos maiores e que não podemos ver perdida em nossas mãos.

A coerência impõe-nos solidariedade a essa ação patriótica.

Ao nosso lado estão todos os mineiros, sem distinção de classes e de condições, pois não pode haver divergência quando em causa está o interesse vital da nação brasileira. É ela que reclama, nesta hora, a união do povo, cujo apoio, quanto mais decidido e sem discrepâncias, mais depressa permitirá o êxito dos nossos propósitos de manutenção da lei e da ordem.

Que o povo mineiro, com as forças vivas da nação, tome a seu cargo transpor esse momento histórico. Só assim poderemos atender aos anseios nacionais de reforma cristã e democrática. Esse o fruto que nos há de trazer a legalidade, por cuja plena restauração estamos em luta, e que somente ela poderá conseguir."

Ordem do dia do general Ladário Pereira Teles ao assumir o comando do 3º Exército em 1º de abril de 1964

"Honrado com a confiança do excelentíssimo senhor presidente da República, doutor João Goulart, e do excelentíssimo senhor ministro da Guerra, general do Exército Jair Dantas Ribeiro, assumi o comando da 6ª DI e, por ter sido o excelentíssimo senhor general do Exército Benjamim Rodrigues Galhardo nomeado chefe do Estado-Maior do Exército, sendo o oficial-general mais antigo, acabo de assumir o comando do 3º Exército. Julgo-me perfeitamente conhecido não só pelos camaradas do 3º Exército como também pelos demais companheiros do Exército brasileiro. Sempre fui intransigente defensor da lei e da ordem e amante dos princípios democráticos. Aqui me encontro para cumprir rigorosamente as ordens das autoridades superiores. Todos os sacrifícios faremos para que a lei e a ordem sejam restauradas em todo o território nacional. Ninguém arrebatará das mãos do preclaro presidente João Goulart a bandeira da legalidade. O seu mandato é intocável porque é a expressão da soberania nacional. A força satânica dos privilégios não arrancará, do povo brasileiro, a bandeira das reformas. Por elas lutaremos, Exército e povo, sempre unidos, sempre uníssonos nos sentimentos, como temos sido em todo o decorrer da nossa história. Companheiros do 3º Exército, seus patrícios do Rio Grande do Sul, de Santa Catarina e do Paraná, brava gente brasileira, como representante do excelentíssimo senhor presidente da República, senhor João Goulart, e sob as ordens do eminente ministro da Guerra, general do Exército Jair Dantas Ribeiro, conclamamos todos nós a correr fileiras na defesa da ordem, da lei e das instituições. Estou seguro e confiante de que a nossa causa é santa e que ninguém nos arrebatará essa vitória que já é nossa. General de divisão Ladário Pereira Teles – comandante do 3º Exército."

Sobre o autor

HÉLIO RIBEIRO DA SILVA nasceu a 10 de abril de 1904, no subúrbio carioca do Riachuelo (Estrada de Ferro Central do Brasil). Estudou em escolas públicas do Rio, onde desde cedo começou a escrever. Trabalhou em muitos jornais e revistas, entre os quais *O Brasil, O Imparcial, A Tribuna, A Rua, O País*; as revistas *ABC* e *Phoenix*, no Rio de Janeiro; *Correio Paulistano, Jornal do Comércio* e *O Combate*, em São Paulo.

Com o movimento de 1930, muitos jornais foram fechados. Diretor de *O País* em São Paulo, colunista político influente e combativo, Hélio foi obrigado a afastar-se do jornalismo. Nesse período, sobrevivia como vendedor de seguros de vida. Logo recebeu um convite para ser o chefe da sucursal no Rio da recém-fundada *Folha da Noite*, de São Paulo. Colaborou durante muitos anos no *Jornal do Brasil*. Em 1949, a convite de Carlos Lacerda, assumiu o cargo de redator-chefe da *Tribuna da Imprensa*, durante a campanha presidencial. Foi presidente do Conselho Administrativo da ABI. Colaborou ainda em vários jornais, revistas, rádios e televisão. Sua participação na política encerrou-se quando fundou, juntamente com Alceu Amoroso Lima e Paulo Sá, o Partido Democrata Cristão, no Rio de Janeiro.

Paralelamente ao jornalismo e ao ativismo político, formou-se em medicina pela Faculdade de Medicina da Praia Vermelha, RJ. Foi médico e professor durante cinquenta anos. Recebeu o título de cirurgião emérito pelo Colégio Brasileiro de Cirurgiões; *fellow* pelo Colégio Internacional de Cirurgiões; foi titular da Ordem Nacional do Mérito Médico; pertenceu a academias e sociedades científicas nacionais e estrangeiras. Foi titular do Conselho de Ciências do Estado do Rio de Janeiro e autor de mais de sessenta trabalhos científicos.

Tendo iniciado a publicação de suas pesquisas de História Contemporânea em 1959, na *Tribuna da Imprensa*, a convite de Carlos Lacerda e Odylo Costa Filho começou a escrever a monumental obra *O Ciclo de Vargas*, em 16 volumes, editados pela Civilização Brasileira do Rio de Janeiro. São os seguintes os livros que compõem *O Ciclo de Vargas*: *1889: A República não esperou o amanhecer*; *1922: Sangue na areia de Copacabana*; *1926: A grande marcha*; *1930: A revolução traída*; *1931: Os tenentes no poder*; *1932: A guerra paulista*; *1933: A crise no tenentismo*; *1934: A constituinte*; *1935: A revolta vermelha*; *1937: Todos os golpes se parecem*; *1938: Terrorismo em campo verde*; *1939: Véspera de guerra*; *1942: Guerra no continente*; *1944: O Brasil na guerra*; *1945: Por que depuseram Vargas*; *1954: Um tiro no coração*. Ainda pela Civilização Brasileira publicou

1964: Golpe ou contragolpe? Pela Editora Três, SP, publicou a coleção *História da República brasileira*, em 21 volumes. Pela Editora Avenir: *Noite de agonia*; pela L&PM Editores, *Memórias: a verdade de um revolucionário* (organização e apresentação do diário do General Olympio Mourão Filho), *O poder civil, O poder militar, 1964: 20 anos de golpe militar, Vargas: uma biografia política*, entre muitos outros livros.

No início dos anos 1990, fez voto de pobreza e recolheu-se ao Mosteiro de São Bento no Rio de Janeiro, onde morreu em 21 de fevereiro de 1995.

Hélio Silva atravessou o século, numa longa e profícua vida. Sua obra sobre história do Brasil inclui cerca de sessenta livros, sempre com a colaboração de Maria Cecília Ribas Carneiro. Municiado com arquivos importantes, como de Getúlio Vargas, Oswaldo Aranha, entre muitos outros, Hélio Silva construiu o *Ciclo de Vargas* com a autoridade do testemunho, da proximidade do fato histórico e da sua isenção. Sua obra é fundamental para a compreensão do Brasil do século XX e referência para todas as análises e teses correntes sobre esse período.

Página de gratidão

Este livro foi vivido, com meu povo, e meditado dez anos. Mas não bastaria a presença vivida, o testemunho pessoal, as pesquisas na produção documental que registra e analisa esse período – marco da História Contemporânea.

O documento é o suporte da informação, fixada e utilizável para o estudo, a consulta, a prova. É o jornal, o livro, a fotografia, a fita gravada. O material de nosso trabalho. Mas não é tudo.

A análise de um documento é a tarefa mais importante e mais difícil para o pesquisador. O conhecimento pessoal dos fatos é de tamanha valia que se torna necessário que a História comece a ser escrita pelos que participaram dela. A ação do tempo, o enfoque da perspectiva, o amadurecimento dos homens possibilitarão, sem dúvida, uma revisão proveitosa. E, exatamente porque o estudo da História é a sua revisão constante, ela precisa começar a ser escrita com o depoimento dos seus protagonistas.

Este livro não poderia ter sido escrito somente por mim. A lista dos nomes que se seguem não traduz somente a homenagem do meu apreço e o reconhecimento da minha gratidão. Todos contribuíram para a produção documental que serviu de suporte à informação que transmito. A eles ofereço o meu livro, que é o esforço sincero para estabelecer a verdade histórica dos acontecimentos que motivaram o 31 de março de 1964.

Para mim, resta a responsabilidade que assumo, integralmente, dos erros e omissões de suas páginas.

Abelardo Jurema
Adahil Barreto
Adão Pereira Nunes
Adauto Lúcio Cardoso
Ademar de Queirós
Afonso Arinos de Melo Franco
Agostinho Teixeira Cortes
A. Barbosa Lima Sobrinho
Aluísio Alves

Álvaro Teixeira de Assunção
Alzira Vargas do Amaral Peixoto
Amauri Krucl
André de Faria Pereira Filho
Anísio Rocha
Antônio Carlos de Andrada Serpa
Antonio Carlos S. Muricy
Antonio Godinho
Antônio Neder

Antonio Paulo Ferraz
Antonio S. Cunha Bueno
Ari Pitombo
Aristóteles Drummond
Armando Falcão
Artur de Lima Cavalcanti
Augusto C. Muniz de Aragão
Aurélio Ferreira Guimarães
Auro Moura Andrade

Benjamin Eurico Cruz
Benjamim Farah

Cândida Ivete Vargas
Carlos Alves de Sousa Filho
Carlos Flexa Ribeiro
Carlos Luís Guedes
Celso Furtado
Clemente Mariani
Clóvis Meio

Doutel de Andrade

Edmundo Falcão da Silva
Elói Dutra
Ênio Silveira
Ernâni do Amaral Peixoto
Ernesto Geisel
Euriale de Jesus Zerbini
Eurico Gaspar Dutra
Evandro Lins e Silva

Francisco C. San Tiago Dantas
Francisco Teixeira

Gilberto Marinho

Hélio Fernandes
Herbert Levy
Hermann de Moraes e Barros

Hermes Lima
Humberto Castelo Branco
Humberto Freire de Andrade
Humberto Ribeiro da Silva

Jair Dantas Ribeiro
Jânio Quadros
João Arelano Passos
João B. M. Goulart
João de Seixas Dória
João Etcheverry
João Pinheiro Neto
José Aparecido de Oliveira
José G. Talarico
José Geraldo de Oliveira
José Joffily B. de Melo
J. P. Coelho de Sousa
J. P. Justino Alves Bastos
J. P. Magalhães Pinto
José Monteiro de Castro
José P. Ulhoa Cintra
Juracy Magalhães
Juscelino Kubitscheck

Kardec Lemme

Ladário Pereira Teles
Luís Alberto Moniz Bandeira
Luís T. Cunha Melo

Mara Lúcia Morais Moreira
Marcelo Garcia
Maria Costa Pinto
Maria Helena da Silva
Maria de Lourdes C. de Oliveira
Maria Mourão
Max da Costa Santos
Moema Braga Soares

Página de gratidão

Nelson Carneiro
Nelson de Melo
Nelson Werneck Sodré
Nilsa Marina S. Machado

Odílio Denys
Olympio Mourão Filho
Osvaldo Cordeiro de Farias
Otávio Marcondes Ferraz

Pascoal Ranieri Mazzilli
Paulo Castelo Branco
Paulo Torres
Pedro Aleixo
Percy Levy
Peri Constant Bevilácqua
Poty Medeiros

Raul Pila
Raul Ryff

Raul Rosa Duarte
Regina C. Esteves Afonso
Ricardo Nicoll
Riograndino Kruel
Robert Levy
Roberto Abreu Sodré
Roberto Acioli
Rubem Restel
Rui Moreira Lima

Sérgio Magalhães
Sílvio Heck

Tácito Lívio Freitas
Tancredo Neves

Walder Sarmanho
Valdir Pires
Vicente Scherer
Vitorino Freire

Hélio Silva, 1975

Índice remissivo

A

Adalberto, Gen. (*ver* Santos, Adalberto Pereira dos)
Afonso, Almino Monteiro Álvares 62, 93, 110, 125, 165, 214, 217, 231, 241, 310-311
Agripino Filho, João 317
Aguiar, Francisco Lacerda de 204, 273
Aguiar, Jefferson de 67, 81, 97
Aires, Paulo 195
Albuquerque, Teódulo Lins de 54, 316
Aleixo, Pedro 313
Alencar, Miguel Arraes de 209, 212, 214, 217, 219, 220-225, 241, 244, 250, 260, 299, 301
Alkmin, Maria José 43-44, 46, 82, 87, 273, 291
Almeida, Hélio de 150-152
Almeida, José Nilton de 98
Almeida, Pedro Geraldo de 85
Alves, Aluísio 82, 206, 221
Alves, Osvino Ferreira 84, 173, 176, 226, 267, 324, 325
Amaral Neto, Fidelis dos Santos 194, 198
American Foreign Power Co. 151, 154, 158
Âncora, Armando de Morais 292
Andrada, José Bonifácio Lafayette de 34, 46, 93, 103, 317, 336
Andrade, Armindo Marcílio Doutel de 75-76, 91, 271, 310-312
Andrade, Auro Soares de Moura 46-49, 58, 62, 65, 66-67, 72-73, 78, 85, 88, 94-103, 121-123, 125-126, 129, 164-165, 173-174, 256, 308-309, 312-313, 315-317, 336
Andrade, Humberto Freire de 216, 220, 299
Anselmo, Cabo (*ver* Santos, José Anselmo dos)
Aragão, Augusto Cesar Moniz de Castro 229
Arinos, Afonso (*ver* Franco, Afonso Arinos de Melo)

B

Bahury, Miguel Antônio 43, 57, 69, 82
Bailão, Nemésio 281-282
Balbino, Antônio 124
Barbosa, Paulo Quartim 194
Barcellos, Otto 169
Barcelos, Valter Peracchi 17, 162, 169, 172
Barreto, Ramão Mena 163, 166, 168
Barreto, Sebastião Dalísio Mena 177, 192
Barros, Adhemar Pereira de 191
Barros, Herman de Morais 191-195, 280, 282
Barros, Leonor Mendes de 254-255
Bastos, Joaquim Justino Alves 303
Bevilácqua, Peri Constant 112, 173-174, 176, 178-179, 201, 275, 296
Bezerra, Gregório Lourenço 224, 301-302, 304
Bittencourt, Clemente Mariani 133
Bonifácio, José (*ver* Andrada, José Bonifácio Lafayette de)
Bontempo, Genaro 325
Borges, Mauro (*ver* Teixeira, Mauro Borges)
Braga, Álvaro Alves da Silva 229
Braga, Nei Aminthas de Barros 142, 186, 235, 252, 273
Branco, Humberto de Alencar Castelo 25-27, 37, 136, 207, 208-209, 218, 220-223, 229-230, 237, 257-258, 261, 265, 268, 270, 273-275, 279, 283, 292, 300, 317-318,
Brant, Celso 75
Brasil, Argemiro de Assis 265, 292, 310
Brasil, Nestor Penha 17, 162, 166-168, 171-172
Brito, Antônio Ferreira de Oliveira 67, 81, 87
Brito, Vitorino Freire de 53, 72, 88
Brizola, Leonel de Moura 11, 16, 23-25, 32, 36, 55, 59, 63, 67, 69, 107, 109, 113, 115, 147, 151, 162, 166, 172, 188, 201-202, 205, 207-209, 221, 226, 229, 244, 250, 253, 260, 318, 320, 324, 326, 327, 344
Bueno, Antônio Sílvio da Cunha 252-256, 316-317

C

Cadeia da Legalidade 67, 70, 107, 113, 114, 115, 198
Caillard, Eugênio (*ver* Ferreira, Eugênio Caillard)
Campos, Roberto de Oliveira 136, 145, 148-149, 152

Cardoso, Adauto Lúcio 25, 60, 62, 208, 313
Carneiro, Nelson de Sousa 55, 87, 89, 92, 317
Carvalho, Aluísio de 89, 94, 97
Carvalho, Antonio de Barros 89-90, 106, 125, 188
Carvalho, Último de 51, 82-83, 103
Castilho, João Dutra de 303
Castro, Aguinaldo Caiado de 74, 97
Castro, José Monteiro de 262
Cavalcanti, Artur de Lima 300-301
Cavalcanti, José da Costa 223, 316
Cavalcanti, Natalício Tenório 76-77, 272, 301
Chaise, Sereno 327
CIA 12, 311
Centro Acadêmico XI de Agosto 251
Cerdeira, Arnaldo dos Santos 65, 67, 254
Chagas, Paulo Pinheiro 125
Che Guevara (ver Guevara, Ernesto)
Cintra, João Pinheiro de Ulhoa 229
Cleofas, João (ver Oliveira, João Cleofas de)
Comando Geral dos Trabalhadores 180, 244
Comício da Central 233, 246, 251
Comício das Reformas 25, 223, 240, 242, 246, 252, 338
Correa, Hércules (ver Reis, Hércules Correia dos)
Cortes, Agostinho Teixeira 199
Cortes, Geraldo Menezes 83, 91, 125
Costa, Álvaro Moutinho Ribeiro da 308
Cunha, Luís Fernando Bocaiúva 143, 313

D

D'Agostino, Carmelo 68
Dantas, Francisco Clementino San Tiago 62, 89, 93, 106, 124, 129, 131, 136, 138, 150-152, 173, 259, 299
Denys, Odílio 26, 41, 54, 57, 59-60, 63-64, 78, 107, 111-112, 122, 157, 172, 202, 230, 261, 273-274, 277, 293
Dória, João de Seixas 172, 204, 221, 224, 252, 300
Drummond, Aristóteles 198-199
Dutra, Elói Angelo Coutinho 51, 54, 58, 65
Dutra, Eurico Gaspar 26, 30, 256, 274, 316

F

Fadul, Wilson 301, 327
Falcão, Armando Ribeiro 226-227, 240, 279, 305

Farah, Benjamim 51-52, 76
Faria, André (ver Pereira Filho, André Faria)
Farias, Osvaldo Cordeiro de 41, 84, 116, 157, 204, 219, 228
Ferraz Filho, Lindolfo 283, 286
Ferraz, Otávio Marcondes 192, 194
Ferraz, Otelo 322, 328-329
Ferreira, Eugênio Caillard 295, 327, 328
Ferreira, Valdemar Martins 192
Fico, Nicolau 241, 308-310, 312, 317
Figueiredo, Crisanto Miranda de 327
Figueiredo, João Batista Leopoldo de 193
Figueiredo, José de Carvalho 322, 328, 329
Figueiredo, Mário Poppe de 227, 318, 320, 324, 325
Floriano, General 326-327, 329
Franco, Afonso Arinos de Melo 48, 88-89, 93, 97, 273
Freire, Humberto (ver Andrade, Humberto Freire de)
Freire, Vitorino (ver Brito, Vitorino Freire de)
Freitas, Antônio de Pádua Chagas 69
Freitas, Antônio de Saint Pastous 162, 166, 169, 172
Furtado, Celso Monteiro 133-134, 138-139

G

Galhardo, Benjamim Rodrigues 265, 323, 353
Gama, Camilo Nogueira da 47, 72-73, 97
Gama, Reinaldo Ramos Saldanha da 183, 191, 280
Garcia Filho, Carlos 266
Garcia, José Honório da Cunha 229
Garrastazu, Hugo 318, 325
Geisel, Ernesto 81-82, 85, 87, 119, 120, 122-123, 229, 269, 274
Geisel, Orlando 115-116, 229
Genaro, General (ver Bontempo, Genaro)
Geraldo, José (ver Oliveira, José Geraldo de)
Geraldo, Pedro (ver Almeida, Pedro Geraldo de)
Gordon, Lincoln 10-12, 35-37, 145, 197, 205-206, 239
Goulart, João Belchior Marques 10-11, 15, 30, 32-36, 73, 75-76, 83, 88, 105-111, 113, 118, 122-123, 127-129, 131-132, 143-145, 147, 157, 165-166, 179-180, 184, 186, 196, 202, 204, 227, 229, 233, 240, 242, 244-246, 251, 256, 259-260, 266, 268-272, 276, 291, 292-293, 295-296, 310-312, 320

Guedes, General Carlos Luis 184, 185, 260, 262-263, 276-277
Guedes, Pinto 265, 328
Guevara, Ernesto 60, 108
Guimarães, Aurélio Ferreira 279
Guimarães, Ulisses Silveira 87, 92, 317

H

Horta, Oscar Pedroso 47- 48
Hugo, General (ver Garrastazu, Hugo)

I

Ivan, Dr. (ver Martins, Ivanhoé Gonçalves)

J

Jango (ver Goulart, João Belchior Marques)
Joffily, José (ver Melo, José Joffily Bezerra de)
Julião da Galileia (ver Paula, Francisco Julião Arruda de)
Jurema, Abelardo de Araújo 25, 241, 251, 265, 272, 275, 297, 305, 324

K

Kennedy, John Fitzgerald 212, 239
Krieger, Daniel 125, 162
Kruel, Amauri 26, 84, 150-152, 165, 174-175, 180, 192, 202, 207-208, 229, 251, 265, 268-269, 274, 282-283, 288, 308, 324-325
Kruel, Riograndino 192, 283
Kubitschek, Juscelino 30, 67

L

Lacerda, Carlos Frederico Werneck de 14, 43, 46, 91, 171, 198, 204, 227-228, 230, 236, 239-240, 244, 246, 273, 281, 305
Ladário, General 265-266, 318-321, 328
Lauro, Paulo 43, 125
Leite, Edgar Bezerra 50, 59
Levy, Herbert Victor 192, 255, 256
Lima, Aurélio Viana da Cunha 51-52, 83, 92, 125
Lima, Hermes 332
Lima, Mendonça 206, 336
Lima, Otomar Soares de 322-323, 325-327
Lima, Vivaldo 73-74
Lima Filho, Osvaldo Cavalcanti da Costa 301, 327

Lima Sobrinho, Alexandre José Barbosa 92-93, 145, 219
Lins, José Luís Magalhães 261, 279
Lopes, José Machado 23, 32, 59, 63-64, 79, 107, 110, 112-118, 179, 206, 228, 304
Lott, Henrique Batista Duffles Teixeira 30
Lousada, Carlos Eduardo D'Alamo 178, 191

M

Machado, Floriano da Silva 326-327, 329
Machado, Unírio Carrera 121
Magalhães (ver Pinto, José Luiz de Magalhães)
Mamede, Jurandir Bizarria 294
Mandim, Salvador 292, 305-306
Maranhão, Djalma Carvalho 205
Marcha da Família com Deus pela Liberdade 26, 191, 252, 254, 255, 260
Marcha de Desagravo ao Santo Rosário 253
Mariani, Clemente (ver Bittencourt, Clemente Mariani)
Marinho, Gilberto 71, 98, 336
Marinho, Sérgio 50
Martins, Cândida Ivete Vargas 65, 67, 74
Martins, Ivanhoé Gonçalves 204
Martins, Paulo Egídio 194
Matos, Carlos Meira 281
Matos, Lino de 53, 73, 94, 97, 101-102, 125
Mazzilli, Pascoal Ranieri 32, 123
Medeiros, Poty 227, 233-234, 317-318, 320
Médici, Gen. Emílio Garrastazu 41, 273, 280
Melo, Correia de 275
Melo, Cunha 55, 72, 94
Melo, José Joffily Bezerra de 74
Melo, Luís Tavares da Cunha 265, 292
Mendes, Aluísio de Miranda 284
Menegheti, Ildo 162, 186, 204, 227, 233-236, 318-320, 325
Mesquita Filho, Júlio César Ferreira de 192-194, 197, 240
Mincarone, Paulo 59, 76
Mondim, Guido 56
Montagna, General 296
Monteiro, Edmundo 17, 162, 169
Monteiro, José de Castro 186-187, 261, 268-269
Montoro, André Franco 106, 125
Morais, Gen. Antônio Henrique Almeida de 321

Morais, Ângelo Mendes de 64-65
Morais, Franklin Rodrigues de 162
Moreira, José Guimarães Neiva 59, 75, 78, 88
Moss, Gabriel Grün 79, 157
Mourão Filho, Olympio 35, 160-161, 172, 183, 185, 192, 229, 273-274, 278
Mourão, Nelson de Melo 84
Muricy, Antônio Carlos da Silva 207, 279

N

Neder, Antonio 261-262
Neves, Conceição da Costa 193, 254-256
Neves, Tancredo de Almeida 87, 111, 118-119, 129-130, 145, 171, 271, 310, 312-313
Nóbrega, Silvino Castor da 322-323, 326
Nunes, Manoel Adão Pereira 58, 68

O

Oliveira, Croacy Cavalheiro de 62, 69
Oliveira, João Cleofas de 220
Oliveira, José Aparecido de 242
Oliveira, José Geraldo de 26, 185, 187, 261-263, 273-274, 276
Onar, Tadeu 17, 162-163, 169
Operação Mosquito 110-111, 119-120, 122, 269
Operação Popeye 178, 264, 274
Osório, Oromar 162-163, 176, 182, 260, 265, 271, 276, 292
Osvino, General (*ver* Alves, Osvino Ferreira)
Otomar, General (*ver* Lima, Otomar Soares de)

P

Padilha, Raimundo Delmeriando 198
Pasca, Dirceu di 107
Passos, Brigadeiro 112, 114, 117
Passos, Celso Gabriel de Rezende 155
Paula, Francisco Julião Arruda de 198, 211-212
Peixoto, Ernâni do Amaral 73, 106, 143, 171
Pereira, Edgar Batista 253
Pereira Filho, André de Faria 194
Pereira, Manuel Mendes 162-163, 175
Pila, Raul 92, 99, 125-126
Pinheiro Neto, João (*ver* Silva Neto, João Pinheiro da)
Pinto, Carlos Alberto de Carvalho 138

Pinto, José Luiz de Magalhães 26, 78, 82, 124, 142, 147, 160, 171, 181, 184, 185-190, 227, 230, 235, 240-241, 252, 259, 261-263, 268-269, 273, 276, 279, 304, 352
Pitombo, Ari Botto 91, 121
Poppe, General (*ver* Figueiredo, Mário Poppe de)
Portela, Petrônio 221, 252
Prieto, César 62

Q

Quadros, Jânio 16, 23, 27, 30-32, 34, 43, 45-47, 49, 58, 60-61, 66, 69, 71-72, 74, 85, 105, 109, 110, 112, 122, 131-132, 145, 158, 165, 170, 178-179, 184, 188, 191, 196, 205, 227, 252, 269, 331

R

Raimundo, Coronel 278, 293, 310
Ramos, Rui Vitorino 50, 54-55, 62-64, 70-71, 83
Reis, Hércules Correa dos 25, 208, 242, 244, 294
Reis, Milton 102-103
Restel, Rubens 193-194, 197, 305
Ribas Júnior, Emílio Rodrigues 116
Ribeiro, Carlos Alberto de Cabral 282
Ribeiro, Darci 309-314, 317
Ribeiro, Jair Dantas 163, 173-174, 181, 220, 223, 228, 240, 260, 265, 291-292, 296, 353, 35
Rocha, Anísio de Alcântara 69, 316, 317
Rocha, Francisco Brochado da 129, 131, 165, 175
Rodrigues, José Martins 75
Rosado, Dix-Huit 89, 106
Rosa, Silvio Américo Santa 114-115
Rusk, Dean 11, 36, 149
Ryff, Raul Francisco 106, 181, 183, 295, 301

S

Sales, Eugênio de Araújo 213
Sales, Walter Moreira 145, 269
Salgado, Plínio 56, 256
Sá, Mem de 125, 145-147
Sampaio, Cantídio 150, 155
Sampaio, Clemens Vaz 58, 70-71

Santos, Adalberto Pereira dos 234, 236, 265, 317-319, 323
Santos, José Anselmo dos 262, 271-272
Saraiva, João de Deus Nunes 325, 327
Sardenberg, Idálio 199
Sarmanho, Walder de Lima 109, 110, 111
Scherer, Vicente 17, 32, 69-70, 117-118, 162
Serpa, Antônio Carlos de Andrada 281
Silva, Albino 164, 173
Silva, Álcio da Costa e 115
Silva, Antônio Carlos Pacheco e 192, 194
Silva, Artur da Costa e 9, 41, 161, 270, 328
Silva, José Everaldo da 184
Silva Neto, João Pinheiro da 143, 251, 301
Silva, Osvaldo Pacheco da 242, 244
Silveira, Breno Dhalia da 71, 91, 336
Silveira, Ênio 244, 332
Sodré, Roberto de Abreu 281, 305, 318
Sousa Filho, Carlos Alves de 107
Sousa, José Carlos Pereira de 253-254
Sousa, Coelho de 169, 172

T

Talarico, José Gomes 91
Teixeira, Athos César Batista 163
Teixeira, Francisco 268
Teixeira, Lima 74, 87, 125
Teixeira, Mauro Borges 67, 88, 122, 142, 273, 316
Teles, Ladário Pereira 84, 318, 320
Torres, Paulo 229

V

Valadares, Benedito 71, 100, 125
Vargas, Getúlio Dorneles 58, 133-134, 199-200, 213, 227, 345
Vargas, Ivete (*ver* Martins, Cândida Ivete Vargas)
Vaz, Alísio Sebastião Mendes 184, 278
Ventura, Domingos 240, 245
Viana, Aurélio (*ver* Lima, Aurélio Viana da Cunha)
Viana, João de Segadas 17, 84, 162-163, 168, 184
Viana Filho, Luiz 89

W

Walters, Vernon Anthony 10-12, 35, 36

Z

Zerbini, Euriale de Jesus 179, 284, 286, 288

lepmeditores
www.lpm.com.br
o site que conta tudo

IMPRESSÃO:

PALLOTTI
GRÁFICA

Santa Maria - RS | Fone: (55) 3220.4500
www.graficapallotti.com.br